U0867505

郑州大学嵩阳法学文库

人的尊严之法学思辩

侯 宇 著

法律出版社
LAW PRESS·CHINA

嵩阳法学文库编委会

编委会主任：沈开举

编委会副主任：马松建　王玉辉

委员：苗连营　刘德法　梁凤荣　张德芬　杨红军
张玫瑰　张嘉军　吕明瑜　王建国　王立志
郭德香　申惠文　马　冉　吴喜梅　陈　冬

行政秘书：张　翔

序一

说实话,写序对我来说并不是一件容易的事情,一来需要完整地看书稿;二来要准确把握作者的学术脉络与构思。基于这种考虑,这些年来,除自己指导的学生出版的书外,很少为其他学者的书写序。近年来侯宇博士一直从事宪法学基础理论与人权问题的研究,特别是自 2005 年开始一直关注人的尊严(human dignity)问题,力求使这一学术命题体系化,发表了相关的研究成果。2015 ~ 2016 年,在美国爱荷华大学访学期间,他以人的尊严之法理(jurisprudence of human dignity)为课题继续开展研究,其间除了与学者们进行交流外,还搜集了大量一手资料,在此基础上从法哲学、宪法学的视角对人的尊严的法理进行了深入思考。在几次学术讨论会上,我听到侯宇博士有关人的尊严问题的独到见解,很欣赏他的学术追求与严谨态度。当他与我联系,希望为他即将出版的《人的尊严之法学思辩》一书写序时,我欣然接受。通读他近 500 页的著作后,我觉得他的研究是体系化、精细化的,其研究视角具有独特性。

人的尊严是古老而崭新的命题，是所有人文、社会科学与自然科学都不能回避的问题，从某种意义上说人的尊严是跨越时空、跨越知识领域、跨越文化与制度的共识性概念，人类发展史就是发现、确认与保障人的尊严的过程。从学说史的演变看，人的尊严理念滥觞于西方文明发源地的古希腊，并伴随着历史变迁不断滋养着西方文明与制度，体现文化的相对性。在这本书中，作者基于历史主义立场，把人的尊严置于具体历史的脉络中，力求从历史的维度通过伦理学、哲学和法哲学视野，梳理不同时代的人们为探寻人的尊严的"奥秘"所做的学术贡献，即从神性概念转向人性诠释、从抽象理念步入具体实践、从人本主义到人的目的性、从区域文化迈向普世价值的这一价值重构与妥协过程。在漫长的历史演变中，人的哲学成为超越制度与文化的价值共识，赋予国家的理性与德性。人是理性、自治的主体，先于国家而存在，任何时候人应成为终极目的，国家存在的正当性在于尊重人的主体性，不得把人看作一种工具、客体或手段，国家仅仅是手段而绝非目的，国家的一切行为不得损害基本人权与人的尊严。作者在本书第一章、第二章中集中探讨了人的尊严与国家理性的关系，较系统地阐述公法世界中的人的形象，使宪法上的"人"获得历史的正当性，拓展了传统的研究领域，由此推导出人民主权原理，使人的尊严具有立宪主义(constitutionalism)道德基础。

人的尊严在法治框架下既表现为抽象的理性概念，同时也体现在宪法和国际公约之中。通过文本的多样性，我们可以感悟到不同文化背景下人的尊严的不同形态与实践理性。作为宪法学者，作者擅长宪法解释与文本的分析，对136个国家宪法文本上的"人的尊严"进行系统梳理，力求揭示其文本背后的价值与事实。宪法学可以借鉴哲学的解释方法，但毕竟所针对的文本不同，价值的描述应与文本的解读结合起来，在文本的解释中可以发现鲜活的人与人的尊严。当然，如何以人的尊严为基础建构权利体系，尤其是基本权利体系？作者认为应按照拉伦茨教授主张，通过人的尊严去理解与建构处在一个“法律上的基本关系”的人。这种判断大体符合西方法律思想发展的脉络，但也要考量非西方国家人的尊严发展脉络。比如，长期以来学界认为，1919 年《魏玛宪法》是从近代宪法向现代宪法转型的标志，但这一命题却忽略了 1918 年苏俄宪法对现代宪法文明所做出的贡献，特别是它对传统的权利体系赋予社会权的元素，使国家履行其保障社会权的义务。不同国家宪法体现不同的历史与文化传统，在遵循人权普世性价值的前提下，体现人的尊严的文本是不尽相同的。作者从文本的逻辑出发，除宪法文本外，还对联合国人权公约及各区域性人权公约中人的尊严的规定以及世界各国人的尊严入宪的状况进行剖析后指出：人的尊严之所以受到如此的重视是多种因素综合作用的结果，并非某一单纯因素所能决定，必须将其放置于世界经济一体化、政治趋同化、普世价值之认可与接纳以及本国、地区的历史文化传统等大背景下具体评判。综观当今世界，在标榜法治的国家，无一例外都将人的尊严奉为敬畏权利、限制权力的神圣理念。因此，人的尊严理念不仅是建构中国宪制的起点，也是沟通中国与世界文明的桥梁。

在论证人的尊严的价值、文本与实践“三元结构”时，作者重视结合司法实践与具体法律适用，力求将学术命题转化为实践过程，强化人的尊严的实践面相。由于制度和文化背景的差异，世界各国对人的尊严的规定与适用有所不同。作者通过对发达国家人的尊严的法理与具体案例的比较，尝试归纳出尊严适用的各种类型以及一般原理，以期对中国的实践有所裨益。在人的尊严规定欠缺或规定抽象的情形下，作者通过对典型疑难问题适用的探讨重申：国家除了通过立法积极协助人民自主形成、创造符合人的尊严的生活环境与客观条件，还可通过法律解释（对公共秩序、公序良俗等此类抽象条款的解释弥补现行法的不足)尽力塑造一个符合人的尊严的社会环境。

随着信息社会与风险社会的到来,人的尊严的解释与实践正经历着深刻的变化,传统的概念、理论框架与基本学术范畴面临着新的挑战,如何回应民众对尊严与自由的新的期待是公法学需要回答的新课题。如胎儿是否是“人”、是否允许堕胎、自杀与安乐死、器官移植、死者是否具有人格权、被遗忘权能否认定等问题与人的尊严的解释密切相关。本书站在现代科技发展的新背景,结合案例解析,讨论了充满争议的理论命题。对学术争议,作者本着实事求是的立场,客观地阐述自己的观点,对不同意的观点,作者的学术讨论始终留有余地,表现作者对学术问题的宽容与开放态度。

总之,在本书中作者强调人的尊严的价值在于体现了人的终极价值与关怀,它是权力存在与运行的正当性与合法性基础,同时人的尊严作为权利的渊源与自我限定、价值重塑与整合社会所不可或缺的理念。同时,本书也尝试提出兼顾内在自由和外在自由来建构符合时代发展的人的尊严理念。在作者看来,人的尊严是一相对概念,对人的尊严的法律解释与适用应有赖于历史、文化、宗教、传统及政治、经济等具体背景。尽管如此,人的尊严理念变迁史就是一部人类价值冲突与重塑的过程,正是在这个过程中,人们学会了尊重、宽容、妥协、诚信与合作,法治文明因之而充满生机与活力,人的价值才能得以真正体现。

人类发展史的本质就是不断认识自我价值与尊严并加以保障的历史。在这个充满不确定性、缺乏共识的年代,人类最宝贵的财富——人的尊严容易被边缘化与“碎片化”。在人的主体性正处于危机的时刻,宪法学者不仅要有强烈的学术使命感,还应积极直面纷繁复杂的个案,在个案研究中丰富与发展宪法学理论。本书的出版对于我们系统了解人的尊严的法理,从宪法文本与现实的视角分析人的尊严与国家、法治、民主、自由等的内在逻辑具有重要的参考价值。当然,人的尊严是无穷的学术宝藏，是永恒的学术命题，太多的新问题需要我们去探讨与研究。希望侯宇博士继续深入并细化这一课题，拓展宪法学研究领域，为繁荣宪法学研究做出贡献。

是为序。

中国人民大学法学院教授
中国宪法学研究会会长　韩大元
2018年10月2日

序二

人的尊严(human dignity)理念其初衷在于确保人人都过着有尊严的美好生活,它既是现代法治秩序的核心价值,也是现代法治国家的使命。联合国人权公约及各区域性人权公约也都对人的尊严给予了高度重视。世界上绝大多数国家在其宪法中对人性尊严作出了明确规定并付诸实施。因此,对人的尊严的深入研究,对法学理论与实践意义重大。

侯宇自2005年进入浙江大学跟随我读宪法与行政法博士开始,就对人的尊严感兴趣。他陆续从行政法和宪法视角对此形成了初步研究成果,后来在赴美国爱荷华大学访学期间继续开展研究,在此基础上进行了深入思考进而形成了《人的尊严之法学思辨》一书。

我国对人的尊严的研究起步较晚,侯宇博士通过本书试图从比较法的视野,对人的尊严理念在西方的变迁以及其被制度化历程进行剖析,最终落脚于宪法如何保障人的尊严,以期为我国法治建设不断完善提供理论上的支撑,并由此构建一系列与之相适应的制度。本书首先抽象地从伦理学、哲学和法哲学层面深入论证人的尊严作为宪政与法治的正当性;然后,再从具体的各国宪法文本及联合国与各区域人权公约的层面考察其具体规定,并对主要发达国家的司法实践进行梳理;最后,通过对发达国家人的尊严的学理与司法实践的总结,归纳出人的尊严三种适用模式,并对典型疑难问题的适用进行了探讨。

在我国主人翁意识、权利意识勃兴,人的价值受到了全社会空前肯认的当下,人的尊严的理念与价值愈发凸显,侯宇博士的这本专著无疑具有很强的现实意义。

努力塑造一个符合人的尊严的社会环境,不仅是社会活动家们的职责与担当,也是每个法学研究者的终极使命。希望侯宇博士在人的尊严法学研究领域孜孜不懈继续深入探索,为繁荣法学研究做出贡献。

是为序。

国家行政学院教授

2018 年 10 月 6 日

目　录

前　言

人的尊严(human dignity)理念肇始于西方,它有着深厚的宗教、历史和文化背景。鉴于其以人本主义为基石,因而在宗教、哲学、伦理学、社会学与法学等诸多领域上被广泛使用并有不同的指涉。虽然至今人们未对"人的尊严"有一个统一的、清晰明确的界定,但其却为各个学科所普遍认同和使用。宗教意义上人的尊严,是基于《旧约·创世纪》中关于上帝造人记录而衍生出的人人平等且有尊严地存在的理念。哲学意义上人的尊严强调,人是一个"真""善""美"的结合体,是一个审美的存在。[1] 伦理学意义上人的尊严是指,人人所享有的区别于物和其他生命形式的具有至高无上的内在价值或尊严。[2] 心理学意义上人的尊严指人的自尊意识和自尊心理,是人由于认识到自己的主体地位和社会价值而产生的自尊心和

〔1〕 参见陈刚:《人的哲学》,南京大学出版社1992年版,第179页。

〔2〕 如日本学者岩崎允胤认为,把人的尊严和价值设定为现代伦理学的终极基础,人及其生存的尊严是最高的善、最高的价值,是一切人间价值的根基。[日]岩崎允胤:《人的尊严、价值及自我实现》,刘奔译,当代中国出版社1993年版,第113页。

自豪感,属于个人的精神特质。[1] 社会(学)意义上人的尊严是指与个人建立了社会关系的他人、群体和社会对个人给予的价值承认和尊重,并由此形成的个人在人们心目中那种令人尊敬、敬畏的地位和身份。社会学领域主要关注的是尊严社会的构建问题,[2]而法学意义上人的尊严强调要尊重作为个体存在的人,将其视为宪法的最高法律价值规范,旨在拘束国家权力的恣意与专横。[3]

从另一角度而言,人们有意无意地在多重意义上使用人的尊严这一概念。一是观念上或者理念上的,二是制度上(包括国际法、宪法乃至民法)的。[4] 就观念而言,人的尊严包括了多方面的内容,而并不仅仅是一个因"个人的固有尊严而受到尊重"的问题。[5] 因此,必须首先对人的尊严概念加以明确,即在何种情形下如何予以界定。因此,本书首先从历史的维度追根溯源探究人的尊严的本来意义,在此基础上展开对人的尊严的法学意义上的探究。

人的尊严理念历经漫长的历史洗礼,直至启蒙时代"人本主义"思潮涌动,康德的"人是目的"哲学观的确立,人的尊严之理念才被广为接受并成为近现代西方哲学的基石。维护人的尊严自由是民主宪政秩序之核心价值。近代立宪主义(Constitutionalism)秉持人的尊严不可侵犯原则,重视个人尊严之维护,推导出人权及国民主权之原理,国家和法律存在的正当目的乃是为了确保人的尊严的实现。而法治的核心价值

---

〔1〕 美国学者斯金纳指出,从心理学的角度,人只能是环境的产物,根本不可能获得绝对的自由和尊严,绝对的尊严是不存在的,而人的尊严感产生于别人对自己的褒奖。参见[美]斯金纳著:《超越自由与尊严》,王映桥、栗爱平译,贵州人民出版社1988年版,第10页。

〔2〕 如从政治模型、企业模式和个人生存方法等方面试图构建一个有尊严的社会。参见[美]罗伯特·W.福勒:《尊严的提升》,张关林译,上海人民出版社2008年版;又如建立优雅的社会,实现公民在政治机构面前的尊严(社会组织对公民的道德行为)。

〔3〕 参见林水吉:《民主化与宪政选择》,风云论坛出版有限公司2002年版,第44页。

〔4〕 Eekart Klein and David Kretzmer, *Foreword*, in David Kretzmer and Eekart Klein eds., *The Concept of Human Dignity in Human Rights Discourse*, Kluwer Law International, 2002, VI.

〔5〕 [英]史蒂文·卢克斯:《个人主义》,阎克文译,江苏人民出版社2001年版,第115页。

亦为致力于建构一个完善的现代法治国家,使人人都过上有尊严的美好生活,因为无论是注重程序公平的形式法治理论还是追求实质正义的实质法治理论,最终都是以人的尊严为其终极价值。但是随着近代实证主义思潮的兴起,价值分析研究方法备受冷落并一度被逐出法学研究领域,如何践行人的尊严之理念与法学研究渐行渐远,人的尊严之现实更是惨淡。

“二战”后,鉴于纳粹政权对人性的蔑视与践踏的惨痛教训,德国在基本法第1条中对人的尊严予以明确规定。不仅如此,出于对人类生存状况的反思及现代国家对个人可能造成的伤害的顾虑,1945年《联合国宪章》、1966年《公民权利与政治权利国际公约》、1966年《经济、社会、文化权利国际公约》都特别强调保障人的尊严。随后,美洲、非洲、欧盟、东盟等区域型人权公约都对人的尊严给予了高度重视。目前,世界上约有136个国家在其宪法中对人性尊严作出了明确规定。

人的尊严是国家存在的正当性与合法性之基础,尊重与保障人的尊严的理念也构成了现代法律的内在核心精神。西方宪法学理论与实践要么将人的尊严视为最上位的宪法原则与最高法律价值规范,要么将其作为一种基本权利对待,由此拘束国家权利的恣意与专横。尊重个人的人的尊严并非仅表示国家消极不作为(不侵犯),而是要积极谋求进一步之作为(如国家也必须要保障生命,包括未出生之生命。)国家应该具体通过立法、司法和行政各个领域贯彻人的尊严原则,使社会中的每个人有尊严地生活着。

但是,由于人的尊严过于抽象,往往会因为其多义且模糊的阐述最终失去其应有的内涵和指涉范围。综观各国实践,由于立法上抽象性的规定操作性差,因此,行政权始终有蚕食公民基本权利的危险倾向,历史和实践也向我们证明了司法愈来愈成为维护人的尊严的最有效手段。通过法律解释,司法能够不断顺应时代潮流,适时利用判例完善对人的尊严这一抽象概念所作出的规定,丰富和发展这一要领的内涵,引导和纠正立法与行政。

国外对人的尊严的研究多集中于伦理学、社会学、哲学与法学领域,具有相当的研究深度和广度。其中较为经典的论著有:Oscar Schachter 撰写的 *Human Dignity as a Normative Concept*〔1〕、George Fletcher 撰写的 *Human Dignity as a Constitutional Value*〔2〕、Weinrib 和 Lorraine 撰写的 *Human Dignity as a Rights-Protecting Principle*〔3〕、Maxine Goodman 撰写的 *Human Dignity in Supreme Court Constitutional Jurisprudence*〔4〕、Stéphanie Hennette-Vauchez 撰写的 *When Ambivalent Principles Prevail: Leads for Explaining Western Legal Orders' Infatuation with the Human Dignity Principle*〔5〕、Neomi Rao 撰写的 *On the Use and Abuse of Dignity in Constitutional Law* 与 *Three Concepts of Dignity in Constitutional Law*〔6〕、Erin Daly 撰写的 *Constitutional Dignity: Lessons from Home and Abroad*〔7〕、Jeremy Waldron 撰写的 *Is Dignity the Foundation of Human Rights?*〔8〕、Christopher McCrudden 撰写的 *Human*

---

〔1〕 Oscar Schachter, *Human Dignity as a Normative Concept*, American Journal of International Law, 77, 1983, p. 848.

〔2〕 George Fletcher, *Human Dignity as a Constitutional Value*, University of Western Ontario Law Review, 22, 1984, p. 178.

〔3〕 Weinrib, Lorraine, *Human Dignity as a Rights-Protecting Principle*, National Journal of Constitutional Law, Vol. 17, 2004. p. 219.

〔4〕 Maxine Goodman, *Human Dignity in Supreme Court Constitutional Jurisprudence*, Nebraska Law Review, Vol. 84, 2006.

〔5〕 Stéphanie Hennette-Vauchez, *When Ambivalent Principles Prevail: Leads for Explaining Western Legal Orders' Infatuation with the Human Dignity Principle*, EUI Working Paper LAW No. 2007/37. Available at SSRN: http://ssrn.com/abstract=1093274.

〔6〕 Neomi Rao, *On the Use and Abuse of Dignity in Constitutional Law*, Columbia Journal of European Law, Vol. 14, No. 2 (2008), 201. Neomi Rao, *Three Concepts of Dignity in Constitutional Law*, Notre Dame Law Review, Vol. 86, No. 1, 2011, p. 183.

〔7〕 Erin Daly, *Constitutional Dignity: Lessons from Home and Abroad*, http://ssrn.com/abstract=991608.

〔8〕 Jeremy Waldron, *Is Dignity the Foundation of Human Rights?* http://ssrn.com/abstract=2196074.

Dignity and Judicial Interpretation of Human Rights[1]、Matthias Mahalmann 撰写的 *The Basic Law at* 60-*Politics and the Federal Constitutional Court*[2]、Jordan J. Paust 撰写的 *Human Dignity as a Constitutional Right*: *A Jurisprudentially Based Inquiry Into Criteria and Content*[3]、Luis Roberto Barroso 撰写的 *Here, There, and Everywhere*: *Human Dignity in Contemporary Law and in the Transnational Discourse*[4]、Stephanie Hennette-Vauchez 撰写的 *A Human Dignitas? The Contemporary Principle of Human Dignity as a Mere Reappraisal of an Ancient Legal Concept*[5]等论文，以及 Deryek Beyleveld 和 Roger Brownsword 所著的 *Human Dignity in Bioethics and Biolaw*[6]、David Kretzmer 和 Eckart Klein 编辑的 *The Concept of Human Dignity in Human Rights*[7]、Eduward J. Eberle 所著的 *Diginity and Liberty*: *Constitutional Visions in Germany and the United States*[8]、Robert P. Kraynak 和 Glenn E. Tinder 所著的 *In Defense of Human Dignity*: *essays*

---

[1] Christopher McCrudden, *Human Dignity and Judicial Interpretation of Human Rights*, EuropeanJournal of International Law, Vol. 19, no. 4, 2008, p. 655.

[2] Matthias Mahalmann, *The Basic Law at* 60-*Politics and the Federal Constitutional Court*, German Law Journal, Vol. 11, No. 1., 2011.

[3] Jordan J. Paust, *Human Dignity as a Constitutional Right*: *A Jurisprudentially Based Inquiry into Criteria and Content*, 27 How. L. J. 145.

[4] Luis Roberto Barroso, *Here, There, and Everywhere*: *Human Dignity in Contemporary Law and in the Transnational Discourse*, Boston College International and Comparative Law Review, Vol. 35, No. 2, 2012.

[5] Luis Roberto Barroso, *Here, There, and Everywhere*: *Human Dignity in Contemporary Law and in the Transnational Discourse*, Boston College International and Comparative Law Review, 35, 2012, p. 331.

[6] Deryek Beyleveld, Roger Brownsword, *Human Dignity in Bioethics and Biolaw*, Oxford: Oxford University Press, 2001.

[7] David Kretzmer, Eckart Klein ed. *The Concept of Human Dignity in Human Rights*, Kluwer Law International, 2002.

[8] Eduward J. Eberle, *Diginity and Liberty*: *Constitutional Visions in Germany and the United States*, Praeger Publishers, 2002.

for our times[1]、J. E. Malpas 和 Norelle Lickiss 编辑的 *Perspectives on Human Dignity*: *A Conversation*[2]、Michael D. Greaney 所著的 *In Defense of Human Dignity*: *Essays on the Just Third Way*: *A Natural Law Perspective*[3]、Gilbert Meilaender 所著的 *Neither Beast Nor God*: *The Dignity of the Human Person*[4]、Camilla Barker 所著的 *Dignity in International Human Rights Law*[5]、Michael Rosen 所著的 *Dignity*: *Its History and Meaning*[6]、Stephen Dilley 所著的 *Human Dignity in Bioethics*: *From Worldviews to the Public Square*[7]、Christopher McCrudden 编辑的 *Understanding Human Dignity*[8]、Britta van Beers、Luigi Corrias 和 Wouter Werner 编辑的 *Humanity across International Law and Biolaw*[9]、Catherine Dupre 所著的 *The Age of Dignity*: *Human Rights and Constitutionalism in Europe*[10]、Aharon Barak 所著的 *Human Dignity*: *The Constitutional Value and the Constitutional Right*[11]、Dieter

---

〔1〕 Robert P. Kraynak, Glenn E. Tinder, *In Defense of Human Dignity*: *essays for our times*, London: University of Notre Dame Press, 2003.

〔2〕 J. E. Malpas, Norelle Lickiss ed., *Perspectives on Human Dignity*: *A Conversation*, Springer-Verlag New York Inc., 2007.

〔3〕 Michael D Greaney, *In Defense of Human Dignity*: *Essays on the Just Third Way*: *A Natural Law Perspective*, Washingt, D. C., Economic & Social Justice, 2008.

〔4〕 Gilbert Meilaender, *Neither Beast Nor God*: *The Dignity of the Human Person*, London: General Books, 2010.

〔5〕 Camilla Barker, *Dignity in International Human Rights Law*, Create Space Independent Publishing Platform, 2011.

〔6〕 Michael Rosen, *Dignity*: *Its History and Meaning*, Harvard University Press, 2012.

〔7〕 Stephen Dilley, *Human Dignity in Bioethics*: *From Worldviews to the Public Square*, Routledge 2013.

〔8〕 Christopher McCrudden (ed.), *Understanding Human Dignity*, British Academy, Oxford University Press, 2013.

〔9〕 Britta van Beers, Luigi Corrias, and Wouter Werner ed., *Humanity across International Law and Biolaw*, Cambridge University Press, 2014.

〔10〕 Catherine Dupre, *The Age of Dignity*: *Human Rights and Constitutionalism in Europe*, Hart Publishing, 2015.

〔11〕 Aharon Barak, *Human Dignity*: *The Constitutional Value and the Constitutional Right*, Cambridge University Press, 2015.

Grimm 编辑的 *Human Dignity in Context*[1]、Edward Sieh 和 Judy McGregor 所著的 *Human Dignity: Establishing Worth and Seeking Solutions*[2]、Becchi 等编辑的 *Handbook of Human Dignity in Europe*[3] 等专著。

我国对人的尊严的研究起步较晚,仅在哲学、伦理学和社会学领域有少量的探索,法学研究领域近乎空白。近年来,随着社会的迅猛发展,诸如2004年4月昆明“美女人体盛宴”、2007年山西洪洞“5·27黑砖窑”事件、2011年10月身兼河南南阳市政协委员的民企老板被关笼中“与狼共舞”事件以及因拆迁引发的恶性事件等层出不穷,这些无不昭示着社会公平正义的缺失,无不揭示了对人的尊严的蔑视和践踏,也使学界猛然开始认识到人的尊严对法学之重要性,并逐步着手对此进行研究。在此过程中,台湾地区学者的研究对大陆的研究起到了引领作用。[4] 虽然大陆学界的研究是零星式的,尚未深入、充分认识到人性尊严的价值,而更多地局限于理解阐述人身权之中人格尊严的涵义,但是随着研究的深入,学界逐渐就人的尊严对于宪

---

〔1〕 Dieter Grimm, Alexandra Kemmerer, Christoph Möllers Edited, *Human Dignity in Context*, Hart Publishing, 2017.

〔2〕 Edward Sieh, Judy McGregor, *Human Dignity: Establishing Worth and Seeking Solutions*, Palgrave Macmillan. 2017.

〔3〕 Becchi, Paolo, Mathis, Klaus (Eds.), *Handbook of Human Dignity in Europe*, Springer International Publishing, 2018.

〔4〕 其中,较为有代表性的有李震山:《人性尊严之宪法意义》,载《中国比较法学会学报》1981年第13辑;许志雄:《宪法上之个人尊严原理》,载《中国比较法学会学报》1981年第13辑;蔡维音:《德国基本法第一条人性尊严规定之探讨》,载《宪政时代》1992年第18卷第1期;蔡宗珍:《人性尊严之保障作为宪法基本原则》,载《月旦法学杂志》1999年第1期;黄桂兴:《浅论行政法上的人性尊严理念》,载城仲模主编:《行政法之一般法律原则》(一),三民书局1999年版;李建良:《人之尊严做为宪法基本价值之规范意义》,载《宪法基本价值学术研讨会论文集》,中央研究院人文社会科学研究中心2006年;庄世同:《法治与人性尊严——从实践到理论的反思》,载《法制与社会发展》2009年第1期;蔡维音:《人性尊严作为法概念之出路》,载《法律与生命科学》2009年第3卷第3期;陈慈阳:《基本权核心理论之实证化及其难题》,翰芦图书出版有限公司1997年版;林水吉:《民主化与宪政选择》,风云论坛出版有限公司2002年版;李震山:《人性尊严与人权保障》,元照出版公司2011年版。

法学乃至法学之重要性等问题达成共识并取得了一定的进展。[1]

---

〔1〕 大陆学界的论著主要有韩德强:《论人的尊严:法学视角下人的尊严理论的诠释》,2009 年版;李累:《宪法上人的尊严》,四川人民出版社 2010 年版;张千帆:《为了人的尊严:中国古典政治哲学批判与重构》,法律出版社 2012 年版;韩大元:《生命权的宪法逻辑》,译林出版社 2012 年版;沈在宇、铃木敬夫:《在韩国的人的尊严和抵抗权》,载《环球法律评论》1992 年第 6 期;真田芳宪、鲍荣振:《人的尊严与人权》,载《环球法律评论》1993 年第 2 期;M. 路兹 · 巴赫曼、徐艳:《对人的尊严的挑战——试论 P. 辛格的优先权——实利主义》,载《哲学译丛》1996 年第 4 期;肖峰:《科学技术与人的尊严》,载《中国青年政治学院学报》1997 年第 3 期;郑波光:《人的尊严意识——〈随想录〉人文思想资源探索》,载《江淮论坛》1997 年第 5 期;弗莱施哈克、段丽萍:《技术与人的尊严》,载《现代外国哲学社会科学文摘》1999 年第 12 期;陈瑞华:《程序正义的理论基础——评马修的"尊严价值理论"》,载《中国法学》2000 年第 3 期 ;李累:《宪法上"人的尊严"》,载《中山大学学报》2002 年第 6 期;姜义华:《人的尊严:启蒙运动的重新定位——世界化现代化进程中的中国文化变迁》,载《复旦学报》(社会科学版)2003 年第 5 期;汪堂家:《人的尊严原理的再思辨——目的与手段的辩证法》,载《云南大学学报》(社会科学版)2004 年第 1 期;伍劲松:《论人性尊严保障原则》,载《内蒙古社会科学》(汉文版)2004 年第 3 期;胡玉鸿:《"人的尊严"思想的法律意蕴》,载《江苏行政学院学报》2005 年第 4 期;韩德强:《论义务本位和权利本位的尊严观》,载《文史哲》2006 年第 1 期;陈斯彬:《克隆技术的宪政视角》,载《华侨大学学报》(哲学社会科学版)2006 年 第 1 期;侯宇:《论人性尊严的宪法保障》,载《河南省政法管理干部学院学报》2006 年第 2 期;王锴:《安乐死的宪法学思考》,载《法律与医学杂志》2006 年第 2 期;韩跃红、孙书行:《人的尊严和生命的尊严释义》,载《哲学研究》2006 年第 3 期;刘革:《论人性尊严的伦理价值及其宪法意义》,载《西南民族大学学报》(人文社会科学版)2006 年第 4 期;胡玉鸿:《"人的尊严"的法理疏释》,载《法学评论》2007 年第 6 期;刘志刚:《人格尊严的宪法意义》,载《中国法学》2007 年第 1 期;龙晟:《论人性尊严的宪法主体——兼论我国传统的宪法主体理论》,载《长沙理工大学学报》(社会科学版)2007 年第 1 期;李龙、龙晟:《论宪法人性尊严的人像模式——兼论我国宪法人像之重构》,载《东北师大学报》(哲学社会科学版)2007 年第 3 期;侯宇:《论人性尊严在行政法中的适用——以法国 1995 年"投掷侏儒"案为例》,载《哈尔滨工业大学学报》(社会科学版)2007 年第 4 期;翟振明、刘慧:《论克隆人的尊严问题》,载《哲学研究》2007 年第 11 期;秦前红、韩永红:《宪法"基本权利核心概念"研究——基于中日比较的视角》,载《广东社会科学》2008 年第 1 期;韩大元:《论克隆人技术的宪法界限》,载《学习与探索》2008 年第 2 期;上官丕亮:《论宪法上的人格尊严》载《江苏社会科学》2008 年第 2 期;马平:《宪法上的人格尊严:一个中国语境下的诠释》,载《云南大学学报》(法学版)2008 年第 2 期;林来梵:《人的尊严与人格尊严——兼论中国宪法第 38 条的解释方案》,载《浙江社会科学》2008 年第 3 期;杜承铭:《人性尊严:作为民生之本的宪法权利》,载《江汉大学学报》(社会科学版)2008 年第 3 期;韩德强:《论人的尊严的基本属性》,载《广西大学学报》(哲学社会科学版)2008 年第 2 期;陈寿灿:《论人的尊严是宪政的伦理基础》,载《社会科学战线》2008 年第 3 期;韩德强:《人的秩序性尊严之构成——论尊严形态在不平等社会关系中的现实性》,载《文史哲》2008 年第 3 期;龙晟:《人性尊严概念之历史》,载《法治论丛》2008 年第 4 期;铃木敬夫著,宋海彬译:《论人的尊严与死刑废止》,载《华东政法大学学报》2008 年第 4 期;刘泽刚:《安乐死中的权利与尊严佯谬》,载《宁夏社会科学》2008 年第 4 期;石毕凡:《作为基本权利的人格尊严及其规范意涵——以"卖淫女示众事件"为例》,载《现代法学》2008 年第 5 期;甘绍平:《作为一项权利的人的尊严》,载《哲学研究》2008 年第 6 期;曾哲:《从圣经神学人格到宪法上人格权》,载《时代法学》2008 年第 6 期;佘军:《"个人自由"与"人性尊严"——美国与德国宪法人权保障基础原理的比较》,载《法哲学与法社会学论丛》2009 年第 1 期,北京大学出版社 2009 年版;张宇飞:《人性尊严的宪法解释方法及其问题——以克隆人宪法争议为例》,载《法学论坛》2009 年第 4 期;李累:《人的尊严的宪法保护》,载《法治论丛》2009 年第 4 期;胡玉鸿:《法律的根本目的在于保障人的尊严》,载《法治研究》2010 年第 7 期;马平:《尊严与自由:宪法的价值灵魂——评艾伯乐的〈尊严与自由〉》,载《环球法律评论》2010 年第 1 期;韩德强、郝红梅:《论人性尊严在宪法中的内涵、属性及功能》,载《临沂师范学院学报》2010 年第 1 期;龚向和、董宏伟:《人性尊严与农民平等权的保护》,载《时代法学》2010 年第 2 期;尤尔根 · 哈贝马斯:《人的尊严的观念和现实主义的人权乌托邦》,载《哲学分析》2010 年第 3 期;谢立斌:《中德比较宪法视野下的人格尊严——兼与林来梵教授商榷》,载《政法论坛》2010 年第 4 期;周云涛:《论德国宪法人格权的价值基础——以"人的尊严、人权、基本权"的关联为视角》,载《中国司法》2010 年第 4 期;齐延平:《论作为法治价值基础的"人的尊严"》,载《 江苏行政学院学报》2011 年第 1 期;章剑生:《"人的尊严"之下的行政权》,

现实中，我国《宪法》第38条对人格尊严作出了规定，但未对人的尊严予以明确界定。《2004年宪法修正案》首次确立“国家尊重和保护人权”的原则，这成为国家对个人权利保护予以充分关注之理念初步形成的标志，它凸显了以人的尊严作为宪法的核心和最高价值的特点。

载《江苏行政学院学报》2011年第1期；孙莉：《人的尊严与国家的修为》，载《江苏行政学院学报》2011年第1期；高珂：《从神学人格到宪法人格权的确立》，载《东方法学》2011年第2期；张三元：《论人的尊严的实现方式——基于马克思主义人学的视角》，载《甘肃社会科学》2011年第3期；陈寿灿：《市民社会与人的尊严之内涵演进的统一》，载《浙江学刊》2011年第3期；石佑启、曾鹏：《论保护人的尊严与现代行政法任务的变迁》，载《武汉大学学报》(哲学社会科学版)2011年第4期；李忠夏：《人性尊严的宪法保护——德国的路径》，载《学习与探索》2011年第4期；吕建高、谢萍：《论人的尊严与死亡权》，载《学海》2011年第5期；李忠夏：《国家安全与人性尊严：伦理问题的法教义学解决路径——评联邦宪法法院“航空安全法”判决》，载王贵松主编：《宪政与行政法治评论》(第五卷)，中国人民大学出版社2011年版；李海平：《宪法上人的尊严的规范分析》，载《当代法学》2011年第6期；马岭：《国家权力与人的尊严》，载《河北法学》2012年第1期；郑贤君：《宪法“人格尊严”条款的规范地位之辨》，载《中国法学》2012年第2期；汪进元：《论宪法的人性尊严原则》，载《河南财经政法大学学报》2012年第4期；秦成坤、刘长秋、吕艾芹：《论基因技术对宪法的挑战》，载《东岳论丛》2012年第4期；谢立斌：《宪法上人的形象变迁及其在部门法中的实现》，载《华东政法大学学报》2012年第6期；侯宇：《四海之内皆兄弟——〈为了人的尊严〉读后感》，载《公民与法》(法学版)2012年第10期；沈秀芹：《基因科技对人性尊严的挑战及宪法应对》，载《山东大学学报》(哲学社会科学版)2012年第6期；李海平：《论人的尊严在我国宪法上的性质定位》，载《社会科学》2012年第12期；仪喜峰：《宪法正当性视野下的人格尊严保障》，载《河北法学》2012年第12期；文学平：《人性尊严的四种论证方式》，载《华中科技大学学报》(社会科学版)2013年第2期；曲相霏：《人的尊严与人权保障》，载《人权》2013年第2期；杜承铭：《论作为基本权利范畴的人之尊严》，载《广东社会科学》2013年第3期；吴功青：《革命与危机：皮科论人的尊严与个体自由——兼对特林考斯的一个批评》，载《北京大学学报》(哲学社会科学版)2013年第5期；王涛：《晚近德国法上禁止刑讯与保护人性尊严之讨论》，载《国家检察官学院学报》2013年第6期；胡玉鸿：《人的尊严与弱者权利保护》，载《江海学刊》2014年第2期；刘娟：《人格尊严的内涵剖析——基于伦理学和法学的双重视域》，载《江西社会科学》2014年第2期；代峰：《古希腊时期“人的尊严”观念》，载《伦理学研究》2014年第4期；王晖：《人之尊严的理念与制度化》，载《中国法学》2014年第4期；刘睿：《“人的尊严”概念及其演变的研究综述——以康德尊严概念的研究综述为重点》，载《成都理工大学学报》(社会科学版)2015年第2期；严海良：《迈向以人的尊严为基础的功能性人权理论——当代人权观流变及评析》，载《环球法律评论》2015年第4期；程新宇：《西方文化中人的尊严的涵义及其演化》，载《贵州大学学报》2015年第4期；梁成意、周佳：《论平等原则对人的尊严的整全保护——基于德国〈基本法〉和我国〈宪法〉的比较》，载《齐齐哈尔大学学报》(哲学社会科学版)2015年第8期；史志磊：《论罗马法中人的尊严及其影响——以Dignitas为考察对象》，载《浙江社会科学》2015年第5期；张三元：《唯物史观视阈中的人的尊严与人的自由》，载《广东社会科学》2015年第5期；程新宇：《关于人的尊严之争论现状及其原因》，载《华中科技大学学报：社会科学版》2015年第6期；张艳涛、张瑶：《人的尊严：一种规范论辩护》，载《中共天津市委党校学报》2016年第3期；陈征：《从宪法视角探讨死刑制度的存废》，载《华东政法大学学报》2016年第1期；王旭：《宪法上的尊严理论及其体系化》，载《法学研究》2016年第1期；刘士国：《论主体地位人格与人格尊严人格》，载《法律科学》2016年第2期；韩大元：《人的尊严、宽容与同性恋者权利的宪法保障》，载《法学论坛》2016年第3期；胡玉鸿：《人的尊严的法律属性辨析》，载《中国社会科学》2016年第5期；刘睿：《“人的尊严”概念及其演变的研究综述——以康德尊严概念的研究综述为重点》，载《成都理工大学学报》(社会科学版)2016年第5期；宋新：《论德国宪法上的人的尊严及借鉴》，载《东方法学》2016年第6期；张三元：《人的尊严的唯物史观》，载《理论学刊》2016年第6期；曾祥华：《消费品黑名单制度与人的尊严》，载《江南大学学报》(人文社会科学版)2016年第6期；胡玉鸿：《我国现行法中关于人的尊严之规定的完善》，载《法商研究》2017年第1期；王锴：《论宪法上的一般人格权及其对民法的影响》，载《中国法学》2017年第3期。

落实这一宏伟蓝图需要一系列与之相适应的制度。而我国目前存在的问题是:始终缺乏与之配套的法律;法官不享有本应享有的作为充当法律续造功能的法律解释权,尤其是对宪法的解释权。这有碍于人权保障、人的尊严这些理念落实。人的尊严理念的本质是强调人是终极目的,倡导人的自决、自治,坚持国家是手段而非目的。随着公民权利意识的不断高涨,人的尊严现在已逐步成为我国法治建设不断追求和完善的新课题。

本书拟从以下几个方面探究人的尊严:第一,探寻人的尊严在伦理学、哲学上的源流,追溯人的尊严在法律上的流变历程,探究人的尊严的内涵与本质;第二,从法哲学角度探寻人的尊严作为人权正当性根据的理由,探讨人的尊严的法律地位及其保障;第三,探求人的尊严在国际国内法律文本中之具体表现,搜集各国之判例,进而分析比较人的尊严在各国文化传统下存在差异的原因;第四,从人的尊严原则在法律中的地位、在宪法中的地位以及对部门法的规范效力角度,探讨人的尊严如何影响并促进立法、行政和司法的良性发展,尤其是司法机关如何通过司法解释来践行人的尊严之诉求,进而深入探究人的尊严的法律意蕴;第五,通过对大陆法系(德国)与英美法系两种人的尊严适用模式进行比较,剖析其内在的运作机理及由此而形成的对人的尊严所进行的迥异法律解释,以及在新的社会形势下,人的尊严将如何兼顾个人权利与社会福祉;第五,探讨在现行体制下,如何重塑对人的认识,如何真正践行人的尊严保护的国际法义务和《宪法》第 38 条“尊重和保障人权”之精神。

由于制度和文化背景的差异,各国法律对人的尊严的理解、规定与适用大相径庭。本书试图比较不同国家人的尊严适用之法学原理,进而归纳出人的尊严适用之一般原理以指导中国之实践。

CHAPTER 01 >>

第一章

人的尊严之诘问

"认识你自己"(Γνώθισεαυτὸν)。

——古希腊德尔斐的阿波罗神庙箴言之一

"欧洲文化……最珍贵的是对个人的尊重,对个人的特殊思想的尊重,对个人享有的私生活不被侵犯的权利的尊重。"[1]

——米兰·昆德拉

第一节 历史时空中之人的尊严

人的尊严本身就是一个纯粹的西方概念与话语,因此只有从西方历史文化传统中才能梳理出其本源。实际上,西方文化最终发源于古希腊、古罗马以及基督教两个传统。美国学者伯尔曼(Harold J. Berman)也认为,"西方"是一种特殊的文化或文明,它的特征

[1] [法]米兰·昆德拉:《小说的艺术》,孟湄译,三联书店 1995 年版,第160 页。

可以从许多不同的方面来概括,这取决于该种概括的目的。这种文明习惯上被称为“西方文明”,被认为包括从古希腊和罗马遗产中继承而来的全部文化。[1] 因此,我们必须将历史的目光首先锁定于古希腊罗马,追根溯源探究人的尊严的理念在漫长的历史时空中划过的轨迹,透视不同历史时期与人的尊严理念的相契合的时代的真实诉求,唯此方能体悟人的尊严的本旨、折射现实并昭示未来。

一、古希腊罗马时期人的尊严理念

众所周知,古希腊是西方文明的摇篮,它在历史的长河中孕育并不断滋养着西方文明。人的尊严理念最早萌生于荷马时代。通过荷马史诗中对英雄的那种尊崇性描述,古希腊人表达了对人的尊严的最朴素的认知:通过拼杀捍卫族群的利益与尊严,藉此获得个人荣耀,进而捍卫自己的价值与尊严。虽然此时人的尊严与价值在懵懂中有所显现,但它仍然被湮没在族群利益之下。不过这种思想的乍现却为以后古希腊哲学导向从自然本体论向自我本体论的转变埋下了坚实伏笔。

自荷马时代开始,无论是米利都学派还是毕泰戈拉派都是从自我出发来审视自然和宇宙,从而探究世界的本原。因此,在这种自然本体论哲学导向下,人们无法进一步提升对人的尊严与价值的理解。到了公元前6世纪,希腊世界进入了城邦时期。而城邦是精神信仰与世俗统治的高度结合体,是政治生活及文学艺术的中心。[2] 古代西方文明就其本质而言基本上是城市文明。公元前5世纪中叶希波战争后,出现了一大批智者和以苏格拉底为代表的学者,开始将学术研究的主题

---

〔1〕 [美]哈罗德·伯尔曼:《法律与革命——西方法律传统的形成》,贺卫方等译,中国大百科全书出版社1993年版,第1~2页。

〔2〕 [德]马克斯·韦伯:《古典西方文明衰落的社会原因》,载[德]马克斯·韦伯:《民族国家与经济政策》,甘阳译,三联书店1997年版,第21页。

由自然界转向人类社会,从自然事物转向人类自己。古希腊哲学由此开始了转向自我本体论的质的飞跃。

早在公元前5世纪,希腊政治家伯里克利就在演讲中说过:“我们应当悲伤的不是房屋或土地的丧失,而是人民生命的丧失。人是第一重要的,其他一切都是人的劳动成果。”[1]在这种个人意识觉醒的大环境之下,德模克利特提出了“人是一个小世界”[2]的论断,从而开始将个人作为自在、独立、有意识的个体来给予关注和尊重。随后,智者学派奠基人普罗泰戈拉更是明确提出了“人是万物的尺度,是存在的事物存在的尺度,也是不存在的事物不存在的尺度”[3]这一“伟大的命题”。[4] 于是乎,犹如西塞罗所言:“智者把哲学从天上降到人间,使注意力从外界自然转向人本身,而且认为专门研究人类就是研究个人。”[5]由此,希腊哲人开始真正反躬自省,重新认识人本身。但是,智者眼中的人还是一种感性人而非理性人,若仅凭着感性和经验而以“人为尺度”度量社会时,必然会陷入相对主义的泥潭之中难以自拔。

由于历史的局限性和根深蒂固的等级观念,智者们未对人的尊严予以关注,但是从其平等理念中可得知其已开始隐约意识到人的尊严的问题,如智者安提丰认为:“根据自然,我们大家在各方面都是平等的,并且无论是蛮族人,还是希腊人,都是如此。在这里,应当适时地注意,所有人的自然需要都是一样的。”[6]智者学派这种将平等扩张理解为所有人在教育、财产、种族方面的平等甚至包括主人与奴隶之间的平等所隐含的人的尊严理念,成为日后斯多葛派(Stoics)平等思想的

---

〔1〕 [古希腊]修昔底德:《伯罗奔尼撒战争史》,谢德风译,商务印书馆1978年版,第103页。
〔2〕 北京大学哲学系外国哲学中教研室编译:《古希腊罗马哲学》,商务印书馆1961年版,第107页。
〔3〕 周辅成:《西方伦理学名著选辑》,商务印书馆1954年版,第27页。
〔4〕 [德]黑格尔:《哲学史讲演录》(第2卷),贺麟、王太庆译,商务印书馆1960年版,第27页。
〔5〕 [美]梯利:《西方哲学史》,葛力译,商务印书馆2000年版,第48页。
〔6〕 [苏]涅尔谢相茨:《古希腊政治学说》,蔡拓译,商务印书馆1991年版,第105页。

先声。

自智者们开始,关注人和人的生活的观念为后世学者所广泛接受,而且从作为西方哲学奠基人之一的"苏格拉底开始,人真正作为人而成为探讨的主题,成为在社会中具有精神生活的人"。[1] 正是在苏格拉底时期,古希腊哲学主题才真正转向认识人本身。苏格拉底充分认识到了智者思想中的相对性和主观性——"人是万物的尺度"只能"拯救现象",智者们过分强调个体的感觉和相对主义而忽视了客观和普遍存在。苏格拉底秉持一种理智主义立场重新认识世界,他多次提到德尔斐神庙上的箴言"认识你自己"。他认为,人之所以为人,并不在于人有欲望与感觉,而在于人有灵魂,能够进行自我反思以寻求真正的善。"自己一生的使命就是把他的同胞从无所用心的状态中唤醒,引导他们去思索生活的意义和他们自身最高的善"。[2] 人最重要的问题就是关心自己的灵魂,只有正当的生活才是人得到幸福的条件和保证。因此,苏格拉底确信,人的价值和尊严只在于它的德性。

循着苏格拉底的印迹,柏拉图推崇理性,认为对理性的分享使灵魂得到升华并成为不朽。柏拉图进一步指出"人是理性的动物",人因为理性而获得尊严,因为理性为个人和社会生活带来秩序。[3] 但是,柏拉图的思想中严重地浸润着城邦等级观念。他认为,个人应该完全融合于城邦共同体之中,人生来即不平等,他们分等级来实现权利职责,无条件地为城邦服务、为城邦献身,藉此实现各自不同的尊严。不仅如此,这种差别化的"人的尊严"的范围也是非常有限的,因为柏拉图所说的人,仅指统治者和自由人,而不包括奴隶。

---

〔1〕[德]胡塞尔:《现象学与哲学的危机》,吕祥译,国际文化出版公司 1988 年版,第 165 页。

〔2〕[德]策勒尔:《古希腊哲学史纲》,翁绍军译,山东人民出版社 1992 年版,第 104 页。

〔3〕Herschel Baker, *The Dignity of Man: Studies of the Persistence of An Idea*, Cambridge: Harvard University Press, 1947, pp. 100 – 105. 转引自张千帆:《为了人的尊严——中国古典政治哲学批判与重构》,中国民主法制出版社 2012 年版,第 18 页。

紧随其后的亚里士多德则是侧重从人的目的之视角来探究人的尊严问题。在他看来,“对每一事物是本己的东西,自然就是最强大、最使其快乐的东西”。[1] 人追求城邦生活的目标是为了实现幸福,幸福作为绝对终极的目标是一切手段的指南。亚里士多德认为,人对其做出的行为是有选择能力的,人通过做出正当的行为而成为一个拥有美德和正义的人。人的尊严就是作为一个有美德和正义的人不可缺少的一部分。而构成尊严的一些基本要素就隐含在人的品质之中,成为人的有机组成部分,不可分离,不可替换。“德性就是人的品质”,[2]“被剥夺了自己尊严的人都会感到极度的不快,一个在自己的东西被剥夺时即使被给予更多的原属于别人的东西,他也不会乐意接受”。[3] 但是,亚里士多德却漠视奴隶和妇女的人的尊严,他认为:“奴隶是有灵魂的工具,妇女相当于肢体不全的男人。”[4]

此后,柏拉图和亚里士多德虽然师承苏格拉底,但却是奴隶制度的坚定拥趸者,他们视“野蛮人”为劣等民族,认为奴隶制是自然而又合理的制度。但当希腊被征服、亚历山大征服“野蛮人”之后,此时罗马的有些学者方才萌生“四海之内皆兄弟”和一切人天生都是平等的理念想,于是充满普世主义情怀的斯多葛学派(Stoics)崭露头角。斯多葛学派认为,任何人均是平等的,人与人的平等是自然造就的,对人进行性别、种族、阶级或国籍的划分而加以歧视则是非正义的。斯多葛学派(Stoics)“发挥了人的尊严的观念,即一切有理性的人都是同一父亲的儿女和世界公民,具有同样的权利和同样的职责,受制于同样的法律、

[1] 苗力田主编:《亚里士多德全集》(第9卷),中国人民大学出版社1994年版,第180页。

[2] 苗力田主编:《亚里士多德全集》(第9卷),中国人民大学出版社1994年版,第10页。

[3] [古希腊]亚里士多德:《尼各马科伦理学》,苗力田译,中国人民大学出版社2003年版,第325页。

[4] 苗力田主编:《亚里士多德全集》(第9卷),中国人民大学出版社1994年版,第255页。

同样的真理和同样的理性。"[1]这种共通的理性被他们称为自然法。斯多葛学派深信："爱本身就是善，同胞不是使人幸福的单纯的手段，而是，就我而论，同胞本身就是目的。"[2]斯多葛学派主张："一切人彼此是兄弟，有着共同的起源、命运和法律，人人平等，都是'世界公民'。"[3]晚期斯多葛学派甚至主张消除奴隶和主人在人格上的差别。斯多葛学派这种对整个人类不分等差、一律平等的观念对后世产生了巨大的影响，被看作近现代"人的尊严"理念和人权思想的雏形和萌芽。"像16、17、18世纪所出现的那种天赋人权的学说也是斯多葛学说的复活，尽管有着许多重要的修正。"[4]

这种思想到了古罗马的西塞罗和塞涅卡那里，人的"尊严"之理念与价值得到了进一步强调，并且由此成为后世作为自由主义伦理之核心的康德人本主义原则之滥觞。循着斯多葛学派的观点，西塞罗认为神与人享有共通的理性，而人与人之间具有一定的相似性，有共同的好品质与坏品质，也享有共通的理性。先于国家和法律而存在的自然法来源于上帝的旨意和人类的本性——理性。"依据自然法，每个人都享有一定的尊严，一切人都是平等的。人们如果不尊重彼此的权利，社会就无法长期存在下去"[5]，共同服从自然法的人，都是"与上帝共同享有理性"的公民。因而一个人不管他是自由人还是奴隶，都享有作为人类一份子的"尊严"。

其后，罗马皇帝尼禄的老师塞涅卡认为，以道德与宗教为纽带所组成的、属于一切有理性的人的国家中，每个人因其人性成为该国家的成员。"在这个国家里，一切人都是平等的，怜悯、同情、慈善、宽容、仁爱

[1] [美]梯利：《西方哲学史》，葛力译，商务印书馆2000年版，第123页。
[2] [美]梯利：《西方哲学史》，葛力译，商务印书馆2000年版，第123页。
[3] 邓晓芒、赵林：《西方哲学史》，高等教育出版社2005年版，第73页。
[4] [英]罗素：《西方哲学史》(上卷)，何兆武、李约瑟译，商务印书馆1963年版，第340页。
[5] 李步云：《人权法学》，高等教育出版社2005年版，第28页。

等人道主义精神有着崇高的地位。”[1]塞涅卡更是主张人人价值平等，强烈抨击不合理的奴隶制度。他认为：“‘他们是奴隶’，人们说。不，他们是人。‘他们是奴隶’，但他们和我们生活在同一个天底下。‘他们是奴隶’，不，他们是朋友，谦恭的朋友。‘他们是奴隶’，严格说来，他们是我们的奴隶伙伴，只要你反思一下就会明白，命运对我们也像对他们一样，行使着同样大小的权力。”“你称之为奴隶的人，追本溯源，他和你是来自同一祖先的，也和你居于同一晴空之下，和你同样呼吸、同样生活、同样死亡。”[2]查士丁尼在《所学编纂》(Digest)1.5.2中也同样对人予以了关注：“所有的法都是为人而制定”[All law is made for the sake of human beings (*hominum causa*)]。

西塞罗，尤其是塞涅卡的思想对后世产生了深远的影响，加上古罗马法在欧洲的辐射力与文艺复兴运动的影响，人人平等的思想及慈善、仁爱等人道主义精神成了基督教伦理观念的中心思想，对后来基督教相关思想的形成起到了积极的推动作用。

在古希腊罗马时期，人们所持有的尊严观念实际上是一种等级尊严观。城邦集体的荣誉与尊严凌驾于个体的荣誉与尊严之上，而且这种个人所享有的荣誉与尊严仅限于城邦统治者和城邦公民。但是，随着罗马人统治的建立，人们的关注焦点开始从城邦公共生活转向个人生活，逐步注重个人精神世界的完善。正是在这种“从属”状态的城邦里，“神祇享有当时超越一切的尊严，人的尊严逐渐湮没在神祇尊严的威严之中，人慢慢丧失了自身自然、质朴的独立属性，由此逐渐形成了神人分治的二元格局。”[3]我们更应看到，在古希腊罗马时代，道德哲学

---

〔1〕 李步云：《人权法学》，高等教育出版社2005年版，第29页。

〔2〕 [古罗马]塞涅卡：《面包里的幸福人生》，赵又春、张建军译，陕西师范大学出版社2003年版，第95、98页。

〔3〕 徐大同：《西方政治思想史》，天津教育出版社2002年版，第6页。

兴起、个人主义萌芽、犬儒学派的“返于自然”、伊壁鸠鲁学派主张的“恬淡生活”,以及斯多葛学派的“平等、自由”理念,都为后来人的尊严观念的出现以及以崇尚个体的自由主义为核心的康德人本主义的滥觞奠定了丰厚社会和人文基础。

正如学者指出的那样,“伟大的古典文明在两方面是卓越的。首先,它造就了奴隶制的顶峰,尤其是在古罗马帝国的鼎盛时期。……现在我们来看一看古代文明之所以卓越的第二个事实。正是在这个时期,人们首次提出了各种道德原则,这些原则构成了对整个制度的有效批判准绳。……就这样,关于人类本性尊严的观念便暗暗在罗马官员们的头脑中加强了。……关于人性尊严的学说是一种有价值的道德力量,但现存社会已打了预防针反对这一力量的革命实施。六百年间,关于人类灵魂的智力和道德的辉煌理想盘旋在古老的地中海世界。它在一定程度上改变了人类的道德观念,它重新调整了宗教;但是,它未能逼近它繁荣与其中的文明所具有的根本弱点。它是一种新生活制度的微弱曙光。”〔1〕

二、中世纪神权统治人的尊严观

“一切宗教的内容是以人为本源”,〔2〕宗教是从精神世界对人的生存境况的深切关注。世界上的三大宗教无一不是以那种颠倒虚幻的神学语言强烈地表达对人的问题的焦虑与关切,它们从各自不同的角度出发,以形而上学的方式阐释着诸如人是什么、从何处来、往何处去以及人的意义和价值何在等形而上问题。因此,从某种意义上说,宗教(神学)是最深刻的人学。在西方的历史长河中,正是基督教神学不断

〔1〕[英]怀特海:《观念的冒险》,周邦宪译,贵州人民出版社2000年版,第13~14页。
〔2〕[德]马克思、恩格斯:《论人性、人道主义和异化》,人民出版社1984年版,第177页。

滋养着人的尊严的发展和演变。中世纪基督教哲学是神化了的人学。

《圣经·旧约·创世纪》中记录:“上帝说:‘让我们照着自己的样子造人吧!让他们管理海里的鱼、空中的鸟和一切牲畜、野兽及爬虫。’于是,上帝按照自己的形象(*Imago Dei*)创造了人类,有男人也有女人。”既然所有的人都是由上帝一手创造,那么就没有了种族、性别、身份等一切不平等的原因,每一个个体都是平等的,因为基督教认为每个人身上承载的都是上帝创世的神性光辉,所以每个人可以平分上帝赋予的荣光和尊严,“犹太人和非犹太人之间没有区别,自由人和奴隶之间也没有区别,男人与女人之间也没有区别,因为你们都在基督耶稣之中成为一体”。[1] 这种上帝面前人人平等无疑是“人的尊严”观念的又一次里程碑式的大进步,遗憾的是上帝把人从世俗的不平等中解放的同时又把人变成了上帝的仆人。

而且,尤为重要的是,基督教开始从理性角度来解读信仰问题。基督教认为,对上帝的信仰是人的意志自由选择的结果,理性本身并非目的,信仰才是正确运用理性的前提,自由意志才是人的尊严之最终寄所。[2] 既然人是根据上帝形象创造的,在他诞生于上帝之手的时刻,他的初始状态与他的原型是平等的。只是由于原罪,所以丧失了理性和尊严。只有靠神明的恩典,才能重获理性与尊严。[3]

到了中世纪,哲学沦为神学的婢女。所有的哲学思想,都是为了论证神学教义的合理性与上帝的伟大而存在。“人肖上帝”(*Imago Dei*)、众生平等的理念被发扬光大。而在这场轰轰烈烈的论证运动中,神学家们为了论证其神学体系,孜孜求助于理性并逐步倡导理性思维,这不

〔1〕 王正中:《圣经》(寻根版),浸宣书局1995年版,第211页。

〔2〕 参见张千帆:《为了人的尊严——中国古典政治哲学批判与重构》,中国民主法制出版社2012年版,第18~19页。

〔3〕 [德]恩斯特·卡西尔:《人论》,李琛译,光明日报出版社2009年版,第12页。

仅为近代实验思潮的兴起奠定了基础,也为其提供了方法论的指导。

作为教父思想的集大成者,奥古斯丁(Aurelius Augustinus)认为:“并非人的身体,而是人的心意,才是按照上帝的形象造的。让我们以那与上帝相近似的心意去追求上帝,从他自己的形象中认识造物主。”[1]“只有人的灵魂,即那理性和心智的灵魂,才在它的永恒性中具有造物主的形象。……虽然理性与心智有时在人的灵魂中深藏不露,有时表露很少,有时表露很多,然而人的灵魂不是别的,只是理性的和心智的。因此,倘若说人的灵魂之按照上帝形象而造,是在乎它能用理性来了解并瞻仰上帝,那么,自从那伟大奇妙的性质开始存在的时候,不问那上帝的形象是显露于表面或几乎没有表露,不问它模糊残缺或是光华美丽,它总是存在着的。”[2]奥古斯丁也因此认为所有的人都情同手足,每个人都无一例外地享有作为人所应有的尊严。

循着奥古斯丁的足迹,神学及哲学家托马斯阿奎那(St. Thomas Aquinas)将人们对人的尊严的认识提升到了一个新的高度。他认为,理性是使人区别于其他所有动物的根本特征。只有拥有了理性,人方能享有价值与尊严。理性使人拥有了动物所无法比拟的自治能力。也就是说,人可以基于理性而独立地自我规范、自我发展,形成及实现自己的生活及生命。这种能力就是人的尊严(*hominis dignitas*)。[3] 但是,这种人性观仍囿于人受制于上帝之信念,人们依然笃信人是上帝的子民、局限于奥古斯丁的三位一体(Trinity)的上帝观。不仅如此,在阿奎那看来,除了人之外的各种动物也都有尊严,因为它们同人一样都是上帝的

〔1〕 [古罗马]奥古斯丁:《基督教要义》第 2 卷第 2 章,第 4 节。转引自[美]尼布尔:《人的本性与命运》,汤清等译,宗教文化出版社 2011 年版,第 99 页。

〔2〕 [古罗马]奥古斯丁:《*De Trinitate*》第 14 章,第 4 节、第 6 节。转引自[美]尼布尔:《人的本性与命运》,汤清等译,宗教文化出版社 2011 年版,第 99 页。

〔3〕 参见 Burckhardt, *Die Cultur der Renaissance in Italien*, 1869, S. 282ff。转引自陈慈杨:《宪法学》,元照出版有限公司 2004 年版,第 472 页。

造物。[1]

教皇格列高里一世(Pope St. Gregory I,也称格雷戈里)时期以来,教皇们和各级主教们反复向其子民们灌输着三位一体(Trinity)的上帝观,并强调唯有信仰上帝,方能通过神的恩典恢复人类因原罪而失去的人的尊严,得到救赎而通向天国。公元494年,教皇格拉西乌斯(Gelasias)在向罗马皇帝阿纳斯塔修斯(Anastasius)的信中提及人的尊严。[2] 这是人的尊严概念首次正式出现在基督教文献中。

罗马帝国解体后,作为神圣罗马帝国统治者的蛮族日耳曼人也皈依了基督教。为了承继罗马帝国的合法地位与版图,此时亟须基督教会的支持与合作,而基督教会也正急于扩张势力并渗入世俗世界。于是乎,基督教会与世俗权力达成妥协,由此形成了中世纪王权与教权合一的独特权力架构体系。借着日耳曼人优良的法制传统,神圣罗马帝国统治者在全社会强力推行对法律的尊重和敬畏观念,并逐步确立了新的社会等级制度与秩序,而基督教所强调的人的血统、身份、地位尊卑的人的尊严观念也得以牢固确立。

中世纪基督教神学提出的"人肖上帝"(*Imago Dei*)的人的尊严观一定意义上说是一种的历史进步。有学者认为,基督教通过宣传人由神创造、在神面前是平等的说教,确立了上帝面前人人平等的思想。这是基督教为西欧乃至更广阔的世界作出的贡献,并构成了中世纪以来西欧人类观的基本哲学。[3] 但是我们也应看到,这种襁褓中的平等的人的尊严理念并未摆脱神的束缚,其更多强调的是人对上帝的依附关系,而且并非出于个人权利角度来考虑问题,这是其致命硬伤。而恰

---

〔1〕 Michael Rosen, *Dignity: Its History and Meaning*, Harvard University Press 2012, p. 23. 另见[英]迈克尔·罗森:《尊严:历史和意义》,石可译,法律出版社2015年版,第21页。

〔2〕 Michael Rosen, *Dignity: Its History and Meaning*, Harvard University Press 2012, p. 13. 另见[英]迈克尔·罗森:《尊严:历史和意义》,石可译,法律出版社2015年版,第12~13页。

〔3〕 [日]星野英一:《私法中的人》,王闯译,中国法制出版社2004年版,第16页。

恰是这硬伤所致的苦果,激发了人们对个人的珍视、催生了日后的人文主义。

以历史发展的大视角观之,随着古希腊哲学关注主题的转换,在刚刚挣脱自然哲学束缚后,人的自我意识兴起。但是随着中世纪基督教的兴起,西方哲学落入了神与上帝的樊篱。不过,在历史发展过程中奠定了世俗的基础后,人的尊严的理念必然要挣脱神与上帝的羁绊甚至与之决裂。

三、文艺复兴至启蒙时期人的尊严之再发现

随着文艺复兴时期的到来,人本主义开始思潮涌动,深受基督教价值浸染的世俗社会开始反思人与上帝、人与自然的关系,重新体悟希腊先贤所谓的"人是万物的尺度"之理念并为之呐喊。人文主义者开始对上帝产生怀疑,认为人虽然可以附于上帝获得尊严,但是还能够凭借自身的理性和力量获得自己的尊严。

主张恢复理性权威的先驱是被誉为"文艺复兴之父"的弗朗西斯科·彼特拉克(Francesco Petrarca),他创造性地将中世纪比附为"黑暗世纪(Dark Age)":"每一个我所重新发现的古代著名作者,都是上一代的一个新的罪证和又一个不光彩行为的证明。他们不仅不满足于自己无耻的无所作为,还任由别人思想的硕果和祖先辛苦的劳作和缜密的观察写就的作品因为他们令人不堪容忍的忽视而消亡。尽管他们没本事创造任何东西传给后代,却抢劫了祖先留给后代的遗产。"[1]彼特拉克这种对基督教的无情鞭挞的思想对其后的人文主义者影响非常深远,后来者始终都在延续着这种思维模式,并以此来剖析人与神之间乃

〔1〕 [美]保罗·奥斯卡·克利斯特勒:《意大利文艺复兴时期的八个哲学家》,姚鹏、陶建平译,上海译文出版社1987年版,第13页。

至人与国家之间的关系命题。彼特拉克认为古典著作就是智慧和理性,只有古典著作中所闪映的智慧和理性才能遏制基督教,古典著作是在上帝身旁安排了另一尊神。布鲁尼(Leonardo Bruni)和帕尔梅利(MatteoPalmieri)随后也向神权宣战。布鲁尼在《佛罗伦萨史》中摒弃了上帝参与人间事务的记载,认为平等也不再是早期基督教那种在上帝面前的平等,而是在法律面前的平等,而且每个市民有同等机会参加政府管理和批评自由才能被称为“真正的自由”。帕尔梅利则在此基础上更加深入地论述了社会存在及人的本质,他认为为了公共幸福和国家利益,人们应当做好经受困难的准备。

随着商品经济的勃兴与封建经济的瓦解,资本主义在西欧各国渐次萌芽并稳步发展。人文主义者开始对罗马教会经院哲学家的僵化空洞“经学传统”进行反驳,并对教会在思想文化上的蒙昧主义进行鞭挞。于是,在15世纪中期,意大利兴起了以瓦拉为代表的“圣经人文主义”(Biblical humanism)学派。该学派代表人物曼内蒂(Mannetti)在其《论人的尊严与卓越》一书中历史性地首次提出了世俗化的人的尊严思想。曼内蒂虽然承认上帝创造了世界,但是对于人在改造现实世界方面的作用,他认为“人能够借助自己的劳动永远使自己堪称为人,使上帝所创造的事物更加优美和更加完善”。[1] 基于曼内蒂的人可与上帝相匹敌思想,由此不难推论出其赋予了人的相对独立的自我尊严。

紧随其后,意大利新柏拉图派著名的哲学家、思想家皮科·德拉·米兰多拉(Pico della Mirandola,又称米朗多拉)首次正式提出了非基于宗教的人的尊严(Human Dignity)理念。米兰多拉指出:“没有什么比人更值得赞叹的了。……人才是被恰当地称为并看作是一个伟大的奇迹,一种堪配所有赞叹的生灵”。因为“人是造物之间的中介,既与上界

---

〔1〕 [意]加林:《意大利人文主义》,李玉成译,三联书店1998年版,第58页。

为伴,又君临下界;因为感觉的敏锐、理性的洞察力及智性之光而成为自然的解释者;人是不变的永恒与飞逝的时间的中点,正如波斯人所言,是纽带,是世界的赞歌,或如大卫所言,只略低于天使。”米兰多拉进一步指出,人是按照“自己的欲求和判断拥有和掌控”自己的位子、形式和禀赋,是按照自己的“自由抉择决定”人的自然,人是“自己尊贵而自由的形塑者,可以把自己塑造成任何你偏爱的形式。你能堕落为更低等的野兽,也能照你灵魂的决断,在神圣的更高级中重生。”[1]

由此可见,米兰多拉的思想无疑是对“人肖上帝”(*Imago Dei*)说教的巨大挑战,正式宣告人完全有能力凭借理性自由决定自己的命运与价值。有学者认为,米兰多拉“思想的深刻在于,要把人自身的自由选择作为唯一条件,从人的存在中寻求本质。对于米兰多拉(或培根与帕斯卡尔)而言,人的尊严实际上是人拥有什么样的尊严的问题。[2] 根据他的见解,选择最高的东西,以此为目标而竭尽全力,乃是作为保持着尊严性的东西的人生课题。”[3]米兰多拉关于人的学说也成为文艺复兴时期人的理论之巅峰,也因首创了世俗世界对人的尊严的全新理念而被誉为“现代人的尊严概念之父”[4]。

随后,圭查尔狄尼(Francesco Guicciardini)和马基雅维利(Niccolo Machiavelli)继续高扬理性的旗帜,进一步肯定了人的自由意志,向宗教神学发起猛烈的攻击。圭查尔狄尼认为,“信仰也就是对非理性的现象的坚定意见或确信。”他把宗教看成是迷信,认为上帝只是“对头脑糊涂的人有特别大的威力”,对于有理性的人来说已不再是崇拜的对象。[5]

---

〔1〕[意]皮科·米兰多拉:《论人的尊严》,樊虹谷译,北京大学出版社2010年版,第17~18,25页。

〔2〕Michael Rosen, *Dignity: Its History and Meaning*, Harvard University Press, 2012, p. 24. 另见[英]迈克尔·罗森:《尊严:历史和意义》,石可译,法律出版社2015年版,第21页。

〔3〕[日]岩崎允胤:《人的尊严、价值及自我实现》,刘奔译,当代中国出版社1993年版,第113页。

〔4〕Giovanni Bognetti, *The Concept of Human Dignity in European and U. S. Constitutionalism*, in Georg Nolte ed, European and US Constitutionalism, Cambridge University Press, 2005, p. 79.

〔5〕张椿年:《从信仰到理性——意大利人文主义研究》,浙江人民出版社1994年版,第82~84页。

马基雅维利更是主张,“不能把我们的自由意志消灭掉,我认为,正确的是:命运是我们半个行动的主宰,但是它留下其余一半或者几乎一半归我们支配”。[1] 1623年,培根将其著作《知识的长处》(the Adventure of Learning)扩译为《知识的尊严与长处》(*De dignitate et augnebtis scientiarum*),由此培根将尊严一次赋予了较为抽象的内涵——知识。有学者指出,培根著作标题中的尊严(*dignitate*)最恰当的英文翻译应为值得(worth)或价值(value)。[2] 由此可见,培根创造性地将人的尊严理解为价值。而在他之后的那个时代,人们却是从地位的优越、价值、值得等不同视角去理解并诠释着尊严。

在理性的光辉的指引下,英国唯物主义哲学家和政治思想家霍布斯(Thomas Hobbes)从人性论出发,首次明确批判了亚里士多德关于人类天生不平等的思想,提出了近代意义上的平等理念。霍布斯指出:“自然使人在身心两方面的能力都十分相等,以致有时某人的体力虽则显然比另一人强,或是脑力比另一人敏捷;但这一切点加在一起,也不会使人与人之间的差别大到能使这人能要求获得人家不能像他一样要求的任何利益。”[3]基于这种人人天生平等的人的尊严观,霍布斯在其巨著《利维坦》中对国家起源的基础和人民政治权利的源泉进行了深入的探讨,其论述业已成为近现代政治哲学的基石。

承袭霍布斯的理念,英国思想家洛克(John Locke)也以人的自由状态为出发点,他假设人生活在一个自由平等的自然状态中,“同种和同等的人们既毫无差别地生来就享有自然的一切同样的有利条件,能够运用相同的身心能力,就应该人人平等,不存在从属或受制的关系。”[4]

---

〔1〕[意]尼可罗·马基雅维利:《君主论》,商务印书馆1985年版,第117页。

〔2〕Michael Rosen, *Dignity: Its History and Meaning*, Harvard University Press, 2012, p. 14. 另参见[英]迈克尔·罗森:《尊严:历史和意义》,石可译,法律出版社2015年版,第13页。

〔3〕[英]霍布斯:《利维坦》,黎思复等译,商务印书馆1985年版,第92页。

〔4〕[英]洛克:《政府论》(下),叶启芳等译,商务印书馆1964年版,第3页。

在此假设之下，洛克认为国家权力源自受人民的委托，政府的目的在于保护公民的私有财产，只有透过法治以分权才能有效制约政府的权力，由此实现人的尊严与价值。在其后，法国思想家孟德斯鸠（Montesquieu）将分权理论进一步深化为“分权制衡”（checks and balance）理论，为日后政治实践提供了坚实的理论支撑。

法国思想家卢梭（Jean-Jacques Rousseau）认为人是生而自由且平等的，人的权利是自然存在的，“每个人的力量和自由是他生存的主要手段”。因此，“既然任何人对于自己的同类都没有任何天然的权威，既然强力并不能产生任何权利，于是便只有约定才可以成为人间一切合法权威的基础。”[1]国家只能是人民通过自由协议即“社会契约”让渡自己的权利的产物，如果自由被强力所剥夺，则被剥夺了自由的人民可以用与被剥夺自由同样的方法推翻政府统治，夺回自己的自由。正是卢梭将人类平等思想发展到极致：社会契约学说充满了对人的个体价值和尊严予以最大限度尊重的人文主义情怀，进而深深影响着后世的政治理论与实践。

面对世俗世界汹汹而来的挑战，加上中世纪那种“丧心病狂、令人发指”的黑暗统治造成的人们业已对上帝信仰分崩离析的残酷现实，基督教不得不考虑如何从自身角度加以改革。德国宗教改革领袖马丁·路德（Martin Luther）是宗教改革的始作俑者。根据路德的神学理论，在人和上帝的关系上，人是出发点和目的，人的尊严和自主性是在个人的虔敬信仰中与上帝直接沟通中恢复的。追随罗马神学家奥古斯丁，在奥古斯丁宗教神学中的原罪说基础上，路德提出“因信称义”说。他主张，个人信仰是获得上帝的救赎的决定因素，唯此个人方能恢复原本失去之人的尊严和自主。

---

〔1〕［法］卢梭：《社会契约论》，何兆武译，商务印书馆2003年版，第10、18页。

其后，法国人加尔文（John Calvin）继续对基督教进行改革，他在坚持路德“因信称义”的基础上，对奥古斯丁的“预定论”[1]予以了改造，坚信通过对上帝的信仰和自身的努力可以得到上帝的救赎、实现灵魂的升华。加尔文的主张是以勤劳、简朴、积极向上为荣耀，以奢侈、浪费、不劳而获为耻辱，将人的职业工作、日常生活以及一切世俗劳动都视作践行上帝荣耀的崇高目的，这使得现实的经济活动也获得了神圣性，为新兴资产阶级的发展提供了神学依据和宗教动力，培养了一大批冒险进取、克勤克俭，对社会有着强烈责任感的信徒，加尔文也由此成为新兴资产阶级的精神代表。正是加尔文的这种新教信念，构成了马克斯·韦伯在其《新教伦理与资本主义精神》中所描写的整个资本主义的精神气质，是资本主义得以迅猛发展的原动力。宗教改革虽然是以上帝的名义进行的，但是它却是深深触及人的灵魂深处，触动了人的尊严这一终极关怀，其影响之深远和广阔是始料不及的。

由此我们可以看出，欧洲文艺复兴、启蒙运动是一场渐次展开的人的全面解放运动，是一个由“身份走向契约”[2]的巨变过程。在这一时期，新兴的资产阶级高举人道主义的旗帜，强调人格的独立，要求尊重人的价值、发展人的个性、强调人的尊严、追求人的自由，从而形成了一个以“人”为中心的人本思想体系。文艺复兴最大的成就就是强调独立的人的价值，最大的主题是发现“人性”。从这里出发，“理想中的人不再是一个社会存在，一种政治动物”，他终于成了一个独立的价值主体，他拥有技术洞见，成了对象世界的主人。人的尊严观念在这里得到了

---

〔1〕 即尽管上帝预先决定了被救赎的人，但是每个基督徒都可以通过自己在现世的奋斗和成功来证明自己是被上帝选民而给予救赎而充满基督的灵，重新次获得社会活动的能力，进而在事业上获得成功。

〔2〕 英国法律史学家梅因爵士（Henry Sumner Maine）认为：“因此，如果我们依照最优秀著者的用法，把‘身份’这个名词用来仅仅表示这一些人格状态，并避免把这个名词适用于作为合意的直接或间接结果的那种状态，我们可以说，所有进步社会的运动，到此处为止，是一个‘从身份到契约’的运动。”[英]梅因：《古代法》，沈景一译，商务印书馆1959年版，第97页。

飞跃式的发展。在那个思想家层出不穷的时代,这些闪耀着无限智慧光辉的大师们在向封建专制制度和基督教义宣战的过程中,高举自然法的大旗,将人从神的统治中彻底解放出来,强调了人因具有理性而享有尊严。〔1〕

尽管这种人人平等的追求有明显的理想主义色彩,但正是其中蕴涵的这种思想信念,启发和激励着后人为争取人的尊严而进行不懈的努力和奋斗,文艺复兴可谓"具有用人性的尊严来取代神性的权威"的进步意义。〔2〕 但是,启蒙运动初期所形成的思想不可避免地存在封建等级思想和宗教专制观念的残留,"尽管自然法有许多宗教和保守的形式,这种来源于修正主义历史的坚定不移愈志拯救了人的灵魂和尊严。"〔3〕就另一角度而言,人的尊严理念是近现代西方哲学的根本转向与源泉。因为诚如学者指出,人们自此开始意识到:"首先,存在着一项根本的伦理原则:单个的人具有至高无上的内在价值或尊严。"〔4〕

四、康德理性主义人的尊严之认知

18 世纪以前,欧洲社会是一个赤裸裸的身份社会,人们往往因性别、身份、职业、团体、宗教等的差异而受到迥异对待。在这种彰显身份的严格等级社会秩序中,基督教哲学确立的人类平等尊严思想根本不可能"在社会和法的层面上得以实现,在那种秩序中,得到宣扬的只是宗教和道德意义上的人类尊重。直接向封建身份制挑战的,是尽管思想渊源相同但却带有近代世俗主义的个人主义和自由主义色彩的 18

〔1〕 [挪]G. 希尔贝克、N. 伊耶:《西方哲学史——从古希腊到二十世纪》,童世骏等译,上海译文出版社 2004 年版,第 204 页。

〔2〕 邓晓芒、赵林:《西方哲学史》,高等教育出版社 2005 年版,第 122 页。

〔3〕 [美]科斯塔斯、杜兹纳:《人权的终结》,郭春发译,江苏人民出版社 2002 年版,第 188 ~189 页。

〔4〕 [英]史蒂文·卢克斯:《个人主义》,阎克文译,江苏人民出版社 2001 年版,第 43 页。

世纪启蒙哲学和近代自然法论”。[1] 直至18世纪,康德(Immanuel Kant)学说的出现才彻底打破了人受制于上帝的观念桎梏。

德国启蒙时代著名哲学家普芬道夫(Samuel von Pufendorf)率先将人的尊严理念与其自然法学说相结合,创造性地提出了所有人都自然平等的主张。他认为,人之所以享有尊严在于他那不灭的灵魂(immortal soul)和理解力。而且,由于每个人都被赋予了不灭的灵魂和理解力,因此所有人在本质上都是平等的,即在尊严面前人人平等。普芬道夫特别强调人的社会属性,认为人的平等是以人的共同理性为基础的,只有人与人之间的关系才能使人获得真正的尊严(*dignatio nominis humani*)。[2] 普芬道夫的思想意味着人的共同理性是权利之源,构成了近代人的尊严观念;也意味着欧洲社会开始发生神的义务的存在论的决裂,正在酝酿并尝试着在现实社会中建构人权的重大观念转变。普芬道夫的思想在欧洲广为传播甚至影响到大洋彼岸的美国,殖民地时期美国政治哲学先驱怀斯(John Wise)和《1776年弗吉尼亚权利法案》(Virginia Declaration of Rights of 1776)起草者乔治·梅森(George Mason)都深受其思想浸染。[3]

英国思想家休谟是第一个倡导人的尊严之人,他是第一个提出不应求助于宇宙观或神学思想而思考、信仰或肯认人的尊严理念之人。

---

〔1〕 [日]星野英一:《私法中的人》,王闯译,中国法制出版社2004年版,第16~17页。

〔2〕 Pufendorf, *De iure naturae et gentium*, English Edition, (1703) Ⅱ. 1. 5. in David Kretzmer and Eckart Klein(eds.), The Concept of Human Dignity in Human Rights Discourse, Kluwer Law International 2002, p. 44.

〔3〕 Stern, 'Idee der Menschenrechte und Positivitat der Grundrechte,' in Handbuch des Staatsrechts der Bundersrepublik Deutschland, Isensee and Kirchhof, eds., (Allgemeine Grundrechtslehren, Heidelberg 1992) V, p. 11. in David Kretzmer and Eckart Klein(eds.), The Concept of Human Dignity in Human Rights Discourse, Kluwer Law International 2002, p. 44.

因此,休谟的《论尊严或人性的卑劣》[1]一文具有非同寻常的现代意义。[2] 他反对前人那种认为人的尊严源于虚荣的认识,认为虚荣实际上与品行紧密相连,如果人们处处留心且举止恰当,那么人显出的自负或虚荣就是一种真正的美德。因此,对人的尊严的肯认不只是出于自负或虚荣,肯认人的尊严比否认它更有利于获得美德。由此可以看出,休谟是从眼前的社会收益出发来理解并肯认人的尊严,[3]这种认识不免带有某种功利主义的色彩。

深受普芬道夫人的尊严以及共同理性为平等基础理念以及休谟人的尊严思想的影响,康德透过《纯粹理性批判》《实践理性批判》《判断力批判》《未来形而上学导论》和《道德形而上学基础》等一系列论著将理性主义哲学发展至巅峰,创造性地提出了人的内在尊严这一理念。

康德认为,理性是人的先天认知能力。“人,一般说来,每个有理性的东西,都自在地作为目的而实存者,他不单纯是这个或那个意志所随意使用的工具。在他的一切行为中,不论对于自己还是对其他有理性的东西,任何时候都必须被当作目的。”[4]在康德看来,人的存在本身就是目的,具有绝对价值,“每一个有理性的东西都必须服从这样的规律,不论是谁在任何时候都不应把自己和别人仅仅当作工具,而应该永远看作自身就是目的”。[5] 换言之,就是不管在任何情况下,都不要把人当作达到目的的手段,要尊重人,守护作为人的尊严。如果每一个理性

---

〔1〕 David Hume, *Of the Dignity or Meanness of Human Nature*, Eugene F. Miller, ed. Essays, Moral, Political, and Literary, Essay XI, Liberty Fund 1987, pp. 80 – 86.

〔2〕 Mette Lebech, *On the Problem of Human Dignity: A Hermeneutical and Phenomenological Investigation*, Königshausen & Neumann, 2009, p. 97.

〔3〕 Mette Lebech, *On the Problem of Human Dignity: A Hermeneutical and Phenomenological Investigation*, Königshausen & Neumann, 2009, p. 98.

〔4〕 [德]康德:《道德形而上学原理》,苗力田译,上海人民出版社 2002 年版,第 46 页。

〔5〕 [德]康德:《道德形而上学原理》,苗力田译,上海人民出版社 2002 年版,第 52 页。

的存在者都把自己和别人当作目的而不是手段,那么就会产生一个理性人的道德世界,即"目的王国"。康德的"目的王国",实际上就是他的道德理想国。但在这个理想国中,人人享有尊严,道德是一个根本条件。"道德就是一个有理性东西能够作为自己目的而存在的唯一条件,因为只有通过道德,他才能成为目的王国的一个立法成员,于是,只有道德以及与道德相适应的人性,才是最有尊严的东西。"[1]理性把自身意志的准则作为普遍规律同其他意志联系起来,也和自身行为联系起来。个人都具有同等的价值和尊严,正是这种联系的基础:"人类的尊严正在于他具有这样的普遍立法能力,虽然他同时也要服从同一规律",但是对规律的服从,恰恰是履行责任的体现;"那些尽到了自己一切责任的人,在某种意义上是崇高的、尊严的。"[2]

在康德的目的王国中,"目的王国中的一切,或者有价值,或者有尊严。一个有价值的东西能被其他东西所代替,这是等价;与此相反,超越于一切价值之上,没有等价物可替代,才是尊严。"[3]作为目的而存在的理性人,因此而具有绝对的价值,其存在本身因找不到任何等价物代替,所以享有作为人的神圣而不可侵犯的尊严。而且,在康德看来,"只有那种构成事物作为自在目的而存在的条件的东西,不但具有相对价值,而且具有尊严",因为"道德就是一个有理性东西能够作为自在目的而存在的唯一条件",因此,"只有道德以及与道德相适应的人性(Menschheit),才是具有尊严的东西"。[4] 一个人越是按道德法则去行动,道德越发展,他也就越自由、越独立。一个独立、自由的个体,只应服从自己的理性,而不应服从他人或一些外在因素,否则,人就失去了

---

〔1〕[德]康德:《道德形而上学原理》,苗力田译,上海人民出版社2002年版,第88页。
〔2〕[德]康德:《道德形而上学原理》,苗力田译,上海人民出版社2002年版,第61页。
〔3〕[德]康德:《道德形而上学原理》,苗力田译,上海人民出版社2002年版,第55页。
〔4〕[德]康德:《道德形而上学原理》,苗力田译,上海人民出版社2002年版,第55页。

"意志自由",无法获得尊严与价值。然而人的意志在道德行为选择中有着能动作用,因此人的尊严有赖于道德法则之下的自律:"每一个人本身即为目的,而非仅系他人用以实现一定目的的手段;每个人本身即为价值,甚至为完全或最高价值,其价值之形成及完成,乃源于自律,而非他人所给予。"[1]由此可见,康德注重对人的内在尊严的认知,而人的外在尊严这一理念却是"清教徒伦理学家保罗·兰西在颂扬人的尊严时提出的:人类生命的价值在于神赋予它的价值。……人类之神在于其生命过程及社会或政治秩序。……每一个人都是一个单一而不再的赞美神的机会。他的生命完全来自神的命令,是欠神的一笔债务,以及一个伺服神的机会。他的精髓就在于,他在神的面前生存,他为神而生,以及他来自于神,他的尊严是一种外来的尊严。"[2]有学者指出,鉴于康德将尊严看作人类共有的特质,因此康德的尊严理念同时又是一种深刻的平等主义。[3]

康德的这种将人作为理性存在、把人作为终极目的的人性观,表达了那个时代人们对自由独立人格的迫切向往,蕴含着对人的主体性确立的强烈渴求,对后世理解人的尊严影响深远。

紧随康德的德国另一著名哲学家席勒(Johann Christoph Friedrich von Schiller)则将人的尊严与社会条件相结合,认为人只有在特定社会条件之下才能真正享有尊严。[4] 席勒认为,自由和尊严是人最基本的人性,放弃了它们就等于放弃了人之为人的本性:"不认识他自己的尊严的人,就更不会尊重他人的尊严。"在特定的社会条件这一外在因素

---

〔1〕 林腾鹞:《行政法总论》,三民书局1999年版,第79页。

〔2〕 参见胡玉鸿:《"人的尊严"思想的法律意蕴》,载《江苏行政学院学报》2005年第4期。

〔3〕 Michael Rosen, *Dignity: Its History and Meaning*, Harvard University Press, 2012, p. 24. 另见[英]迈克尔·罗森:《尊严:历史和意义》,石可译,法律出版社2015年版,第21页。

〔4〕 Herbert Cancik, *Some Remarks on Cicero*, in David Kretzmer and Eckart Klein (eds.), The Concept of Human Dignity in Human Rights Discourse, Kluwer Law International, 2002, p. 36.

的影响下，精神层面如何践行人的尊严才是核心。席勒认为，只有超越了感性世界，才能显示出自己的内在特质，感受到自己的理念，即通过崇高这一美学概念实现人的尊严："崇高感往往就足以撕破欺骗的面纱，同时把全部弹力归还给被缠缚的精神，给精神启示它真正的使命，并且至少在一瞬间把尊严感强加于精神。"[1]席勒认为尊严是一种美德，从美学角度来说，尊严的作用是将人的道德自由予以表达。于是，席勒开创性地将尊严的再诠释和美学联结在一起，从而使道德心理学拥有了俱已存在的基础——尊严。崇高(grace)和尊严形象地展现了道德的两种核心品质：自觉行动的能力(崇高)和尽管内心有着强烈抗拒的倾向仍能行动的能力(尊严)。[2] 而正是行动能力这一理念，使得政治学、法学同伦理学能够巧妙地结合在一起共同完成诠释社会现象的重任。也由此可解释，人的尊严原本是一个哲学概念，后来却演化为政治学和法学奉为圭臬的理念的原因，而充当它们桥梁的竟然是伦理学。德国哲学家叔本华也认为，"人的道德基于人的尊严，而人的尊严又基于人的道德"。[3]

同样受康德人的尊严理念的影响，法国乌托邦社会主义者蒲鲁东(Pierre-Joseph Proudhon)把尊严视为与自身以及与之同道的自然人的感觉，而克鲁泡特金(Peter A. Kropotkin)进一步将之发展为尊严感为人所共有，而这正是其道德与正义的自然主义观念的根基。后来，在社会主义者德国社会民主党领袖拉萨尔(Ferdinand Lasalle)的推动下，人的尊严被诠释为要求国家履行义务与承担责任以提高那些饱受贫穷和饥饿煎熬的下层民众的生存状况，进而使每个人感受到人存在的真正价

〔1〕 [德]席勒：《论崇高》，载《秀美与尊严——席勒艺术和美学文集》，张玉能译，文化艺术出版社 1996 年版，第 207 页。

〔2〕 Michael Rosen, *Dignity: Its History and Meaning*, Harvard University Press, 2012, p. 35.

〔3〕 [德]叔本华：《人生的智慧》，韦启昌译，上海人民出版社 2005 年版，481 页。

值所在。[1] 1848 年,法国学者查尔斯·雷诺维叶(Charles Renouvier,1815－1903)在其一篇文章中也指出:“共和国是一个最大限度兼顾各种利益以及每个人的利益和尊严的国家。”[2]

在启蒙时代康德等哲学家提出的人的尊严理念的感召之下,欧洲社会发生了历史性的巨变。在法国大革命初期,1789 年制定的《人权宣言》中就提出了平等地获得尊严的诉求。有学者指出,法国大革命将强烈的政治平等观根植于人的尊严理念之中,是对西塞罗将人本身的地位(而不是人在任何特定社会的相对社会地位)视为尊严理念的复兴。[3] 1849 年 3 月通过的《圣保罗教堂宪法》(Paulkirchenverfassung)即《德意志帝国宪法》(Verfassung des Deutschen Reiches)第 139 条规定:“一个自由的民族自身在对待罪犯时,也必须尊重人的尊严。”[4]

1891 年 5 月 15 日,利奥十三世(Leo XIII)颁布了被称为《劳工通谕》的《新事通谕》,抨击“阶级斗争”主张,提出任何人不得侵犯“连天主也是那么尊重的人格尊严”,鼓吹工人与资本家合作,通过这种“分配的正义”谋求共同幸福。各教皇在其后的通谕中不断强化此观念,并主张全面强化社会经济权利。欧洲和拉丁美洲的废奴运动都是源于对人的尊严认识的提升。19 世纪初远在南美洲的玻利瓦尔(Simon Boliva)领导的独立运动时就认为蓄奴是对人的尊严的无耻冒犯;1848 年法国的废奴主义运动中,人们废奴的主要理由也是认为蓄奴是对人的尊严

[1] Joern Eckert, *Legal Roots of Human Dignity in German Law*, in David Kretzmer and Eckart Klein (eds.), The Concept of Human Dignity in Human Rights Discourse, Kluwer Law International, 2002, p. 47.

[2] Christopher McCrudden, *Human Dignity and Judicial Interpretation of Human Rights*, European Journal of International Law, Vol. 19, No. 4, 2008, p. 701.

[3] Michael Rosen, *Dignity: Its History and Meaning*, Harvard University Press, 2012, pp. 40－41. 另见[英]迈克尔·罗森:《尊严:历史和意义》,石可译,法律出版社 2015 年版,第 34 页。

[4] E. Denninger, *Der Menschenwürdesatz im Grundgesetz und seine Entwicklung in der Verfassungsrechsprechung*, p. 1. 转引自[德]尤尔根·哈贝马斯:《人的尊严的观念和现实主义的人权乌托邦》,载《哲学分析》2010 年第 3 期。

的冒犯。[1] 1936 年，法国人权委员会制定的《人权宣言补充》(*Complément à la Déclaration des Droits de l'Homme*)第 10 条中规定“尊重个人以及所有文明的尊严”。[2]

五、“二战”之后人的尊严理念之演变

“二战”后，在目睹纳粹惨无人道的暴政后，人们开始重新体悟并评估人的尊严之理念。

1945 年，《联合国宪章》在前言中郑重向世人宣示：“欲免后世不再遭受近代人类两度身历惨不堪言之战祸，重申基本人权、人格尊严与价值，以及男女以大小平等权利之信念。”随后，在美国总统罗斯福夫人埃莉诺杰出的法国天主教哲学家马里旦(Jacques Maritain)和天主教会的推动下，1948 年通过了《联合国世界人权宣言》，其前言再次强调：“兹鉴于人类一家，对于人人固有尊严及其平等不移权利之承认确系世界自由、正义与和平之基础。”深受纳粹涤荡的德国率先于基本法第 1 条第 1 款中明确规定：“人的尊严不容侵犯，所有的国家权力均负有尊重并保障人的尊严的义务”，由于该款与第 76 条明示条款在性质上都是宪法保障性条款，所以基本法规定它们不得成为修宪的对象。1966 年《公民权利与政治权利国际公约》序言进一步确认：“对人类家庭所有成员的固有尊严及其平等不移的权利的承认，乃世界自由、正义与和平的基础，确认这些权利是源于人身的固有尊严。”1966 年通过的《经济、社会、文化权利国际公约》也在序言中强调：“对人类家庭所有成员的固有尊严及其平等的和不移的权利的承认，乃是世界自由、正义与和平的基础，确认这些权利是源于人身的固有尊严。”1950 年《欧洲保护人权及基

---

〔1〕 Christopher McCrudden, *Human Dignity and Judicial Interpretation of Human Rights*, European Journal of International Law, Vol. 19, No. 4, 2008, p. 657.

〔2〕 www. ldh – france. org/1936 – COMPLEMENT – DE – LA – LDH – A – LA.

本自由公约》也作出了类似宣示。于是乎,尊重和保障人的尊严被提升到宪法的高度并开始成为世界潮流。

迄今为止,联合国已有近40余部公约对人的尊严作出了实质性的规定。不仅如此,各国在法律适用时都以不同方式在不同程度上诉诸人的尊严并形成了诸多宪法判例,欧洲人权法院等区际人权保障组织也在此方面作出了卓有成效的努力并取得了丰硕的成果,推动了各成员国对人的尊严保护的深度和广度。

继《欧洲保护人权及基本自由公约》之后,1986年10月21日生效的非盟《非洲人权和民族权宪章》[African Charter on Human and Peoples' Rights,也称班珠尔宪章(Banjul Charter)]、2008年3月生效的伊斯兰会议组织制定的《阿拉伯人权宪章》(Arab Charter on Human Rights),都对人的尊严作出了宣示性规定。虽然亚洲尚未建立实质意义上的区域性人权保护机制,但是在1993年,为筹备世界人权大会,亚洲各国的部长和代表通过了《曼谷宣言》(Bangkok Declaration),也申明了人的尊严之重要意思。2005年11月22日,亚洲议会和平协会第六届年会通过了亚洲人权史上前所未有的人权宪章——《亚洲国家人权宪章》,对人的尊严作了实质性的规定。

相对于道德观念的空泛性,关于人的尊严的现代观念,不再仅仅体现为一些价值和原则,而是特别强调这些观念的实现有赖于法律的具体化。因为"如果只是口头谈论人类尊严,而不去建立社会结构来保护人类尊严和消灭人类尊严的障碍——流行病、长期贫困、不公正的土地占有制度以及政治无权情况——那么这只是空话。"[1] 因此,在联合国的积极推动下,已有近40余部公约对人的尊严作出了实质性的规定,要求其成员国恪守保障人的尊严的职责。不仅如此,自1949年德国通过《基本

〔1〕 [美]古莱:《发展伦理学》,高铦、温平、李继红译,社会科学文献出版社2003年版,第29页。

法》第1条第1款中规定人的尊严条款彰显其对人的尊严之重视后，人的尊严入宪便成为世界之潮流。欧盟已有18个国家在其宪法中对人的尊严做出肯认。[1] 此外，突尼斯、韩国、卢旺达、沙特、以色列、俄罗斯、南非等国家都在其宪法中对人的尊严作出了规定。目前，在193个联合国会员国的全部现行宪法中，有136个国家对人的尊严作出了规定。[2]

由此可见，从19世纪开始，以人的内在价值为核心的人的尊严理念开始深入人心，随着社会的发展而逐步向人的外在价值层面扩展。在联合国与区域人权组织的推动下，人的尊严已从最初的道德价值转变成了处理人际乃至国与国之间的普遍准则。人的尊严理念业已成为世界之共识与普世价值，并在政治、经济、文化乃至宗教领域产生愈来愈深远的影响。

第二节　多维度视野下人的尊严之诠释

据国外学者考证，在西方哲学史上，人的尊严的概念演化呈现出概念模糊、前后矛盾的情形。古希腊时期以来，人的尊严概念一直在西方

---

〔1〕 它们是：1922年拉脱维亚宪法第3章第95条，1937年爱尔兰宪法序言（2002年11月7日修正），1947年意大利宪法第3条和第41条（2002年10月23日修正），1949年德国宪法第1条第1、2款，1949年匈牙利宪法第54条第1款，奥地利宪法序言（2000年修正），1975年希腊宪法第7条第2款和第106条第2款，1976年葡萄牙宪法第1条、第13条第1款、第26条第2、3款和第59条第1款之a、b款（1997年修正），1978年西班牙宪法序言、第10条第1款和第47条，1991年斯洛文尼亚宪法第21条和第34条，1992年斯洛伐克宪法第12条第1款和第19条第1款，1992年爱沙尼亚宪法第10条，1992年立陶宛宪法第21条，1992年捷克宪法序言，1994年比利时宪法第23条（2002年2月21日修正），1994年瑞典宪法第2条（2002年9月修正），1997年波兰宪法序言、第31条和第40条，1999年芬兰宪法第1条、第7条和第19条中相关部分。详见http://www.europarl.eu.int/comparl/libe/elsj/charter/art01/default_en.htm，最后访问日期：2018年9月9日。

〔2〕 资料主要源于孙谦、韩大元主编：《世界各国宪法》，中国检察出版社2012年版。对此可详见第三章《法律文本中之人的尊严》之内容。

交互发展的世俗与宗教两种传统中演化着。[1] 有学者从宗教、哲学和历史三个视角去诠释人的尊严的内涵,[2]也有学者是从象征意义、本质意义以及大众通俗观念三个层面上去理解人的尊严,[3]还有学者从自然观念、圣经渊源、传统契约基石和康德理性主义理念四种不同视角来剖析人的尊严的涵义。[4]

虽然人的尊严业已成为当下广为适用的概念,但是鉴于文化、传统以及所涉领域的不同,人们对它的指涉却又大相径庭。

一、世俗观念中的人的尊严

在普罗世界芸芸众生眼中,尊严可谓一言难尽。因民族、宗教、文化、历史乃至地域等差异,人们在多种意义上表达对尊严的认知。如在汉语词典中,尊严有"庄重肃穆""尊贵威严""崇高庄严""尊贵的地位或身份""不容侵犯的地位或身份"等诸多含义;而英文字典中"dignity"也被赋予了"自尊""自重""庄严""庄重""尊贵""高贵""高尚""自豪"等多重意义。但是,人们在日常生活中多从以下方面来阐释对尊严的理解。

其一,尊严意味着"面子"。所谓"面子"实际上是对尊严最浅层次的一种认知,它仅仅昭示了尊严的外在形式,尚未触及人灵魂深处的省思。但是,"面子"确实是中国寻常百姓为人处世的基本原则,"面子"早

---

[1] Spiegelberg, *Human Dignity: A Challenge to Contemporary Philosophy*, In Rubin Gotesky & Ervin Laszlo eds., *Human Dignity: This Century and the Next*, New York: Gordon & Breach Science Pubishers, 1970, pp. 39–62. 转引自张千帆:《为了人的尊严——中国古典政治哲学批判与重构》,中国民主法制出版社 2012 年版,第 16 页。

[2] Christopher McCrudden, *Human Dignity and Judicial Interpretation of Human Rights*, European Journal of International Law, Vol. 19, No. 4, 2008, p. 655.

[3] Daniel P. Sulmasy, *Human Dignity and Human Worth*, In Jeff Malpas and Norelle Lickiss eds., Perspectives on Human Dignity: A Conversation, Springer, 2007, p. 12.

[4] Chana Safrai, *Human Dignity in a Rabbinical Perspective*, In David Kretzmer, Eckart Klein eds., *The Concept of Human Dignity in Human Rights*, Kluwer Law International, 2002, pp. 95–97.

已演变成一种文化。“面子”文化是中国特有的社会心理现象,“面子”虽然代表着某种声望、荣誉、地位与成功,但它却是通过自我炫耀的手段企图获得他人的认可和尊重,藉此获得心理上的满足即自尊感。“宁为玉碎,不为瓦全”“宁为鸡头不做凤尾”“排场”等俗语即“面子”文化的真实写照。尽管“面子”文化源于儒家尚“礼”传统,但它却是通过对“礼”的过分形式化追求而将“礼”畸形化。这种尊严的本质是一种外在的、形式化的尊严,而绝非尊严的实质。若过分强调这种外在的尊严,那么将是以牺牲内在的尊严为代价,其结果只能是虚荣与虚伪泛滥。“面子”文化之下,中庸之道必然盛行,原则和底线将难以维系,社会自然会陷入浑浑噩噩之颓废状态。

其二,尊严感表现为一种廉耻感。羞耻感是人有别于动物的一种道德感情。羞耻感是对自我状态的不满和内心的愧疚与悔恨。羞耻感与人的尊严可谓是一枚硬币的两面,因为“只要人在无耻之中遗忘了自己的尊严,厌恶之惩罚就会降临。”[1]不同于面子,羞耻感体现了人的尊严的内在的品质,羞耻感是人之为人的底线,只有那些内心有着深重羞耻感的人,才会真正展现出自尊与自信。

东西方都有着各自的耻感文化。西方的罪感文化源自基督教神学家奥古斯丁所倡导的“原罪论”。中国有着悠久的耻感文化历史和传统,“不食嗟来之食”“二桃杀三士”“士可杀不可辱”等典故早已浸润人们内心。其实,春秋时期的管子就将“耻”上升为治国理念,他提出“礼义廉耻,国之四维;四维不张,国乃灭亡。”[2]日本更是将耻感文化推向极致。羞耻感产生于以外界评价作为反馈进而进行自我反省的过程中,在耻感文化下,过分注重外界的评价往往会适得其反,人们并不总

〔1〕 刘小枫选编:《舍勒选集》(上),上海三联书店1999年版,第612页。
〔2〕《管子·牧民》。

是选择积极通过“赎罪”洗刷耻辱,而是矢口否认、百般抵赖以往的罪行或失败,甚至会诉诸报复雪耻等极端行为。

其三,尊严体现着某种特殊的荣誉。荣誉是个体内心肯定与社会外在价值认定的一种复杂的心理感受,人的尊严感正是这种复杂心理感受的基础。“事实上,荣誉是主体对尊严的积极追求和升华,而尊严则是主体追求荣誉的内在动机和精神动力。荣誉使主体摆脱了对尊严的消极自在的态度,获得一种实践性的现实品格,即一种积极自为的精神品质;尊严只有上升为对荣誉的追求才是积极的、坚实的,才能超越其主观性,实现客观的社会的价值认定和主观的主体自我肯定的心理感受的统一。”[1]因此,人们往往把荣誉和尊严相提并论。荣誉也往往等同于名节,荣誉、名节虽然在一定程度上都有顾及面子的含义,但是却与面子有着本质的区别。荣誉、名节注重的是内在的、精神层面的诉求,名节象征着人的灵魂,维系着人的独立与尊严。“人生自古谁无死,留取丹心照汗青”“名节重泰山,利欲轻鸿毛”“宁愿站着死,不愿跪着生”“出淤泥而不染,濯清涟而不妖”等,都体现了人们荣誉与尊严的朴素看法。

其四,尊严代表着不容侵犯的地位或身份。无论是在古希腊还是古代中国主体意识上不能彰显的背景下,尊严往往指代的是特权和身份。因而,随着社会的进步与发展,主体意识萌动,个人主义勃兴,尊严已和身份、地位、特权不再发生实质的联系。然而,在那些民主政治尚不发达的国度中,身份、地位与特权仍然被视为享有尊严的入场券。在这种权力与身份文化的浸淫下,尊严成了维护既得利益者的权益与社会既定的利益格局的美妙托词或挡箭牌。于是乎,在森严的等级制度壁垒下,整个社会近乎狂热地对权力和实力顶礼膜拜,人治畅通无阻,

〔1〕 蒙田:《尊严:以人为本的新诠释》,载《光明日报》2011年1月31日,第11版。

法治自然遥遥无期。

最后,尊严意味着受人尊重,是人之所以成为人的底线或价值。近现代以降,随着文艺复兴人本主义理念的盛行,个人主体意识不断高涨,人们逐步冲破封建等级制度的藩篱,开始追求个人的自由与解放。人的尊严开始被赋予全新的意义,它意味着对人尤其是对个人本身的尊重,是受人尊重也是自尊、自爱,是人与人之间构建社会关系的前提和基础,唯此每个人才能过上有尊严的生活。

二、大历史视野下人的尊严之俯瞰

在整个历史发展的宏大叙事之下,人类的历史可以说是一部苦难史、奋斗史与抗争史,是对人的尊严的艰苦卓绝的求索史,更是人自身的救赎历程的写照。纵观整个西方历史,人们对尊严的渴求源远流长,对尊严的理解始终围绕人与神权、世俗权威的斗争而展开。正如20世纪德国著名哲学家恩斯特·布洛赫所言:"人有将自己从压迫中解放出来并赋以尊严的倾向,至少从希腊时代就已开始了,但是惟有这种意志是不变的,而不是'人'以及所谓的内在权利是不变的。"[1]

总体而言,人类对人的尊严的孜孜不倦的探求,展现了个人的尊严从依附到独立最终走向自由的发展历程,印证了梅因所作出的"从身份到契约"[2]的断言。

"我们在社会的幼年时代中,发现有这样一个永远显著的特点,人们不是被视为一个个人而是始终被视为一个特定团体的成员。每一个人首先是一个公民……其次,他是某一个氏族、大氏族或部族的成员;

---

〔1〕 Emst Bloc, *Natural Law and Human Dignity*, translated by D. J. Schmidt, MIT Press, 1988, p. 191.

〔2〕 [英]梅因:《古代法》,沈景一译,商务印书馆1996年版,第97页。

最后,他是一个家族的成员……但他绝不把自己看成为一个个别的个人。”[1]因此,在个体意志无以彰显的古希腊罗马时代,尊严更多地被视为是一种美德,是特权或身份的象征。

然而,随着黑暗的中世纪的来临,欧洲人猛然发现自己又陷入了上帝的藩篱中,在“人肖上帝”的理念下,人被视为上帝意志的产物,个人自然没有自己独立的尊严,人的尊严是依附于上帝而存在。而在此阶段,社会生产力的发展使个人独立进行生产、生活成为可能和必要。因此,个人之独立意识与追寻个人利益逐步成为社会共识,以往的诸如团体等社会建构的重要性开始削减,逐步演变成了个人达到其私人目的的手段。因此,因依附而生存的传统社会建构必然会受到致命冲击,此时的社会逐渐开始从团体本位走向个人本位,个人意志与尊严开始彰显,由此开启了一个孤立的个人时代,“正是具有迄今为止最发达的社会关系的时代”。[2]

但是,为了维护其封建等级制度和宗教专制,中世纪的世俗权力和教会联合对社会新兴思潮进行疯狂打压,这反倒更加激发了人们追问“人应当怎样活着”的勇气。于是,自文艺复兴运动和启蒙运动以来,人文主义思潮勃兴,虽然其中还残存着封建等级思想,但是那种宣扬“以人为本,追求个性解放与实现幸福;追求自由平等,反对等级观念;崇尚理性,反对蒙昧”的理念启发和激励着人们为争取人的尊严而进行不懈的努力和奋斗。“为了赢得人的尊严和思想的解放,为了追求科学的真理和探索宇宙的奥秘,一代又一代文艺复兴时期的勇士们进行了艰苦卓绝的斗争,有的甚至奉献出自己的宝贵生命。文艺复兴后期的伟大思想家、天文学家乔尔达诺·布鲁诺,因反对宗教蒙昧主义和捍卫科学

[1] [英]梅因:《古代法》,沈景一译,商务印书馆1996年版,第105页。

[2] 马克思:《〈1857年—1858年经济学手稿〉导言》,载《马克思恩格斯全集》(第3卷),人民出版社1976年版,第734页。

真理而被宗教裁判所判处以火刑,活活烧死在罗马的鲜花广场上。"[1]

在文艺复兴和启蒙运动中,以维护个人尊严与自由为宗旨的自然法理念复兴并伴随着社会发展而不断完善。在自然法思想的哺育之下,天赋人权学说广为接受并在其后的社会实践运动中付诸实施。尽管所有伟大的天赋人权学说形态各异,但都有个共同点:直路的、人的自尊心的、人的尊严的矫形外科尝试。[2] 于是,以自然法为基石的天赋人权说必然与另一种社会乌托邦思潮相冲突。因为,"社会乌托邦旨在为人营造幸福,或至少旨在消除不幸以及维护和产生不幸的社会状况;自然法原理首要维护人的尊严、人权、人的安全感或自由的法律保证,把这些权利当作人的自豪感的范畴。因此,社会乌托邦首先致力于消除人的不幸,自然法致力于避免人被侮辱的境况。"[3]也就是说,社会乌托邦想要消除一切阻碍幸福的东西,天赋人权想要消除一切妨碍自律性及其规则秩序的东西。[4] 因此不难理解,自18世纪以来,以自然法为理念的西方社会政治实践和以乌托邦为理念的社会主义实践不断发生的激烈冲撞。

地理大发现时代,商业的繁荣直接刺激着生产力的飞速发展,原有的封建依附关系下的人际关系彻底消解,对理性主义的极度崇拜使西方个人主义思想茁壮成长,个体的独立性被社会完全认可并在制度上加之确认,商品经济催生的平等理念也业已在整个社会生根发芽。于是乎,人们逐步将人的尊严的理念付诸实施,该理念在各个国度中绽放异彩。在某种程度上可以说,19世纪至20世纪是西方全面提升人的尊严的时代。但是,由于历史文化、传统等因素的差异加之对市场作用的

---

[1] [瑞士]雅各布·布克哈特:《意大利文艺复兴时期的文化》,何新译,商务印书馆2002年版,第4页。

[2] Ernst Bloch, *Naturrecht und menschliche Würde*, Frankfurt: Suhrkamp, 1961, p. 219.

[3] Ernst Bloch, *Naturrecht und menschliche Würde*, Frankfurt: Suhrkamp, 1961, p. 234. 转引自[德]A. 霍耐特:《完整性与蔑视:基于承认理论的道德概念原则完整性与蔑视》,载《世界哲学》2011年第3期。

[4] Ernst Bloch, *Naturrecht und menschliche Würde*, Frankfurt: Suhrkamp, 1961, p. 235.

过度信赖,必然使人成了商品经济的附属物,政治、经济生活的不平等成为常态,西方各国现实中的尊严观也因此往往以各种利益集团的特权理念为基石。此阶段的人的尊严实际上也被资本物化、异化成了道具,个人自然也被异化。“个人不是作为一个积极承担他自身力量和丰富内心世界的人而体验着,而是作为一个依赖于他身外的投射于他的生命存在物的力量的、枯竭了‘物’而体验着。人从他自身异化出来,并在他双手创造的产品面前卑躬屈膝,在国家和他自已选出的领导者面前俯首称臣。”[1]法律不再扮演“人的尊严”守护神的角色而是演变成了“人的尊严”的践踏者。此时,“人失去了他的中心地位,变成了达到经济目标的工具,人已经同他人、同自然相疏离,失去了具体联系,人的生命已不再有什么意义。”[2]直至“二战”时期,希特勒对人性尊严的凌辱、践踏,人们才再次意识到人的尊严的重要意义——人的尊严应是人的全面自由与解放。

“二战”后,随着社会经济的飞速发展,生产和市场已经不再是地域性的,工业、商业乃至文化的全球化成为新时代的象征。而正是在进入21世纪之后,那种马克思、恩格斯指出的所谓“狭隘的、地域性的个人”才能摆脱对地域、对人的依附性,逐渐塑造成为具有个人关系与个人能力的普遍性与全面性的“世界历史性的、真正普遍的个人”。[3] 因此,联合国以及各区域性国际组织对人的尊严越来越重视并制定了许多制度,联合国各成员国也都积极以不同形式将人的尊严在各自的宪法中予以确认。[4] 虽然,因文化、传统等的不同,各国对人的尊严的认知与

〔1〕[美]弗洛姆:《人的呼唤——弗洛姆人道主义文集》,毛泽应等译,上海三联书店1991年版,第85页。

〔2〕[美]弗洛姆:《弗洛姆文集》,冯川主编,改革出版社1997年版,第259页。

〔3〕马克思:《〈政治经济学批判〉序言》,载《马克思恩格斯选集》(第2卷),人民出版社1976年版,第33页。

〔4〕对此可参见第三章《法律文本中之人的尊严》的详细论述。

实践存在诸多差异，但是这毕竟开启了一个全新的人的尊严的时代。正如马克思、恩格斯所言，“每一个单独的个人的解放的程度是与历史完全转变为世界历史的程度一致的”，“个人的真正的精神财富完全取决于他的现实关系的财富”。[1]

三、宗教（基督教）视阈人的尊严之涵义

对于尊严（dignity）这个措辞的内涵，西方学术界公认它与宗教有着紧密的联系。而且，“尊严”一词可在犹太教和基督教的文献中寻找到蛛丝马迹。希伯来圣经中的 *gedula* 一词，其含义是指在社会中人品的高贵或地位的高贵，该词在英文中被译为 dignity。人们有时将希腊文中的 σεμνοτης（*semnotes*）指称英文中的 dignity。然而，在基督教的圣经文本中仅有三次是将 σεμνοτης（*semnotes*）译介为“庄重”或“庄严”（seriousness）。有学者认为，英文中的 dignity 源自法文中的 dignité，而 dignité 又是源于拉丁文 dignitas 对希腊文 αξια（axia）或 αξιομα（axioma）的转译。[2] 但是，有学者考证认为，如今有些人将 αξιοπρέπεια（*aksioprepeia*）一词理解为尊严（dignity）的做法，在新约中却从未使用过。[3]

目前，为世人所公认的是，《圣经·旧约·创世纪》中“人肖上帝”（*Imago Dei*）的记述被诠释为人的尊严的渊源。究其原因，犹如摩尔根所言：“上帝创造人的时候，就赋予了他自由意志，这就是在善与恶之间做出选择的能力，它是理性的灵魂难能可贵之处，也是人性的尊严和价

〔1〕 马克思、恩格斯：《德意志意识形态》，载《马克思恩格斯全集》（第3卷），人民出版社1976年版，第42页。

〔2〕 Anne Mette Maria Lebech, *Dignity v. Dignity: the Significance of the Notion of Human Dignity in the Human Rights Tradition and its Use in Bioethics*, Studies in Ethics and Law, Vol 7, 1998.

〔3〕 See Daniel P. Sulmasy, '*Death and Human Dignity*', Linacre Quarterly 61 (November 1994), pp. 27–36; '*Death with Dignity: What Does It Mean?*' Josephinum Journal of Theology 4, 1997.

值所在。这种自由并不因亚当的堕落而丧失;它存在于亚当身上,也存在于亚当的每一个后代身上。进而言之,人不仅具有形式上的自由,而且也有能力做到上帝要他做的一切;命令人做他所不能做的事,这是不符合上帝的本性。"[1]由于人按上帝的形象所创造,人性中必然有那种"上帝的形象"的品质,所以他不能满足于人的想象所产生的上帝。因他能超越自我,他就能充分地认识那凭他自己想象所构成的,并非上帝。[2]上帝的人格性,本身不外是人之被异化了的、被对象化了的人格性。[3] "无限的或属神的本质,就是人的精神本质,但是,这个精神本质被从人里面分离出来,被表象成为一个独立的存在者。"[4]

由此可见,上帝其实就是神化了的、对象化了的人。不是上帝以自己的形象创造了人,而是人以自己的形象创造了上帝。理想化了的人格就是上帝。在这种将上帝人格化,上帝面前人的尊严人人平等的情形下,西方世界开始了探索此岸到彼岸的艰难的精神救赎之旅。

在神学及哲学家奥古斯丁和托马斯·阿奎那等人的努力下,人们对人的尊严的认识提升到了一个新的高度。在三位一体(Trinity)的奥古斯丁的上帝观之下,理性是人区别于其他所有动物的根本特征,而只有拥有了理性,人方能享有价值与尊严。理性使人拥有了动物所无法比拟的自治能力,即人可以基于理性而独立地自我规范、自我发展。这种能力就是人的尊严(*hominis dignitas*),而且这种尊严在上帝面前人人平等。天主教最为重要的思想家托马斯·阿奎那在其《箴言书注》(Commentary on the Sentences)一书中指出:"尊严以其自身固有的善而

---

〔1〕[美]G. F. 穆尔:《基督教简史》,郭舜平等译,商务印书馆2010年版,第105页。

〔2〕[美]尼布尔:《人的本性与命运》,汤清等译,宗教文化出版社2011年版,第107页。

〔3〕[德]费尔巴哈:《费尔巴哈哲学著作选集》(下卷),荣震华译,人民文学出版社1984年版,第267页。

〔4〕[德]费尔巴哈:《费尔巴哈哲学著作选集》(下卷),荣震华译,人民文学出版社1984年版,第327页。

区别于其他事物。”阿奎那在此将尊严特指为人所固有的“内在价值”，即上帝在造物过程中按照圣经或自然法所应占据的位置而显现出的价值。[1]

随后，教皇格列高里一世（Pope St. Gregory Ⅰ）再次将对人尊严的认识推向极致，他认为人的救赎既靠上帝的恩典也靠自己的善功，唯有献身基督才可获得救赎，人的尊严受制于上帝。1659年，从博叙埃主教（Bossuet）在《论教会贫困中的至尊的尊严》的布道中可以看出，他不主张社会平等，他赋予贫穷的“至尊尊严”并非强调它们和“高贵”具有一样的地位（甚至高于高贵），而是强调它们在一个具有完善的等级秩序中的固有价值。高贵和贫穷都拥有尊严，但是具体内涵却截然不同。[2]其后继的天主教思想虽有所发展，但并未摆脱教会森严等级观下对人的尊严的认知，对个体的淡漠成为天主教进一步发展的阻碍。因此，早期的天主教尊严理念并非特指人的尊严，而是涵盖所有事物的尊严，物种间的自然安排也是尊严的体现。因此，我们不难理解瑞典联邦伦理委员会在非人类生物技术领域将植物视为与人一样是具有尊严的物种的貌似荒唐做法。[3]

直至宗教改革时期，基督教已将对人的尊严的认知提高到了一个划时代意义的高度。尽管在此之前的文艺复兴运动和启蒙运动都在很大程度上推动了人们对人的尊严的渴求与认知，但是文艺复兴只是张扬了人性、倡导人本主义理念，并未提出人权保障的思想信仰体系与制度建构方案；而启蒙运动虽然将专制和王权推下神坛，法国大革命的血

〔1〕 Michael Rosen, *Dignity: Its History and Meaning*, Harvard University Press, 2012, p. 16. 另参见［英］迈克尔·罗森：《尊严：历史和意义》，石可译，法律出版社2015年版，第15~16页。

〔2〕 Michael Rosen, *Dignity: Its History and Meaning*, Harvard University Press 2012, p. 18. 另参见［英］迈克尔·罗森：《尊严：历史和意义》，石可译，法律出版社2015年版，第16页。

〔3〕 Michael Rosen, *Dignity: Its History and Meaning*, Harvard University Press 2012, pp. 18-19. 另参见［英］迈克尔·罗森：《尊严：历史和意义》，石可译，法律出版社2015年版，第16页。

腥和暴力至今仍令人不寒而栗,社会主义思想的幽灵开始涤荡欧洲;只有宗教改革主张从人对神的掩盖、专断和践踏之中恢复上帝的荣耀及个人的尊严,高扬了神权,贬低了教权,为个人主义奠定了信仰基石,开启了宪政民主的先河。

加尔文的宗教改革进一步发展了马丁·路德的"因信称义"教义,提出预定论,即只要通过对上帝的信仰和自身的努力即可得到上帝的救赎,实现灵魂的升华。三位一体的观念自此被彻底击碎,教会跌落神坛,个人与上帝之间没有任何有权威的实体,信仰纯粹就是个人与上帝之间的事情,个人应优于教会、政府、社会团体。而且加尔文所主张的那种勤劳、简朴、积极敬业都被视作是践行荣耀上帝的崇高目的,为此培养了一大批冒险进取、克勤克俭、对社会有着强烈责任感的清教徒。正如美国历史学家戴格勒所言,"个人主义是遗留给后代的清教主义的核心……那么清教是个人主义的主要根源"。[1] 正是这种加尔文宗的新教信念,使得民主自由社会的基石——个人主义生根发芽。

天主教的正义观也在很大程度上促进了宪政民主制度的蓬勃发展。因为正义是上帝的力量在人身上的一种反映,而对正义的超验的信仰正是中世纪宪政论的源泉。正是在宗教超验层面的正义和世俗层面的正义的两分以及它们之间在历史上的互动关系中,中世纪宪政论和西方特有宪政模式才得以建立和发展。[2]

"早期的基督教,代表了西方第一次规模浩大而相当成功的公民不服从运动。"[3] 从宏观历史角度出发,基督教孕育了西方公民不服从的历史文化,形成公民对抗国家的历史传统。基督教传统认为,国家政治

〔1〕 Carl. N. Degler, Out of Our Past, New York: Harper & Row Publishers, Inc., 1984, pp. 16–17.

〔2〕 [美]卡尔·J. 弗里德里希:《超验正义——宪政的宗教之维》,周勇、王丽芝译,生活·读书·新知三联书店1997年版,第41页。

〔3〕 何怀宏:《西方公民不服从的传统》,吉林人民出版社2001年版,第75页。

权威绝非绝对，只有上帝的国度、权柄和荣耀才是绝对的，上帝的权威、上帝的法律和上帝的旨意高于任何国家政权的权威、法律和旨意。在中世纪，天主教会代表着上帝的权威，与国家权力抗衡。宗教改革运动后，个人的良心、个人对《圣经》的诠释、个人与上帝的直接关系取代了任何教会的权威，成为理解上帝的旨意的终极标准。在中世纪，教会的尊严是不容国家亵渎的，宗教改革运动后，个人的良心的尊严也是不容国家或任何教会权威亵渎的。于是上帝的尊严、教会的尊严和个人的尊严构成基督教传统中对国家政治权力的终极限制，这便是基督教传统对西方宪政的起源的最大贡献。[1] 另外，基督教关于个人尊严的观念也有助于抵制任何专制与绝对主义统治。中世纪基督教思想向来强调良心自由的重要性。按照基督教的教义，任何人皆要受到末日审判，而审判以个人行动为判断基础，这种个人责任的传统使得个人容易从良心的角度对专断统治实施积极或消极的抵抗。[2]

宗教改革虽然是以上帝的名义进行的，但是它却深深触动了人的灵魂深处，触动了人的尊严这一终极关怀，宗教改革"是一次人类心灵追求自由的运动，是一次人们要求独立思考和判断迄今欧洲从权威方面接受或不得不接受的事实和思想的运动。这是一次人类心灵争取自治权的尝试，是对精神领域内的绝对权力发起的名副其实的反抗。"[3] 宗教改革其影响之深远和广阔是始料不及的。宗教改革后，个人主义勃兴，人们对人的尊严有了更加深刻的认识，并随着时代的发展不断提出新的主张。

尽管如此，天主教始终秉持其在森严等级制度下的尊严观。正如学者指出的那样，天主教所提出的人性解读公式是：对待人的方式应当

---

〔1〕 陈弘毅：《基督教传统与西方现代宪政的起源》，载《太平洋学报》2007年第5期。
〔2〕 季金华、刘腾腾：《论基督教传统对西方宪政的影响》，载《江苏社会科学》2011年第6期。
〔3〕 [法]佐基：《欧洲文明史》，程洪逵、沅芷译，商务印书馆1998年版，第194~195页。

与人在神圣建立的自然秩序中所处的位置相一致。[1] 然而,到了20世纪,天主教面临着自由主义、社会主义、民主主义和妇女解放等各种形式的平等观的发难。直至1948年联合国人权宣言颁布,天主教一直在与世俗平等理念进行对抗。随着人权的理念深入人心,对人的尊严予以高度肯认已成为历史潮流。在此背景下,教皇保罗二世于1995年发布的通谕(*Evangelium Vite*)中指出:"(国际)各种人权宣言文件的规定存在冲突,而许多这些宣言所载明的初衷表明:在全世界范围内,人们越来越对人的尊严表现出强烈的道德敏感,而且愈发承认每个人作为人的尊严,这种尊严不因种族、国家、宗教、政治观点或社会阶层的不同而区别对待。"[2] 自此,天主教开始和世俗世界人的尊严理念合流,森严等级观下人的尊严的观念已作别历史。

四、人的尊严之哲学诠释

人的尊严可以说映射着人类的道德历程,人们逐步认识道:只有在对人的价值的尊重过程中,社会和政治组织才能找到其存在的理由。而且,人的尊严是与特定历史时期(现代)和特定文明(西方文明)相对应的理念。[3] 人的尊严缘何从一开始就受到西方的重视,这须追根溯源至西方哲学的发端。

从哲学角度来说,个人实际上包含着双重内涵:一是指独立于我们自身的客体;二是体现为一种价值。这两方面的区别是,一方面,作为人类个体样本形式存在的个人是经验主体;另一方面,个人又是一个独立、自治而且在本质上不具社会属性的道德存在,然而他却承载了最高价值,

[1] Michael Rosen, *Dignity: Its History and Meaning*, Harvard University Press 2012, p. 81. 另见[英]迈克尔·罗森:《尊严:历史和意义》,石可译,法律出版社2015年版,第100页。

[2] Michael Rosen, *Dignity: Its History and Meaning*, Harvard University Press, 2012, pp. 51-52.

[3] Antonio Pele, *Understanding Human Dignity Redux*, Postmodern Openings, 2012, Vol. 3, Issue 3, p. 22.

如此的道德存在主要体现在有关人和社会的现代理念中。[1] 因此,就如何看待个人在社会中的地位,存在截然不同的两种主张:一种是将个人视为最高价值的个人主义(individualism);另一种则是以社会为价值渊源的整体主义或集体主义(holism)。从一开始,古希腊在此方面就显得早熟,对个人的关注使之成为个人主义思想的发源地。

从本质上说,古希腊早期哲学属于本体论的自然哲学,其关注的焦点在于自然界,致力于探究万物的本源,而尚未意识到自我是对象世界的观察者,更未意识到客观世界只是相对于自我的主观呈现。尽管如此,"古希腊学者以其创造性劳动完成了一个转变:从对包括社会在内的周围世界的神话认识,过渡到用合理的逻辑方法去认识和解释周围的世界"。[2] 古希腊哲学这种求助于逻辑(*logo*)探询事物的本源的做法,不仅显现出其思维开始具有其他民族尚未拥有的抽象性,而且这种对宇宙本源的探究也间接反映了他们对人的关注和尊重。在此抽象思维的指引下,对人的直接关注只是时间问题。

到了公元前5世纪的时候,希腊政治家伯里克利提出:"我们所应当悲伤的不是房屋或土地的丧失而是人民生命的丧失。人是第一重要的,其他一切都是人的劳动成果。"[3] 此后,德谟克利特提出:"人是一个小世界。"[4] 由此可见,希腊哲人开始对人的主体地位进行反思,开始将个人作为一种自在的、独立的、有意识的原子来理解。后来到了智者学派时期,人的主体性地位首次得到了确立。西塞罗对此的评价是:"智者把哲学从上天下降到人间,使注意力从外界自然转向人本身,而公认为专门研

---

〔1〕 Antonio Pele, *Understanding Human Dignity Redux*, Postmodern Openings, 2012, Vol. 3, Issue 3, pp. 23 – 24.

〔2〕 [苏]谢尔涅相茨:《古希腊政治学说》,蔡拓译,商务印书馆1991年版,第1页。

〔3〕 [古希腊]修昔底德:《伯罗奔尼撒战争史》,谢德风译,商务印书馆1978年版,第103页。

〔4〕 《古希腊罗马哲学》,北京大学哲学系外国哲学史教研室编译,商务印书馆1961年版,第107页。

究人类就是研究个人。”[1]

实际上,从古希腊直至文艺复兴前夜,整个西方哲学的思维模式都是对古希腊时期思维模式的延续,即都是将人在整体中的地位聚焦于“外在个人”(*outwardly* individuals)来探询人的意义,而不是将“内在个人”(*inwardly* individuals)即将个人作为最高价值来做深入剖析。[2] 关注中心从“外在个人”向“内在个人”的转变历时漫长而缓慢,其间伴随着社会变革而跌宕起伏,而后斯多葛学派所倡导的自然法理念对这一根本理论的转变起到了决定性的作用。[3] 文艺复兴时期,教会和世俗权力被拉下神坛,人们开始对个人的命运予以极大的关注,人本主义理念勃兴。

到了启蒙时代,康德将自然法对理性的认知提升到了一个更高的层次。他认为,人与动物的根本区别就在于人有理性,而“道德就是一个有理性的东西能够作为自在目的而存在的唯一条件,因为只有通过道德,他才能成为目的王国的一个立法成员。于是,只有道德以及与道德相适应的人性才是具有尊严的东西”;人具有理性就表明:人“自身自在地就是目的,是种不可被当作手段使用的东西,从而限制了一切任性,并且是一个受尊重的对象”。[4] 自此,迎来了一个崭新的“内在个人”即个人主义时代。

由此,人的尊严内涵得到了完善,它不再被认为仅仅包含外在尊严,它还包含着更为有价值的内在尊严。内在尊严与外在尊严既相互

---

〔1〕 [英]梯利:《西方哲学史》,葛力译,商务印书馆2000年版,第48页。

〔2〕 Antonio Pele, *Understanding Human Dignity Redux*, Postmodern Openings, 2012, Vol. 3, Issue 3, pp. 23 -25.

〔3〕 Doumant, L., *Essays on Individualism*, *Modern Ideology in Anthropological Perspective*, the University of Chicago Press, Chicago, 1986, p. 62.

〔4〕 [德]康德:《道德形而上学原理》,苗力田译,上海人民出版社2002年版,第47~48页。

区别又相互联系，彼此密不可分，见表1－1：[1]

表1－1　内在尊严与外在尊严比较

<table>
<tr><th colspan="2"></th><th>内在尊严</th><th>外在尊严</th></tr>
<tr><td colspan="2">定义</td><td>人的内在价值</td><td>人值得尊重</td></tr>
<tr><td colspan="2">研究重点</td><td>维度，价值</td><td>态度、行为</td></tr>
<tr><td colspan="2">认识论</td><td>通过直觉</td><td>通过对态度、行为和行为失败的观察</td></tr>
<tr><td colspan="2">方法</td><td>不可证实的科学方法；现象学，形而上学</td><td>可发现的科学方法；经验式的；描述式或定义式</td></tr>
<tr><td colspan="2">范围</td><td>广泛；前社会现象</td><td>视情况而定；以人、背景或文化为依托；依赖社会关系</td></tr>
<tr><td rowspan="4">与……的关系</td><td>自我</td><td colspan="2">赋予自我尊重</td></tr>
<tr><td>他人</td><td colspan="2">赋予认知尊重</td></tr>
<tr><td>人权</td><td>间接的，通过外在尊严</td><td>1)从人的外在尊严到人权：a)外在尊严确认所有人的人权；或b)确认某些人的人权；或c)自己本身就是一项人权或一系列人权；或d)限制人权，确认人的责任。
2)从人权到人的外在尊严：践行人权保障，提升人的尊严</td></tr>
<tr><td>人权滥用</td><td>不得贬损、侵犯、放弃内在尊严</td><td>侵犯者侵犯了或否认了他人的外在尊严；受害者被贬损，受到羞辱</td></tr>
</table>

然而，由于长期受到整体主义（在很大程度上表现为小共同体和共和精神）思想的禁锢，个人主义的发展并非一帆风顺。启蒙时代，小共同体和共和精神虽然被摧毁，但由于个人主义尚未被真正认知，人性中的自私终酿苦果。于是乎，针对法国大革命中“这些如此相似的人如何

〔1〕 参见Anton De Baets, *A Successful Utopia: The Doctrine of Human Dignity*, Historein, 2007, Vol. 7, p. 73。

比以往更加分割成一个个陌生的小团体，彼此漠不关心”的疑问，托克维尔一针见血地指出：“我们的祖先并没有个人主义一词，这是我们为了自己使用而编造出来的，在他们那个时代，实际上并不存在不隶属任何团体而敢自行其是的个人；但是法国社会是由许许多多小团体组成的，而每个团体只顾自己。这就是，如果我可以这样说的话，一种集体个人主义，它为我们熟悉的真正的个人主义做好了精神准备。”〔1〕

可以说，在大革命时期以及以后的岁月中，“这种个人主义，一开始可能不过是阻挡公共美德的涓涓细流，而从长远来看，则对他人构成了攻击和毁灭，最后同唯我主义合流。”〔2〕乃至于在近现代，对个人主义理解的偏颇导致滑向功利主义和社会主义的藩篱。犹如学者指出的那样，“在最近几个世纪里，一种傲慢与乐观主义精神使西方文化显示出其特色：对于把理性作为人理解和主宰自然的工具的傲慢，和对于实现人类最天真的希望、获得最大多数人的最大幸福的乐观主义。”他们认为，“人凭借其理性可以建立一个物质世界，这个物质世界的现实甚至超过天真的神话和乌托邦的美梦与幻想”。〔3〕这就是所谓的“人的异化”，即非人化，即使原本在社会关系中处于主体地位的人异化或物化为客体，而将那些为实现人的目的的手段目的化。“个人不是作为一个积极承担他自身力量和丰富内心世界的人而体验着，而是作为一个依赖于他身外的他投射于他的生命存在物的力量的、枯竭了‘物’而体验着。人从他自身异化出来，并在他双手创造的产品面前卑躬屈膝，在国家和他自己选出的领导者面前俯首称臣。”〔4〕“人失去了他的中心地位，变成了达到经济目标的工具，人已经同他人、同自然相疏离，失去了

〔1〕［法］托克维尔：《旧制度与大革命》，冯棠，商务印书馆 1992 年版，第 134 页。

〔2〕［法］托克维尔：《论美国的民主》，董果良译，商务印书馆 1988 年版，第 507 页。

〔3〕［美］埃里希·弗洛姆：《自为的人》，万俊人译，国际文化出版公司 1988 年版，第 2 页。

〔4〕［美］弗洛姆：《人的呼唤——弗洛姆人道主义文集》，毛泽应等译，上海三联书店 1991 年版，第 85 页。

具体联系,人的生命已不再有什么意义。"[1]个人成为可计算和控制的对象,成为被统治者,成了手段而非目的,国家俨然成了目的。人与国家之间的从属关系被彻底颠倒和异化掉了,那种视个人为最高价值的"内在个人"销声匿迹,人的尊严荡然无存,国家由人的尊严的守护者骤变为狰狞的践踏者。

如前所述,人的尊严理念滥觞于基督教,并在基督教尤其是后来的新教的推动下蓬勃发展。基督教的"人肖上帝"的观念本身就包含着理性但亦可超越理性的理念,海德格尔认为这是基督教信仰中的"人的'超越概念',那是说,人是一种超乎他自己本身之物——他不只是一个理性的被造者而已"。如果说中世纪基督教"提供了最终汇成近代个人主义主流传统的最充沛的精神与思想资源",并提供了"最主要的动力"的话,那么宗教改革就是西方近代个人主义形成环节中关键的一跃。[2]

马丁·路德倡导"因信称义",提出了"惟独圣经、惟独信心、惟独恩典"的三大原则,又提出了"人人是祭司、人人有呼召、人人是管家、人人有圣经"的四大口号,将三位一体的观念彻底击碎。加尔文在"因信称义"的基础上提出预定论,强调圣经权威至上,个人与上帝之间没有任何有权威的实体,信仰纯粹就是个人与上帝之间的事情,个人应优于教会、政府、社会团体。这是这种新教信念,使民主自由社会的基石——个人主义生根发芽。正如托克维尔所言,民主观的规范性在现代世界是不可抗拒的,同时他也预见到,个人主义的这第一个单元观念终究会浸透在现代西方伦理和社会思想中。[3]

此外,自古希腊以降,延续并融入西方日常生活的悲剧情节也在很

〔1〕[美]弗洛姆:《弗洛姆文集》,冯川主编,改革出版社1997年版,第259页。

〔2〕[美]罗兰·斯特龙伯格:《西方现代思想》,刘北成、赵国新译,中央编译出版社2005年版,第16~17页。

〔3〕[英]史蒂文·卢克斯:《个人主义》,阎克文译,江苏人民出版社2001年版,第45页。

大程度上促使了对人的尊严的认知的升华。英雄主义和悲剧情节贯穿古希腊的历史，基督教的原罪意识将希腊悲剧情节拓展，进而深深根植于西方的文化中。痛苦是一种悲剧，然而遭受同等痛苦的担当和能力却在西方被认为是一种美德。

席勒认为尊严是一种美德，就美学上而言，尊严的作用是将人的道德予以自由表达。于是，席勒开创性地对尊严的再诠释将伦理和美学联结在一起，也从而使道德心理学拥有了俱已存在的基础——尊严。崇高(grace)和尊严形象地展现了道德的两种核心品质：自觉行动的能力(崇高)和尽管内心有着强烈抗拒的倾向仍能行动的能力(尊严)。[1] 尊严是确保在致力于满足责任要求的努力而遭受的痛苦的担当和能力，这自然因人而异。我们都受制于充满道德内涵的法律，而且几乎我们所有人都将发觉，我们都被要求在履行责任时为了大家的福祉而牺牲自我。[2] 总体而言，席勒对于人的尊严的认知带有自由主义勃兴、理性高扬年代那种英雄主义悲剧情节，其着重强调的是个人担当这种内在品质。与席勒不同的是，康德是求助于谦卑的情感来诠释其绝对的、不可替代的人的尊严的理念。

自斯多葛学派以来，理性被用来描绘人性。到了中世纪和文艺复兴时期，个人被认为是人性具体表征的拥有者，而理性代表了最高人性。因此，"作为价值的个人"(individual as a value)源自"作为价值的人性"(human nature as a value)，对人的理性的充分确认充当了二者纽带。[3] 作为价值的个人理念的从无到有的显现，是哲学划时代意义的转向，因此也可以认为哲学个人主义时代来临。正是由于个人兼具"外

〔1〕 Michael Rosen, *Dignity: Its History and Meaning*, Harvard University Press, 2012, p. 35.

〔2〕 Michael Rosen, *Dignity: Its History and Meaning*, Harvard University Press, 2012, p. 36.

〔3〕 Antonio Pele, *Understanding Human Dignity Redux*, Postmodern Openings, 2012, Vol. 3, Issue 3, pp. 27 –28.

在个人”和“内在个人”双重属性，作为价值的个人（individual as a value）成为沟通个人主义和团体主义的桥梁与纽带。因此，只有妥善对待作为价值的个人，极力避免人的异化，才能在提高国家和社会福祉的同时彰显人的价值与尊严。

五、政治哲学管窥下的人的尊严

被誉为“自然法之父”的启蒙时代思想家格劳秀斯，将斯多葛学派的自然法思想复活并注入了生机，并开创性地提出了社会契约理念。他认为，自然法源于“自然”和人的“理性”，人们是在理性的支配下按照自然的规定来指导自己的行为。自然法是一种正当理性的命令，它是一切法律的基础和依据。因此，人们在理性的支配下拥有天赋的自然权利的同时，为了更好地实现共同福祉，通过社会契约组成完善的联盟。格劳秀斯为后人探求政治共同体和有组织社会的起源奠定了基础。

霍布斯延续格劳秀斯的理念并从感觉经验论出发，认为自然状态中的人为了生命和利益始终处于狼一般可怕的战争态，为了避免相互残杀、自我毁灭，人们不得不在自由合意的基础上将自己的部分权利让渡给国家这个“利维坦”般的噬人怪兽。从此，以维护个人利益为宗旨的社会契约观念开始确立并广为接受。

康德的理性观使社会契约理论上升到一个更高的层次。康德认为，理性是有别于动物的本质所在，而且“只有人连同人在内的理性造物才是自在目的的本身。”[1]因此，作为目的而存在的人就具有其他非理性存在者所不具有的尊严的地位。因此，为了践行人的尊严，人们可以依据理性在普遍同意的基础上建立国家：“人们籍以把自己组成为国

[1] [德]康德：《实践理性批判》，邓晓芒译，人民出版社2003年版，第119页。

家的这种行为——所有人的共同的原初契约,更恰当此说,是这种行为的理念——构成了国家唯一合法的基础,从而使它可以为人们所相信。"[1]随后,洛克、卢梭、孟德斯鸠等人继续丰富社会契约理论,使"从身份到契约"的嬗变具有了可行性,社会契约的理论也因此成为引领社会变革的观念基础。

契约论最初主要被运用于政治理论领域,它通过预设某种自然状态,以自然主义的人性论为起点,以自由、平等和谐生活为基本原则,论证社会、国家、法律之起源或政治权力之根源形成的合法性。这一理论的产生体现了民众的觉醒和对人民权利的尊重。[2] 社会契约论要表达的无非是人们的一种美好愿景,被视为"必要的恶"的社会威权之正当性只能来自于人民的普遍同意。因此,同意(或合意)是社会契约的核心。而同意依赖于自治,唯有自治才能彰显理性、践行尊严。人的尊严首先而且最终是与理性相关的,而非自治。换言之,我们尊重他人对生活的安排的自主性(自治)不是源于人的尊严与自治相联结,而在于尊重他人的尊严必然要对其自治予以尊重。

根据对同意的诠释的不同,社会契约理论可分为古典社会契约理论和现代社会契约理论。古典社会契约理论也称传统的社会契约论,其以结果为导向,因此也被称为结果主义契约论(consequentialism),同时由于这种契约论是以追求个人的最大福祉为目的,因此也被称作自利的契约论(contractarianism)。现代社会契约理论也称为非自利的契约论(contractualism),其以斯坎伦为代表——斯坎伦(Thomas Scanlon)首创了自利的契约和非自利的契约的划分,[3]也正是他开启了现代社

〔1〕[德]康德:《法的形而上学原理》,沈叔平译,商务印书馆1991年版,第143页。

〔2〕蔡拓:《契约论研究·序》,南开大学出版社1987年版,第1~2页。

〔3〕Thomas Scanlon, *What We Owe to Each Other*, Cambridge, Mass.: Harvard University Press, 1998, p.5.

会契约理论。

传统社会契约论一直受到两个方面的诘难：一是契约论的虚拟性；二是其个人主义基础。对于契约的非真实性，传统社会契约论不得不预设某种社会状态作为其逻辑起点，在霍布斯和洛克、卢梭和孟德斯鸠那里是自然状态，在罗尔斯那里则是无知之幕下的原初状态。既然契约是非现实的，而且历史上也不存在那种自然状态或原初状态，因此所谓的社会契约纯粹是虚构的，它没有任何效力。而且，自利的契约论认为做什么样的事情才是正确的取决于大家在他们的思考和道德实践中接受什么样的规则，受什么样规则的指导才符合每个人的利益。[1] 在鼓噪“最大多数人的最大利益”的功利主义思想的影响下，传统的社会契约论势必有滑向屈服于现实、屈从于强权的危险状况，施密特的决断主义思想和紧急状态学说即是明证。

斯坎伦是对罗尔斯的道德契约论的继承和发扬，他的非自利的契约论是从康德的人是目的论出发求助于理性和自治来诠释同意的基础并阐明人们道德行为的动机。尽管自利的契约论将道德原则看成是理性自利谈判的结果，非自利的契约论却将相关的契约看成是受辖于某种平等待人的道德理想，这种道德理想确实会和按照自利契约论的方式就合作的基本条件进行谈判的思想不一致。从非自利的契约论的观点看，自利的契约论的问题是：它似乎假定在没有达成合作规则的情况下个人对他们所控制的资源事实上有道德的权利要求。与此不同的是，非自利的契约论者则认为在那种情况下通过谈判所达成的规则并没有道德的力量。[2] 斯坎伦认为，在一定情况下，如果一个行为的发生不能得到任何普遍行为规范原则的允许，则这一行为就是不正当的。

---

〔1〕 S.达沃尔：《自利的契约论和非自利的契约论》，载《世界哲学》2005 年第 4 期。

〔2〕 S.达沃尔：《自利的契约论和非自利的契约论》，载《世界哲学》2005 年第 4 期。

这些原则作为拥有充分信息、不受强迫的人们达成普遍一致的基础，是没有人能合理地拒绝的。[1] 由于我们的目的是发现作为知情的、非强迫的、普遍的契约的基础原则，在这样的前提下，如果拒斥某一条原则仅仅因为实施这一原则对某人不利，但不实施这一原则对其他人更为不利，则此人拒斥这一原则就是不合理的。[2] 由此可见，一个行为被不正当的信念所直接触发的动机来源乃是能够向其他人在他们不能合理地拒绝的基础上证明他们的行为的欲望。[3]

斯坎伦摒弃了传统契约论那种自然状态或原初状态预设，不仅如此，他还从现实生活中鲜活的具体的人出发探究同意的达成，这样不仅能真实地再现生活，而且也能将个人和集体之间的道德价值和其他价值之间的冲突在普遍同意的基础上化解，从而在互惠正义基础上彰显人的尊严。

阿伦特的人的尊严的思想无疑对现代政治哲学影响巨大，她认为人的尊严是拥有权利的权利（right to have rights），即权利的源泉。拥有权利的权利有别于其他权利：它不是共同体成员个体所拥有的权利，它是一种拥有共同体成员资格的资格权（right to membership），即“属于某个有组织的共同体的权利”。[4] 由此可以体察到狄冀社会连带学说的身影。作为政治共同体成员的人民通过公共广场表达了其呼声并确认其权利，而对于那些被排斥在任何政治共同体之外的人来说，他们没有国籍，他们的尊严只不过是不得不委付极权政府的“抽象的一览无余

---

〔1〕 Thomas Scanlon, *What We Owe to Each Other*, Cambridge, Mass.: Harvard University Press, 1998, p. 153.

〔2〕 Thomas Scanlon, *What We Owe to Each Other*, Cambridge, Mass.: Harvard University Press, 1998, p. 5

〔3〕 Thomas Scanlon, *The Difficulty of Tolerance: Essays in political philosophy*, Cambridge, UK: Cambridge University Press, 2003, p. 138.

〔4〕 Christoph Menke, *Dignity as the right to have rights: human dignity in Hannah Arendt*, in Marcus Düwell, Jens Braarvig, Roger Brownsword, ed., The Cambridge Handbook of Human Dignity: Interdisciplinary Perspectives, 2014, p. 337.

的”(abstract nakedness)权利(如“二战”中的大浩劫灾难所昭示的,一旦脱离社会,人所仅存的尊严不足以保障其本人)。[1]

六、人的尊严之伦理学、心理学认知

一般而言,能与“尊严”相配的生命目前还有人的生命。所以,“生命的尊严”多是指人在生物学意义上的尊严,即人的生命形式所享有的区别于物和其他生命形式的一种特殊的尊贵和庄严,亦可称为“人的生命尊严”,或被简称为“生命尊严”。“生命尊严”的价值内涵是:人的生命具有至高无上的价值,因为生命存续是创造、体验和享受其他一切价值的基础;个体生命都是唯一的和不可逆的。[2] 而美国生命伦理学者麦克琳(Ruth Macklin)认为,“尊严不过是尊重人或尊重自主”是重复,并没有给它们增加新的内容,因此断言“尊严在医学伦理学中是个无用的概念,能够在不损失任何内容的情况下被清除”。[3]

在国际性的人权法律文件或生命伦理学中,inherent dignity(内在尊严)和 the dignity of human being(作为一个人类存在者的尊严)两者指向的对象一致,通常是指作为一个人类存在者所具有的内在价值;而 human dignity(人的尊严)和 the dignity of being human(作为人的尊严)通常指人类存在者并非因为人是有别于其他动物的物种,而是因为具有某些独有的特征而拥有一个内在价值,这种独特性主要表现为人具有理性能力(或感受能力);The dignity of human condition(人的存在的尊严)则指的是人应当拥有与人类存在者的价值相匹配的生存条件,在

---

〔1〕 Hannah Arendt, *the Perplexities of the Rights of Man*, in Peter Baehr ed., The Portable Hannah Arendt, Penguin, 2000, p. 38. 对于阿伦特的尊严观的深入探讨,可参见 Jeffrey C. Isaac, *A New Guarantee on Earth: Hannah Arendt on Human Dignity and the Politics of Human Right*, The American Political Science Review, Vol. 90, No. 1, 1996, pp. 61 –73。

〔2〕 韩跃红、绪宗刚:《尊严的价值内涵及伦理意义》,载《伦理学研究》2011 年第 1 期。

〔3〕 R. Macklin, *Dignity is a Useless Concept*, British Medical Journal, 2003, Vol. 1, 327, pp. 1719 –1420.

此意义上,自然可以推导出人应拥有尊严的权利。

在心理学中,人的尊严是指由于人意识到了自己的本体地位而产生的自尊心和自豪感。通常而言,“尊严”指的是人的自尊意识和自尊心理。这种尊严多是基于自己的主体地位和社会价值而产生的自尊心和自豪感,因此也称为人的心理尊严。人的心理尊严是人对自身的自爱和自尊,是对自我的存在和社会价值的肯定,也是可用世俗评价标准(身份、权势、金钱等)进行自我评价而引起的自豪感和光荣感,还可以是为他人和社会作出贡献而感受到的快慰与满足。由此可见,心理学意义上的“人的尊严”是人的一种自我意识,是一种心理感受,属于个人的精神特质,具有个体差异性的特点。无论心理学上的尊严表现形式如何多样,“尊严就是最能使人高尚起来”,“并高出于众人之上的东西”。[1]

第三节 人的尊严之歧义

虽然人的尊严概念已广为接受并成为人们谈论的话题,但是人们对人的尊严的实际表达却比较混乱。在英语中,可以表达“人的尊严”的词汇有:human dignity、the dignity of human being、the dignity of human nature、the dignity of being human、inherent dignity、personal dignity 等,其含义为“人的尊严”“人类尊严”“人性尊严”“个人尊严”“个体尊严”“生命尊严”“人格尊严”等。在汉语中,人的尊严也有诸多用法,如人类尊严、个人尊严、个体尊严、人性尊严、人格尊严、生命尊严等。

〔1〕《马克思恩格斯全集》(第40卷),人民出版社1976年版,第6页。

一、人的尊严还是人类尊严

人类尊严强调的是遮蔽了种族、性别、国籍等一切现实的差别而做出的高度抽象的人和其他动物相区别的那种尊严。一方面,人的尊严是作为无差别的独立存在的尊严;另一方面,人的尊严还应考虑宗教、文化、传统等差别的存在,因而其具有独特的一面。人类尊严是人的尊严的上位概念,人类尊严包含了人的尊严。人类尊严实际上反映了人类中心主义理念,而人的尊严则是个人主义的出发点和核心理念。因此,人的尊严应屈尊于人类尊严这一更高的理念,否则人的尊严将成为无源之水、无本之木。

在东西方文化中,人类中心主义都是人类迄今一直都坚持的信念和实践。在西方,人类中心主义的思想最早可溯及古希腊时代的普罗泰戈拉,普罗泰戈拉首次提出了那至今仍令人振聋发聩的口号:“人是万物的尺度,是存在的事物存在的尺度,也是不存在的事物不存在的尺度。”[1]这种思想一直贯穿在西方历史之中,尤其体现在经历了颠覆人性的黑暗的中世纪洗礼之后的文艺复兴时期,人类中心主义的激情与诉求被再次点燃。米兰多拉高声疾呼:“在这个世界舞台上,什么是最值得赞叹时……没有什么比人更值得赞叹了。……人,是一个伟大的奇迹。……人是造物之间的中介,既与上界为伴,又君临下界;因为感觉的敏锐、理性的洞察力及智性之光而成为自然的解释者。人是不变的永恒与飞逝的时间的中点,是纽带、是世界的赞歌,或如大卫所言,只略低于天使”。[2]“任何你选择的自己的位子、形式和禀赋,都是照你自己的欲求和判断拥有和掌控的。而其他造物的自然一旦被确定,就

---

〔1〕 周辅成:《西方伦理学名著选辑》,商务印书馆1954年版,第27页。
〔2〕 [意]皮科·米兰多拉:《论人的尊严》,樊虹谷译,北京大学出版社2010年版,第17页。

都为我们定的法则所约束。但你不受任何限制的约束,可以按照你的自由抉择决定你的自然,我们已将你置于世界中心。在那里你更容易凝视世间万物。我们使你既不属于天也不属于地,既非可朽亦非不朽;这样一来,你就是自己尊贵而自由的形塑者,可以把自己塑造成任何你偏爱的形式。你能堕落为更低等的野兽,也能照你灵魂的决断,在神圣的更高级中重生。"〔1〕

在人类中心主义理念指引下,世界发生了翻天覆地的变化。到了现代,人类中心主义甚至仍为人们所膜拜,哲学大师海德格尔认为,"一切存在者不是客体就是主体,究竟是什么都视那个自我意识的主体而定"。〔2〕

人类中心主义中所强调的自由意志、理性乃至后来康德所主张的自治等无意间滋养了个人主义,并成为个人主义理念的精华和核心。人类中心主义在上帝信仰崩落的情形下应运而生,人们一方面亟须借助一种全新的理念填补暂时的信仰迷失,另一方面必须有一种新的观念来指引解决现实社会矛盾。由于人类中心主义是在将上帝置换成人从而置人于宇宙中最高级存在的原始动机下构建的,但是一方面人却不具备上帝的超然性和万能性,另一方面这是一种以主客对立的方式来诠释人与自然关系的模式。因此,人类中心主义从一开始就存在的人类自身的狭隘视角认知世界的致命缺陷。因此,虽然人类中心主义对社会共识的凝集、社会制度的构建乃至生产力的发展、物质生活的丰富都起到了巨大的促进作用,但是从人类自身好恶出发无法承受对整个世界的重负。在高度张扬人的理性的致命自负下,人类在跨入 20 世纪后,无论是在环境污染、能源枯竭、可持续发展等商业、科技领域还是

〔1〕 [意]皮科·米兰多拉:《论人的尊严》,樊虹谷译,北京大学出版社 2010 年版,第 25 页。

〔2〕 张汝伦:《海德格尔与现代哲学》,复旦大学出版社 1995 年版,第 119 页。

在社会制度建构上都惨遭失败,这也诱发了现代人文精神总体性危机,人和自然的关系需重新定位,人们开始重新反思人类中心主义。

二、人的尊严抑或人格尊严

在西方,“人格”一词最早源于希腊语 *Persona*,其本意是指演员在舞台上戴的面具,因此也用来指称个性。后来,*Persona* 被广泛应用于哲学和神学,开始逐渐用以表明“具有理性之本性的个别实体”的含义。由此可见,人格(Personality)是个人所独一无二的,不仅是区别于动物也是区别于他人的本质所在。因此,人格尊严可以理解为“人基于人的尊严在人格上所具有的不可冒犯、不可亵渎、不可侵越或不可剥夺的一种社会性的精神特质”。[1] 人格是人之为人的核心内容之一,然而并不限于此,比如尊严。所以人的尊严是人格尊严的上位概念。

在实在法领域,各国民法一般视人格尊严为一般人格权的内涵之一,然而人格权尚包括诸如名誉权、荣誉权、姓名权、肖像权、隐私权、信用权等具体人格权。在各国宪法中,多以抽象条款对人的尊严予以规定,而鲜见对人格权(人格尊严)进行规范,因对人格权的规范属于部门法的任务。

我国宪法第 38 条规定:“中华人民共和国公民的人格尊严不受侵犯,禁止用任何方法对公民进行侮辱、诽谤和诬告陷害。”尽管该条并未明确规定“人的尊严”,但是有学者认为,“从我国人格尊严的立宪原意来看,我国宪法上的‘人格尊严’就是指‘人的尊严’,只是我国习惯称为‘人格尊严’”。[2] “人性尊严”与“人格尊严”基本上应属同义,两者可互用而无损于规范意义。

---

〔1〕 李步云主编:《人权法学》,高等教育出版社 2005 年版,第 134 页。

〔2〕 上官丕亮:《论宪法上的人格尊严》,载《江苏社会科学》2008 年第 2 期。

实际上,无论宪法上如何界定,人的尊严在本质上都有别于人格尊严。“人的尊严倾向于把整体意义上的人作为国家活动的目的,尊重人的个性发展权利,是一种积极的自由;而人格尊严则倾向于国家对个人人格的消极保护,只要个人的姓名、肖像、名誉、荣誉等受到了国家机关或其他个人的非法侵犯,国家就进行个别的保护”。[1] 可以说,人的尊严在宪法中起着根本规范的作用。[2] 而“根据人格权一般结构,人格权是一种受尊重权,也就是说,承认并且不侵害人所固有的‘尊严’,以及人的身体和精神,人的存在和应然的存在。”[3]因此,人格尊严是个人之人格权利中所蕴含的不可侵犯之人的尊严部分,系个人享有的所有基本权利的人性起点,是人的尊严在个体人身上的具体化。[4]

但是,有学者指出,“人格尊严则完全可以成为公民基本权利体系中的一个组成部分,作为具体权利的同时还具有原则性权利的性质。……”由于“人格尊严”与“人的尊严”相比更强调人的差异性和独立性,所以它能起到更大的规范作用,能更突出对个体人的保护。[5] 其原因在于:“第一,我国法律理论没有接纳主观权利这样的概念,兼尚未建立实效性的宪法诉愿制度,难以用‘人的尊严’规定来启动公民权利保护机制(这与对德国的宪法实践的认识有关,下文将详细论述)。第二,人格尊严人人均可主张,以个体的基本权利为张目,在我国国家主义盛于个人主义法律传统下之立法主义社会中,适当地强调人的个体性和差异性,体现以人为本,达到与国家主义相平衡的目的。第三,人格尊严并不缺乏人的尊严的内涵。”[6]这种看法难免牵强,因为人格尊

[1] 魏定仁、甘超英、付思明:《宪法学》,北京大学出版社2001年版,第246页。
[2] 法治斌、董保城:《宪法新论》,元照出版有限公司2004年版,第203~204页。
[3] [德]卡尔·拉伦茨:《德国民法通论》,王晓晔等译,法律出版社2003年版,第282页。
[4] 马平:《宪法上的人格尊严:一个中国语境下的诠释》,载《云南大学学报法学版》2008年第2期。
[5] 马平:《宪法上的人格尊严:一个中国语境下的诠释》,载《云南大学学报法学版》2008年第2期。
[6] 马平:《宪法上的人格尊严:一个中国语境下的诠释》,载《云南大学学报法学版》2008年第2期。

严不能独立成为一项权利,它仅是人格权的一项内容。从比较法的角度而言,德国宪法法院在19世纪五六十年代期间,不得不面对由于民法对人格权规定的不足而频频在个案中通过解释人的尊严来扩张人格权的范围的境况,然而这样不仅会因“私法遁入公法”破坏法的安定性、宪法的权威性与稳定性,还会削弱民法作为部门法体系化的努力,于是德国宪法法院通过一系列判例确认并发展一般人格权从而使上述问题得以圆满化解。[1]

三、人的尊严与人性尊严之辩

在我国学术界,人的尊严常常意味着人性尊严。究其原因,有学者指出,“值得指出的是,该词的德文原文 die WȕrdedesMenschen 一词,在我国台湾地区宪法学界则同时也被译为‘人性尊严’与‘人类尊严’,质言之,所谓‘人的尊严’‘人性尊严’以及‘人类尊严’,均是同一个德国宪法(学)用语的不同中文译法而已。”[2]

人的尊严和所有人类大家庭中每个个人的感知紧密相连。人的尊严也因此包含两方面内容:一方面,它由那种试图激发每个人的人类良知的理想化的世界观所决定,于是,一种公认的对人的认同将最终取代各种纷杂的认同;另一方面,这种共同的认同却是源自所有个人都享有的特殊的人性。这种认同是人的尊严的核心,唯有它才能确保在人的认同面前人人享有平等的尊严。此种维度下的人的尊严也被称为“人性的尊严(dignity of human nature)”。[3] 因此,人的尊严是由“外在个

---

[1] 对此可参见王泽鉴:《法律思维与民法实例:请求权基础理论体系》,中国政法大学出版社2001年版,第193页;[德]海尔穆特·库勒尔:《德国民法典的过去和现在》,孙宪忠译,载《民商法论丛》(第2卷),法律出版社1994年版,第138~140页。

[2] 林来梵:《人的尊严与人格尊严——兼论中国宪法第38条的解释方案》,载《浙江社会科学》2008年第3期。

[3] Antonio Pele, *Understanding Human Dignity Redux*, Postmodern Openings, 2012, Vol. 3, Issue 3, p. 26.

人"(outwardly individuals)的尊严(前述的人类尊严)和"内在个人"(inwardly individuals)的尊严(作为价值而存在的个人)两方面内容构成。在人的尊严理念背后存在着深厚的哲学和伦理学反思,这种反省使得人们将人的价值的体悟与认知视为理想而倍加珍视。[1] 由此可见,人的尊严与人性尊严是包含关系,人性尊严属于人的尊严的一部分内容。

纵观历史,对人的尊严的认知经历了从"外在个人"(outwardly individuals)出发来探询人类尊严到从以"内在个人"(inwardly individuals)为原点来叩问人的尊严的历程。因此,人类尊严将人视为宇宙中区别于其他物种的"外在个人"以人类为中心重于与外部世界的联系,多从如法国学者狄骥的社会连带视角来检视人与人之间的宏观、抽象关系;而人的尊严则将"内在个人"(inwardly individuals)视为最高价值来看待人与人之间的关系,侧重于人性的视野高扬个人主义的大纛。在前现代社会,人性的尊严预示着这是一个将诸如动物、外国人、女人、孩子和老人等各种个人剔除人性范畴的历程。只有一部分人具备理想化的人性,而其他人却达不到这种完美的要求。[2] 不仅如此,人的尊严的理念深植于主体和真理的哲学和历史关系中。[3] 然而,人性作为人类天然具备据以左右思想和行动的根本精神属性,是和特定社会制度和特定历史、文化、传统等密切相关,人的尊严必然不能像人类尊严那样极具抽象性和高度的普世性,人的尊严必须要面对历史的、社会的、具体的人,必须具有可操作性、特殊性。

---

〔1〕 BaechleR, J., *Individualté, personnealté et identité*, Craosella, E. D. (dir.), *identité? Soi et non-soi, individu et personne*, PUF, Paris, 2006, p. 89.

〔2〕 Serres, M., *Confusion entre appurtenance et identité*, in Gruszow, S., (dir.), L' identité: qui suis-je?, Ed. Le Pommier, Paris, 2006, pp. 170 – 172.

〔3〕 Foucault, M., *The Hermeneutics of the Subject: Lectures at the Collège de France* 1981 – 1982. Burchell, G., (trans). Palgrave Macmillan, London, 2005, pp. 27 – 30.

四、人的尊严与个人尊严之察

如前所述，人的尊严是由“外在个人”(outwardly individuals)的尊严(前述的人类尊严)和“内在个人”(inwardly individuals)两方面内容构成。因此，人的尊严与个人尊严是包含关系，个人尊严虽然属于人的尊严的核心内部，但它仍然只是属于人的尊严的一部分内容。“并非人作为个人而有尊严，相反，个人作为人才有尊严。”[1]“人是尊严的价值主体，其必须是在共同的社会生活关系中生存的人。并且这并不意味着作为动物性存在的单个生命体的人，而是基于人的本质具有知性、良心、责任感等精神作用的人，基于自己意思自由形成自己决定的人，在周围环境中发展自我的人格主体的人。”[2]而且，自文艺复兴以来那种“个人被共同体所吞噬”的忧虑无足挂齿，历史业已证明：人是社会性动物。这一本质决定了人不可能为所欲为，人们生活在各种有形、无形的社会纽带(狄冀所言的社会连带)之中，人们的思想与行动不可避免地受到外界的影响、干扰甚至左右。于是乎，人们必然要养成以下基本素养与生存技能：相互学习与磨合适应以期达成集体共识并积极付诸行动，从而在不损及共同体利益的(甚至增进共同体福祉)情况下使个人利益与意愿最大化。

自人的尊严理念正式诞生之日起，人们的活动一直围绕着个人尊严来展开，这也是二者常常被混同的原因。《世界人权宣言》第22条即是在个人尊严之下而展开的：“每个人，作为社会的一员，有权享受社会

---

〔1〕 ホヤ・ヨンパルト：《日本国憲法解釈の問題としての“個人尊重”と“人間尊厳”》(下)，判夕号378号(1979年)。转引自[日]青柳幸一：《“个人之尊重”与“人之尊严”——同义性与异质性》，载《宪政与行政法治评论》(第7卷)，中国人民大学出版社2013年版，第170页。

〔2〕 [日]田口精一：《ポン基本法における人間の尊厳について》，载《法学研究》33卷12号(1960年)。转引自[日]青柳幸一：《“个人之尊重”与“人之尊严”——同义性与异质性》，载《宪政与行政法治评论》(第7卷)，中国人民大学出版社2013年版，第173页。

保障,并有权享受他的个人尊严和人格的自由发展所必需的经济、社会和文化方面各种权利的实现,这种实现是通过国家努力和国际合作并依照各国的组织和资源情况。”个人尊严被极度推崇之原因在于人们对社会历史之惨痛教训之觉醒,如黑暗的中世纪和“二战”纳粹惨绝人寰的劣迹,它着重强调作为社会构成基本单位的个人不能被藐视、漠视,维护个人的尊严是整个人类社会赖以维系的最低限度的正义,个人尊严意味着每个人首先应过着有尊严的生活。

鉴于近现代自康德以来“个人是目的”已根植人心并逐步被制度化,人的尊严成为个人对抗国家的最高和最有力理念。但是到了现代,这种个人主义之上的理念不仅造成了社会灾难还带来了整体人文危机,因此应将个人尊严置于人的尊严乃至人类尊严之下看待。

五、人的尊严与生命尊严之间

生命是一切生物体赖以存在和发展的前提,鉴于生命不可以替代、不可逆转,必须尊重并敬畏生命,生命尊严的理念由此而来。在生命伦理学语境中使用的“人的尊严”,多是指在生物学意义上的人的尊严,即人的生命形式所享有的、区别于物和其他生命形式的一种特殊的尊贵和庄严,亦可称为“人的生命尊严”,或简称为“生命的尊严”“生命尊严”。[1] 因此,“生命的尊严”指的就是生物学意义上的“人的尊严”,是“人的生命尊严”的简称,二者间是包含关系:“人的尊严”包含着“生命的尊严”,“生命的尊严”是“人的尊严”中最基础的部分。[2]

在近现代社会中,生命尊严特指人的生命尊严。因为,人们公认生命是自然人的最高人格利益,生命是公民享有权利和承担义务的前提

---

〔1〕 韩跃红、孙书行:《人的尊严和生命的尊严释义》,载《哲学研究》2006 年第 3 期。

〔2〕 韩跃红、孙书行:《人的尊严和生命的尊严释义》,载《哲学研究》2006 年第 3 期。

和基础，生命权甚至在许多国家受到高度重视而因此作为一项独立的基本权利纳入宪法并予以保障。但是，由于人既是具有内在价值的"内在个人"又是时时刻刻和外部世界发生联系的"外在个人"，两种价值必然会发生冲突，如自杀、安乐死等高度自治行为正面临社会责任、伦理等的诘问：生命能否承受其重？不仅如此，在科技高度发达的今天，工业文明给环境、自然带来的巨大梦魇仍挥之不去，这也诱发了现代人文精神总体性危机，人还能承受自然、宇宙之重吗？

人类中心主义的理念已经动摇，"尊重自然、敬畏自然""尊重一切生命体的生命，敬畏一切生命体的生命"逐渐成为现代社会的共识。因此，现代社会生命伦理学开始将其他生物纳入进来，并重新反思人类中心主义。于是，人们开始摒弃人类中心主义的狭隘思维，重新定位人和自然的关系，给予其他生命体同等的尊严与对待，使人和自然乃至宇宙和谐共处，避免再度出现伴随着物质生活极度丰富而精神家园荒芜的人类境况。

第四节　人的尊严之哲学再诠释

一、人的尊严是价值还是规范

人的尊严已成为在各种场合广为热议的话题。那么人的尊严究竟是价值还是规范？自康德以降，康德的"目的王国"论述已成为指引近现代哲学的圭臬："目的王国中的一切，或者有价值，或者有尊严。一个有价值的东西能被其他东西所代替，这是等价；与此相反，超越于一切价值之上，没有等价物可代替，才是尊严。……只有那种构成事物作为自在目的而存在的,就不但具有相对价值,而且具有尊严。"[1]"每一个人本身,即为目的,而非仅系他人用以实现一定目的的手段;每个人本身即为价值,甚至为完全或最高价值,其价值之形成及完成,乃源于自律,而非他人所给予。"[2]因此,人的尊严理念是在"人是目的"这一终极关怀下对人的自治(自律或自我决定)的尊重,体现的是自文艺复兴以来以人本主义理念。

这种将人的尊严这种形而上的理念作为终极关怀的价值观,通过联合国宪章、诸多国际公约序言以及许多国家的宪法序言中宣示性规定予以彰显。[3] 不仅如此,许多国家更是通过宪法判例重申人的尊严作为整个社会价值共识重要性,如德国宪法法院判例。德国《基本法》第1条第1款人的尊严的规定描述为"最上的价值""最高法价值""最上之宪法原则"。[4] 或者被视为是价值体系的基础。[5]

但是,鉴于众多国际人权公约已在具体条款中针对具体贬损人的尊严之行为予以规范,加之愈来愈多的国家在其宪法具体条文,甚至部门法中对人的尊严的保护加以具体化,人的尊严已不仅仅是一种价值宣示,它愈发展现出其规范的功效。而且,德国法学界在"二战"后一致认为,人的尊严保障条款不仅只是一个伦理认知,还表达了直接有约束力的客观宪法规范,甚至有学者将其视为一项绝对有效的、单纯的客观规范。[6]

由人的尊严的历史演变观之,人的尊严最初担负着凝聚社会与国家的重负,作为一种理想化的、超现实的人类价值共识显现。但是,

---

[1] [德]康德:《道德形而上学原理》,苗力田译,上海人民出版社2002年版,第87页。

[2] [德]康德:《道德形而上学原理》,苗力田译,上海人民出版社2002年版,第48页。

[3] 对此详见第三章的论述。

[4] 蔡维音:《德国基本法第一条"人性尊严"规定之探讨》,载《宪政时代》(第18卷)1995年第1期。

[5] Dürig, in Maunz/Dürig, GG Kommentar, 1990, Art. 1, Abs. I, Rdnr. 1. 转引自李震山:《人性尊严与人权保障》,元照出版公司2001年版,第4页。

[6] 王晖:《人之尊严的理念与制度化》,载《中国法学》2014年第4期。

随着历史的进步与发展,人的尊严不再是停留在纸面上和口号中的形而上的观念,越来越成为直接规范人们行动的形而下的规范,其目的在于证成国家权力来源的正当性与合法性并为之设定行使的边界与底线。

二、人的尊严是存在价值抑或道德价值

人的尊严首先是一种存在价值(existential value),也即是表明个人与其他人之间关系或自己所在族群与其他族群关系的身份认同。[1] 因此,这种尊严也是一种外在的价值,它和所有人类大家庭中每个个人的感知紧密相连,这种公认的对人的认同将最终取代各种纷杂的认同而使人有别于其他物种。因此,人类的“虚荣”感在某种程度上是人的存在价值的体现。正因如此,奥古斯丁将“虚荣”(vain-glory)作为一种准美德,意味着其实只要不过分并不是一件坏事。[2]

那么人是否具有内在价值?这种内在价值是否属于道德价值(moral value)的范畴?有学者认为,人的尊严仅是一种存在价值而绝非道德价值,因为存在价值是独立于工具能力尤其是独立于道德而存在,道德主要或仅关注人类苦难,而人的尊严却是以个人的认同和人类认同这种身份与地位为考量核心。[3] 其实不然,如前所述,自席勒以来,尊严也被公认为是一种美德,是将人的道德自由予以表达。崇高(grace)和尊严形象地展现了道德的两种核心品质:自觉行动的能力(崇高)和尽管内心有着强烈抗拒的倾向仍能行动的能力(尊严)。[4] 尊严是确保在致力于满足责任要求时因作出的努力而遭受的痛苦的担

〔1〕 George Kateb, *Human Dignity*, The Belknap Press of Harvard University Press, 2011, p. 10.
〔2〕 张千帆:《为了人的尊严:中国古典政治哲学批判与重构》,法律出版社 2012 年版,第 3 页。
〔3〕 George Kateb, *Human Dignity*, The Belknap Press of Harvard University Press, 2011, p. 10.
〔4〕 Michael Rosen, *Dignity: Its History and Meaning*, Harvard University Press, 2012, p. 35.

当和能力,这自然因人而异。我们都受制于充满道德内涵的法律,而且几乎我们所有人都将发觉,我们都被要求在履行责任时为了大家的福祉而牺牲自我。[1] 因此,人的尊严也是一种道德价值,这种道德价值自然也是人的内在价值体现。也有学者将其视为"作为值得尊重的尊严"(dignity as worthiness of respect),即"值得身为人的尊重",而人之所以配享身为人应得的尊重,其原因就在于,人拥有使自己值得受尊重的"内在价值",也就是拥有能够控制和实现自己是值得被尊重的"负责任的人的能力"(the capacity of being a responsible person)。[2] 人的尊严这种共同认同是源自所有个人都享有的特殊的人性,这种认同是人的尊严的核心,唯有它才能确保在人的认同面前人人有平等的尊严。此种维度下的人的尊严也被称为"人性的尊严"(dignity of human nature)。[3] 这种人性的尊严的内在价值可追溯至自斯多葛学派所倡导的理性,即以理性来描绘人性。

到了中世纪和文艺复兴时期,个人被认为是人性具体表征的拥有者,而理性代表了最高人性。因此,"作为价值的个人"源自"作为价值的人性",是对人的理性的充分确认充当了二者纽带。[4] 作为价值的个人理念的从无到有的显现,是哲学划时代意义的转向,是哲学个人主义时代的来临,人的尊严的理念也因此被高扬。

因此,人的尊严的道德价值被人们充分体悟之后,国家与公权力乃至人权的来源的道德基础自然被深入追问。人的尊严于是乎被公认为

---

〔1〕 Michael Rosen, *Dignity: Its History and Meaning*, Harvard University Press, 2012, p. 36.

〔2〕 Deryek Beyleveld, Roger Brownsword, *Human Dignity in Bioethics and Biolaw*, Oxford: Oxford University Press, 2001, pp. 58 –60. 转引自庄世同:《法治与人性尊严——从实践到理论的反思》,载《法制与社会发展》2009 年第 1 期。

〔3〕 Antonio Pele, *Understanding Human Dignity Redux*, Postmodern Openings, Vol. 3, Issue 3, 2012, p. 26.

〔4〕 Antonio Pele, *Understanding Human Dignity Redux*, Postmodern Openings, Vol. 3, Issue 3, 2012, pp. 27 –28.

现代国家建立和人权的道德基础。因此,有学者认为:一个欧洲思想史上强调的、根本的“道德价值”(Sittlicher Wert)获得实定宪法的采纳,它涉及的是前实证的基础,是一种自然法的支撑。这一保障的普遍效力溯及整个法律体系,而不限于传统基本法效力领域内的市民—国家关系。

基本权利作为法律体系的构成部分,在实践适用中会产生竞合,这使得衡量必不可少。相反,人的尊严是绝对的、不可侵犯的,它不会在任何情况下对其他价值做出退让,而这恰好与基本权利的根本特征相悖。〔1〕 哈贝马斯进而认为,“法学理论上支持认定‘人的尊严’不是事后补充进行的分类表述,不是一种某种程度上让纷繁现象的多样性隐藏其后的橱窗展品;相反,‘人的尊严’是所有基本权利的内蕴都从中汲取养料的道德‘源泉’。……”在从理性道德和主体权利的形式方面出发建构起人权的过程中,尊严这个概念起到了催化作用。最后,人权起源于人的尊严这一道德源泉,这也显示出一种具体的乌托邦的政治爆发力,对这种具体的乌托邦我想既针对全盘拒斥人权(卡尔·施米特),又针对新近钝化其激进内容的种种尝试,来加以捍卫。〔2〕

三、人的尊严的普世价值与特殊价值之省思

由于人是群居性、政治性动物,因此公认的作为“外在个人”(outwardly individuals)存在的人的认同凝结成了“外在个人”的尊严(即前述的人类尊严),它是一种普世价值,人类的尊严就存在于此:人是一种能给出理由、进行辩护的生物,为了在一个群体中过有尊严的生

〔1〕 王晖:《人之尊严的理念与制度化》,载《中国法学》2014 年第 4 期。

〔2〕 尤尔根·哈贝马斯:《人的尊严的观念和现实主义的人权乌托邦》,载《哲学分析》2010 年第 3 期。

活,人"需要"辩护理由。[1] 这意味着,每一个人基于他对辩护理由的需求都有一个要求辩护理由的原初权利。也就是说,在面对他人向他提出的要求,他有权利要求别人必须给出提这些要求的理由。如果一个人在某些特定的关系中别人欠他一些辩护理由,我们就说他的道德状况受到伤害;如果这个人面对一些别人提出的、没有给出理由的要求,而他要求理由时却被忽视,这时我们才说伤害尊严。而辩护理由必须满足两个标准:普遍性的标准和交互性的标准。[2] 交互性的意思是:不准许任何人向他人提出连自己都会拒绝的要求,不准许任何人把自己的视角、价值判断、信念等简单地强加给他人。普遍性的意思是:任何相关人都不能排除在外,并且那些使一个规范合法的理由必须能够被所有人分享。最终这完全就是理性的基本原则,以及实践理性在特殊情况下的基本原则。[3]

此外,"人的尊严来自一种对人际间基本的相互尊重的普遍需求。……这种需求正是由于每个人都拥有个体性或自我。这种自我是一个人在其成长经历中逐渐构建起来的,它承载着其家庭教育、生活环境、社会联系、文化熏陶、宗教信仰的印记,呈现着当事人的特征与品格,因而构成了一个人最深刻、最内在、最本质的东西。"[4] 正是由于人还以上述"内在个人(inwardly individuals,即作为价值而存在的个人)"而存在,因而每个人必然有其特殊的人性,人的尊严也因此而具有了其特殊价值。

由于人的尊严的这种特殊性是由人的社会性所决定的,我们也因

---

〔1〕 参见赖纳·福斯特:《人的尊严与权利辩护》,载《德国哲学杂志》2005 年第 53 期。转引自菲利普·布鲁诺奇:《人类尊严的道路》,载《社会科学战线》2013 年第 5 期。

〔2〕 参见赖纳·福斯特:《人的尊严与权利辩护》,载《德国哲学杂志》2005 年第 53 期。转引自菲利普·布鲁诺奇:《人类尊严的道路》,载《社会科学战线》2013 年第 5 期。

〔3〕 赖纳·福斯特:《冲突中的宽容》,法兰克福/美因:苏尔卡姆普出版社 2003 年版,第 596 页。转引自菲利普·布鲁诺奇:《人类尊严的道路》,载《社会科学战线》2013 年第 5 期。

〔4〕 甘绍平:《作为一项权利的人的尊严》,载《哲学研究》2008 年第 6 期。

此称为"社会性尊严"。有学者指出,之所以会形成如此状况,是因为在价值基础上,不同传统对现代理性的世俗理解(secular reason)与对现代理性的世俗主义(secularistic reason)的理解是完全不同的。对于前者而言,理性只承认原则上可以说服任何人,应当适用于所有世界观;而对于后者而言,理性不是各种相互冲突的最小公分母,其本身就是权威。在他看来,尽管不存在关于人的尊严的普遍标准,但不同社会和文化传统之间,以及不同社会和文化传统与现代理性之间的对话与相互借鉴,依然是十分必要的。因为只有实现不同社会和文化传统之间的相互承认而不是相互指责,只有实现持续的政治整合和法律整合,人的尊严的价值基础和文化根基才能切实得到不断加强。[1]

因此,在对待人的尊严时,应在尊重人的尊严的普世价值基础上兼顾其特殊价值,采取宽容的原则对待具体情形下人的尊严的差异,即"对差异十分敏感的普遍主义要求每个人相互之间都平等尊重,这种尊重就是对他者的包容……在包容过程中既不同化他者,也不利用他者"。[2]

四、人的尊严的赋予能力与限制能力之辨

有学者还进一步将人的尊严区分为赋予能力(Empowerment)和限制能力(Constraint)两种截然不同的观点,即"作为授能的人的尊严"(human dignity as empowerment)与"作为限制的人的尊严"(human dignity as constraint)。[3] 所谓的"作为授能的人的尊严",实与宣称人

---

〔1〕 哈贝马斯:《宗教、法律和政治——论文化多元的世界社会中的政治正义》,载《哲学分析》2010年第1期。

〔2〕 [德]哈贝马斯:《包容他者》,曹卫东译,上海人民出版社2002年版,第43页。

〔3〕 Deryek Beyleveld, Roger Brownsword, *Human Dignity in Bioethics and Biolaw*, Oxford: Oxford University Press, 2001, p. 11. 转引自庄世同:《法治与人性尊严——从实践到理论的反思》,载《法制与社会发展》2009年第1期。

的尊严系来自人有其自主性(autonomy)的论点类似,皆以人性尊严作为人权(human rights)的证立根据,主张人拥有某种内在价值或属性(properties),不仅能让人看重(value)自身的存在,同时也表示人拥有一种应该被滋养(nurtured)、被尊重(respected)、被保护(protected)的价值。[1] 而“作为限制的人的尊严”则强调,人的尊严乃社会构成价值(the constitutive values of our society)的一部分,故对于人性的尊严的尊重无非是指,给人的自主选择施加一定限制,使其符合社会集体意识或基本价值,以求保障所有人的生命,并限制那些“显然只影响自身的行为”(apparently merely self-affecting conduct)。[2]

而依据不同的出发点,对人的尊严被视为拥有赋予能力还是限制能力,人们的看法大相径庭。有学者据此提出了四种世俗的(secular)人性尊严观:[3]

从人性尊严作为人类的显著特征与作为人权及义务的证立根据观之,“作为授能的人的尊严观”将人性尊严等同于人拥有“做出不受胁迫之选择的能力”(the capacity to make unforced choices),并据此建构一个以增进个人自主(the promotion of individual autonomy)为中心的人权体制,我们可称之为“自由主义的人性尊严观”(liberal conception of human dignity);而“作为限制的人的尊严”观则从康德的道德义务(moral duties)观点出发,同样主张人性尊严旨在促进个人自主,然而也同时强调,人的自由行动(free action)应受“不得妥协个人自身尊严的

---

〔1〕 Deryek Beyleveld, Roger Brownsword, *Human Dignity in Bioethics and Biolaw*, Oxford: Oxford University Press, 2001, pp. 21 -23. 转引自庄世同:《法治与人性尊严——从实践到理论的反思》,载《法制与社会发展》2009 年第 1 期。

〔2〕 Deryek Beyleveld, Roger Brownsword, *Human Dignity in Bioethics and Biolaw*, Oxford: Oxford University Press, 2001, pp. 29 -38. 转引自庄世同:《法治与人性尊严——从实践到理论的反思》,载《法制与社会发展》2009 年第 1 期。

〔3〕 Herbert Spiegelberg, *Human Dignity: A Challenge*, in Rubin Gotesky and Ervin Laszlo, Human Dignity: This Century and the Next, New York: Gordon & Breach, 1970, pp. 54 -66. 转引自庄世同:《法治与人性尊严——从实践到理论的反思》,载《法制与社会发展》2009 年第 1 期。

义务"(duty not to compromise one's own dignity)所限制。

而以人的尊严作为给予社会特定认同的价值为视角,"作为授能的人的尊严观"是将自主的个人行为视为社群首要价值,主张一种授能的人性尊严观,然其理由并非来自肯认自主能力为人的普遍特征,而是从社群主义的观点强调,鉴于个人自主乃社会基本价值,故人人皆负有促进自主行为的社群义务;而"作为限制的人的尊严"观则否认个人有某种内在价值,主张每一个社群都有其特定的人性尊严观点,可以之作为限制个人自主行为的价值标准。

由此可见,人们所持的立场不同,直接导致其对人的尊严的本质认识的差异。

五、人的尊严的工具理性与价值理性之惑

工具理性与价值理性源自马克斯·韦伯对理性的划分。所谓的工具理性,是指"决定于对客体在环境中的表现和他人的表现的预期;行动者会把这些预期用作'条件'或者'手段',以实现自身的理性追求和特定目标";而价值理性"决定于对某种包含在特定行为方式中的无条件的内在价值的自觉信仰,无论该价值是伦理的、美学的、宗教的还是其他的什么东西,只追求这种行为本身,而不管其成败与否","价值理性的行动总是涉及一些'命令'或'要求',它们在行动者看来是必须执行的。只有在人的行动动机就是为了完成这些无条件的要求时,它才能称之为价值理性"。[1] 工具理性有别于价值理性,工具理性仅考虑效用即理性地考虑并权衡目的、手段和附带后果而不单纯考虑目的,而价值理性却是以目的为终极目标,尤其是以人作为其终极关怀。但是工具理性与价值理性并非截然对立,二者是相互联系的,"完全是为了理

〔1〕 [德]马克斯·韦伯:《经济与社会》,阎克文译,上海人民出版社2010年版,第114页。

性地达到目的而与基本的价值观无涉,这样的行动取向实际上也并不多见”。[1] 价值理性为工具理性提供目标和发展方向,而工具理性则为价值理性目标的完成提供现实可能,它们在实践活动中实现统一。

对于人的尊严是否具有价值理性或工具理性,有学者认为人的尊严是一种“建构”(construct),并可再区分为“实在论诠释”(realistic interpretation)与“工具论诠释”(instrumentalist interpretation)两种观点。前者把人性尊严看作一种人格理论(theory of personality)的建构,后者将它视为建构理想社会(ideal society)的工具或手段。[2] “实在论诠释”实际上是将人的尊严视为价值理性,而“工具论诠释”将人的尊严视为工具理性。其实,与康德以降的学者不同,亚里士多德和霍布斯都是以工具理性视角看待人的尊严,认为人的尊严是相对的而非绝对的。霍布斯认为,人的尊严是一种由共同体设定价值的公共价值,人的尊严可以由购买公共职位和荣誉而获得,而且是可让渡并随着环境改变而发生变化。[3]

随着社会的发展,在庸俗功利主义的鼓噪下,工具理性备受推崇,价值理性受到冷落并逐渐异化。而且,在现实中,工具理性把“问题本身的合理性变成了解决问题的程序、方法和手段的合理性,把一件事在内容上是否正确的判断变成了对一种解决方法是否正确的判断”。[4] 西方民主化的演进过程,实质上就是一个工具理性化的过程,是一个人的尊严的工具理性化的过程。而在此期间,西方社会经历了片面强调

[1] [德]马克斯·韦伯:《经济与社会》,阎克文译,上海人民出版社 2010 年版,第 116 页。

[2] Herbert Spiegelberg, *Human Dignity: A Challenge*, in Rubin Gotesky and Ervin Laszlo, Human Dignity: This Century and the Next, New York: Gordon & Breach, 1970, p. 51. 转引自庄世同:《法治与人性尊严——从实践到理论的反思》,载《法制与社会发展》2009 年第 1 期。

[3] Lebech, Mette, *Dignity v. Dignity: The Significance of the Notion of Human Dignity in the Human Rights Tradition and its use in Bioethics*, Studies in Ethics and Law7, 1998, p. 33.

[4] 金陵:《从“工具理性批判”到“功能理性批判”——批判理论的一个重要转向》,载《上海交通大学学报》(哲学社会科学版)2003 年第 1 期。

工具理性而致人异化等一系列社会问题。因此，我们应吸取教训，不能将人的尊严的工具理性与价值理性截然对立而让其各自单独发展，因为这样要么会形成工具理性的专断要么会导致价值理性的狂妄偏执，使人的尊严之终极关怀落空，我们应回归真正的理性，即在人的尊严的价值理性的指引下，根据民族、地域、文化、传统、宗教乃至经济发展水准等诸多具体情况来实现符合现实的人的尊严。

第五节　人的尊严理念之意义

一、体现了人的终极价值与关怀

人与世界的关系始终是哲学关注的根本问题。自古希腊智者学派奠基人普罗泰戈拉提出“人是万物的尺度”这一“伟大的命题”[1]以来，西方哲人便开始了对人的问题的孜孜求索历程，基督教神学也投身到这场波澜壮阔的心灵之旅中。直至文艺复兴时期，饱受了教会和世俗权力蹂躏的人们终于体悟到先哲所言的“人事物尺度”之真正意义与现实内涵。在启蒙时代的伟大哲人康德的“目的王国”论指引下，个人意识的萌动加上古希腊斯多葛理性主义传统的勃兴，使得人们明白作为先于社会和国家而存在的人，不能再成为手段，而应是其自身的目的，唯此才能实现人的价值或尊严。正是在此理念的指引下，人类文明迎来了新的曙光，一个全新的时代也自此开始。

在人的尊严开始被视为人的终极价值与关怀后，人们开始深入思考国家权力的来源、与教会关系的界定、人与人之间共处等问题，并在18世纪后开启了如火如荼的社会变革运动，彻底完成了“从身份走向契

〔1〕［德］黑格尔：《哲学史讲演录》（第2卷），贺麟、王太庆译，商务印书馆1960年版，第27页。

约”的伟大转变。“因为个人的尊严是建立在人性的基础上的，而并不是由社会文化赋予的。这一观点也是全球范围内的一个普遍的或跨文化的价值观。”[1]因此，在经历了“二战”之后，人们开始进一步对人的尊严予以深刻反省，并为世界各国所接受，成为国际共识与普世价值。犹如《欧盟宪章》和《欧洲人权公约》实践所昭示的，人的尊严的作用主要是制约制宪者、修宪者的立法、行政和司法活动，使他们负有保障普通个人的尊严这一法定与历史义务，使制宪、修宪与行宪都务必符合人的尊严保障这一终极关怀。

鉴于人的尊严充分体现了人的终极价值与关怀，因而对人的尊严保护的程度被现代社会视为社会文明进步的标尺。从西方人的尊严理念的演变可以看出，在人的尊严理念背后存在深厚的哲学、宗教和伦理学反思，这种反省使人们对人的价值的体悟与认知，并将其视为理想而倍加珍视。[2] 而在当今科技飞速发展、环境与社会问题层出不穷的境况下，人们开始进一步对人的尊严这一终极价值与关怀进行反思。人的尊严并不能解决人类面临的所有问题。但是，无可否认的是，人的尊严理念确实有助于界定人性这一终极概念，而且也使得我们可以藉此探究人类能力的有限性问题。[3]

二、昭示权力存在与运行的正当性与合法性

既然人是目的已成为共识，那么社会和国家就只能充当手段，这直接颠覆了文艺复兴以前的既有理念。于是，霍布斯提出国家是作为“必

---

〔1〕 [美]马克·A. 卢兹《经济学的人本化：溯源与发展》，孟宪昌译，西南财经大学出版社 2003 年版，第 162 页。

〔2〕 BaechleR, J., *Individualté, personnealté et identité*, Craosella, E. D. (dir.), *identité? Soi et non-soi, individu et personne*, PUF, Paris, 2006, p. 89.

〔3〕 Christian Byk, *Is Human Dignity a Useless Concept? Legal Perspectives*, in Marcus Düwell, Jens Braarvig, Roger Brownsword, Dietmar Mieth, Eds. The Cambridge Handbook of Human Dignity: Interdisciplinary Perspectives, Cambridge University Press, 2014, p. 364.

要的恶”而存在的利维坦，先于国家而存在的人享有自然法所宣称的“天赋人权”。因此，国家是手段绝非目的，国家权力的存在意义仅在于维护人的尊严，人的尊严构成了现代国家权力运行的正当性基础。“人的尊严”是一台指示仪，它指示着，什么东西对于民主法权秩序是具有构成性意义的——也就是这样一些权利，它是一个政治共同体的公民为了能够成为自由与平等者而自愿联合，出于互相尊重而必须赋予自己的权利。对这些人权的保证产生出公民这样一种地位，即他们作为平等权利的主体，有权利主张他们的人的尊严受到尊重。[1]

诚如德沃金所言：“政府必须关心它统治下的人民，就是说，把他们当作有能力经受痛苦和挫折的人；政府必须尊重它统治下的人民，就是说，把他们当作根据他们应当如何生活的理性概念有能力组织起来并采取行动的人。政府必须不仅关心和尊重人民，而且必须平等地关心和尊重人民。它千万不要根据由于某些人值得更多地关注从而授予其更多的权利这一理由而不平等地分配利益和机会。它千万不要根据某个公民的某一集团良好生活的概念更高尚或高于另一个公民的同样概念而限制自由权。”[2]因此，维护人的尊严使得政府权力运行有了正当性。德沃金进一步阐明政府需保障人民的平等与自由才能真正实现人的尊严，为此须遵循两个原则来践行人的尊严：一是内在价值原则，它主张每个生命都有特殊的客观价值，其意在彰显平等；二是个人责任原则，它主张每个人都对自我生命成功负有特殊责任，这种责任包括运用其判断力，对关于生命的成功标准进行判断，其意在彰显自由。[3]

近现代立宪主义以个人主义为出发点，秉持人性尊严不可侵犯原

〔1〕 尤尔根·哈贝马斯：《人的尊严的观念和现实主义的人权乌托邦》，载《哲学分析》2010年第3期。

〔2〕［美］罗纳德·德沃金：《认真对待权利》，信春鹰、吴玉章译，中国大百科全书出版社1996年版，第357页。

〔3〕［美］罗纳德·德沃金：《民主是可能的吗？》，鲁楠、王淇译，北京大学出版社2014年版，第8～9页。

则,重视个人尊严之维护。即个人应受到重视,个人之自由与生存自应受到保障。遵照立宪主义之精神,个人乃一切价值之根源;政治权力即为人类社会之产物,其根源自非求助于个人不可。个人之间相互平等,依理亦必属于政治权力之根源,据此理论,“国民主权”原理应运而生。因此,从个人尊严出发导出人权及国民主权之原理,系立宪主义之基本推论,这些以个人尊严为核心之原理构成宪法之根本规范。[1] 因此,在洛克、卢梭等的社会契约理念的指引下,人民是通过宪法这种契约将自己的权利让渡给了国家,为了践行人是目的、昭示人的尊严,各国纷纷在宪法中明确将人的尊严或以尊重和保障人权这一模糊的措辞来为国家权力设定最后的边界。

因此,宪法序言或具体条款中的人的尊严无疑成为国家权力运行的合法性来源。此外,对于那些宪法中序言或具体条款中没有规定人的尊严的国家而言,人权乃至基本权利都源于人的尊严,基本权利的主要性质即为防御权,其首要功能在于防御国家权力的滥用,人的尊严基本权利的核心价值。有学者认为,人的尊严不仅应被视为基本权利,还应被纳入保障其他基本权利的概括性条款,具有承接规范(Auffangnorm)之功能,其本与辅助性原则(Subsidiaritätsprinzip)有填补结构规范(Anlagennorm)遗漏之功能。申言之,若结构性规范有缺漏导致功能不足,则由概括条款承接并弥缝之,以发挥宪法保障基本权利之完整功能。因此,当人的尊严受到侵害,应当优先适用个别基本权利,如平等权、自由权,而在一般基本权利之要件无法保障时,则适用人的尊严条款以确保基本权利。易言之,人的尊严有赖通过基本权利加以具体化,而一般例示基本权利之功能,则由通过人的尊严之条款确

〔1〕 法治斌、董保城:《宪法新论》,元照出版有限公司2004年版,第203~204页。

保之。[1]

“二战”后,《联合国宪章》《世界人权宣言》等诸多国际法律文件都对人的尊严做出了明确规定,各国也纷纷在其宪法中对人的尊严做出规范。人的尊严之保障业已成为潮流,人的尊严的保障不再停留在纸面上,人的尊严条款的法律适用日益成为趋势,以德国为代表的有些大陆法系国家甚至将其作为客观规范和客观规范价值来规范国家权力。因此,有学者指出,人的尊严的概念在司法中的引人瞩目的作用也就得到了解释。各项基本权利愈是强有力地贯穿整个法权体系,它们就愈是经常地超出从单个市民到国家的垂直关系范畴而介入单个市民之间的水平关系。这时冲突也在积累,要求在那些进行竞争的基本权利诉求之间进行权衡。在这些疑难案件(hard cases)中,一个有根据的判决,常常通过提及反对损害绝对有效的、有优先权的人的尊严才有可能作出。这个概念因此在法庭辩论中决不是为某一缺失的人权构想扮演一个模糊站位者(Platzhalter)的角色。“人的尊严”是一台指示仪,它指示着,什么东西对于民主法权秩序是具有构成性意义的——也就是这样一些权利,它们是一个政治共同体的公民为了能够作为自由与平等者而自愿联合的成员来互相尊重而必须赋予自己的。对这些人权的保证产生出公民们的这样一种地位,即他们作为平等权利的主体,有权利主张他们的人的尊严受到尊重。[2]

三、作为权利的渊源与自我限定

作为目的存在的人,必然要以其尊严为出发点提出其利益诉求,这种诉求在某种程度上被称为人权。因此,可以说,变化的历史情境只是

---

〔1〕 参见尤尔根·哈贝马斯:《人的尊严的观念和现实主义的人权乌托邦》,载《哲学分析》2010 年第 3 期。

〔2〕 参见尤尔根·哈贝马斯:《人的尊严的观念和现实主义的人权乌托邦》,载《哲学分析》2010 年第 3 期。

多少把那种从一开始就内隐于人权的东西主题化,并带入意识之中,这种东西就是人权在某种程度上拼写出来的伦理实体,即每个人的平等的尊严。[1]

但是,由于人是社会中的人而不是孤立的个体,人的尊严绝非指个人的尊严而是被抽象化了的所有人所共同的尊严。当这种与地位相联系、以复数形式出现的尊严,被集合为人的普遍尊严时,这种新的、抽象的尊严去除了等级伦理的特殊品质。这种普世化了的尊严应该被所有人同等地得到,但同时也保留了自尊(Selbstachtung)的内涵,这种自尊是以社会承认(soziale Anerkennung)为基础的。因此,人的尊严也应根植在一种公民地位中,也就是说要归属于时空中某个有组织的共同体。但是,现在这种地位对一切人应该是一样的。

人的尊严的概念把对每个人受同等尊重的道德内容,转到了公民的地位秩序上,从这一点出发这些公民们获得他们的自尊,即他们被所有其他公民承认为平等地拥有可起诉权利的主体。[2] 因此,当将人权内化为制度保障的宪法中的基本权利时,人的尊严就不仅是社会生活、乃至国家生活是否具备正当性之价值判断基点,而且也成了基本权利的渊源。于是,人的尊严在宪法中所具备的抽象性、一般性之本质,有别于以其他具体契约及法律关系所形成之个别权利。因此,一个失去对人的尊严应有尊重的国家福祉的生活,决不是人类所追求自由、正义及幸福目标。人的尊严作为上位宪法规范,其目的毋宁是要拘束国家权力的恣意与专横,尊重并保护人的尊严,此正是大多数自由民主宪政国家把人的尊严入宪之实质意义。[3]

基本权利最初的核心任务,是消极地对抗公权力的不法侵害,于是

---

〔1〕 尤尔根·哈贝马斯:《人的尊严的观念和现实主义的人权乌托邦》,载《哲学分析》2010年第3期。
〔2〕 尤尔根·哈贝马斯:《人的尊严的观念和现实主义的人权乌托邦》,载《哲学分析》2010年第3期。
〔3〕 林水吉:《民主化与宪政选择》,风云论坛出版有限公司2002年版,第44页。

产生了基本权利的防卫功能，亦即防御国家权利之干预，人的尊严之自由空间因此而创设，同时亦构成国家权力行使之限制。不仅如此，由于人的尊严要么是规定在宪法序言中作最高价值宣誓、要么规定在具体条款中充当概括性条款，成为基本权利整体之基准点，意味着人的尊严是规范中的规范，基本权利中的基本权利。[1] 这也意味着对基本权利自身形成限制即防范基本权利专横与滥用，避免发生基本权利冲突或危及公权力合法运行的情形，使每个人的尊严都得到充分的保障。

四、价值重塑与整合社会所不可或缺的乌托邦理念

由于人的尊严概念本身高度抽象，因而会造成表述上的混乱以及应用上的主张纷杂，特别是在政治领域、司法领域和生物技术领域，人的尊严是一个极其混乱的"尚方宝剑"：赞成某项政策、法律或生物技术的人可以人的尊严为依据来支持它，反对者同样可以人的尊严来责难它。例如，支持安乐死法律化者以捍卫要求安乐死的人的自主意志的尊严为理据，反对安乐死者则坚持人的生命尊严的崇高性；支持治疗性克隆的人强调需要这种新的疗法来挽救生命垂危的病人的尊严，反对者则强调人类胚胎的尊严的神圣不可侵犯。[2] 正因如此，有的学者坚持认为，人的尊严这类论述也绝非可以担当现代多元社会中的价值共识。[3] 美国生物伦理学总统委员会一直寻求就尊严问题达成共识但最终以失败告终，2008 年，该委员会主席埃德蒙顿 · D. 佩莱格里诺博士在致美国总统的信中宣称："……我们没有任何关于人的尊严的世界性

---

〔1〕 法治斌、董保城：《宪法新论》，元照出版有限公司 2004 年版，第 204 页。

〔2〕 代峰：《人的尊严的向度》，载《道德与文明》2011 年第 3 期。

〔3〕 Raz J., *The Morality of Freedom*, Oxford: Oxford University Press, 1986, p. 39.

普遍共识。"[1]

但是,我们应看到,"二战"后,《联合国宪章》《世界人权宣言》以及其后的两个人权公约都得到了各国的一致同意,而这些国际公约的核心旨在维护人的尊严。不仅如此,联合国人权宣言中所表达的人的尊严的理念已经成为能够建构一种有意义并且可行的国际和国内文明生活的各种价值、规范和原则的仅有的有效框架。由此可见,人的尊严这一理念可以将宗教、文化、传统、种族、地域等的差别遮蔽并忽略,充当重塑与整合社会的纽带与价值共识。因为,这种关于人的尊严的思想,享有一种道德(宗教)法则的当然地位,这种法则是根本的、终极的、压倒一切的,它为判断道德是非提供了一项当之无愧的普遍原则。[2]

正是由于人的尊严的含义的模糊,其背后蕴含着极其抽象人类的乌托邦理念,极易成为沟通各种纷繁价值冲突的桥梁与纽带。也正因人的尊严含义之模糊,它才能使有着上述大相径庭背景的人们操着同一话题,进行有效的交流、沟通,并借人的尊严的理念表达着各自不同的诉求,这样各种价值与诉求由此而碰撞,各方才能真正体悟对方的境况与诉求,各种价值与诉求由此而妥协并磨合,最终在使每一方尊严都得到最大限度尊重的基础上圆满化解冲突与矛盾。因此,"人的尊严犹如筑起一道雾墙,让各种触及深处的差异能够在其后暂时消隐。'人的尊严'在人权扩展和分殊的进程中,也在中和不可疏通的差异的时候,实现一时的妥协功能。"[3]也就是说,人的尊严理念是一种必要的乌托邦,它的最大功效不在于直接解决问题,而在于为人们提供了一个致力于解决问题而必需的真诚交流与互动的概念媒介或平台,或者说提供

---

〔1〕 Human Dignity and Bioethics: Essays Commissioned by the President's Council on Bioethics, 2008.

〔2〕 [英]史蒂文·卢克斯:《个人主义》,阎克文译,江苏人民出版社2001年版,第48页。

〔3〕 尤尔根·哈贝马斯:《人的尊严的观念和现实主义的人权乌托邦》,载《哲学分析》2010年第3期。

了一个相互彼此尊重各自自我决定的媒介。

人的尊严之所以被认为是一种乌托邦理念,可以从表 1－2 中详查究竟。[1]

表 1－2　乌托邦理念与内在尊严、外在尊严的比较

<table>
<tr><th colspan="2"></th><th>乌托邦理念</th><th>内在尊严</th><th>外在尊严</th></tr>
<tr><td colspan="2">定义</td><td>理想社会的蓝图</td><td>人的内在价值</td><td>人值得尊重</td></tr>
<tr><td colspan="2">研究重点</td><td>1)社会与国家;2)人</td><td colspan="2">1)人;2)社会与国家</td></tr>
<tr><td colspan="2">认识论</td><td colspan="2">通过直觉</td><td>通过观察</td></tr>
<tr><td colspan="2">方法</td><td colspan="2">描述</td><td>描述,约定俗成</td></tr>
<tr><td colspan="2">目的</td><td>1)幸福、美好、物质充裕的社会(有时主张国家消亡);
2)新的人;
3)新时代,历史的终结</td><td colspan="2">1)有尊严的受到尊重的人;
2)公平的社会,存在制衡的国家;
3)不诉求一个新时代来临</td></tr>
<tr><td colspan="2">手段</td><td>激进的、历史的、僵化的(＝乌托邦的源动力)</td><td colspan="2">渐进式的(＝改良基因)</td></tr>
<tr><td colspan="2">范围</td><td colspan="2">无所不在</td><td>视情况而定</td></tr>
<tr><td rowspan="2">对于……的看法</td><td>时间</td><td>1)作为一项原则:渐进式为之;
2)间或发生:伴随着逝去的堕落的黄金时代;新传统</td><td>与历史无关</td><td>渐进式</td></tr>
<tr><td>历史过去</td><td>通向可预见的命运的历史发展必要阶段的普遍法则</td><td>人性的普遍法则(自然法);必要条件(与历史无关)</td><td>在人权制度基础上的渐进式过程;视情况而定(历史的)</td></tr>
</table>

〔1〕 Anton De Baets, *A Successful Utopia: The Doctrine of Human Dignity*, Historein, 2007, Vol. 7, p. 78.

续表

		乌托邦理念	内在尊严	外在尊严
对于……的看法	现在	通过革命废除制度、传统与悲惨境况	通过改革摒弃权力滥用,与绝大多数社会恶行作斗争	
	未来	1)乐观的:内部自我完善; 2)决定性的:反乌托邦	乐观 内部自我完善	通过各种方式争取人权
	社会	整齐划一	可操控的多样性	
	国家	独裁;通常诉诸高压	诉诸最低限度的压制	
	人	强调理想化的人	强调真正的人,受到免受国家侵扰保障的人	
	自由	次要的或不存在;克减自由	最为重要的因素之一,是尊严的基础	
	平等	口头平等,事实上不平等(先知的特权阶层 vs. 其他阶层)	最为重要的因素之一,所有人在尊严面前一律平等	
	公正	没有必要与平等相联系	最为重要的因素之一,与平等无关	

在这个遍布着那种剪不断、理还乱般的利益纠葛的现实世界中,我们不仅要活着,而且要深情地、满怀希望地活着。因此,思辨是在这个纷繁复杂的社会安身立命的必备能力。有学者指出:人的尊严为我们每个人抗争并遏制着我们的欲望与冲动。作为政治共同体一员的个人,都必须为在共同体中拥有应当拥有的权利和地位而抗争。同时也应时时刻刻遏制着心中的不断涌动的魔念与冲动(不理性)。[1] 因此,每个人的命运都必须交由其本人主宰,而不是委付其他任何人与权威,这也已成为共识和信条。正在这个意义上,人的尊严理念是一个极具

〔1〕 Christian Byk, *Is Human Dignity a Useless Concept? Legal Perspectives*, in Marcus Düwell, Jens Braarvig, Roger Brownsword, Dietmar Mieth, Eds. The Cambridge Handbook of Human Dignity: Interdisciplinary Perspectives, Cambridge University Press, 2014, p. 366.

理想主义气息的乌托邦，但它并非是一个可有可无的乌托邦，而是一种必要的乌托邦。它引领着人的自我实现，充当为人类坎坷求索征程指引迷航的灯塔。我们孜孜以求的并非是充裕的物质，而是精神的救赎。可以说，对人的尊严的探寻之旅在本质上是人的自我实现历程，是灵魂救赎与涅槃的过程。正是在这个艰辛的历程中，人才能从中发现人之所以成为人的全部意义与价值，方能从中真正体悟世界的本源和全部意义之所在。对人的尊严的探寻之旅也是人类不断走向成熟之旅，世界和人类本身也因此而异彩纷呈、充满意义。

五、维系最低限度生活所必需的前提

由于生存与生存保障是人得以在社会安身立命的前提，因此有学者认为人的尊严是维系最低限度生活所必需的前提。[1] 而且，维系最低限度生活所必需的人的尊严是国家应尽的义务，这不仅为基本权利受益功能所证实，也已为司法实践所肯认。如印度最高法院就曾在判决中指出："这是对（宪法）第 21 条解释所确认的这个国家中的每个人所享有的有尊严地生活、不得被剥削的基本权利。……这个体现在第 21 条中的有尊严地生活的权利因（特定）《国家政策指导原则》这部法律而焕发勃勃生机。……因此，该权利必须包括以下内容：健康保障、在自由和尊严的氛围下以健康的方式保障工人和男人与女人的权益以及保障幼儿免受虐待，为儿童的发展提供机会与基础设施，保障公正和符合人性的工作条件并为妇女提供特殊保障。上述这些都是使人能够有尊严地生活的最低限度要求，而且任何国家（既包括中央政府也包括地方政府）都无权采取措施剥夺个人享有上述这些基本的必要

---

〔1〕 Erin Daly, *Dignity Rights: Courts, Constitutions, and the Worth of the Human Person*, University of Pennsylvania Press, 2012, p. 56.

措施。"[1]

本章小结

人们对人的尊严的理解存在诸多歧义。这也使我们认识到人的尊严的含义的模糊性、不确定性,也因此使得我们与学者们的见解相对照进而追溯早期神学渊源来刻画人的尊严的概念。[2] 究其原因,人的尊严理念有着深厚的历史、文化、宗教等背景,它孕育了西方文明。西方文明的现代化根植于两个原则之间的持续紧张关系:一方面,现代化是一个理性过程;另一方面,现代化却是一个主体意识不断提升的历程。而这两者却又都是以人的尊严为内核,人的尊严有效地沟通了理性与主体意识之间的内在联系并对它们的紧张关系予以润滑。于是,我们发现,人的尊严将传统与现代、过去与未来有机地结合到一起,在对传统与过去赋予全新的意义后积极迎接现代与未来的挑战。

人的尊严理念在其波折的发展历程中,逐步被吸纳为人权的内核,进而为整个人类世界欣然接受。一方面,人的尊严理念通过《联合国宪章》《世界人权宣言》等国际人权公约而成为国际法秩序的核心,成为制约缔约国国家权力的有力手段;另一方面,越来越多的国家顺应历史潮流将人的尊严内化为本国国内法秩序的内核。由此可见,人的尊严保障之路并非构建"巴别塔"。

---

〔1〕 Bandhua Mukti Morcha v. Union of India & Ors, AIR 1984(3) SC802, pp. 811 -812.

〔2〕 Duffy, R. A. & Gambatese, A., (ed.), *Made in God's Image: The Catholic Vision of Human Dignity*, Paulist Press, New Jersy, 199; Kendall Soulen, R. & Woodhead, L., *God and Human Dignity*, Wm. B. Eerdmans Publishing Company, Grand Rapids, 2006; Muzzafar, C., *Rights, Religion and Reform: Enhancing Human Dignity through Spiritual and Moral Transformation*, Rutledge Curton, Nueva York, 2002.

CHAPTER 02 >>

第二章

人的尊严之法哲学省思

我们并非因享有尊严而降生于人世。[1]

人只不过是一根苇草,是自然界最脆弱的东西;但他是一根能思想的苇草。……因而,我们全部的尊严就在于思想。[2]

——[法]帕斯卡尔

第一节　人的尊严与人权

一、何谓人权

人权即人之为人所享有的最基本的权利。人权有广义和狭义之分。广义的人权是自人类存在以来就自然存在。这是因为人权是人的心理与生理的一种要求,是人的自然属性所决定、所产生的,而只要有

---

〔1〕 Catherine Dupré, *The Age of Dignity: Human Rights and Constitutionalism in Europe*, Hart Publishing, 2016, pp. 28 –52.

〔2〕 [法]帕斯卡尔:《思想录》,何兆武译,商务印书馆1985年版,第157~158页。

社会存在,人与人之间就会存在这样那样的利益冲突,就需要有以权利与义务为内容的社会规范来调整,否则这个社会就无法存在下去,因而它又是由人的社会属性所决定所产生的。[1] 狭义的人权即近代意义上的人权,它是资产阶级革命的产物。人权追随者激进的自然法,在它诞生之初就有反压迫、反常规的先验性。[2] 17 世纪从自然法到自然权利的转变被拥戴为现代理性第一次战胜了中世纪的巫婆。[3] 狭义的人权诞生于反封建反王权的资产阶级革命运动中,它以 18 世纪的启蒙思想为引导,以自由、平等、人道为其主要原则和基本特征。它是人类文明进步和发展的一个重要里程碑。

资产阶级第一次人权运动发端于 17 世纪的英国"光荣革命",英国思想家洛克和边沁被视为捍卫人权的先驱。洛克使垂死的传统获得了现代的新生,而边沁则明确揭示了自然法作为"精神支柱的无限性"。[4] 随后,西方理论界对人权的界定经历了"天赋人权说""法律权利说"和"社会权利说"三个形态的演变。

"天赋人权说"的代表人物有洛克、潘恩和卢梭,该学说以当时盛行的自然法学说和人性论为基础,强调人生而自由、平等,人应享有的权利不可转让和放弃,也不能被剥夺。在经历了黑暗的中世纪后,该学说为人们提供了思想上的利器,使人们有勇气和毅力冲破了王权和神权的枷锁,从而为理性和社会的繁荣奠定了基础。但是,我们应看到,人毕竟是一种具有社会属性的动物,片面强调人权是生来所具有的而不考虑特定的社会经济人背景的做法是不妥的。也就是说,这种天赋人权观是以人的"自然"状态或"自然法"来作为界定权利的标准,而忽视

〔1〕 李步云主编:《宪法比较研究》,法律出版社 1998 年版,第 426 页。
〔2〕 [美]杜兹纳:《人权终结》,郭春发译,江苏人民出版社 2002 年版,第 7 页。
〔3〕 参见[美]杜兹纳:《人权终结》,郭春发译,江苏人民出版社 2002 年版,第 8 页。
〔4〕 参见[美]杜兹纳:《人权终结》,郭春发译,江苏人民出版社 2002 年版,第 8 页。

了人的社会属性。

当理性主义时代降临时，“自然”不再成为判断事物与是非曲直的标准，随之而来的是以人的理性来建构和诠释世界。于是，在洛克和卢梭的社会契约论的感召下，国家被视为一个想象的共同体，一个人们自愿通过社会契约让渡其权利而达成的共同体、必要的恶，法律成了公意的化身，公正的标准也因此由“自然”而转化为公正。因此，有学者认为，国家制定的规则假定与法律是一致的，根据法律处理公民纠纷获得正义的结果，解构了旧有的传统；自然权利和人权是主体的特点，没有个体性和主体性，很难建立一个稳固的集体，根据自然权利和人权这样的性质，取而代之以权利的思想。建立在权利基础上的社会并不承认义务；它只承认产生于相互的权利关系中、为保护他人的权利而限制了自身权利的义务。[1] 此后，权利的时代来临。对此，先后发展出人权的“法律权利说”和“社会权利说”两种认识。

“法律权利说”的主要代表人物有边沁、戴西和密尔等，其理论基础是实用主义和功利主义。该学说认为人权不是生而有之，而是法律赋予的。正如边沁所说，“权利是法之子……自然权利是无父之子”[2]；“在一个多少还算得上文明的社会里，一个人所以能够拥有的一切权利，他之所以能够拥有各种期望，享受属于他的东西，其唯一的来由是法律”。[3] 这种理论有其一定的合理性，但它否认人权的道德与伦理性，仅把人权看作人类避苦求乐的手段，因而该看法是片面的、有失偏颇。

“社会权利说”又称“福利权利说”。该学说认为人是一种“政治动物”“社会动物”，人的社会性是人权产生与存在的根据。因为“当自然

〔1〕 [美]杜兹纳：《人权终结》，郭春发译，江苏人民出版社2002年版，第10页。
〔2〕 转引自张文显：《当代西方法哲学》，吉林大学出版社1987年版，第125页。
〔3〕 转引自张文显：《当代西方法哲学》，吉林大学出版社1987年版，第495页。

不再是权利的时候,所有个体的欲望都变成了权利”,[1]而在社会中,人们无时无刻不相互发生着各种各样的社会关系,因而就产生了以权利和义务的形式去调整这些社会关系的需要,因此只有以理性为内核的人权才能担当消弭个人之间权利与自由冲突并妥善安排政治制度之重任。由于社会不断由低级向高级进化,因而人权也随之发展和完善,人权具有历史性。该学说认为,人权沿着“消极的受益关系”向“积极的受益关系”方向发展,即从个人因国家的不作为而得到人身人格与政治方面的权益朝着个人因国家的作为而得到经济文化社会方面的权益方向发展。[2] 这种学说产生于20世纪初,它反映了新的历史时期对人权理念的再认识和反思。虽然天赋人权说在西方仍占主导地位,但社会权利说对西方的人权实践的影响越来越大。

实际上,人权是人之所以作为人所应有的权利,即应然权利。人权不可剥夺、不可让渡,但它受到一定的社会文化背景的制约。不同民族、国家和社会的人权观是有所差别的,但这种差别是具有普遍性的差别。我们不能用人权的普遍性来掩盖其特殊性,也不能用人权的特殊性来否认其普遍性。

人权其本来意义是一种应然权利。我们不应混淆人权(应然权利)、权利(法定权利)以及实有权利。应有权利是本来就应当享有的权利,它的范畴远远大于后两者的范围。在无法律确认和保障某些应有权利的情况下,应然权利往往体现在风俗习惯、伦理道德之中。法定权利是对应然权利保障和认可的最有效的手段与措施。实有权利是指人们在生活中能够享受到的权利,其范围可能接近于应有权利,也可能接近于法定权利,但往往小于权利。如果一国公民所享有的实然权利接

---

[1] [美]杜兹纳:《人权终结》,郭春发译,江苏人民出版社2002年版,第10页。
[2] 李步云主编:《宪法比较研究》,法律出版社1998年版,第431页。

近法定权利,那么该国公民的人权状况就是朝着良性方向发展的。从应然权利转化为法定权利,再从法定权利转化为实有权利,这是人权的现实运动过程。人们时刻在渴望人权(应然权利),因此这种转化永不止息。

二、人权之本质

"人权"一定要是具有普遍道德性的权利。但是,只有存在作为其渊源的某种普遍道德才可能存在这样的权利。[1] 因此,有学者认为,人权的本质在于它是受一定伦理道德所支持与认可的人应享有的各种权益。[2] 该观点从"权利"一词的中文含义开始拆析,它认为权利一词"由权威与利益两个要素构成"。[3] 这种分析是难以立足的。众所周知,权利一词同样是舶来品,而非中国本土文化中所固有的。我们不应止步于文字游戏,而应在权利这一概念发源地的西方的语言背景下去考察其本质。

"权利"一词在英文中为"right",而在拉丁文中为"Jus",它们兼有正义的内涵。近代西方思想史上,对权益的本质的学说有多种,归纳起来有"自由说""意思说""利益说""法律上的力说"四种。以上学说都是从不同的侧面去解释权利的本质,但每种学说都有其局限性。根据我国学者夏勇的研究,权利应包括利益、主张、资格、权能(包括权威和能力)和自由五大要素。[4] 因此,以其中任何一个要素为出发点,以其他要素为内容去给权利作出界定都是不正确的。

人权是受一定伦理道德所支持与认可的人应当享有的权利,人权

---

〔1〕 [英]米尔恩:《人的权利与人的多样性——人权哲学》,夏勇、张志铭译,中国大百科全书出版社1995年版,第153页。

〔2〕 李步云主编:《宪法比较研究》,法律出版社1998年版,第431页。

〔3〕 李步云主编:《宪法比较研究》,法律出版社1998年版,第436页。

〔4〕 夏勇:《人权概念起源》,中国政法大学出版社1992年版,第42~44页。

的产生和行使都要符合道德否则就不具有正当性。究其原因,人权是人之所以成为人的一种资格。因此,因他人的作为或不作为而否认你享有它,就是不正当。他人因你享有它而使你陷于不利或使你受难,也是不正当的。此资格乃尽应有之义。如果别人可以正当地否认你有资格享有某物,别人因你享有它而可能正当地使你陷于不利或使你遭受困扰,那么,该物就不可能是你有资格享有的东西。因此,将"资格称作为'权利'是恰如其分的。如果你有资格享有某物,那么对你来说,享有它就是正当的"。〔1〕

由此可见,人权的本质在于它是正义的体现。众所周知,权利的逻辑基础是正义。因为承认某人拥有一项权利,就意味着承认他可以从他人、从社会那里获得某种作为或不作为。这种"应得""应予",通常被解释为"正当""正义"。因此一个人如果享有某项权利就意味着他享有了一种正当的利益,也就意味着可以有资格提出该种利益的要求。所以,在西方人眼中,Right 和 Jus(中文的权利)同时兼有正义和权利的意义,也可以说西方人将权利和义务视为同一物。正如斯图亚特穆勒指出的那样:"我们称之为本利的东西,是与我们所采纳的正义理论明通暗合的。倘若要对权利的存在及权利冲突的实际时间最终作出系统的判断,必须以完满的正义理论为中介。"〔2〕

近代意义的人权的概念发端于18世纪的启蒙运动,当时的自然正义观是其基础有力的支撑。最初希腊人的正义观是一种社会正义观,这种正义仅是一种富有实证意味的伦理,它只是直接反映现实的社会状态和人们的利益要求,而在哲学上还缺乏某种终极目的和永恒的根据。因而这种正义观可被人们裁剪出各种不同的解释,任何一种专横

〔1〕[英]米尔恩:《人的权利与人的多样性——人权哲学》,夏勇、张志铭译,中国大百科全书出版社1995年版,第109页。

〔2〕转引自夏勇:《人权概念起源》,中国政法大学出版社1992年版,第30~31页。

的、不合理的制度都会打着正义的口号。所以单纯的社会正义只能产生一般意义上的权利概念，而不能产生人权的概念。自然正义的出现使得人权的产生最终成为可能。

希腊先哲们发明了自然理性这一伟大的概念，他们认为自然不仅是事物的秩序，也是人的理性；自然不仅是人类的外在，也是人类的内在；人类的更改属于自然。随后，在14世纪之后的人文主义运动中，人被看成了万物的尺度。因而人是一切的出发点，人所应当拥有的权利是理性的产物，是符合自然正义的理念的。

综上所述，人权是人所享有的诸多权利中的一种，而权利的本质在于正义。任何有悖于正义的举动都是侵犯人权的行为，同样任何侵犯人权的行为，都是有悖于正义，应受谴责和制裁的行为。

三、人的尊严作为人权的正当性基础

既然人权乃是基于正义的考量而维护人之所以为人的权利，那么，我们不禁要追问：人之所以为人的核心是什么？是人权赖以存在的渊源或正当性基础。“社会的共同道德加上普遍的人性原则，就构成了人权的渊源。”[1]此即自康德以来成为伦理学最高原则的“人不仅是手段，更应该被尊重为目的”的“尊重原则”，人作为人得以存在的基础是相互尊重，人权则是人作为人所应当享有的权利，这是人性的必然结果。正如阿克顿所言，“我们的良知为我们自己而存在于我们每一个人心中，它只受其他良知的限制，它对个人自己而不是对他人产生足够的影响力，它尊重别人的良知”。[2] 正是这种人性的良知使得在每个人的

---

〔1〕［英］米尔恩：《人的权利与人的多样性——人权哲学》，夏勇、张志铭译，中国大百科出版社1995年版，第111页。

〔2〕［英］阿克顿：《自由与权力——阿克顿勋爵论说文集》，侯健、范亚峰译，商务印书馆2001年版，第326页。

内心把所有人都当成目的而不是手段。也就是说,人首先应当把对方作为人来看待,使每个人具有做人的资格。究其本质,这种"社会的共同道德加上普遍的人性原则"即是人之所以为人在于人有别于其他物种的独特价值——人的尊严(human dignity)。"一般说来,人们可以从最普遍意义上的所谓道德思维中挑选出三个轴心。正像前面所提到的两种——我们对他人的尊重和责任感,以及怎样过上完美生活的理解——一样,这里也存在一系列尊严的概念。我用这个系列概念意指,依据它我们认为自己应要求得到(或要求不到)周围那些人的尊重。"〔1〕诚如哈贝马斯所言,人的尊严仿佛建造起一扇大门,通过这道门,道德所具有的平等——普世主义内容就被输运进法律之中。人的尊严的理念是概念上的关键,它将给予任何人同等尊重的道德与实定法(positives Recht)联结起来,以便在这些方面在所遭遇的历史境遇下共同发挥的作用中,能够出现一种建立在人权基础上的政治秩序。〔2〕

而对于人缘何拥有尊严的问题,据学者研究,对此存在两类解释模式:〔3〕

第一类为"属性——尊严说"是将人的尊严归因于人类之属性,即只要是人类成员,就自然应得到尊严;而所谓尊严就是指人所特有的超越于其他物种的那种尊贵性。在犹太——基督教神学那里,由于"人肖上帝",人自出生即拥有了绝对的尊严。而自然权利论则认为,人的尊严来自于天赋,超然于任何实在法而存在。这两种迥异的理论都立足于人的尊严生物化:尊严来自于人的生物属性;所有的人,只要是人,不论处于何种发育阶段,无论拥有何等意识水平,都无差别无例外地享有神圣的尊严。"属性——尊严说"将有关尊严的解释完全依附于上帝与

〔1〕 [加]查尔斯·泰勒:《自我的根源——现代认同的形成》,韩震译,译林出版社2001年版,第20页。
〔2〕 尤尔根·哈贝马斯:《人的尊严的观念和现实主义的人权乌托邦》,载《哲学分析》2010年第3期。
〔3〕 参见甘绍平:《作为一项权利的人的尊严》,载《哲学研究》2008年第6期。

上天，有假上帝之意志行使具体解释者之专断之危险。

第二类解释模式是将人所特有的某种特性或品性即人的理性选择能力视为其享有尊严的原因。这其中又区分为“自主性——尊严说”“道德完满性/成就——尊严说”和“自我目的——尊严说”三种大相径庭的观点。就“自主性——尊严说”而言，人的尊严来源于人的自主性本身，因为人由于有意志自由因而具有了自主选择的能力，自主性本身就是尊严的源泉，因而拥有绝对的无条件的价值；尊重人的尊严，就意味着尊重其意志自由。此学说因仅以行为主体的自主性作为享有尊严的根据，必然将许多自主性欠缺却亟须尊严的人无情地排斥在外。持“道德完满性/成就——尊严说”者将人的尊严归因于人的道德完满性或成就，认为人有别于动物，人能够从自己的冲动与欲望中解脱出来，遵循自己通过理性认识到的宇宙法则行事而做出自主选择（无论其选择的是善还是恶）。由于人自主选择了善或通过艰辛努力取得了成就，所以人享有尊严。由于道德完满性或成就因人而异且并非人人可以达成，这势必会将更多的人排斥在人的尊严保护之外。“自我目的——尊严说”以康德为代表，认为来源于人的目的性即“目的王国”理论。在康德看来，人的存在本身就是目的，具有绝对价值：“每一个有理性的东西都必须服从这样的规律，不论是谁在任何时候都不应把自己和别人仅仅当作工具，而应该永远看作自身就是目的。”[1] 虽然康德的“自我目的——尊严说”在现实中极易将“人的工具化”与“侵害人的尊严”机械地等同，但是由于它极力宣扬人的自治、避免人被“工具化”而具有超现实的意义，因而广为接受。

而按照德沃金的观点，人的尊严被视为人权的渊源在于：如果我们承认，道德权利是一种个人享有的、基于个人的内在价值的权利，是一

〔1〕［德］康德：《道德形而上学原理》，苗力田译，上海人民出版社2002年版，第52页。

种政府若想为其行动寻获正当性就必须保障的权利，并且，并非所有个人利益都构成了政府尊重，有些利益是为了过上共同体生活而必须舍弃的，那么个人利益中不属于为了共同生活而需舍弃的部分才构成了道德权利的内容，该内容就是“被平等对待”。这个权利的享有不是因为人们的出身、才能或品德，而是基于人作为一种理性存在而具有的内在价值，基于人的尊严。[1]“任何人，如果自称认真对待权利，并且称赞政府对于权利的尊重，他就必须理解那些目标。至少，他必须接受两个重要的观念，或者至少接受其中的一个观念。第一个观念是人类尊严的观念。这个观念有些含糊，但是很有力量。……这个观念认为，承认一个人是人类社会的完整的成员，同时又以与此不一致的方式来对待他，这样的对待是极不公正的。”[2]德沃金在其《刺猬的正义》一书中进一步指出，道德包含着“应如何过自己的生活”和“应如何对待别人”两方面内容。“应如何过自己的生活”是伦理问题，而“应如何对待别人”则属于道德问题。为了人的尊严之故，人们必须承担共同体成员彼此关怀这个道德义务，这个义务由于整全性（integrity）而具有了权利属性。因此，权利根植于人的尊严。[3] 而且，德沃金还认为，权利制度是至关重要的，因为它代表了多数人对少数人的尊严和平等的许诺。[4]

由此可见，西方文明在道德和哲学层面所孕育的人的尊严的理念，在20世纪初被确立为人权的基石而纳入国内和国际法秩序中并不断固化和发展，其奥妙便在于自然法的推动。自然法表达了一部不间断的思想史，也是一部维护人的自由尊严的斗争史，通过建立权力、制度

---

〔1〕［美］罗纳德·德沃金：《认真对待权利》，信春鹰、吴玉章译，上海三联书店2008年版，第261～262页。

〔2〕［美］罗纳德·德沃金：《认真对待权利》，信春鹰、吴玉章译，上海三联书店2008年版，第265页。

〔3〕See Ronald Dworkin, *Justice for Hedgehogs*, Harvard University Press, 2011, p. 191.

〔4〕［美］罗纳德·德沃金：《认真对待权利》，信春鹰、吴玉章译，上海三联书店2008年版，第273页。

和法律关系来防止人们堕落、声名狼藉以及遭受羞辱。[1] 人本主义探索了在自然尊严和科学客观性条件下合乎人性的权利内容，将“人”变成历史进化论的目标、权利理性的标准、政治权利原则和社会制度。[2] 人权标志着政治思想从义务到权利，从城邦和集体性到文明与人的意义的深远转向。其次，人权颠倒了个人与社会的传统的先后关系。传统与中世纪的自然法表达了宇宙和其中群体的权利秩序、公民地位、时间和尊严；而现代法解放了人的个性，将人从公民转化为个体，在社会政治组织的中心塑造人。当公民从传统的锁链束缚中被解放出来，按自己意志行事，并将自己的意志应用到改造自然界和人类解放时，公民时代到来了。人们意志的解放和登台，成为构建世界的原则，具有了非常重要的实践意义。不加约束的自由会毁了自己。自由意志必须受法律和法令的约束，这是它所理解的唯一限制，对自由意志来说，这些限制并非本质或整体的要求，而是经验和外部的规定。自由与压制、法律与暴力在同一行为中相互依存。……利维坦就是解放出来的人们的镜像和最完美的境界。[3]

但是，我们也应注意到，人的尊严和人权都是一种乌托邦。“从自然性到历史性，最终发展到人性或文明阶段是人权标准的最初转变。这个过程可以被称为是自然的实证化过程，它的相反形式是——不完全的——政治立法，使实证法成为权力和权力批判的领地。第二次转变与第一次转变紧密相联，是欲望的法律化。人成为世界的中心，他的自由意志成了社会组织的原则，他那无边无际、永不停止的欲望被公众所认可。……人权的内部已出现了裂缝。人权被用作个体的保护伞，反对建立在拥有绝对权力的个体之上的政府权力。这就

---

〔1〕［美］杜兹纳：《人权终结》，郭春发译，江苏人民出版社 2002 年版，第 14 页。
〔2〕［美］杜兹纳：《人权终结》，郭春发译，江苏人民出版社 2002 年版，第 15 页。
〔3〕［美］杜兹纳：《人权终结》，郭春发译，江苏人民出版社 2002 年版，第 18～19 页。

是人权的核心部分正反两面,共同地融进了历史时人权不可能得以实现。"[1]但是,人的尊严和人权都是一种必要的乌托邦,因为以人的尊严为正当性基础的"人权也是地狱万能政府论的武器,是矫正最高统治者否定不管以何名义存在的个体自主权这一本能的最好方法"。[2]

四、人权对人的尊严之促进意义

人权是通过从以下几个方面来促进与实现对人的尊严这一人类的终极诉求:

首先,人权是将人的尊严作为人权的终极关怀。在某种程度上,我们可以认为:"人权是一种自我实现的道德预言:把人当作人来看待,你就会成为真正的人。"[3]随着《联合国宪章》《世界人权宣言》、1966年的《经济、社会及文化权利国际公约》和《公民权利与政治权利国际公约》等诸多国际人权公约中都将《联合国宪章》序言中"对人类家庭所有成员的固有尊严及其平等的和不移的权利的承认,乃是世界自由、正义与和平的基础"以不同的形式予以确认,人的尊严成为被整个人类所珍视的价值共识,成为人权的终极关怀。因此,有学者指出,随着人类尊严概念获得了新定义与地位,它本身也成为规范性起源和这一领域中所有合法价值的准则(*axia*):所有国家权力都必须通过人类尊严的法律属性来获得评判,即每个人的人格尊严是否得到了同样方式的、无条件的对待并且所有国家权力也必须如此来组织,从而使之能够做到这一点。这一要求已经无法通过援引"自然"或"理性"的看法(如在自然法和理性法中依然在做的那样)的方式来辩护,而是以由宣言开启的、

---

[1] [美]杜兹纳:《人权终结》,郭春发译,江苏人民出版社2002年版,第19页。

[2] [美]杜兹纳:《人权终结》,郭春发译,江苏人民出版社2002年版,第19页。

[3] [美]杰克·唐纳利:《普遍人权的理论与实践》,王浦劬等译,中国社会科学出版社2001年版,第14~15页。

经制度化规范的并且公开作为法律基础所生效的人类尊严的规范化解释为支撑——它赋予每个个体作为人的不可失去、不可转让的人的尊严,而这与他获得的社会认可程度无关。这些特殊性显示,“人类尊严”的提法拥有一种绝对的价值。[1]

由于人权主体的普遍性,它剔除了以往专制时代所设置的种族、信仰、性别、文化、国别等的限制,面向所有的普罗大众,将人视为目的而加之珍视。人权的保障必然意味着首先对人的主体地位的积极确认,将人视为一切事物(尤其包括国家权力的运行)之目的,极力避免使人沦为客体或纯粹的手段,在个人充分自治的基础上最大限度地提升并塑造每个人的尊严。也就是说,正是人权开启了珍视人的内在价值的人的尊严的时代。

其次,人权充当践行人的尊严的手段。“人的尊严”正是人类应实现的目的,人权只不过是为了实现、保护人的尊严而想出来的一个手段而已。[2] 如前文所述,以《联合国宪章》《世界人权宣言》为代表的国际人权公约都对人的尊严作出了宣示或保障性规定:“从这一角度来说,‘人的尊严’这一概念作为法律概念,其语义内涵、概念地位和功能是施事行为的结果,并由政治设定。……它为所有国家权力国家和国际意义上的合法性资格建立了一个新的规范基础。”[3] 不仅如此,越来越多的国家的宪法也对人的尊严作出宣示或保障性规定,将人的尊严内化为国内法秩序。由此可见,人的尊严已不仅成为一种国际价值共识,而且逐渐成为制约国家权力的观念武器与规范基础。

从另一方面来说,人权必须转化为实在法上的权利方能发挥其意

---

〔1〕 [德]格奥格·劳曼:《作为“社会想象”的人类尊严——论1954年后人权与人类尊严宣言的历史意义》,载《当代国外马克思主义评论》2012年卷,第355~356页。

〔2〕 [日]真田芳宪:《人的尊严与人权》,鲍荣振译,载《环球法律评论》1993年第2期。

〔3〕 [德]格奥格·劳曼:《作为“社会想象”的人类尊严——论1954年后人权与人类尊严宣言的历史意义》,载《当代国外马克思主义评论》2012年卷,第354页。

义。而在这个转变过程中,人的尊严对人权从道德义务转化到法律权利起到了巨大的、无可替代的作用。根据哈贝马斯的见解:"以单个人自主的基本概念与对每个人同等尊重的原则为基础。理性道德和理性法的共同基础,经常掩盖着这样一种决定性差异:道德将完整地穿透一切行为领域的义务托付给我们,而现代法律则为私人意愿和个体生活形式创造了自由空间。在法不明文禁止即为允许这种变革性的前提下,成为法学体系之建构起点的不是义务,而是主观权利。因此……'从相互间的道德义务到相互谛立、让与的权利之过渡'中,看到一出'为了自我决定而自我授权'的行为。从理性道德到理性法的过渡,要求这样一种视角转换,即从重视和尊重每个他者之自主的对称重叠视角,转换到主张承认和尊重他人的从其各自方面来看的本己的自主(*zu den Ansprüchen auf Anerkennungund Wertschätzung der jeweils eigenen Autonomie vonseiten des Anderen*)。作为道德律令的对易受伤害之他者的爱护,被代之以这样一个自觉的要求,即从法律上被承认为一个'按照他的或她自己的判断来生活、感觉和行动'的自主的主体。被公民们重新主张的这种承认,超出了负责任的行动主体们彼此间的道德承认;它具有这样一种实质性的意义,即要求尊重一种应得的地位,并在这方面依赖于曾经与尊贵行会的成员资格相联系的那种'尊严'(*Würden*)的内涵。"〔1〕

最后,人权的保障程度反映了人的尊严保障的深度与广度。人权是一种符合普遍道德的权利人权,尽管如此,人权仍具有特殊性。宗教信仰、文化传统的不同导致了不同民族和不同地区的人权概念的不同,不同历史时期拥有不同的道德观念和道德准则,不同的社会和阶级也有不同的道德观念和道德准则。而且人权在很大程度上是由特

〔1〕 尤尔根·哈贝马斯:《人的尊严的观念和现实主义的人权乌托邦》,载《哲学分析》2010 年第 3 期。

定政治制度和经济基础决定的,有什么样的政治制度和经济基础就有什么样内容的人权。人权是一客观产物,它是对特定政治制度和经济发展水准的反映。某一特定时期特定政治制度之下的人权状况是由当时的物质生活条件(主要是经济基础)决定的。因此,对人权的保障程度是一个社会政治文明与物质文明发展的“风向标”,它体现了当时社会对人的尊严的重视程度所做出的长远的制度安排,也体现了当时经济基础对人的尊严所能保障的现实状况。另外,从人权的发展变化来看人权的变更和发展取决于一定的经济基础的变更和发展。

第二节 人的尊严与法治

人的尊严关乎每个人的福祉与未来,因此,任何制度设计与建构都无法回避人的尊严这一首要问题,法治更是如此。

一、法治的真谛

众所周知,法治(rule of law)是相对于人治而言的一种理念与制度。自亚里士多德提出“良法之治”,法治理念历经千年最终在西方得以确立,它是以“人性恶”之假设为前提,怵惕于(国家)权力滥用与暴政对普罗大众之荼毒,旨在“摒除个人私欲的理性之治”。虽然法治以彰显法律在国家中的最高法律地位为其外在特征,然而,人权保障是法治的根本内容,人的尊严为其终极关怀。

一方面,从政治哲学理论层面而言,人先于国家和社会而存在,人是目的,国家和社会皆为个人充分发展的手段。既然如此,国家权力的正当性必然源于民众的同意,其合法性自然源于民众通过一纸“社会契约”这种最高形式的法律让渡自己的权利,作为对价,国家权力也自然必须以此社会契约为依据而受到相应的限制。由此可见,以法治的形式践行国民主权,其本质在于人权保障。法国1789年《人权宣言》率先宣称:“任何社会,如果在其中不能使权利获得保障或者不能确定权力分立,即无宪法可言。”紧接着,作为法国第一部宪法也是欧洲第一部成文宪法的《1791年宪法》正式确立了人民主权原则,宣布主权属于国民,一切权力只能来自国民。国民主权理念由此被正式付诸实施,并成为日后社会变革的动力。在1948年《世界人权宣言》第29条规定“人民的意志是政府权力的基础”之后,国民主权日益成为共识。

由国民主权出发,法治力图依法拘束国家权力,而将国民的私生活领域与国家政治生活隔绝并避免国家权力的侵扰,此即国家与市民社会的二元对立结构。在此二元对立结构中,国民的私生活完全受制于其自由意志,国家对此采取消极的态度,这也是基本权利的防御功能之展现。于是乎,在社会生活中逐渐形成了国家原则上不介入以国民社会经济生活领域为核心的事实,个人价值凸显,以自由权为核心的权利体系逐步形成并努力创造足够条件以建立一个人人向往的自由社会,进而践行所谓的“自由国家”“国家的价值中立”以及“管得最少的国家才是管得最好的国家”等原则与理念。

然而,这种对国家权力的拘束主要是针对业已为历史与经验反复证明的、备受指责的行政权。况且,这种对国家权力的拘束是通过分权制衡[或称“权力分立”(checks and balance)],由代表民意(公意)的议会制定法律,执行议会法律与决议的使命则交由行政权行使。此即依据“议会优位”理论进行建构的,被学者称为“议会民主主义”与“弱势政府”。[1] 芦部信喜认为，国民主权是以个人主义为前提，而无论是称为民主原理的国民主权，还是称为自由原理的基本人权保障原理，都是源于人的尊严的基本原理。[2]

就另一方面而言，法治得以确立的前提也表明人的尊严乃其终极关怀。有学者认为，法治理念与制度是建立在两项重要命题之上。[3] 第一项命题是“法律至上”（the supremacy of law）命题，它主张：法律具有限制政府及个人行为的至高无上地位。第二项命题是“道德中立”（moral neutrality）命题，主张法治乃超然于多元道德观点之上的中立之治。这两项命题可说是整个形式法治理论的理论基底，因为“法律至上”命题要求：法治的政府，必须是“以法为尊”“摒除人治”的政府，而“道德中立”命题宣称，唯有形式面向的法律，才能在众多道德观点中保持中立，使个人保有规划美好人生愿景的自由，进而促进个人的自主和尊严。

法治已在西方国家落地生根并逐步建立起法治国，所谓的法治国就是“为了保证人性尊严、基本权、法秩序的安定及正义之目的，要求所有国家权力行使必须依据宪法以及合宪实质与形式法律”[4]。在某种意义上，“法治是标准、预期和抱负的混合物：它包含有关个人自由和自然正义的传统理念，更一般地讲还有关于统治者与被统治者关系中正义公平之要求的理念。实质公平和程序公平两者不能轻易地区分开来，两者均以尊重个人尊严为前提……”[5]

---

〔1〕［日］樋口阳一：《近代立宪主义与现代国家》，日本东京劲草书房 1984 年版，第 152 页。

〔2〕参见［日］芦部信喜：《宪法学Ⅳ宪法总论》，有斐阁 1992 年版，第 219 页。

〔3〕参见庄世同：《法治与人性尊严——从实践到理论的反思》，载《法制与社会发展》2009 年第 1 期。

〔4〕陈慈扬：《宪法学》，元照出版有限公司 2005 年版，第 227 页。

〔5〕［美］布雷恩·Z. 塔玛纳哈：《论法治——历史、政治和理论》，李桂林译，武汉大学出版社 2010 年版，第 142 页。

二、形式法治与实质法治下人的尊严

根据法治的内涵与发展阶段不同,法治可区分为形式法治和实质法治两种基本样态。然而,为了进一步剖析法治发展路径的艰难与异同,有学者经深入研究指出,形式法治和实质法治都具体表现为以下三种不同的形式(见表2－1):[1]

表2－1　形式法治和实质法治表现形式

	备选的法治构想 比较薄弱——→比较浓厚		
形式版本	依法而治 ——法律是政府的工具	形式合法性 ——普遍、面向未来、清晰、确定	民主＋合法性 ——合意决定法律的内容
实质版本	个人权利 ——财产、隐私、自治	尊严权和/或正义	社会福利 ——实质平等、福利、共同体的存续

形式法治关注的仅仅是作为统治手段的法律是否具备一定的法的外在品质,即"形式合法性"(formal legality),而不关注法律本身内容的品质。对于形式法治所应具备的基本内涵,虽然人们早已摆脱了英国学者戴雪的看法,但是学者们仍不能达成一致。拉兹认为,法治应包含以下要求：法律必须可预期、普遍、明确、公开和相对稳定,除此之外还包括独立的司法、不偏不倚与公开审理、对立法和行政官员的审查以及对警察自由裁量权的限制。[2] 富勒所主张的法治则包括以下八项原

〔1〕［美］布雷恩·Z.塔玛纳哈:《论法治——历史、政治和理论》,李桂林译,武汉大学出版社2010年版,第117页。

〔2〕［美］布雷恩·Z.塔玛纳哈:《论法治——历史、政治和理论》,李桂林译,武汉大学出版社2010年版,第120页。

则:法律的普遍性(一般性)、法律必须公布、法不溯及既往、法律的明确性、法不得自相矛盾的矛盾、法的可行性(法律不能要求不可能实现的事)、法的稳定性以及官方行动要与宣布的法律保持一致。[1] 然而,形式法治也历经坎坷,并非一蹴而就。在形式法治雏形期,法律仅仅作为政府实施行为的依据而已,此时只是"依法而治"(rule by law),相对于"口含天宪""言出即法"的专制时代无疑是一个巨大进步。随后,人们逐步意识到法律尚需具备诸如普遍性、前瞻性、清晰性、确定性与稳定性等法的基本品质,假以时日,法律制定的民主性被提上议事日程。由此可见,形式法治也是一个漫长的洗礼与磨砺历程。形式法治允许人们在事先知道其潜在法律涵义的情况下规划他们的活动,从而增进个人自治和尊严。[2]

然而,在形式法治之下,人们会以简单机械的民主多决形式践行所谓的"价值中立",这往往导致少数精英操控民意、玩弄政治而使法律徒具光鲜的形式,其中所应蕴含的人们世代所孜孜追求的法的内在品质(如公平、正义等)丧失殆尽。在形式法治的后期,人们看到往往是:民主、自由尚未实现,普罗大众却依然在地狱辗转呻吟。纳粹法西斯政权的灭绝人性恶行、苏联斯大林的恐怖统治以及晚近赛达姆、卡扎菲的残暴至今历历在目,让人不寒而栗。有学者认为,形式法治之所以导致上述的实践困境有以下几个方面的原因:[3] 第一,形式合法性的空洞性(emptiness):由于形式合法性仅注重法律的外部形式特征,并不主张法律内容需实质上符合特定要求或受一定限制,所以很可能成为少数有

[1] Lon L. Fuller, *The Morality of Law*, 2nd revised edition, New Haven: Yale Univ. Press, 1969, Chap. 2. 另见[美]富勒:《法律的道德性》,郑戈译,商务印书馆 2005 年版,第 55 ~ 142 页,但该书对此八项原则措辞与本书理解略有出入。

[2] [美]布雷恩·Z. 塔玛纳哈:《论法治——历史、政治和理论》,李桂林译,武汉大学出版社 2010 年版,第 119 页。

[3] 参见庄世同:《法治与人性尊严——从实践到理论的反思》,载《法制与社会发展》2009 年第 1 期。

权力野心的立法者为满足私欲而加以运用的统治工具,以致最终造成恶法横行(effectuate evil law)的结果。第二,民主程序的不可预测性(unpredict-ability):尽管主张民主程序为法治必要条件的形式法治理论强调,具备形式合法性要件的法律规则仍需以民意为基础,始有其正当性。然而,以多数决原则作为主要运作模式的民主程序,同样难以防范立法者利用多数优势遂行其个人私欲,进而制定出令人难以忍受的恶法的可能。

实质法治是在形式法治发展成熟后的一个全新的阶段,它开始注重法的内在品质,从最初凸显个人权利逐步向注重人的尊严以及关注正义的诉求,到最后实现实质平等、福利、共同体的存续等最大限度地提升每个人的福祉之高级诉求。因此可以说,实质法治更是以人的尊严为核心。

综上所述,无论是形式法治还是实质法治,虽然它们对人的尊严保护程度有所区别,但都是以人的尊严为其出发点。因此,《1990 年欧洲安全与合作会议宣言》宣称:"法治不仅意味着形式合法性,它假定在民主秩序的实现和实施中要有规则性和一致性;还意味着正义,它以最高人类人格价值之确认与完全承认为基础,以为其最完整的表达提供框架的制度保障";而且,"民主是法治的内在要素"。[1] 更有学者指出,法治的核心价值,既不是程序公平,也不是实质正义,而是某种足以化解两冲突并得以相互调和的上位价值,即"人的尊严"(human dignity)。[2]

---

〔1〕 [美]布雷恩·Z.塔玛纳哈:《论法治——历史、政治和理论》,李桂林译,武汉大学出版社 2010 年版,第 143 页。

〔2〕 庄世同:《法治与人性尊严——从实践到理论的反思》,载《法制与社会发展》2009 年第 1 期。

三、法治如何践行人的尊严

在践行法治、构建依法治国的实践中,人的尊严被提升到前所未有的高度。对此,从制度建构层面和历史演进的视角都揭示了人的尊严愈发受到重视的事实。

首先,当民众订立社会契约让渡自己的权利而组成国家时,鉴于国家这个利维坦怪兽一旦获得了合法性后就极有可能一如既往地背信弃义,恣意行使国家权力而弃国民基本权利保护义务于不顾,进而颠覆"人是目的、国家是手段"这一社会契约的政治哲学基础,为了防范此类状况之发生,"抵抗权"应运而生。抵抗权的初衷即是为防范国家权力被滥用而使民众沦为统治的客体,防止基本权利与尊严罹于侵害,针对国家的毁约行为而采取以暴力行为对抗制度性安排措施,是被最高法律正当化了的最后保障性权利。因此,1789 年法国《人权宣言》第 2 条即作出了这种宣誓:"任何政治结合的目的都在于保护人的自然的和不可转让的人权。这种人权就是自由权、所有权、安全权和反抗压迫的权利。"有学者指出,依靠抵抗权所保护的法价值,是"人的尊严"。[1] 这种抵抗权可分为两种类型:预防性抵抗权,旨在事前防止国家权力滥用;报复性抵抗权,旨在防止国家背信弃义而在事后恢复社会契约之本原。

为了防范防止国家权力滥用,现代法治国家在宪法层面设立了诸多制度,如选举制度、正当制度、议会制度、司法独立、违宪审查制度、政党制度以及对基本权利与自由的保障制度等,这些都被视为"制度化的抵抗权"。然而,在那些法治建设初期或处于转型阶段的国家,上述各

〔1〕 [韩]沈在宇:《在韩国的人的尊严和抵抗权》,[日]铃木敬夫译,载《环球法律评论》1992 年第 6 期。

种制度尚未建立或未能有效运作,在国家背离宪法这一社会契约的根本宗旨之虞,民众只有求助"未制度化的抵抗权"去恢复国家功能。有学者指出,制度化的抵抗权是"宪法内的抵抗",未制度化的抵抗权是"宪法外的抵抗",它们的功能与宗旨都是为了尊重和保护人的尊严,争取、守护和恢复法治国家。不仅如此,制度化的抵抗权与未制度化的抵抗权一同构成了法治国家的根本要素,它们相互促进、相得益彰:[1]即在宪法内的抵抗权之功能充分发挥的限度内,就不存在宪法外的抵抗权的作用;反之,在前者的抵抗的功能弱化或丧失之场合,应强化、发动后者的抵抗权。两者的关系,恰如拉锯式那样的力学关系,即法治国家的水准下降时,抵抗权的水准上升,在宪法内的抵抗丧失功能时,就呼唤出宪法外的抵抗。

这里需要特别指出的是,按照传统的政治哲学和法学理论,民众透过社会契约让渡自己的权利而在这宪法文件中围绕着国家权力与公民权利的关系做出制度性安排。根据近代宪法的产生背景和立宪传统,宪法调整的是国家与个人之间的关系,宪法基本权利是一种个人相对于国家权力而受到保障的自由权利,是对抗国家权力的防御权利,并不针对社会组织或公民个人。因此,宪法不能在私法领域内适用,不能介入私人之间发生的与宪法基本权利有关的纠纷,这是古典自由主义消极自由的精神和核心所在,"国家之权力,由基本权利之规定予以节制,而私人的权利则由契约节制"。于是,宪法基本权利规范的效力主要规范个人与国家之间的公法关系,而不规范个人与个人之间的私法关系,也即宪法基本权利规范对私法领域无效力。这一方面体现了宪法的公法性质,但另一方面却违背了宪法的最高法性质;一方面重申了人权保障的宪政基础,即人权具有对抗国家权力的效力,另一方面却忽视了人

---

[1] [韩]沈在宇:《在韩国的人的尊严和抵抗权》,[日]铃木敬夫译,载《环球法律评论》1992年第6期。

权保障的法治基础,法治是通过其树立的最高的、非人格化的权威,来对抗一切侵犯人权的行为而不是仅局限于同国家权力的对抗,人权对抗私行为侵犯的效力也是其中的一部分内容。即人权具有对抗一切侵犯人权行为的效力。

从人权保障的法治基础来看,人权是法治的目的,法治与宪政有着共同的价值追求。所以有必要从人权保障的法治基础来合理构建基本权利保障制度,从而使作为最高法的宪法"从规范的延伸意义上内在地蕴含了同时排除私人之间侵犯行为的规范内涵,由此派生出普通法律在私人之间的关系上保障该权利秩序的有关规范之宪法上的依据"。在具体的实践操作和制度设计上,宪法基本权利规范的第三者效力有直接效力说和间接效力说之分。直接效力说认为,宪法基本权利规范对私法领域具有直接效力,基本权利在私人领域的效力当与其在私人和国家机关之间的效力相同。直接效力说又被称为完全水平效力(full horizontal effect)说或直接的水平效力(direct horizontal effect)说。而间接效力说认为宪法基本权利规范只能通过私法规范中的那些一般条款或具有概括性的规定才发挥效力。也就是说,间接效力说是在坚持宪法基本权利规范是主要针对国家与个人之间关系传统观点的前提下,"通过解释私法规范中的这类条款,而将宪法基本权利规范的内在价值和精神注入其中,从而使后者延用于私法领域"。[1] 间接效力说又被称为限制的水平效力(constrained horizontal effect)说或间接的水平效力说(indirect horizontal effect)。

其次,从历史演进的角度而言,鉴于民主政治的真谛在于最大限度地实现个人的自由,因此,法治的进程展现了自由保障范围深度与广度不断扩展的历史。面对国家这一必要的恶(necessary evil),近现代以

[1] 林来梵:《从宪法规范到规范宪法》,法律出版社2001年版,第102页。

降,人们将免于以国家权力为核心的公权力干涉作为自由的本质,即防御国家的自由(freedom from state)。然而,仅有此种自由尚不足以真正实现个人自由,这个利维坦怪兽随时可能吞噬民众的自由与权利,民众也只有通过国家权力才能践行自由。这在逻辑与现实上必然会推导出参与国家权力或接近国家的自由(freedom to state)。以上两种自由都是传统法治国家早期所面对的核心问题,即法治的首要问题是防御国家权力。然而,到了20世纪,传统的防御国家权力、控制政府权力的理念已滞后于现实。自此阶段开始,面对环境、资源、恶性竞争等社会问题,国家与政府不能再采取以往消极行政的态度,应积极应对,责无旁贷地为民众自由发展努力创造良好的外在环境,以实现民众让渡权利组成国家之初衷。自由的理念也因此从形式演化为实质主张,实现以"免于贫困的自由"为代表的福利权等社会权(第二代人权)以及集体权等权利(第三代人权)滥觞并勃兴,此即向国家主张基本权利受益功能的依靠国家的自由(freedom by state)。

第三节 人的尊严与民主

民主虽然不是最好的制度,但它却是目前缺陷最少的制度。因此,民主制度依然为大多数人所向往。民主关乎人权,它是以人权保障为核心诉求,这必然使其必须直面人权的核心要素:人的尊严。

一、何谓民主

民主最初由希腊历史学家希罗多德创造,英文中的"民主"(Democracy)是由希腊词Demos(人民)和Kratia(统治或权威)演变而来,其最初是"人民的统治"之含义。这是一种原始朴素的民主观,它真实反映了当时希腊城邦政治实践。即城邦一切事务均由具有城邦公民身份的组成的公民大会以辩论和投票表决的方式做出最终决定,这是一种与皇帝或君主独裁统治即少数贵族寡头统治截然不同的政治制度,其目的在于将权力交由每一个人而不是政府来行使。因此,这种民主观与古希腊罗马的个人主义传统构成了西方文明的核心内容。而且随着文明和社会的发展,民主与个人主义演变而来的自由主义越来越为世人所接受。根据托克维尔的论断,民主观的规范性在现代世界是不可抗拒的,同时他也预见到,个人主义的这第一个单元观念终究会浸透在现代西方伦理和社会思想中。[1]

于是乎,民主逐步成为判定政权存在的正当性标准。权力不得私有、主权在民的理念逐步得以确立,这种近现代民主理念从本质上而言乃是古希腊民主理念旧瓶新装的产物,但它无疑迎来了旧统治理念和旧制度决裂的曙光。民主理念在启蒙时代的再次勃兴,使人们深入诘问国家存在的正当性及其政权来源这一根本性问题。伴随着个人主义思潮与宗教改革运动,分权制衡与社会契约理论诞生并被付诸实践。在这种全新的政治设计中,政治合法性乃是根植于全体公民意志(公意)的基础之上,政治决策也始终以公意为最终依据,全体公民有权并且能够直接(直接民主)或间接地(间接民主,一般透过代议制民主践行),积极或消极地参与公共事务的决策过程。随着社会的进一步发展与民主的深化,人们不再满足形式上的民主即不再容忍程序民主的弊端,而开始找寻每个人得以充分发展这一民主制度的初衷,于是实质民主便成为西方后现代国家关注与制度建设的紧迫任务。

综上所述,民主究竟为理念、制度还是二者兼而有之?从历史演变轨迹而言,民主首先是一种理念,然后逐步被具体化为制度而存在,最

---

〔1〕 [英]史蒂文·卢克斯:《个人主义》,阎克文译,江苏人民出版社2001年版,第45页。

终才被内化为一种生活方式与习惯，一种更高生活品质与价值诉求的生活方式，即兼具理念与制度。

但是，我们需警惕的是：公意不是单个公民意志的简单叠加，而是全体公民共同意志的体现（合意）。正因如此，有学者一针见血地指出，所谓的“可为大多数人接受的正义观念”中的民意“作为一个标准却是不无问题的，它不能被简单地等同于表面上的多数意见。这种多数意见往往是为利益，而非为良知所驱动；它常常不过是被操纵的‘从众意见’”；[1]而且，这种民意往往是非理性的、极具情绪化的。因此，必须通过一套严格且完善的制度（主体、程序、责任与救济等的设立）来保障公意（合意）的做出，防止简单地聚集民意来胁迫政策与法律。

在法治的框架下，民主制度以法律制度的建设为其核心，而法律只不过是民意（民众的普遍社会要求和社会的普世价值）的抽象与规范性表达而已，“法律仅仅是反复出现的、个人和群体之间相互作用的模式。同时，这些个人和群体或多或少地明确承认这种模式产生了应当得到满足的相互的行为期待”；[2]法律已超越民意而有其独特的体系、逻辑和术语。因此，法律制度必须与民意保持适度的距离，否则会步入极端而滑向民粹主义（populism）的渊薮，使整个国家的法律与政策丧失理性，甚至出现反规范、反法律的现象，最终与民主渐行渐远。因此，在立法、行政与司法活动中，应恪守分权与法律保留原则，对于民意要保持适度的警惕与距离，以理性的方式去感知民意，从而“将合意过程引上理性的正义考量的轨道”。[3][4]

---

〔1〕［德］齐佩利乌斯：《法学方法论》，金振豹译，法律出版社2009年版，第24页。

〔2〕［美］昂格尔：《现代社会中的法律》，吴玉章、周汉华译，中国政法大学出版社1994年版，第43页。

〔3〕［德］齐佩利乌斯朱：《法学方法论》，金振豹译，法律出版社2009年版，第21～22页。

〔4〕对于司法与民意的关系，可参见侯宇：《当司法遭遇民意——以吴英案为视角》，载《山东科技大学学报》（社会科学版）2014年第3期。

二、人的尊严与民主之勾连

越来越多的人认识到人的尊严与民主间存在密切联系。但是,正是由于它们之间的联系过于密切,有时甚至难以区分彼此,鲜有人导出两者之间的关联。据美国学者达利研究,人们通常采取两种方式来区别尊严和民主,即从定义式与本体论视角描述。[1]

首先,就定义方式而言,德沃金的界定最具代表意义。德沃金认为,只有在人的尊严受到尊重时,民主方能存在。[2] 正如 David Bilchitz 所指出的那样,由于尊严通常和社会经济权利相勾连,而社会经济权利是否能有充分保障关乎宪政秩序合法性这一重大问题。[3] 因此,达利认为,社会经济权利并非等同于人的尊严,社会经济权利只是人的尊严的表象而已;尊严与国家的合法性之间的关系业已被频频显现于各国宪法文本中关于尊严和民主关系的界定。[4]

如果国家的真正目的在于保障尊严,那么国家一旦不能促进尊严,将丧失合法性。这就为民主的内涵增添了实质内容,即国家必须制定政策致力于使每个人的尊严得以实现,而且国家应对此提供司法保障并接受司法审查。尽管如此,各国宪法都无一例外地未将其民主合法性基础直接置于尊严之上。而且,对许多国家而言(包括英国及其前殖民地国家、美国、澳大利亚与加拿大等国),它们并未在其宪法中将人的尊严正式确认为宪法的基本价值。但是这些国家及其政府都毫无疑问地具有政治正当性和法律上的合法性。然而,人们或许认为,即使在那

---

〔1〕 参见 E. Daly, *Dignity Right: Courts, Constitutions, and the Worth of the Human Person*, University of Pennsylvania Press,2012,pp. 132 –135。

〔2〕 Ronald M. Dworkin, *Justice for Hedgehogs*, Harvard University Press,2011,p. 320.

〔3〕 David Bilchitz, *Constitutionalism, the Global South, and Economic Justice*, in Daniel Bonilla Maldonado ed., Constitutionalism of the Global South, Cambridge University Press,2012,p. 53.

〔4〕 参见 E. Daly, *Dignity Right: Courts, Constitutions, and the Worth of the Human Person*, University of Pennsylvania Press,2012,p. 132。

些不属于司法宪政的国家中,它们也对尊严予以了尊重。或者,人们或许认为,民主就是用来界定尊严的。人们对此有着不同的理解。阿伦特断言,拥有了尊严才能参加政治共同体。她认为,丧失了尊严就意味着将被任何一个政治共同体拒之门外。[1] 由此可以推断,尊严是被界定为参加民主活动的前提。这在政治自由领域表现得较为普遍。但这同样夸大了尊严和民主的关系,因为尽管如此我们在现实中仍然会确认人类大家庭中那些无国籍人或外国人享有本质的、当然有效的尊严。

与之相反的是,德国学者穆勒认为,尊严不仅仅是拥有权利的权利,相反,人的尊严表明的是“具有基于理性行动的能力”,而这恰恰是“任何一个民主秩序的前提”。而且,穆勒认为:“人的尊严也允许存在人们拥有一种用以对抗由民主社会基于理性所做出的决定的权利,即向国家据理争辩的权利。”[2] 在这种理解框架之下,尊严与民主是这样一种秩序上的关系(而且符合 George Kateb 提出人具有程序关系的独特本质的主张):它将民主视为如此一种制度——权威只有在充分争辩和需求情形下才能做出,而且这些争辩是由那些理性倾向迥异的个人共同做出的。这或许是践行宪政的对话模式,但它确实能够有效地回应并诠释文化间对话和多元文化的社会认知的某些核心问题。[3]

---

[1] Hannah Arendt, *the Perplexities of the Rights of Man*, in Peter Baehr ed., The Portable Hannah Arendt, Penguin, 2000, p. 38. 对于阿伦特的尊严观的深入探讨,可参见 Jeffrey C. Isaac, *A New Guarantee on Earth: Hannah Arendt on Human Dignity and the Politics of Human Right*, The American Political Science Review, Vol. 90, No. 1, 1996, pp. 61–73。

[2] Christoph Möllers, *Democracy and Human Dignity: Limits of a Moralized Conception of Rights in German Constitutional Law*, Israel Law Review 42 (2009): 416, 433.

[3] 即在罗尔斯、哈贝马斯等人所主张的协商民主。对协商民主的发展演变,可参见高建、佟德志:《协商民主》,天津人民出版社 2010 年版。另可参见哈贝马斯著述《包容他者》(曹卫东译,上海人民出版社 2002 年版)、《在事实与规范之间》(童世骏译,三联书店出版社 2003 年版)、《交往行为的理论》(曹卫东译,上海人民出版社 2004 年版),或罗尔斯的《正义论》(何怀宏等译,中国社会科学出版社 2009 版)与《政治自由主义》(增订版)(万俊人译,译林出版社 2015 年版)。

其次,从本体论(存在关系)角度予以界定。即主张对人的尊严的肯认强化了民主实践,而民主巩固使得更多鲜活的人的尊严理念的一一诞生。这恰是法哲学面临的问题,这也能表明人的尊严不仅是用于界定人,而且在更宽泛的社会政治学意义上用以建构国家。法院的职能并不局限于践行宪法权利(在此表现为尊严),而在于对该涉争权利是否更能保障民主做出评判。

相反,参与民主可以促进人的尊严。无论是个人意义上还是集体意义上的人,尤其是对那些被国家边缘化了的人,民主协商与对话都可以确保国家政策与实践对每一个人予以尊重。参与民主活动或许是一个主要的表达人的尊严的途径。这使我们重新回到阿伦特的论述,阿伦特认为,参与政治共同体的活动使得人的尊严有了意义:作为政治共同体成员的人民就此享有了"拥有权利的权利",即他们通过公共广场表达了其呼声并确认了其权利。而在另一方面,那些被排斥在任何政治共同体之外的人,他们没有国籍,他们的尊严只不过是不得不委付极权政府的"抽象的一览无余的"(abstract nakedness)权利(如"二战"中的大浩劫灾难所昭示的,一旦脱离社会,人所仅存的尊严不足以保障其本人)。如果像阿伦特所说的那样,尊严是在政治共同体中行动的能力,那么对尊严的上述理解则起到了促进这种能力的作用。作为释宪者的法院可以而且确实证明了人享有尊严的权利,但是它们却不能经常为此目的或为了强化公民资格的基础而屡屡作出相关裁判,虽然是在践行民主,但这将导致司法专横。

就上述两种界定人的尊严的方式而言,定义式的优点在于其直观、明了,但是其缺陷也是显而易见的:它仅从某一特定角度予以描述,未能准确把握民主尤其是人的尊严的本质,由此造成了对民主与尊严关系界定停留于表面乃至肤浅层次,甚至有时是失语。因此,达利指出,民主实际上就是放大了的尊严。正如 Robert Post 所言,什么是民主?

我相信它在于集体自我决定,在于我们行使我们的集体自治。就此而言,民主是在集体范畴上被视为尊严。但是,若将具有尊严内涵的个人自我决定和具有民主内涵的集体自我决定等同,那么公民的个人自我决定和社会共同决策之间必然要连接在一起;否则,将集体意识强加于少数族群中的个人的做法就并非是确认人的尊严,而是违背人的尊严之举。[1] 由此可见,定义式界定人的尊严有失偏颇。

而且由于人的尊严内涵与外延极具扩张性与不确定性,因此它充满歧义,往往有被人滥用之虞。所以,有学者指出:"人的尊严开始之时,即是民主自我决定终结之日,无论法院如何对待人的尊严问题,法院都始终将其僵化为一成不变的教条。"[2]

实际上,从一开始人的尊严所肩负的主要使命就并非针对人与人之间确定某种秩序关系,而是特别针对强权与公权力,其目的在于维持面临强权时人之所以成为人的最后底限。因此,从这个意义上说,本体论的尊严观更能诠释当下乃至不远的未来的政治与社会不容乐观的境况。

三、有尊严的民主

民主从理念到制度,到如今业已内化为一种生活方式和生活习惯。因此,真正的民主是让每一个人都有尊严地生活。但是,鉴于民主建设的艰难,实现民主并非坦途,现实中各国民主制度建设中遭遇到了各种困难。创设一种让每个人都有尊严地活着的制度是人类政治制度建设的终极目标,然而弥合理想与制度之间的差距尚需时日。但是,我们应

---

〔1〕 E. Daly, *Dignity Right: Courts, Constitutions, and the Worth of the Human Person*, University of Pennsylvania Press, 2012, p. 134.

〔2〕 Christoph Möllers, *Democracy and Human Dignity: Limits of a Moralized Conception of Rights in German Constitutional Law*, Israel Law Review 42, 2009, p. 416.

看到，欧洲在这方面走在了探索的前沿，尽管其中不免有诸多坎坷，毕竟正在为之努力摸索前行，这无疑为后来者提供了有益指引。

自19世纪开始，人的尊严便被视为人权的基础与核心，被视为宪法的最高价值与诉求，并被联合国赋予超越国界的效力。而且，随着欧盟一体化进程的加剧，在2009年《里斯本条约》公布之后，欧洲的民主与人的尊严理念已正式开始跨越国家的界限，欧洲不再将其主要任务与精力致力于界定国家与超国家实体（欧盟）之间权力界限及公民资格问题，而是通过欧盟（EU）、欧洲人权委员会（ECHR）及各成员国相互合作而聚焦于全方位保障人性、个人的全面发展，成为不同国家与族群共同遵守被赋予了实定法上的最高效力予以保障。于是，有学者开始认为，近现代尊严的概念是与将人视为隶属于某一群体的人相连的，通常是由阶层或等级来界定，而现代尊严概念则将所有人性都视为相关阶层或等级都必备的属性，它建立在将人性构建为新阶层、新身份代表的基础之上。[1] 正如魏特曼所言："如同二十一世纪末期那样，人的尊严对每个人都意味着进入更高社会身份（等级）的必须的入场券。"[2]"欧洲尊严文化中确实存在平等主义思想，但是这种平等却是更高身份与等级的平等。……当今，欧洲尊严思想雄心勃勃力求所有人在更高的身份与等级上享有平等。"[3]因此，欧洲当下的民主实践被誉为"有尊严的民主"。[4] 而且，在这种民主之下，人的尊严实际上在现代法律中

---

〔1〕 Stéphanie Hennette-Vauchez, *A Human Dignitas? The Contemporary Principle of Human Dignity as a Mere Reappraisal of an Ancient Legal* Concept, International Journal of Constitutional Law, Vol. 9, 2011.

〔2〕 James Q. Whitman, *On Nazi Honor and New European Dignity*, in Christian Joerges & Navraj Singh Ghaleigh eds., Darker Legacies of Law in Europe: The Shadow of National Socialism and Fascism over Europe and its Legal Traditions, Hart Publishing, 2003, p. 243.

〔3〕 James Q. Whitman, *Enforcing Civility and Respect: Three Societies*, 109 Yale L. J. 1387 (2000); James Q. Whitman, *The Two Western Conceptions of Privacy: Dignity versus Liberty*, 113 Yale L. J. 1166 (2004).

〔4〕 Catherine Dupré, *The Age of Dignity: Human Rights and Constitutionalism in Europe*, Hart Publishing, 2016, p. 172. 首次提出尊严民主的是美国学者达利，参见 E. Daly, *Dignity Right: Courts, Constitutions, and the Worth of the Human Person*, University of Pennsylvania Press, 2012, pp. 132 – 135.

扮演着责任与义务基础的角色，而已不再是权利的基础，它使其践行者（立法者、法官及学者）必须在这种人的尊严内涵下细化与完善其适用框架。[1]

我们处于一个尊严欠缺的时代，我们因此对人的尊严充满憧憬并孜孜以求，过上有尊严的民主生活是我们世代所渴求并为之奋斗的目标。

第四节 人的尊严与理性、自治、自由、平等

人的尊严是一个充满了理想主义、乌托邦式的理念。[2] 尊严不仅关乎理性，有学者指出自治、自由与平等是人的尊严的内核。[3]

一、人的尊严与理性

人的尊严的概念最初根植于理性，它极力推崇理性与自治。然而，随着社会的发展，人们认知水准的不断升华，人的尊严的理念也已超越了理性与非理性。传统意义上局限于康德式的理性诠释虽然能解释大多数问题，但是这种理解仍然有所疏漏、不能对人的尊严提供全面的认知与保障。我们应顾及人的非理性意识，它不仅为后来的理论与学说所证明（如《有限理性》、哈耶克的《理性的自负》），也为实践所揭示。秘鲁最高法院在诠释文化保护的多样性时，就是从人具有两面性这一认知为出发点来作出推断："从社会视角而言，宪法在另一方面将人归

〔1〕 Stéphanie Hennette-Vauchez, *A Human Dignitas? The Contemporary Principle of Human Dignity as a Mere Reappraisal of an Ancient Legal* Concept, International Journal of Constitutional Law, Vol. 9, 2011.

〔2〕 参见第一章第三节之相关内容。

〔3〕 Catherine Dupré, *The Age of Dignity: Human Rights and Constitutionalism in Europe*, Hart Publishing, 2016, pp. 30 –38.

结为承认人不仅具有理性而且具有情感。这意味着,尽管民主宪政是以理性的且可以在不违反他人合法权益情形下做出自由处分为前提,但是,我们不能据此而否认情感或"非理性"一面也是人的固有本质。我们应对情感因素予以特别关注,因为宪法所确认的文化多样性允许人们以个人或某个具有文化多样性的社会团体成员共同参与活动。"〔1〕在各国的司法实践中,司法也常常通过确认人具有理性兼具非理性来谈及人的尊严。

二、人的尊严与自治

最初,康德是从人性与人的内在价值角度检视人的尊严:"人性本身就是尊严,因为人绝不能被任何人(要么被其他人要么他自己)仅仅当作手段来使用,必须将他同时当作目的来对待。"〔2〕"目的王国的一切,或者有价值,或者有尊严。一切有价值的东西能被其他东西所代替,这是等价。与此相反,超越一切价值之上,没有等价物可以代替,才是尊严。……构成某物惟有在其下才具有目的自身的那个条件,则不仅仅具有一种相对的价值,亦即一种价格,而且具有一种内在的价值,亦即尊严。"〔3〕

不仅如此,康德还常常将内在价值等同于绝对价值。康德指出:"作为这样一种人(作为本体的人),他不可以仅仅被评价为达成其他人的目的的手段,哪怕是达成他自己的目的的手段,而是应当被评价为目的自身,也就是说,他拥有一种尊严(一种绝对的内在价值),借此他迫

〔1〕 Erin Daly, *Dignity Rights: Courts, Constitutions, and the Worth of the Human Person*, University of Pennsylvania Press, 2012, p. 116.

〔2〕 Mary Gregor (ed.), *The Metaphysics of Morals*, Cambridge University Press, 2009, p. 209. 转引自 Catherine Dupré, *The Age of Dignity: Human Rights and Constitutionalism in Europe*, Hart Publishing, 2016, p. 34.

〔3〕 [德]康德:《道德形而上学原理》,苗力田译,上海人民出版社 2002 年版,第 55 页。

使所有其他有理性的世间存在者敬重他，与同类的任何其他人媲美，在平等的基础上评价自己……”[1]由此可见，人的尊严是超越了内在价值与绝对价值的一种无可比拟的价值。

而当人具备了这一绝对的内在价值时，他就具有了设定目的的能力而变成了道德上自我立法的主体，即自治主体，因为“自治是人之本性以及每个理性本性的尊严的基础”。[2] 这种设定目的的能力或自治主要体现为人类自我设定规则进行自我约束的能力：“人类的尊严正在于他具有这样的普遍立法能力，虽然他同时也要服从同一规律……那些尽到了自己一切责任的人，在某种意义上是崇高的、尊严的。”[3]由此可以看到，人的尊严建立在自治这一基础之上。因此，有学者指出：“自治与自决系相对于被操控的他治或他决而与‘个人本身即为目的’之概念互为表里，几已成为人性尊严之本质或核心内容。”[4]

但是需注意的是，人的尊严不仅仅以自治为唯一基础。随着社会的发张与认识能力的提升，人们意识到人具有双重属性，即兼具“外在个人”(outwardly individuals)和“内在个人”(inwardly individuals)的特征，人因此而具有内在价值和外在价值。于是乎，仅从内在价值视角不能诠释人的尊严的真正内涵，与人的外在自由紧密相连的“外在个人”尊严(前述的人类尊严)与“内在个人”尊严(作为价值而存在的个人)一同构成了人的尊严。[5] 尽管如此，与“内在个人”尊严相连的自治仍然是人的尊严的核心与基石。

---

〔1〕 Paul Guyer ed., Kant Practical Philosophy, Cambridge University Press, 1999, p. 557. 转引自王福玲：《为什么要尊重人？——康德尊严思想之争》，载《道德与文明》2014年第5期。

〔2〕 参见张龑：《康德论人之尊严与国家尊严》，载《浙江社会科学》2014年第8期。

〔3〕 [德]康德：《道德形而上学原理》，苗力田译，上海人民出版社2002年版，第61页。

〔4〕 李震山：《人性尊严与人权保障》，元照出版有限公司2000年版，第12页。

〔5〕 参见第一章第三节相关内容。

三、人的尊严与自由

首先将人的尊严与自由联系在一起的是启蒙时代的大师皮科，他在其著名的《论人的尊严》一书中指出："最后，造物主决定，这个他不能给予任何专属之物的造物，要与每一其他造物共享其所有。因此，他把人这种形象未定的造物置于世界的中间，对他说：'亚当，我们没有给你固定的位置或专属的形式，也没有给你独有的禀赋。这样，任何你选择的位子、形式、禀赋，你都是照自己的欲求和判断拥有和掌控的。但你不受任何限制的约束，可以按照你的自由抉择决定你的自然，我们已把你交给你的自由抉择。我们已将你置于世界的中心，但那里你更容易凝视世间万物。我们使你既不属天也不属地，既非可朽亦非不朽；这样一来，你就是自己尊贵而自由的形塑者，可以把自己塑造成任何你偏爱的形式。你能堕落为更低等的野兽，也能照你灵魂的决断，在神圣的更高等级中重生。'"〔1〕据此，有学者认为，对皮科而言，人的尊严最充分和最理想的状态是：人依据其个体自由不断实现自己的道德完善和信仰追求，达到与上帝和天使一样的尊贵。即个体自由虽是尊严的基础与核心，道德完善和信仰追求亦是尊严的应然状态和本质要求。因此，对于皮科人的尊严的界定，要结合"个体自由"和"道德/信仰"两个维度综合地理解。〔2〕

随后，康德在皮科的基础上，从"人是目的"而非手段去界定人的尊严。康德强调应把人当作人看待、尊重人之为人这一绝对价值，这仅仅意味着对人的尊严的肯认，并不意味着人的尊严就是自由；相反，人的尊严乃是自由的基础。然而，有学者指出，在唯物史观中，人的自由是

---

〔1〕［意］皮科·米兰多拉：《论人的尊严》，顾超一、樊虹谷译，北京大学出版社2010年版，第25页。

〔2〕吴功青：《革命与危机：皮科论人的尊严与个体自由——兼对特林考斯的一个批评》，载《北京大学学报》（哲学社科版）2013年第5期。

人的尊严的最高境界，真正的人的尊严的实现便是以人成为“自由的人”为标志的。在这个意义上，人的自由就是人的尊严。[1] 这种认识是对自由与人的尊严的误读。

康德是从人的内在自由角度来界定人的尊严，然而随着社会的发展，人的尊严业已扩展至该外在自由领域。[2] 有学者指出，自康德以降，人们仅从内在自由孤立地理解与诠释人的尊严，并指出努斯鲍姆式的亚里士多德——马克思认知论拒绝承认它独立于外在世界。“人的尊严不仅仅依赖于外部世界对其独立性的神圣不可侵犯。……如果我们抽丝剥茧地加以分析，可以看出尊严扮演了三种角色。第一，尊严是归因于人类和动物发展某些能力的潜力。此属性不能丢失，潜力总是有了。第二，归属的尊严也解释了为什么人类应该受到尊重的原因。在现实中，可能不能保障开发（人民易受自然和社会的侵扰）。尊严给了我们这种失败，当其他企业造成的人类，道德失败的原因。第三，采取保护人权发展上述功能（至少是这种发展的社会基础性权利）以对尊严予以尊重的形式。以能力为基石的人的尊严需要法律与政治践行各种权利。”[3]

实际上，内在自由属于“不可侵犯的私人领域以及个人最终的‘自治领域’”（ultimate dominion）、“个人可以依其所愿塑造自己的生活”[4]或“文明人最为看重的独处的权利（Right to be alone）”。[5] 内在自由关乎自治，因而具有绝对对抗国家权力的功能与意义；而外在自

---

〔1〕 张三元：《唯物史观视阈中的人的尊严与人的自由》，载《广东社会科学》2015年第5期。

〔2〕 这是清教徒伦理学家保罗·兰西在颂扬人的尊严时提出的。详见第一章第一节（四）的相关论述。

〔3〕 Rutger Classen, *Human Dignity in the Capability Approach*, Marcus Düwell, Jens Braarvig, Roger Brownsword, Dietmar Mieth (eds.), The Cambridge Handbook of Human Dignity, Cambridge: Cambridge University Press, 2014, p. 246.

〔4〕 Edward J. Eberle, *Dignity and Liberty: Constitutional Visions in Germany and the United States*, Prager publishers, 2002, p. 79.

〔5〕 Donald P. Kommers, *The Constitutional Jurisprudence of Federal Republic of Germany*, Duke University Press, 1989, p. 328.

由体现为行为自由(freedom to action)与表达自由(freedom of expression),[1]它们都具有"塑造外在生活"与"显示人格内在层面"的双重功能。[2] 不仅如此,外在自由由于社会连带关系的存在,可以在法律保留之下而受到限制。

四、人的尊严与平等

平等理念强调的是无差别对待,它在哲学和宗教两个层面上都与人的尊严理念须臾不离。古希腊罗马哲学认为,神与人享有共通的理性,而人与人之间具有一定的相似性,有共同的好品质与坏品质,也享有共通的理性。后来,进一步认为先于国家和法律而存在的自然法来源于上帝的旨意和人类的本性——理性。"依据自然法,每个人都享有一定的尊严,一切人都是平等的。人们如果不尊重彼此的权利,社会就无法长期存在下去",共同服从自然法的人都是"与上帝共同享有理性"的公民。[3] 而在基督教思想中人肖上帝(*Imago Dei*)根深蒂固,既然所有的人都是由上帝一手创造,那么就没有了种族、性别、身份等一切不平等的原因,每一个都是平等的,因为基督教认为每个人身上承载的是上帝创世的神性光辉,所以每个人可以平分上帝赋予的荣光和尊严。

因此,有学者总结认为:总而言之,这种关于人的尊严的思想,享有一种道德(宗教)法则的当然地位,这种法则是根本的、终极的、压倒一切的,它为判断道德是非提供了一项当之无愧的普遍原则。[4] 人们由于作为人的固有尊严而受到尊重,这一原则作为"目的本身"而构成了

---

[1] 余军:《"个人自由"与"人性尊严"——美国与德国宪法人权保障基础原理的比较》,载《法哲学与法社会学论丛》2009年第1期。

[2] Edward J. Eberle, *Dignity and Liberty: Constitutional Visions in Germany and the United States*, Prager publishers, 2002, p. 59.

[3] 李步云:《人权法学》,高等教育出版社2005年版,第28页。

[4] [英]史蒂文·卢克斯:《个人主义》,阎克文译,江苏人民出版社2001年版,第48页。

人类平等理想的基础。……它的大意是,所有的人都是值得尊重的,因此应该受到这种待遇。[1]

平等虽然由机会平等和实质平等两方面内容构成,但是从发展演变历程与平等的核心任务考量,机会平等仍将是人们长期关注的重点。实际上,机会平等的原则(与平等尊重相反)建立在一种抽象的"个人"观的基础之上,人们的机会之所以应当平等,是因为他们都具有某种自私自利的竞争需求和利益。[2] 平等主要基于人的尊严或对人的尊重,而自由则是个人自治、不受公众干预和自我发展的能力这三者合成的产物。[3] 尽管自治、隐私和自我发展构成了自由的三个要素,但是人的尊严或尊重人的思想的核心却仍在于平等理念。

五、德沃金的尊严理念

德沃金的尊严观将理性、自由、平等、自治以及伦理、道德与政治勾连在一起,丰富了人的尊严的内涵,使得人们更加深入领悟尊严的本质。在《民主是可能的吗?》一书中,德沃金指出:"第一个原则我称为内在价值原则,它主张每个生命都有特殊的客观价值。……第二个原则——个人责任原则——主张每个人都对自我生命的成功负有特殊责任,这种责任包括运用其判断力,对关于生命的成功标准进行判断。……这两个原则——主张每个生命都拥有内在的潜在价值,以及每个人都对实现自我生命的价值负有责任——共同构成了人类尊严的基础和条件。因而我将他们视为尊严的原则或方面。在这种意义上,这些原则是个人主义的:它们将价值附着于,将责任附加于每个人身上。但在其他意义上,这些原则又未必是个人主义的。它们并非像抽

[1] [英]史蒂文·卢克斯:《个人主义》,阎克文译,江苏人民出版社2001年版,第115页。
[2] [英]史蒂文·卢克斯:《个人主义》,阎克文译,江苏人民出版社2001年版,第116页。
[3] [英]史蒂文·卢克斯:《个人主义》,阎克文译,江苏人民出版社2001年版,第119页。

象原则那样，建立在这样的假设基础上，假设人们在独立与他人所从属的社群或传统的情况下，能够实现或者发展出成功的个人生活；假设人们只有在拒绝他的社群或传统价值的情况下，才能承担责任以认同个人价值。"〔1〕德沃金进一步指出："尊严的上述两个方面反映了西方政治理论中至关重要的两大政治价值：第一个原则似乎援引了平等理想，而第二个原则则是对自由的援引。"……他摒弃了将平等与自由视为相互冲突的价值的传统哲学立场，主张"政治共同体必须找到对这些美德的某种理解，以表明它们彼此兼容，是加上每一个原则都是另一个方面。"〔2〕

在其最后一部著作《刺猬的正义》中，德沃金指出：好好生活（living well）、做个好人（being good）以及如何活得精彩（what is wonderful）构成了伦理价值与道德价值的统一体。〔3〕而好好生活意味着努力创造好的生活，而只受某些对人的尊严必不可少者的约束。〔4〕德沃金进一步指出，鉴于自尊（self-respect）原则和本真性（authenticity）原则构成了好好生活这一伦理原则的基本要求，它们共同提出了一种人的尊严观：尊严要求和本真。〔5〕因此，自尊和本真构成了人的尊严的两个原则。而对尊严第一原则加以改造，明确说明任何人的生命客观价值，就变成了德沃金所称的"康德"定律。第二项原则，基本真性原则，给我们每一个人都分配了一种个人责任，要求我们的行为与自己所确认的性格和项

〔1〕［美］罗纳德·德沃金：《民主是可能的吗?》，鲁楠、王淇译，北京大学出版社2014年版，第8～9页。

〔2〕［美］罗纳德·德沃金：《民主是可能的吗?》，鲁楠、王淇译，北京大学出版社2014年版，第9～10页。

〔3〕参见［美］罗纳德·德沃金：《刺猬的正义》，周望、徐宗立译，中国政法大学出版社2016年版，第1页。

〔4〕参见［美］罗纳德·德沃金：《刺猬的正义》，周望、徐宗立译，中国政法大学出版社2016年版，第216页。

〔5〕参见［美］罗纳德·德沃金：《刺猬的正义》，周望、徐宗立译，中国政法大学出版社2016年版，第224页。

目相一致。[1]

第五节 人的尊严在法律中的地位与功能

立宪主义以个人主义为出发点，秉持人性尊严不可侵犯原则，重视个人尊严之维护。个人应受到重视，个人之自由与生存自应受到保障。遵照立宪主义之精神，个人乃一切价值之根源；政治权力即为人类社会之产物，其根源非求助于个人不可。个人之间相互平等，依理亦必属于政治权力之根源，据此理论，“国民主权”原理应运而生。因此，从个人尊严出发导出人权及国民主权之原理，系立宪主义之基本推论，这些个人尊严为核心之原理构成宪法之根本规范。[2] 因此，人的尊严是宪政民主赖以存在的基石。

一、人的尊严在法律中之地位

由于人的尊严对民主宪政制度的重要性，因此它在法律体系中居于特别的地位，即高居于宪法层面而统领其他法律。如上所言，民主宪政乃是基于控制国家权力、保障人人各得其所的一种全新理念与制度安排。将人的尊严置于宪法之中正是针对国家这一必要之恶，它要求国家的行为必须建立在此基础之上，否则，国家将丧失存在的正当性与合法性。据此我们可以推断，经过严格的立法程序制定的宪法、排斥“人的尊严”价值内核的宪法无法得到人们确实的认同而获得实效，正如拉德布鲁赫所说：“所有将人作为劣等人对待，否认人具有人权的法，

〔1〕［美］罗纳德·德沃金：《刺猬的正义》，周望、徐宗立译，中国政法大学出版社 2016 年版，第 284 ~ 285 页。

〔2〕法治斌、董保城：《宪法新论》，元照出版有限公司 2004 年版，第 203 ~204 页。

都缺乏法的本性。"[1]

人的尊严在宪法中所具备的抽象性、一般性之本质,有别于以其他具体契约及法律关系所形成之个别权利,它是社会生活乃至国家生活是否具备正当性之价值判断基点。因此,一个缺乏对人的尊严应有尊重的国家福祉的生活,决不是人类所追求自由、正义及幸福生活的目标。人的尊严作为上位宪法规范,其目的毋宁是要拘束国家权力的恣意与专横,尊重并保护人的尊严,此正是大多数自由民主宪政国家将人的尊严入宪之实质意义。[2]

对于人的尊严在宪法中的地位,学界通说认为人的尊严是最上位的宪法原则,是宪法的最高法律价值规范,是国家的绝对义务。[3] 也有学者认为,人的尊严是基本权利的核心价值,德国和日本的学理和实践都在不同程度上予以了肯认。[4] 其意义在于特别强调作为宪法或基本权利主体的人才是目的,作为手段而存在的国家是断然不能本末倒置将人作为客体而恣意支配。

然而,人的尊严是否属于宪法层次的基本权利,与基本权利的关系如何尚有争议。德国多数学者认为人的尊严为实质的最重要基本权利,为基本权利整体之基准点,意味着人的尊严是规范中的规范,基本权利中的基本权利。这是因为大多数基本权利实现之目的,就是在使人的尊严获得保护与尊重。[5] 基本权利本应被予以尊重与保护,因此作为基本权利之概括条款、属于宪法基本权利之价值体系的人的尊严

---

〔1〕 [德]拉德布鲁赫:《法律智慧警句集》,舒国滢译,中国法制出版社2001年版,第90页。

〔2〕 林水吉:《民主化与宪政选择》,风云论坛出版有限公司2002年版,第44页。

〔3〕 正因如此,第一次世界大战后德国基本法第76条以明示条款规定,基本法第1条第1款所确立的人性尊严原则,不在修宪所及的范围。

〔4〕 萧淑芬:《基本权基础理论之继受与展望》,元照出版有限公司2005年版,第43~48页;陈慈阳:《基本权核心理论之实证化及其难题》,翰芦图书出版有限公司2007年版,第153~222页。秦前红、韩永红:《宪法"基本权利核心概念"研究——基于中日比较的视角》,载《广东社会科学》2008年第1期。

〔5〕 法治斌、董保城:《宪法新论》,元照出版有限公司2004年版,第204页。

更应被予以尊重和保护。德国联邦宪法法院曾在某判决中认为,人的尊严体条款具有基本权利之特质。[1] 我们须特别注意的是:"人的尊严是以存在的个体为基础,而非团体,故人民基本权之保障是以个体为对象,而非抽象的人类作为基本权主体。"[2]

二、人的尊严之法律功能

首先,人的尊严首要的法律功能在于其价值宣誓。人的尊严所意欲强调的是先于国家而存在的人才是目的,强调人的自主性,以及自决的能力或自由空间是作为人的尊严的基本要件,为此才能实现人的内在价值和外在价值,这是人的尊严的本质内涵。人的尊严是宪法的最高价值,是公民对抗国家的最后一道防线,尊严面前人人平等,任何人不能侵犯、剥夺或抛弃,国家更不能将公民客体化或物化。

从另一个角度而言,这种价值宣誓也被称为客观法作用,又称客观法价值判断或客观法价值秩序作用。宪法保障人民享有基本权利,不仅只是规范政府公权力行使不得对基本权利造成不法之限制或侵害,除此之外,基本权利也是一个客观价值决定体系与标准,而形成人类生活共同追求的目标。基本权利充当着"客观法"的角色。基本权利作为"客观法"的基本涵义是:基本权利除了是个人的权利之外,还是基本法所确立的"价值秩序"(Wertordnung),这一秩序构成立法机关建构国家各种制度的原则,也构成行政权和司法权在执行和解释法律时的上位指导原则。因此,一切公权力都要受此"客观价值"的约束,时刻以基本权利作为其考量因素,运用一切可能的手段去促进和保障基本权利的实现。正如有学者概括的那样:"基本权利作为客观价值的功能构成了

---

〔1〕 李震山:《人性尊严之宪法意义》,载《律师通讯》第150期。

〔2〕 Vgl. Hofman, H., Biotecherapie, *Gentherapie*, *Genmanipulation-Wissenschaft im rechtsfreien Raum*, JZ 1986. S. 259. 转引自陈慈杨:《宪法学》,元照出版有限公司2004年版,第475页。

国家一切行为的基础,没有什么政治问题不是在基本权利思维之下展开讨论的。"[1]此外,基本权利不仅是作为一个整体而构成"客观价值秩序"。同时,每项基本权利都可被看作一项"客观价值"。[2]

然而,基本权利的客观法价值判断作用乃是基于其上位价值,即人的尊严而塑造的。因此,学者认为,基本权利实际上是实质法治国家所必备的形式要件,基本权利这一形式要件不能制约立法者。而只有居于基本权利上位价值的人的尊严才能构成整个法秩序的"价值判断原则性规范"。[3] 一切公权力必须受到人的尊严的严格约束。

其次,人的尊严在于保障人的充分发展。保障自由的人格与人的尊严作为宪法最高价值,并非就是表示个人通过宪法而受基本权利保障是宪法的最终目的。宪法对人的尊严保障的目的,并非要把人变成一个自负的、绝对独立自主、完全孤立的人,相反,宪法乃将每一个人定位于团体结合性互动上,宪法不但肯定个人人格具有独立之自主性,且承认个人社会关系及其对社会之多种义务。个人和社会之间的紧张关系将在基本权利、各个基本权利与具体条件许可限制下做详细的规范。[4]

再次,人的尊严兼具基本权利的本质功能。在学理上,基本权利最初的核心任务,是用以消极地对抗公权力的不法侵害,于是产生了基本权利的防卫功能,亦即防御国家权利之干预,人的尊严之自由空间因此而创设,同时亦构成国家权利行使之限制,这才是防御功能之真正含义。

---

〔1〕 Jüergen Christoph Goedan, *The Influence of the West German Constitution on the Legal System of the Country*, 17 *Int' L. J. Legal Info.* 121, 1989.

〔2〕 See Donald P. Kommers, *German Constitutionalism: A Prolegomenon*, 40 Emory L. J. 11 (1991);转引张嘉尹:《论"价值秩序"作为宪法学的基本概念》,载《台大法学论丛》(第30卷)2001年第5期。

〔3〕 参见李震山:《人性尊严与人权保障》,元照出版有限公司2001年版,第22页。

〔4〕 法治斌、董保城:《宪法新论》,元照出版有限公司2004年版,第204~205页。

自法治国家原理确立后,人们开始积极思考基本权利之请求权功能,用以弥补消极防御功能的不足。德国《基本法》第1条第2款规定:“一切国家权力均有尊重及保护人的尊严的义务。”亦即国家在任何可能范围内均有义务创造各种条件,使人的尊严之实现成为可能。德国联邦宪法法院认为,经由人民之请求作为,不如在事先建构良好的机制组织及完善的民主正当法律程序,更能达到实质积极功能。[1]

复次,人的尊严充当法律解释之终极判断原则。鉴于人的尊严具有客观法作用,而基本权利又是一开放的体系。在不断变动的社会发展中,基本权利保护的内涵和范围也将随之拓展。为了及时顺应人权保障的时代潮流,人的尊严在法律解释中首先应作为扩张解释已列举权利的出发点,使已列举权利最大限度地发挥其保障人权、践行人的尊严的功能。在列举权利仍不能尽到有效保障上述宗旨的情形下,应依托人的尊严求助于未列举权利,使得基本权利保障体系更具开放性并因此而更加完备,进而使基本权利对人权保障、人的尊严在新的形势下迸发出鲜活的生命力。

最后,人的尊严充当整合法律系统多元化的一个充满活力的概念。[2] 诸如在《联合国宪章》《世界人权宣言》《公民权利和政治权利国际公约》《经济社会文化权利国际公约》等国际法与国内法产生冲突与龃龉时,人们不得不诉诸最基本的道德与良知去整合这些法律体系之间的冲突:人的尊严理念。

三、人的尊严之法律保障

人的尊严是宪政民主的基石,一个国家对其国民尊严的充分尊

〔1〕 林水吉:《民主化与宪政选择》,风云论坛出版有限公司2002年版,第47页。

〔2〕 Christian Byk, *Is Human Dignity a Useless Concept? Legal Perspectives*, in Marcus Düwell, Jens Braarvig, Roger Brownsword, Dietmar Mieth, ed., The Cambridge Handbook of Human Dignity: Interdisciplinary Perspectives, Cambridge University Press, 2014, p. 363.

重，正是彰显该国宪政民治的重要指标，更是彰显人的存在对于自由民主宪政中的意义。宪法遵循保障人的尊严原则，应使国家致力于保护每个人的尊严不受国家以外的因素的侵扰，使得每个人都有尊严生活、发展所具备的基本条件。让每个人在追求社会的公平、正义及人类之幸福的前提下能有尊严地发掘每个人的潜能、贡献社会、服务社会。

国家负有尊重、保护和促进人的尊严的义务。所谓尊重，是指国家应把人作为人来对待，时时、事事以人为目的。尊重个人的人的尊严并非仅表示国家消极不作为（不侵犯），且表示积极的进一步之作为（如国家也必须要保障生命，包括未出生之生命。）国家作为保护义务者之行为应是，任何侵害行为之不作为及注意、尊重义务，同时还要保护人的尊严与价值不受私人及其他国家之侵害。国家的促进义务要求国家尽一切之可能创造良好的生存环境，使每个人都过着有尊严的生活。基于人的尊严所产生的基本权利与自由，国家只有必需时才可加以限制，但绝不可剥夺与排除。

对于通过宪法保障人性尊严这一方面，我们应对以下几个方面予以特别关注：

首先，生命权的确保是维护人的尊严的第一要务。美国宪法修正案第 5 条及第 14 条均规定："非经正当程序，不得剥夺任何人之生命。"生命是人的一切活动的前提，如果生命不存在，附加于其上的基本人权将丧失其功效，人的尊严又何从谈起。此外，国家应维持人民最低生活水平，负有延续其生存的消极义务。

其次，人的尊严面前，人人绝对平等。正如 Albert Bleckmann 所言："人的尊严之要件系每个人得在其行为与决定上有自由空间，而且任何人都享有同等的自由，因此，基本法的人性观，系指平等、自由之个人，在人格自由发展下,自由决定其生活方式、未来行为。”[1]每个人的意志生来都是平等的,必须受平等地尊敬与对待。因此,人的尊严是平等的,是绝对的平等。它不同于基本权利,允许实施上的不平等。因为,这是一宪法的最高价值宣示,它伴随着人的生命的诞生而存在,是人之所以为人的底线,任何例外都不允许发生。

最后,正当法律程序最能彰显与践行人的尊严。众所周知,“程序是看得见的正义”,国家无论践行尊重、保护人的尊严还是促进义务,都须经正当法律程序,否则国家行为将丧失合法性与正当性。

总之,人的尊严在宪法上之重要性,只有在生命权受到保障与尊重基础下,其积极意义才能有所体现,任何人不得被国家或他人视为物品或作为工具,人的尊严的主张不仅要求人的生物性存在,也更进一步关怀人的生存面貌与价值,使人的存在本身成为生命中最崇高的意义。

第六节 人的尊严如何直面社会变迁之挑战

“观念先于行动”,一切社会的进步均肇始于观念的变革。然而,由于历史的原因,当下中国社会整体的观念相对滞后,而且我们目前正处于一个不断快速变动的社会(changing society)中,发达国家在发展道路中也面临着诸多困惑,不仅如此,我们还面临着发达国家未曾遇到过的诸多棘手的问题。因此,在这种所谓的后现代(postmodernazation)社会中,在消极自由与积极自由论争之硝烟、自由主义与社群主义之争、理性主义泛滥以及存在即是合理的存在决定论咄咄逼人之态势下,如何贯彻人的尊严的理念无疑是一个巨大课题。

---

[1] 李震山:《人性尊严之宪法意义》,载《律师通讯》第150期。

一、消极自由与积极自由的抉择

经历黑暗的中世纪的蹂躏和文艺复兴的洗礼之后,18～19 世纪西欧奉行政治自由主义,秉持尊重个体选择、尊重自发规律和秩序、主张渐进改良、恐惧国家权力。于是,在亚当·斯密"看不见的手"的自由主义市场理念指引下,国家充当守夜人的角色。但是在进入 19 世纪后,垄断加剧、市场失灵,凯恩斯主义开始大行其道,国家似乎重新回到了以往干预经济乃至干预个体选择的老路。怵惕于国家干预的梦魇,在继承西欧政治自由主义传统的基础上,英国学者柏林提出了自己对自由的全新诠释。

柏林将自由划分为消极自由观与积极自由,消极自由是指:"在没有其他人或群体干涉我的行动程度之内,我是自由的。在这个意义下,政治自由只是指一个人能够不受别人阻挠而径自行动的范围;"[1]积极自由是"以做自己主人为旨的自由,积极自由就是自主,或自我实现。"[2]换而言之,消极自由是指"被动"意义上的自由,即人在意志上不受他人的强制,在行为上不受他人的干涉,是处于"免于强制和干涉"的状态(Liberty from...),即"可免于……的自由"(Free from doing/something);而积极自由则是指处于自主的或自决的"积极"自由的状态之中(Liberty to...)的自由,即"可以做什么的自由"(Free to do)。柏林的自由观是对当时各个阶层之间的利益冲突的真实写照,给人们重新思考国家和个人以及个人之间的关系提供了重要的启示。

---

〔1〕［英］柏林:《两种自由概念》,载刘军宁等编:《市场逻辑与国家观念》,三联书店 1995 年版,第 11 页。

〔2〕［英］柏林:《两种自由概念》,载刘军宁等编:《市场逻辑与国家观念》,三联书店 1995 年版,第 215 页。

消极与积极自由之区分对构造新的国家治理理论大有裨益，循此思路，宪法赋予人们基本权利的功能不再受制于传统的消极“防御”之限制，而是将基本权利功能适时地拓展到兼具有积极“受益”之功能。因为，消极自由着眼于免受外在强制和干涉，强调人在社会生活中充分享有决定的自由，国家和社会仅仅为人的发展提供潜在机会，基本权利作为对抗国家侵蚀的手段而存在；而在积极自由理念支配下，由于强调人的主动性和自治性，人的行为能力和获取资源的能力必然成为关注的焦点，由此必然使得基本权的积极受益功能提上议事日程，国家的义务也由此而面临转向，“积极的国家”理论因此诞生。伴随着社会经济的深入发展，面对社会不公加剧，传统的消极自由主义理念备受冷落。于是乎，在当下西方迷信国家干预和福利国家主义盛行的年代，积极自由的理念被异化为国家干预的正当性理论。这正是对柏林自由观的曲解。柏林明确表示赞成和主张消极自由，提出消极自由的理念应当作为政治自由和社会自由制度的基础。因为只有消极自由才能使得社会为个体提供发展机会的空间，防止国家力量对个人意志的支配和取代。

柏林认为，积极自由与消极自由是一对孪生兄弟，具有同等的重要性。无论偏向哪一个，都会导致一元论，最终导致压迫和专制。[1]“两种概念的每一种都有堕落为它被创造出来要去抵抗的那些恶的倾向”。[2] 因为正是由于积极自由更容易被滥用，才需要对它保持更多的警惕。[3] 因此，柏林倾向于在坚持消极自由的前提下适度推进积极自由。

消极自由理念才是西方自由主义的核心和本质特征。消极自由的提出乃是针对20世纪以前西方所真实发生的残酷剥削与奴役进行的

---

〔1〕［英］柏林：《自由及其背叛》，胡传胜译，译林出版社2003年版，第56页。
〔2〕［英］柏林：《自由及其背叛》，胡传胜译，译林出版社2003年版，第44页。
〔3〕［英］柏林：《自由及其背叛》，胡传胜译，译林出版社2003年版，第45页。

理论上的反思："无疑要记住的是：消极自由的信念，与许多大而持久的社会之恶是相容的，并且在这些恶的产生中起过作用（就观念影响行动而言）。"[1]基于这种对国家这个"利维坦"般的必要的恶的清醒认识，柏林试图从实证主义层面阐释"人是万物的尺度"的内涵，目的是使人人均有机会成为自己所期望的人、享有有尊严的生活。始终秉持人的尊严的理念，才是柏林思想的核心，[2]才是真正的自由主义。因此，哈耶克认为，"我们的自由概念纯属于否定性（negative，或译消极性）概念，其实和平亦是否定性概念，而且安全、稳定或某种特别的阻碍或邪恶之不存在等，亦都是否定性概念，而自由恰恰属于此一类概念，因为它所描述的就是某种特定障碍——他人实施的强制——的不存在。它是否能够具有肯定性（positive，或译积极性），完全取决于我们对它的使用和认识。自由并不能保证我们一定会获致某些特定的机会，但却允许我们自己决定如何处理或运用我们所处于其间的各种情势"；"我们想要实现积极意义上的自由，就不能忽略消极意义上的自由。只要我们片刻忘却不受束缚的要求，我们的整个自由大厦就将处于危难之中。"[3]

消极自由在形式上强调公民有权利不受支配、免于奴役的自由，国家亦不得以任何口实侵扰公民，其实质乃是对政府权力作出严厉的限制。这正是法治的真谛所在。罗斯福总统的"四大自由"（表达自由、信仰自由、不虞匮乏的自由、免于恐惧的自由）论断，正是对消极自由的最佳诠释。因此，以自由主义为基石的宪政也即立宪主义（constitutionalism）政

〔1〕［英］柏林：《自由及其背叛》，胡传胜译，译林出版社2003年版，第44页。

〔2〕在柏林著作中即可体现出来，他曾于1940年1月23日给母亲的信中明确表示："尊严乃是一切"（Dignity is Everything）。参见 Henry Hardy, *Berlin Papers*, Bodleian Library, Oxford University. See James Chappell, *Dignity is Everything: Isaiah Berlin and His Jewish Identity*, Haverford College Senior Thesis, 2005。

〔3〕［英］哈耶克：《自由秩序原理》，邓正来译，三联书店1997年版，第14页。

府包含了一个共同的内核:承认人自身拥有其固有的尊严,并因此具有获得生命潜能的机会。[1] 从历史的维度来说,消极自由和立宪主义都是以实证主义为视角对人类以往人压迫人的种种邪恶的反思,试图以人的尊严为客观中立且牢不可破的终极价值来反思和重新构造国家和个人之间关系,其意义巨大。

在急剧转型的当下社会,随着经济的飞速发展,国家职能由守夜人向监管者的角色转向,消极自由主义风光不再,积极自由之下所盛行的国家干预和福利国家主义导致政府权力膨胀,最终带来的恶让人深恶痛绝。消极自由之价值再次显现。因此,在新的历史时期,我们应以消极自由为底线,始终坚守遏制政府权力的前提,进而从人的尊严和社会正义原则中抽象出人类的生活目标、基本利益和需要,再以此解释自由。

二、自由主义与社群主义之辩

如何处理个体与团体、自由与秩序之间的关系始终是困扰人们的难题。虽然自由主义思潮风靡 20 世纪,但是随着时代的发展,面对环境、资源、民族自决等诸多问题,自由主义却无法给人以圆满的阐释。于是,在 20 世纪 80 年代,一种以新集体主义为哲学基础的社群主义(communitarianism)成为当代最有影响的西方政治思潮之一,其代表人物主要代表有麦金太尔(Alasdair MacIntyre)、查尔斯·泰勒(Charles Taylor)、迈克尔·沃尔泽(Walzer Michael)和迈克尔·桑德尔(Michael Sandel)等。

实际上,如果完全坚持柏林的自由主义观,最终会陷入社群主义的

---

〔1〕[美]卡尔·J. 弗里德里希:《超验正义——宪政的宗教之维》,周勇、王丽芝译,三联书店 1997 年版,第 111 页。

羁绊。柏林在讨论了消极自由与积极自由之后，表示希望为消极自由确立一个坚实的基础，这个基础就是多元主义。所谓多元主义，“即承认人类的目标不止一个，而这些目标也未必都能用同一个标准加以比较，其中有许多还不断互相对立抗争”。[1] 因此，人之所以自由，在于他能够在不同的道德价值之间做出抉择。由于不同的道德价值从经验主义的立场来看必定包括那些非自由的价值，这样一来，柏林的多元主义势必会引起莱斯诺夫的批评与责难：“难道价值多元主义能够包容非自由主义的价值吗？”[2] 莱斯诺夫进一步指出：“柏林的多元论以捍卫自由主义起家，结果却认可了自由主义的一个最凶恶的敌人——社群主义。”[3]

社群主义反对新自由主义把自我和个人当作理解分析社会现象和政治制度的基本变量，社群主义认为社群是构成社会的基本因素，个人及其自我最终是由他或他所在的社群决定的。公意是社群主义的核心理念和根本主张。在社群主义者眼中，由于个人对于社会的依赖性，社会的政治、经济、文化条件才是实现个人权利的前提，权利即为法律权利，是由法律规定的人与人之间的社会关系，一旦脱离了法律规范，任何个人的正当利益和正当行为都不可能成为现实的权利。因此，自由主义所宣称的道德权利或权利具有道德基础乃是虚妄之说。在个人与政府的关系上，社群主义用积极的权利与自由（主动促成的自由，free to）与消极的权利（免除制约的自由，free from）相对立，倡导个人在社群的环境中以及在与政府的合作中所能够实现的权利要大得多。

受社群主义思潮的影响，日本学者芦部信喜认为，可将基本权利分

〔1〕［英］柏林：《两种自由概念》，载刘军宁等编：《市场逻辑与国家观念》，三联书店 1995 年版，第 225 页。

〔2〕［英］莱斯诺夫：《二十世纪的政治哲学家》，冯克利译，商务印书馆 2001 年版，第 282 页。

〔3〕［英］莱斯诺夫：《二十世纪的政治哲学家》，冯克利译，商务印书馆 2001 年版，第 288 页。

为自由权、参政权和社会权三类，三种权利分别对应于三种不同自由理念：防御国家的自由(freedom from state)、接近国家的自由(freedom to state)和依靠国家的自由(freedom by state)。[1] 在这三类自由中，“防御国家的自由”实质上是柏林所谓的消极自由，“接近国家的自由”则与柏林所谓的积极自由相似，而“依靠国家的自由”属于社会权的范畴，其旨在使弱者能够获得最基本的生存条件，能够像他人一样有尊严地生活，从而使自由权和参政权不至于成为空谈。从本质上讲，依靠国家的自由依附于消极自由和积极自由而存在，以实现消极自由和积极自由为目的，不能称为一个独立的自由。于是，有学者认为，依靠国家的自由是融合消极自由理念与积极自由理念于一体的第三种自由观，即发展自由。社团自治权蕴含的正是发展自由的理念，它的产生使宪法基本权利理念由传统的消极自由和积极自由发展变迁至一个新阶段。[2]

不仅如此，社群主义主张公意至上，只有以共同的“安全”和“福利”等社群的善为导向下，个人的善或个人的价值方能实现。“从过去几十年的实践来看，几乎所有的重大议题，如军备竞赛的潜在危险、核能危机、生态危机、第三世界的贫困化、移民问题、难民问题等，没有一个首先由国家机构体系提出，相反，这些课题往往经社团组织大力鼓吹、倡导、呼吁才最终转化为立法和决策。”[3] 于是，在此基础上，社群主义求助于公共权威以实现社群的善，进而产生了其“威权国家”理论，自由主义所倡导国家充当守夜人的“消极国家”理念被嗤之以鼻。在“威权国

[1] 参见[日]芦部信喜:《宪法判例解读》，岩波书店1987年版，第53~59页。转引自林来梵:《从宪法规范到规范宪法——规范宪法学的一种前言》，法律出版社2001年版，第91页。这和樋口阳一所倡导的、接近国家的自由和藉由国家的自由三种自由有异曲同工之意。参见[日]樋口阳一:《近代立宪主义与现代国家》，日本东京劲草书房1984年版，第152页。

[2] 李海平:《社团自治与基本权利变迁》，载《社会科学战线》2011年第10期。

[3] [德]哈贝马斯:《在事实与规范之间——关于法律和民主法治国的商谈理论》，童世骏译，三联书店2003年版，第103页。

家"理念下,只有国家所代表的公共政治生活才能促进公共利益的实现,国家有干预和引导个人选择的责任,为了国家和社群的利益甚至可以牺牲个人的利益。

社群主义者看到了当代西方社会责任丧失、道德堕落的弊病。这对于我们正确面对资本主义社会的危机,积极抵制西方个人主义的负面影响,具有重要意义。循着社群主义的理念,有学者指出应用社会尊严(social dignity)去诠释与理解人的尊严:"社会尊严充当所有人的行为指南。如果有人违反相关的规范或强迫他人违法这些规范,其后果是招致社会给予不尊严的对待,即使其社会身份与地位受到贬损。"[1]

但是,我们也应看到,社群主义的危险在于:它无法面对威权国家以公共利益的名义侵犯个人的自由,甚至实施专制和独裁。因此,社群主义以社会本原取代自由主义的个人本原,这对批判个人主义确实起到一定作用,但它并未能完全正确地把握个人与社会、自我与传统的真实关系。它与自由主义同样片面地看待了这种关系,区别只在于二者抓住了不同的片面。[2]

面对社群主义对自由主义的诘难,许多学者认为:"社群主义开出的药方固然美妙,但其根本弱点是,在当代市场经济十分发达的社会,它究竟有多少可行性。社群主义批评自由主义的基本概念带有虚构性,而他们自己提出的解决方案同样具有不可避免的虚构性,是另一种形式的乌托邦。"[3]于是乎,整个狂躁的社会不时以社群主义之团体理念打压个体自由意志之形成,试图凭借虚妄的道德遏制个人意志,进而使个人胤服于权威;而且道德会过度渗入法律,法律不断屈从于现实从而令道德底线一降再降。将法律等同道德、法律判断视同道德评价,其

---

〔1〕 Suzy Killmister, *Dignity: Personal, Social, Human*, Philosophical Studies174: 2063, 2017, p. 2076.
〔2〕 何霜梅、胡军:《论社群主义对新自由主义的批判》,载《中共中央党校学报》2005 年第 1 期。
〔3〕 顾肃:《全面认识个人与社群的关系》,载《南京大学学报》2001 年第 2 期。

结果不言而喻:扼杀和禁锢个体的充分发展,最终将走向最初追求的反面。诚如有学者指出的那样,功利主义和机械的马克思主义在某种程度上都是对社群主义理念的执迷不悟,它们淡漠人的尊严,其主要原因在于仅仅将人视为社会的有机组成部分而未将其作为鲜活生动的个体对待。[1]

我们应清醒地认识到新自由主义的不足和危险之处,即过分强调个人自由、国家政府的无为而治,反而会加剧贫富的两极分化、恶化本已脆弱不堪的环境、延误社会保障体系的健全、加剧社会治安和公共秩序的混乱,而且国际上的强权政治甚至假借"普世价值""民族自决权"等说辞剥夺弱小国家和民族的话语权乃至生存权。

哈佛大学教授迈克尔·罗森在《尊严:历史与含义》中针对1995年法国投掷侏儒案[2]的评价,正是固执坚持自由主义的一个反面典型。[3] 1995年10月,法国最高行政法院判决认为投掷侏儒这种娱乐行为贬损人的尊严,莫尔桑市市长的命令在职权范围内。原告瓦肯汉姆不服,向联合国人权委员会上诉,2002年联合国人权委员会也驳回了瓦肯汉姆的权利要求,虽然瓦肯汉姆和他的律师说,禁止投掷侏儒看上去是保护他的尊严,其实侵犯了他的尊严,阻止他自己选择就业方式。迈克尔·罗森认为,投掷侏儒并非有失尊严的活动,法国最高法院的判决混淆了两种内涵的尊严。他指出:"谁是这种妨害这种尊严行为的受害者?如果假设受害者是那个以妨害尊严的方式来行动的人,那么如果他/她是根据自己的意志这么做的,而且充分了解自己行动的后果,那么国家有什么权力去阻止他们?有尊严地对待不就意味着我们应该有

---

[1] Sir Guy Green, *Human Dignity and Law*, Jeff Malpas, Norelle Lickiss eds., Perspectives on Human Dignity: A Conversation, Springer, 2007, p. 152.

[2] 此案详情可参看侯宇:《论人性尊严在行政法中的适用——以法国1995年"投掷侏儒"案为例》,载《哈尔滨工业大学学报》(社科版)2007年第4期;另可参见本书第四章第一节的相关内容。

[3] 参见[美]迈克尔·罗森:《尊严:历史和意义》,石可译,法律出版社2015年版,第67~76页。

权利做出选择吗？到底要不要带着尊严去行动？难道国家‘保护人类个体尊严’的责任，具体实行起来意味着它可以禁止人们按照丢脸的方式去行动？或许我按照某种丢脸的方式去行动，意味着我并不是很好地在行使我选择的权力，但难道我不是还应该被允许这么做？”[1]也就是说，某种做法不对并不等于说政府有权禁止它。罗森教授将当事人的择业自由（工作权）置于尊严之上，不考虑社会制度的因素而片面地认为“自愿”抛弃尊严乃是符合自由主义孜孜以求的理性和自治内核，殊不知，这种“自愿”在很大程度上实属“无我选择的选择”，遑论理性和自治？

如何在新的形势下秉持自由主义的初衷，是值得深思的课题。狄翼社会连带理念似乎是破解此难题的不二法门。

三、理性主义之诘难

理性主义在人类发展的历史长河中扮演着重要角色，它促使人类从蒙昧走向开化、从野蛮走向文明。尤其是在欧洲文艺复兴时期，经历了黑暗的中世纪，整个社会开始对人的存在与价值进行反思。人道主义成为反对封建制度和宗教神学的利器，逐步形成了尊重人的尊严与价值、发展人的个性、追求人的自由的人本主义思潮与思想体系。这种思潮对资本主义制度的形成和发展起着巨大的推动作用，也对人的尊严思想的确立产生了重大的积极影响。据此，有学者认为，文艺复兴可谓“具有用人性的尊严来取代神性的权威”的进步意义。[2]

对理性主义而言，18、19 世纪可谓风光无限。在自然科学领域，大航海时代与地理大发现所传递的那种狂热与自信被发挥到极致，人们

---

〔1〕［美］迈克尔·罗森：《尊严：历史和意义》，石可译，法律出版社 2015 年版，第 68 页。

〔2〕邓晓芒、赵林：《西方哲学史》，高等教育出版社 2005 年版，第 122 页。

在各个领域孜孜践行着“人定胜天”“征服与改造自然”的勃勃雄心;在社会科学领域,人们热衷于国家与社会的理性架构,政治被理性主义宰制,[1]法学领域中分析法学的勃兴以及以《德国民法典》为发端的法典化浪潮无疑是历史的绝佳见证。然而,随着历史蹒跚步入20世纪,理性主义遭遇到了棒喝,首先是20世纪共产主义试验的失败,接着是科技的妄为遭到了大自然的无情报复。理性主义一蹶不振,整个20世纪充满了对理性主义的反思与斥责。

可以说,20世纪以降,理性主义带给人们的是一场梦魇。究其原因,一方面,理性主义与合理主义及存在主义合流,使理性主义庸俗化,逐步背离其初衷而沦为存在主义的附庸与帮凶,最终陷入到了实用主义和功利主义的深渊;另一方面,理性主义本身存在诸多致命的缺陷与肤浅,如致命的自负[2]、理性的盲区、不切实际的普遍主义计划、强不知以为知。[3] 由此可见,理性主义在其发展演变中已逐步将人们的理性从价值、道德理性转为工具、功利理性,使理性从欲望的奴婢上升为欲望的指导者,无论是在理性主义泛滥的现代工业社会还是在价值虚无的后现代社会,人们必然会陷入贪婪、堕落和自我毁灭之中。理性主义的非理性也因此而注定了理性主义的历史悲剧。

因此,西方学者开始反思如何在现代不断变动的社会中坚持和固守西方自由与理性之传统。英国学者约翰·格雷认为,自由主义实质上是由两个相互对立的哲学形态构成。[4] 第一个形态是普遍自由主义,即自由主义是一种普遍的、理性的共识,它企图实现对全人类来说

---

〔1〕 参见[英]奥克肖特:《政治中的理性主义》,张汝伦译,上海译文出版社2003年版,第20页。

〔2〕 如哈耶克在其《通往奴役之路》(王明毅等译,中国社会科学出版社1998年版)一书中,从其英国经验主义的哲学立场出发,强烈抨击19世纪以来作为“理性主义的自负”的那种荼毒生灵的大规模社会实践运动。

〔3〕 参见鄢圣华:《西方理性主义政治的贫困》,载《理论探讨》2006年第5期。

〔4〕 参见[英]约翰·格雷:《自由主义的两张面孔》,顾爱彬、李瑞华译,江苏人民出版社2002年版。

所谓最好的生活方式。它否认差异的存在,始终致力于对一致性的建构。洛克、康德、罗尔斯、哈耶克、诺齐克、德沃金等人是普遍自由主义的捍卫者。虽然宽容是普遍自由主义的核心价值,但是在付诸实践时却是以消除人类的善以及实现善的方式的多样性为手段,悄然露出其权威主义、霸权主义的真实面目。自由主义的第二种形态是计划自由主义,它是将宽容作为实现不同的制度和生活方式的和平共处的方式,放弃理性共识,追求政治上的"权宜之计",主张各种价值观念的妥协、协调,而不是高扬某种普世的理想主义。霍布斯、大卫·休谟、柏林、奥克肖特是其代表人物。这种"权宜之计"的自由主义越来越为人所接受。

在步入现代社会后,以理性主义为内核的人的尊严理念也面临着对其提出的根本性诘难。理性的不断自我膨胀使人对自然和历史的敬畏感在不同程度上消退,导致人的能力被过度乃至无限放大,人的尊严也随之被夸大到近乎狂妄的地步。虽然现代哲学也逐步认识到了人的理性的有限性,但是这种认识往往被乐观进步主义所遮蔽。伴随着经济全球化的趋势不断发展,尽管以人的尊严为核心的价值观已被普遍接受并在越来越多国家的宪法文本中被明确确立,但是深受各自不同文化传统价值观念的交汇和碰撞,面对自杀、安乐死、克隆人、转基因技术、集体自决权时,现代意义上的人的尊严的理论与实践显得局促、难以应对。

虽然"世界可以被概念化为单一的体系",但"不存在反映在世界层面上被共同接受的制度的规范性共识"。[1] 联合国孜孜不倦的人权努力却显示出一种新的矛盾,"一方面,人权修辞在扩展,另一方面它又被

〔1〕 [意]马蒂内利:《全球现代化》,李国武译,商务印书馆2010年版,第163页。

作为服务于各处的强权政治的合法化手段而滥用。"[1]假借人的尊严这一普世价值,某些国家对他国或地区进行控制与征服俨然已成为现代国际政治之常态。因此,只有在坚守理性主义的基础上,克服现代理性主义的工具主义立场,以宽容和妥协的态度"权宜之计"式地构建人与自然、人与社会的关系,人的尊严观念的未来发展才有希望。

中国的情况更为特殊,中国"山寨"了西方的狭隘理性主义即现实主义和功利主义。在长达一个多世纪的岁月中,中国人始终无法走出狭隘理性主义的阴霾。而这种被"山寨"了的西方的狭隘理性主义,演变成为中国式的实用主义和功利主义,造就了近三十年来极端的实用主义和功利主义。它们胁迫政治、操纵经济、愚弄社会,"软禁"了中华民族最优秀的思考者,"遮蔽"了那些极具世界意义和历史意义的深刻思想。当实用主义和功利主义转化为制度和政策安排之后,也就背离了自然规律,抛离了人性的本原。实用主义和功利主义带来的好处是显而易见的,"发展"自然成为一个时代的"硬道理"。但是,"硬道理"的工具理性,撕裂了人与自然、人与人的和谐,埋下了矛盾和冲突的种子。[2] 因此,摒弃实用主义和功利主义的做法,才能真正回应理性主义,才能实现人的尊严的价值与理念。

四、存在决定论之梦魇

"凡合乎理性的东西都是现实的,凡现实的东西都是合乎理性的。"[3]此即所谓的"存在即合理"。"这显然是把现存的一切神圣化,

---

〔1〕[德]哈贝马斯:《人的尊严和现实主义的人权乌托邦》,载哈贝马斯:《关于欧洲宪法的思考》,伍慧萍、朱苗苗译,上海人民出版社2013年版,第14页;另参见[德]哈贝马斯:《人的尊严和现实主义的人权乌托邦》,鲍永玲译,载《哲学分析》2010年第3期。

〔2〕参见卢麒元:《对理性主义的批判——为蒯辙元新〈崩溃边缘〉作序》,载蒯辙元:《崩溃边缘》,星岛出版有限公司2009年版,序。

〔3〕[德]黑格尔:《法哲学原理》,范扬、张企泰译,商务印书馆1961年版,第11页。

是在哲学上替专制制度、替警察国家、替王室司法、替书报检查制度祝福。……但是，在黑格尔看来，凡是现存的决非无条件的也是现实的。在他看来，现实的属性仅仅属于那同时是必然的东西……现实性决不是某种社会制度或政治制度在一切环境和一切时代所固有的属性。”而“必然的东西归根到底会表明自己也是合理的。”“如果旧的东西足够理智，不加抵抗即行死亡，那就和平地代替；如果旧的东西抵抗这种必然性，那就通过暴力来代替。……凡在人类历史领域中是现实的，随着时间的推移，都会成为不合理的，因而按其本性来说已经是不合理的，一开始就包含着不合理性；凡在人们头脑中是合理的，都注定要成为现实的，不管它和现存的、表面的现实多么矛盾。按照黑格尔的思维方法的一切规则，凡是现实的都是合理的这个命题，就变为另一个命题，凡是现存的，都是应当灭亡的。”“在发展的进程中，以前的一切现实的东西都会成为不现实的，都会丧失自己的必然性、自己存在的权利、自己的合理性；一种新的、富有生命力的东西就会起来代替正在衰亡的现实的东西。”[1]由此可见，“存在即合理”并非表明一切现实的东西就都是合理的，亦非表明存在必然合乎理性，而仅仅是对社会存在做出其存在有其存在的原因和必然的一种描述；理性对存在的长久与否却是至关重要，失了理性基础的存在难能持久，必将走向灭亡。

“存在即合理观”犹如一柄“双刃剑”，对西方社会的发展利弊兼具。从积极的一面来说，它催生了实证主义思潮，对西方国家的发展、社会的良性运行起到了不可低估的作用。在法学领域，实证主义指导下的实证法至上理念是西方法治的基本立场，它推动了法治的进步和发展。然而，随着法治的深入，实证法至上理念表现出一定的局限，在某些国家甚至曾被极端演绎而走向绝对化。对实证法过度强调的突出表现

〔1〕《马克思恩格斯选集》(第4卷·上册)，人民出版社1972年版，第211~212页。

是：过分强调法治的形式要素，忽视法治的实质要素；过度强调法治的工具意义，忽视法治的实体性价值和意义；一味地强调法律的自治性，排斥法律中的宗教、道德和政治等因素；过度重视法律的程序性，强调司法中的形式公正或程序公正等。弗里特曼曾说："法治简单地指公共秩序的存在，它的意思是通过法律指挥的各种工具而运行的有组织的政府。在这一意义上，所有现代社会的法西斯国家、社会主义国家和自由主义国家，都处在法治下。这是一种绝对工具主义法治观，它只看到法治的外壳，没有看到其内在精神。"[1]

西方国家在国家治理过程中，曾一度陷入了背离理性转而以"存在即合理"为价值取向，过分强调法治的工具价值，形成了与"致命的自负"大相径庭的另一番景象。在步入现代社会后，以理性主义为内核的人的尊严理念也被工具化，其内核被地缘政治、民主殖民主义等抽空而形骸化。只有坚持理性、消解工具价值，才能使人的尊严焕发出应有的内涵。

法治是相对于人治而言的一种治国理念与方略，已成为当代历史之潮流并被广为接受。法治滥觞于西方，西方的法治化进程其间不乏波折，历经了从形式法治向实质法治转变的过程，其间的经验和教训值得我们借鉴。片面追求发展的高速度。殊不知，经济发展须以政治清明为后盾，当经济发展到一定水准，必然会出现发展的"瓶颈"，而解决的核心在于能否建立一个促进公平健康发展的制度。摒弃存在决定论，迈向实质法治，坚持以人的尊严为宗旨，中国才能真正走向富强、民主。

[1] 沈宗灵：《现代西方法理学》，北京大学出版社 1992 年版，第 66 页。

本章小结

从社会学视角来看,人的尊严被视为现代社会的一个结构性特质,它是以功能分化为其特征。……功能化要求人类彼此将对方作为能够做出各种行为和进行交流的个体的人来对待。[1] 在法哲学意义上,人的尊严充当人权的正当性基础;而且,无论是在形式法治还是在实质法治之下,人的尊严都是其初衷,所有的区别仅在于它们对人的尊严保护程度有所不同。人的尊严不仅关乎民主也关乎法治更关乎人权,它是以人的尊严保障为其终极诉求。自治、自由与平等无疑是充满了理想主义、乌托邦式色彩的人的尊严理念的内核,人的尊严同时也是宪政民主赖以存在的基石。人的尊严在法律中兼具规范与价值双重性质,是法律的最高价值,也是规范中的规范、基本权利中的基本权利。

---

〔1〕 Gesa Lindemann, *Social and Cultural Presuppositions for the Use of the concept of Human Dignity*, in Marcus Düwell, Jens Braarvig, Roger Brownsword, Dietmar Mieth, ed., The Cambridge Handbook of Human Dignity: Interdisciplinary Perspectives, Cambridge University Press, 2014, p. 191.

CHAPTER 03 >>

第三章

法律文本中之人的尊严

"人的尊严就是人与人之间的相互承认,而人权或人的根本权利就是人的'尊严'最详尽的宣告。"[1]

——[西]费尔南多·萨瓦特尔

第一节 现代各国宪法文本中人的尊严之规定

本节通过考察人的尊严(Human Dignity)在现代各国宪法中的规定,对193个联合国会员国的全部现行宪法[2]进行梳理。

---

〔1〕[西]费尔南多·萨瓦特尔:《哲学的邀请——人生的追问》,林经纬译,北京大学出版社2007年版,第155页。

〔2〕资料主要源于孙谦、韩大元主编:《世界各国宪法》,中国检察出版社2012年版。需说明的是,由于各翻译人员对人的尊严(Human Dignity)的理解各异而将其翻译为"人的尊严""人性尊严""人格尊严""人类尊严"等,本书结合各国宪法英文文本,将其统一界定为人的尊严。

一、人的尊严在现代欧洲国家宪法文本中之规定

《阿尔巴尼亚共和国宪法》[1]在序言中申明:“我们——阿尔巴尼亚人民,了解自己的历史并以之为傲,以对未来负责和对上帝和/或其他普世价值的信仰,以建立一个社会民主法治国家和保障基本人权、自由的决心,以宽容与宗教共存的精神,以保护人的尊严、人格和整个国家的繁荣、和平、幸福、文化以及社会团结的承诺,以阿尔巴尼亚人民长久以来对团结统一的愿望,以对正义、和平、和谐和各国之间的合作是人类最高价值的坚定信念,我们制定本法……”第3条规定:“国家独立、领土完整、人的尊严和自由、社会公正、宪法秩序……构成国家的基础,阿尔巴尼亚人有义务尊重和保护这些价值。”第15条规定:“公共权力机关在履行职责时,应当尊重基本人权和自由并促进其实现。”

《爱尔兰共和国宪法》[2]在序言中申明:“感念先辈为恢复我们国家的正当独立性而进行的英勇不懈的斗争,并以审慎、公正与仁爱之精神,努力促进公共福利,保障个人尊严与自由,维护社会秩序,恢复国家统一并与其他国家和谐共处。……”

《爱沙尼亚共和国宪法》[3]第10条规定:“宪法所载明的权利、自由和义务不排除根据或与宪法的精神相一致的,并符合人的尊严原则与国家所赖以确立的社会正义、民主、法治原则。”第17条规定:“任何人的尊严和名誉不受侮辱。”

《安道尔公国宪法》[4]第4条规定:“宪法确认人的尊严不受侵犯,并以此保证构成政治秩序、社会和平与正义的基础的人的不可侵犯和

〔1〕 1998年11月22日由议会通过,1998年11月22日经全民公决批准,1998年11月28日颁布实施。

〔2〕 1937年7月1日由人民通过,并于1937年12月29日生效。

〔3〕 1992年6月28日经全民公决通过,并于1992年7月3日生效。

〔4〕 1993年3月14日经安道尔全民公决通过,1993年4月28日经安道尔两大公批准生效。

不可剥夺的权利。”

《奥地利联邦宪法》[1]第4条规定:“宪法确认人的尊严不受侵犯,并以此保证构成政治秩序、社会和平与正义的基础的人的不可侵犯和不可剥夺的权利。”

《白俄罗斯共和国宪法》[2]第2条规定:“个人的权利和自由的保障及实现是社会的最高价值和目的。国家有责任为公民个人自由及其尊严的发展创造条件。”第21条规定:“保障白俄罗斯共和国公民的权利与自由是国家的最高目标。人人都享有有尊严地生活的权利,包括足够的食物、衣物和住房以及为经常改善生活水平创造所必需的条件。国家保障宪法、法律和国家签署的国际条约确认的白俄罗斯公民的权利和自由。”第25条规定:“国家保障个人自由、保障人身不受侵犯和人的尊严。只有在法律规定的情况下,依照法律规定的程序,才能限制和剥夺个人的自由。被羁押人有权要求司法机关对其被拘留或逮捕的合法性实施司法审查。任何人都不应当遭受刑讯,不应当遭受其他残忍的、不人道的或者有损其人格的虐待或惩罚。未经本人同意,任何人都不应当被用于进行医学实验或其他试验。”第42条规定:“保障被雇佣的劳动者根据其劳动成果的数量、质量和社会效益获得公正的经济报酬、此种报酬应不低于维持劳动者及其家庭自由地和体面地生活的最低水平。”第60条规定:“人人都有尊重他人的人格尊严、权利、自由和合法权益的义务。”第53条规定:“每个人都有尊重他人的尊严、权利、自由和合法利益的义务。”第63条规定:“只有在紧急状态或战时状态条件下,并且依照本宪法和法律所规定的程序和范围,才能中止本宪法规定的个人权利和自由的行使。在紧急状态时期采取的特殊措施的情

〔1〕 1920年10月1日由制宪国民会议通过,1920年11月10日生效。

〔2〕 1994年3月15日经制宪委员会通过,1994年3月20日生效,1996年11月24日全民公决通过并正式生效。

况下,不得限制本宪法第 24 条、第 25 条第 3 款、第 26 条、第 31 条所规定的权利。"

《保加利亚共和国宪法》[1]在序言中申明:"在保证我们忠实于自由、和平、人道主义、平等、正义和容忍这些人类普世价值的指引下,在把个人的权利、尊严和安全作为最高准则的指引下……"第 6 条规定:"人人生而自由且在尊严和权利面前一律平等。"

《比利时联邦宪法》[2]第 23 条规定:"人人均有权有尊严地生活。为此,在考虑到相应义务的情况下,法律、法令或第 134 条规定的规则保障经济、社会和文化权利,并确定行使这些权利的条件。"

《波斯尼亚黑塞哥维那宪法》[3]在序言中申明:"鉴于对人的尊严、自由、平等之尊重;……"

《波兰共和国宪法》[4]在序言中申明:"尊重其固有的人的尊严,尊重他们的言论自由的权利,义务的团结和尊重他人,并尊重这些原则作为波兰共和国不可动摇的基础。"第 30 条规定:"人固有的和不可剥夺的尊严构成人和公民的自由和权利的来源,不可被侵犯。对其尊重和保护是公共机构的职责。"第 40 条规定:"禁止对任何人实施酷刑或残忍、不人道有辱人格的待遇或处罚。禁止肉刑。"

《德意志联邦共和国基本法》[5]第 1 条规定:"人的尊严不可侵犯。尊重和保护人的尊严是一切国家权力的义务。"第 2 条规定:"在不侵害他人权利,不违背宪法秩序和道德规范的前提下,人人享有自由施展其人格的权利。"第 19 条规定:"依据本基本法规定,如某项基本权利可通过法律或依据法律予以限制,该法律须具有普遍使用效力,而不得仅针

---

〔1〕 1991 年 7 月 12 日大国民议会通过,1991 年 7 月 13 日生效。

〔2〕 1994 年 1 月 20 日众议院通过,1994 年 2 月 3 日参议院通过,1994 年 2 月 17 日正式公布并生效。

〔3〕 1995 年 11 月代顿协议制定,1995 年 12 月 14 日生效。

〔4〕 1997 年 4 月 2 日国民大会通过,1997 年 5 月 25 日全民公决通过,1997 年 10 月 17 日生效。

〔5〕 1949 年 5 月 23 日获得通过。

对个别情况。此外,该法律须指明引用有关基本权利的具体条款。任何情况下均不得触及基本权利的实质内涵。"第 79 条第 3 款规定:"本基本法之修正案凡影响联邦之体制、各邦共同参与立法或第 1 条与第 20 条之基本原则者,不得成立。"即基本法第 1 条第 1 款所确立的人的尊严原则,不属于修宪范畴。

《俄罗斯联邦宪法》[1]第 21 条规定:"人的尊严受国家保护。不得以任何理由诋毁人的尊严。任何人不应当遭受刑讯、拷打,不应当遭受其他残忍的或有损人格的虐待或惩罚。非经本人同意,任何人都不应当被用于进行医学试验、科学试验或其他试验。"

《法兰西第五共和国 1958 年宪法》[2]在序言中强调:"法兰西人民郑重宣告恪遵 1789 年宣言中所明定及 1946 年宪法序言中所确认与补充之人权暨国家主权原则。"该宪法序言组成部分之一的《1946 年宪法宣言》第 1 段声明:"自由的人民刚刚战胜奴役和损害人的尊严的社会制度。法兰西人民再次宣告,不分种族、宗教和信仰,所有人皆享有神圣而不可剥夺的权利,并庄严地重申 1789 年人权宣言中认可的权利和自由及共和国法律确认的基本原则。"

《芬兰共和国宪法》[3]第 1 条规定:"宪法确保公民人格尊严、自由以及个体权利神圣不可侵犯,并推动社会正义。"第 7 条(生命权、人身自由权和人身不受侵犯)规定:"人人享有生命权、人身自由权、身体不受侵犯和安全的权利。任何人不得被判处死刑、施以酷刑或被以侵害其人的尊严的方式对待。……"第 9 条(迁徙自由)第 3 款规定:"外国

---

[1] 1993 年 12 月 12 日经全民公决通过,1993 年 12 月 25 日公布并生效。

[2] 1958 年 9 月 28 日经全民公决通过,1958 年 10 月 5 日公布并生效。早在 1940 年,法国维希政府在其新宪法草案中多处提及人的尊严。如宣称"人的尊严是一种人们用于对抗民族、国家和其他社会团体的内在品","国家尊重和保护人的生命、尊严和精神"。Stéphanie Hennette-Vauchez, Human dignity in French law, in Marcus Düwell, Jens Braarvig, Roger Brownsword, Dietmar Mieth, ed., The Cambridge Handbook of Human Dignity: Interdisciplinary Perspectives, Cambridge University Press, 2014, p. 370.

[3] 1999 年 6 月 11 日芬兰议会通过,2000 年 3 月 1 日生效。

人入境和在芬兰拘留的权利由法律规定。外国人如可能面临死刑、酷刑或其他侵犯其人格尊严的处置，不得将其驱逐出境、引渡或遣送回国。”第 19 条(社会保障权)第 1 款规定：“凡丧失维护人的尊严之基本生活能力的人，有权获得其维持基本生活所必需的经济来源和照顾。”

《黑山共和国宪法》[1]第 25 条第 3 款规定：“下列权利不得施加限制：生命权、法律救济权以及法律援助权；人格尊严及受到尊重的权利；……”第 28 条(人的尊严和不可侵犯性)规定：“人的尊严和安全应得到保障。人的身体和精神的完整性不可侵犯，其隐私和个人权利应得到保障。任何人均不得受酷刑或者不人道或有辱人格的待遇。任何人均不得被置于奴隶身份或者被奴役地位。”第 31 条(对人的尊重)规定：“在刑事和其他诉讼中，在剥夺或者限制自由的情况下，以及在执行监禁刑的过程中，对于人的人格和尊严的尊重应得到保障。针对被剥夺自由或者被限制自由者的任何形式的暴力、不人道的或者有辱人格的行为，交易记录任何逼供行为，均应被禁止并受到处罚。”第 47 条第 2 款规定：“表达自由，只有为了保护人的尊严、名誉、荣誉之目的，以及公共道德和黑山共和国的安全受到威胁时才能加以限制。”

《捷克共和国宪法》[2]在序言中声明：“本着人的尊严和自由神圣不可侵犯的价值，建设、维护和发展捷克共和国，使它的公民享有平等的权利和自由，并能意识到自己对于他人的义务和对于整体的责任；我们特在尊重人权和我公民社会性的原则基础上，把捷克共和国建设成为一个自由民主的国家，使它成为欧洲和世界民主政治大家庭的成员；我们将共同捍卫和发展所继承的自然和文化、物质和精神财富；我们将奉行法治国家行之有效的原则；……”

---

〔1〕 2007 年 10 月 19 日黑山共和国议会通过，2007 年 11 月 22 日颁布并生效。
〔2〕 1992 年 12 月 16 日捷克民族议会通过，1993 年 1 月 1 日生效。

《克罗地亚共和国宪法》[1]第25条规定："对所有逮捕者和被定罪者均应人道地对待，尊重其尊严。"第35条规定："保障尊重和以法律保护公民的个人以及家庭生活、尊严、名誉和荣誉。"

《拉脱维亚共和国宪法》[2]第95条规定："国家维护人的荣誉和尊严。禁止对人实施刑讯，禁止对人实施其他残忍的或者有损人格的虐待。任何人均不应当遭受非人的或者有损人格的惩罚。"

《立陶宛共和国宪法》[3]第21条规定："人身不受侵犯。人的尊严受法律保护。禁止对人实施刑讯、致残，禁止对人实施有损人格的、残忍虐待，禁止设定上述惩罚。"第25条规定第3款："表达信仰的自由、获取和传播信息的自由，不得予以限制。但是，为了保障人的健康、捍卫人的荣誉、尊严、私生活和道德，以及捍卫宪政制度，可以以法律形式对上述自由做出限制。……"

《罗马尼亚宪法》[4]第1条（罗马尼亚国家）第3款规定："罗马尼亚是一个实行法治的民主社会国家，基于罗马尼亚人民民主传统的精神和1989年12月革命所体现的理念，在罗马尼亚，人的尊严、公民权利和自由、人格的自由发展、正义和政治多元化代表着最高的价值，应受到保障。"第30条（表达自由）第6款规定："表达自由不得损害个人尊严、荣誉、隐私和他人的肖像权。"

《马其顿共和国宪法》[5]第11条规定："人的身体和道德尊严不可侵犯。禁止任何形式的刑讯或不人道的、侮辱性的行为或刑罚。禁止强迫劳动。"

---

〔1〕 1990年12月22日克罗地亚共和国议会公布。

〔2〕 1993年7月6日，拉议会通过决议，恢复1922年拉独立初通过的宪法。

〔3〕 1992年10月25日全民公决通过，1992年11月2日生效。

〔4〕 1991年1月21日国民代表大会接受此宪法，1991年12月8日经全民公决通过生效。

〔5〕 1991年11月17日通过，1992年11月2日通过。

《摩尔多瓦共和国宪法》[1]第24条(生命权、肉体和精神不受侵犯的权利)第2款规定:"任何人均不得遭受刑讯,以及遭受残忍的,非人道的或有损其尊严或虐待。"

《摩纳哥公国宪法》[2]第20条第2款规定:"刑事法律应当保障尊重人格尊严。任何人不得受到残酷的、不人道的或者侮辱人格的待遇。"

《葡萄牙共和国宪法》[3]第2条(民主法治国家)规定:"葡萄牙共和国是一个民主国家,以法治、人民主权、民主表达和组织多元化为基础,尊重并保障基本权利与自由的有效行使,确保权力的分立与制衡,致力于建设经济、社会和文化民主,以及深化参与式民主。"第13条(平等原则)规定:"1.所有公民都有等同的社会尊严,法律面前人人平等。"第26条(其他人身权)规定:"……2.法律应制定有效保障措施,防止获得和滥用有关个人或家庭的信息并利用该信息侵犯人的尊严。3.法律应为个人尊严和人类的基因身份提供保障,特别是在科技的创新、发展和利用,以及科学实验中。"第59条(工人的权利)规定:"1.所有工人,不论其年龄、性别、种族、公民资格、出生地、宗教信仰、政治或意识形态信仰如何,都享有以下权利:……(2)在工作的组织方面应维护其社会尊严,实现其个人价值,力求其职业生活与家庭生活的和谐;……"

作为瑞典宪法组成部分的《瑞典王国政府组织法》[4][第1章(基本原则)]第2条规定:"一、在行使公共权力时应尊重所有人的平等价值以及个人的自由和尊严。……"

《瑞士联邦宪法》[5]第1章(基本权利)第7条规定:"人的尊严应

[1] 1994年7月29日通过,1994年8月8日颁布,1994年8月27日生效。
[2] 1962年12月17日颁布并生效。
[3] 1976年4月2日制宪会议通过,1976年4月25日生效。
[4] 1974年2月28日议会通过。
[5] 1999年4月18日经全民公决通过,2000年1月1日生效。

受到尊重和保护。"第8条规定:"(1)法律面前人人平等。(2)任何人不得因其出身、种族、性别、年龄、语言、社会地位、生活方式、宗教信仰、哲学信念、政治信仰、身体、心理或精神上的缺陷而受到歧视。"第12条规定:"任何人在处于困境而不能自救的情况下均有权获得帮助和救济,并获得必不可少的资助以获得符合人的尊严的生活。"

《塞尔维亚共和国宪法》[1]第23条(个人的尊严和自由发展)规定:"人的尊严不可侵犯,并且每一个人均有义务尊重和保护它。每一个人均有权使个性得到自由发展,只要不侵犯宪法保障的其他人的权利。"

《塞浦路斯共和国宪法》[2]第8条规定:"任何人不受酷刑、不人道或有辱人格的惩罚或对待。"

《公民权利和圣马力诺制度基本原则宣言》[3]序言第4条规定:"共和国保障公民同等的社会尊严,对权利和自由提供同等的保护。改善公民有效参与国家经济和社会生活的条件。"

《斯洛伐克共和国宪法》[4]第11条第1款规定:"一、人民在尊严与权利方面自由且平等。基本权利与自由是不可侵犯、不可剥夺、不可消灭及不可撤销的。"第19条规定:"一、每个人均有权维护个人的尊严、荣誉、名誉和保护自已好的名声。……"

《斯洛文尼亚共和国宪法》[5]第21条(保护人格和尊严)规定:"在刑事诉讼和所有其他法律诉讼中,以及在剥夺自由和惩罚性制裁执行期间,保障尊重人格和尊严。禁止对被以某种形式限制自由的人使用

---

〔1〕 2006年9月30日国民大会特别会议通过,10月28日、29日交由全民公决,2006年11月8日颁布实施。

〔2〕 1960年7月6日通过,1960年8月16日生效。

〔3〕 1974年7月8日大会制定,1974年7月31日颁布并生效。

〔4〕 1992年9月1日通过,1992年10月1日生效(部分于1993年1月1日生效)。

〔5〕 1991年12月23日通过。

任何暴力。禁止任何强迫招供和强迫陈诉。”第34条(人的尊严和人身安全权)规定:“每个人都享有人的尊严和人身安全权。”

《乌克兰共和国宪法》[1]第3条规定:“在乌克兰,人,人的生命和健康、荣誉和尊严、不受侵犯和安全,被视为是最高的社会价值。人的权利和自由及其保障,决定着国家活动的内容和方针。国家的活动对人负责。确认和保障人的权利与自由,是国家的主要义务。”第21条规定:“所有的人均是自由的,而且在尊严和权利方面均是平等的。人的权利和自由不得让与,并不受侵犯。”第22条规定:“本宪法确认的人和广袤的权利与自由,尚未穷尽。保障宪法权利和自由。宪法权利和自由不得被取消。在通过信法律对现行法律做出修改时,禁止减少现有权利和自由的内容,禁止压缩现有权利和自由的规模。”第28条规定:“每个人均有其尊严受到尊重的权利。每个人均不应当遭受刑讯,不应当遭受残忍的、不人道的或者有损人格的虐待或惩罚。非经本人自愿同意,任何人均不得被用于进行医学实验、科学实验或者其他试验。”

《西班牙王国宪法》[2]第10条(个人权利)第1款规定:“作为个人神圣固有的权利,人的尊严、个性的自由发展、尊重法律和他人的权利,是政治秩序和社会和平的基础。”

《希腊共和国宪法》[3]第7条规定:“……二、酷刑、任何肉体虐待、对健康的损害或者心理暴力的使用,以及任何其他对人的尊严的区分均被禁止,并依法受到处罚。……”第106条第2款:“不允许在损害自由、人的尊严或不利于发展国民经济的情况下发展私人经济的积极性。”

---

〔1〕 1996年6月28日乌克兰最高拉达第5次会议通过。

〔2〕 1978年12月6日经全民公决通过,1978年2月29日生效。

〔3〕 希腊第五次宪法修正议会投票通过,1975年6月11日公布生效。

《匈牙利基本法》[1]在序言中申明："我们认为人的尊严是人存在的基础。……"第2章第2条规定："人的尊严不可侵犯。所有人享有生命权和人的尊严。胎儿的生命自受孕时受保护。"在其中自由与责任一章中第2条规定："人的尊严不容侵犯。任何人均享有生存和人的尊严的权利。胚胎形式之生命自受孕时起机应受到保护。"第9条第4款规定："禁止以侵犯他人的尊严为目的行使言论自由之权利。"

《意大利共和国宪法》[2]第3条第1款规定："全体公民,部分其性别、种族、语言、宗教、政治观点、个人地位和社会地位的差别,具有同等的社会尊严,并在法律面前一律平等。"第41条第2款规定："私人经济活动的进行不得违背社会利益或采取有损于安全、自由或人的尊严的方式。"

《英国1998年人权法》(Human Rights Act 1998)[3]第3条(禁止酷刑)规定："任何人均不得受到酷刑或受到不人道或丧失体面的对待或惩罚。"

二、人的尊严在现代美洲国家宪法文本中之规定

《阿根廷国宪法》第14-1条规定："法律保护各种形式的劳动,并确保劳动者有以下列权利:劳动环境的体面和平等;……"

《安提瓜和巴布达宪法》[4]在序言中申明："第一,宣布他们是一个主权国家,该国家建立在如下原则之上:承认上帝的至高地位、承认人的尊严和价值,授予所有人以基本权利和自由,并承认社会中自由男女

〔1〕 2011年4月18日匈牙利议会通过,2012年1月1日生效。序言的规定是从官方英文版本中查找得到,《世界各国宪法》中未显示《匈牙利基本法》有序言存在。另,朱福惠、邵自红主编的《世界各国宪法文本汇编》(欧洲卷)中显示有序言。参见朱福惠、邵自红主编:《世界各国宪法文本汇编》(欧洲卷),厦门大学出版社2013年版,第587页。

〔2〕 1947年12月22日制宪会议通过,1948年1月1日生效。

〔3〕 1998年11月英国议会通过。

〔4〕 1981年7月31日制定,并于1981年10月31日生效。

组成的家庭和自由制度的地位;……"

《巴巴多斯宪法》[1]在序言中申明:"(a)宣布:他们是建立在承认上帝的至高地位、人的尊严,以及他们对于基本人权、自由和在一个自由人和自由制度组成的社会中家庭地位的信仰不可动摇的原则之上的一个主权国家;……"

《巴拉圭共和国宪法》[2]在序言中申明:"……鉴于对人的尊严的尊重,为了维护自由、平等和公平,重申代议制、分权制、多元民主制的原则,捍卫国家主权与独立为其加入国际社会的原则,制定和通过本宪法。"第23条第1款规定:"凡影响个人荣誉、名誉或尊严,或涉及不应受公共起诉的个人行为,或未经本宪法及相关法律宣布为政府公权力有管辖权的个人行为,虽经大众媒体刊登、揭发或证实,不得作为其主张真实的证据,法院也不予采信。"第46条(关于人人平等)第1款规定:"巴拉圭共和国居民享有平等的尊严和权利,禁止歧视。国家将采取措施避免歧视,消除实现平等之障碍。"第86条第1款规定:"所有的共和国居民都有权获得法定的工作,有权自由选择工作以及在实现其尊严和法定的条件下工作。"

《巴拿马共和国政治宪法》[3]在序言中申明:"为了富强国家、保障自由、维护民主体制稳定、提高人类尊严、推动社会正义、大众福利及地区一体化之最高目的,祈求上帝保佑,我们颁布巴拿马共和国政治宪法。"第17条第2款规定:"本宪法赋予的权利和保障应被视为最低限度的,同其他基本人权和保护人的尊严的权利不排斥。"

《巴西联邦共和国宪法》[4]第1条规定:"巴西联邦共和国,作为由

---

〔1〕 1966年11月30日独立时生效。
〔2〕 1992年6月20日制宪大会通过并颁布。
〔3〕 1972年10月11日由制宪会议通过并生效。
〔4〕 1988年9月22日制宪会议通过,1988年10月5日公布实施。

州、市以及联邦特区组成的不可分割的联合体,是建立在如下原则之上的民主法治国家:主权;公民;人的尊严;劳动和自由竞争的社会价值;政治多元主义。……"

《秘鲁共和国宪法》[1]第1条规定:"保护个人并维护其尊严是社会和国家的最高目的。"第3条规定:"本节列举的上述各项权利并不排斥宪法所保障的其他权利,也不排斥具有类似性质,或基于人的尊严、人民主权、法律的民主原则和政府的共和形式而派生出的其他权利。"

《玻利维亚共和国宪法》[2]在序言中声明:"这是一个建立在尊重与平等基础上的,在社会产品分配与再分配时参照了主权、尊严、优势互补、团结、和谐和平等因素……"第8条第2款规定:"国家的基础价值观包括统一、平等、包容、尊严、自由、团结互助、互惠、尊重、优势互补、和谐、透明、平衡、机会平等、社会平等及无性别歧视、公共福利、责任、社会正义、分配和再分配产品以及货物已提高生活水平。"第21条规定:"玻利维亚公民享有……(2)隐私权、名誉权、荣誉权、肖像权和尊严;……"第22条规定:"国家有义务保护公民的尊严和人身自由不受侵犯。"

《伯利兹宪法》[3]在序言中申明:"一、确认利伯兹国家的建立应遵循如下原则:承认神的至高无上,笃信人的权利及基本自由,相信在一个自由社会和自由制度中的家庭的地位,以及所有人类成员均由造物主赋予人的尊严以及平等和不可剥夺的权利。"第3条(基本权利与自由)规定:"在尊重他人权利和自由及公共利益的前提下,利伯兹境内人人享有下列个人基本权利和自由,不分种族、出生地、政治见解、肤色、信仰或性别;……三、家庭生活的保护,个人隐私、家庭、财产隐私和人

---

〔1〕 1993年10月31日全民公决通过,1993年12月31日生效。

〔2〕 2009年1月25日全民公决通过。

〔3〕 1981年9月21日全民公决通过,2012年3月1日生效。

的尊严的认同；……给予为上述权利和自由提供保护之目的，本章规定应具有法律效力，但此种保护应受制于相关条款中列明的限制条件，即个人在享有相关权利和自由的同时，不得损害他人的权利和自由或者公共利益。”

《多米尼加共和国宪法》[1]在序言中申明：“……在人的尊严、自由、平等、法治、公正、团结、友爱、社会福利、生态平衡、进步与和平、社会凝聚力等至高无上的价值和基本原则的指引下……”第5条（宪法的基础）规定：“宪法是建立在对人的尊严以及作为多米尼加儿女共同祖国的国家不可分割的统一的基础上。”第6条（宪法至上）规定：“所有行使国家权力的机构和人员都受宪法约束，宪法是最高法律和国家司法秩序的基础。任何违反宪法的法律、法规、决议、规则或法令都是无效的。”第7条（法治的社会民主国）规定：“多米尼加共和国是法治的社会民主国，是统一的共和国，并建立在尊重人的尊严、基本权利、人民主权以及公共权力的分立和独立的基础上。”第8条（国家的必要职能）规定：“对人的权利的有效保护，尊重其尊严，以及确保个人获得在个人自由、社会正义的框架下以平等、公平和进步的方式且与公共秩序、普遍福利和所有人的权利相协调的实现进步的条件是国家的一种必要职能。”第38条（人的尊严）规定：“国家建立在尊重人的尊严的基础上，切实有效地保护人的基本权利。人的尊严是神圣不可侵犯的，对人的尊重和保护是公共权力机构的根本职责。”

《多米尼克国宪法法令》[2]在序言中申明：“一、承认多米尼克国是建立在如下原则之上：尊崇上帝至高无上，崇尚基本人权和自由，尊重在一个由自由人民和自由政府组成的社会中家庭中地位的，承认人的

〔1〕 2010年1月26日由国民大会通过并生效。

〔2〕 1978年7月25日英国枢密院颁布，1978年11月3日生效。

尊严和所有家庭中所有成员享有的由造物主赋予的平等且不可剥夺的权利。……”

《厄瓜多尔共和国宪法》[1]在序言中申明:“决心建立新的民众共生的、多样性的、与自然和谐共处的社会、以实现美好的生活,在各方面尊重个人与群体的尊严的社会……”第11条第7款规定:“承认宪法及国际人权法中规定的权利和保障,不排除其他由维护个人、集体、民族及种族的完整尊严衍生而来的权利。”

《哥伦比亚共和国宪法》[2]第2条规定:“为保护所有居住在哥伦比亚的人民的生命、尊严、财产、信仰和其他权利和自由,保障国家和国民社会义务的履行,建立哥伦比亚政府。”第21条规定:“国家保障公民的尊严权。法律规定相应的保护方式。”第42条第3款规定:“家庭的荣誉、尊严和亲密关系神圣不可侵犯。”

《哥斯达黎加共和国宪法》[3]第33条规定:“法律面前人人平等,禁止歧视人的尊严。(根据1999年5月27日第7880号法案修正)”第56条规定:“劳动是个人的权利和义务。国家应尽力确保每个人有合法的、有益的、适当报酬的职业,并防止出现损害个人自由、尊严或者个人之劳动降格为纯商品的状况。国家保护自由选择工作的自由。”

《古巴共和国宪法》[4]在序言中申明:“……只有实现社会主义和共产主义,人才能摆脱奴隶制、奴役制、资本主义各种剥削方式,实现自由,从而获得人的全部尊严;我们的革命提高了祖国和古巴人的尊严。我们声明:希望共和国的法律能够最终贯彻实现何塞·马蒂的志愿:‘我希望我们共和国的基本法律能成为古巴人对人类的全部尊严的最

---

〔1〕 2008年7月经制宪大会通过,2008年9月经全民公决后于2008年10月20日生效。

〔2〕 1991年7月4日制宪大会通过。

〔3〕 1949年11月7日国民制宪大会颁布,1949年11月8日生效。

〔4〕 1976年2月15日经全民公决通过。

深切的崇敬。'……"第9条规定:"社会主义国家:(1)……保障人的自由和完全的尊严,实现其权利、履行其义务,并全面发展其个性;……"

《格林纳达宪法》[1]在序言中申明:"……(c)坚信人类的价值尊严和所有人类都被造物主赋予了平等和不可剥夺的权利、理性和良心;这些权利和义务与人类每项社会和政治活动都紧密相关;权利提升个人自由,义务则体现了自由的尊严;……"

《圭亚那合作共和国宪法》[2]在序言中申明:"我们认可年轻一代的志向,用他们自己的语言,宣布圭亚那的未来属于年轻人。他们希望生活在一个安全的社会,这个社会尊重他们的尊严,保护他们的权利,承认他们的潜力,聆听他们的声音,提供机会,确保健康环境和鼓励所有种族人民和谐和平地生活在一起,我们肯定他们的宣言一定会约束我们的制度并成为我们基本法律的一部分;……"

《洪都拉斯共和国宪法》[3]第59条规定:"国家及社会的终极目标在于人。所有人必须受到尊严和保护。人的尊严不可侵犯。为保障宪法承认的人权和自由,成立国家人权委员会。该委员会的组成、权力和职责由特别法予以规定。"第60条第2款规定:"基于性别、种族、阶层或任何其他有损人的尊严之理由的所有形式的歧视军营收到惩罚。"第63条规定:"本宪法中列举的宣言、权利和保障,并因此否定其他源自国家主权、政府的民主体制和代议制及涉及人的尊严的宣言、权利和保障。"第68条第3款规定:"任何被剥夺自由的人也得到其作为人固有的尊严的尊重。"第76条规定:"保障荣誉权、个人隐私权、家庭权及个人尊严。"

---

〔1〕 1974年独立时生效,1979年3月13日因内乱停止实行,1984年1月1日原宪法恢复实行。
〔2〕 1980年10月6日生效。
〔3〕 1982年由国民制宪大会颁布,1982年1月20日生效。

《墨西哥合众国宪法》[1]第1条规定："墨西哥合众国内，人人享有本宪法以及墨西哥作为一方的条约认可的人权，以及对人权的保障。除本宪法规定的情况和条件外，人权的行使不得受限制或中止。涉及人权的规范应根据本宪法和有关该事项的国际条约进行解释，在任何时候均应给予最大可能的保护。所有机构在其权限范围内有义务以普遍、独立、不可分割和进步为原则，推动、尊重、保护和保障人权。因此，国家必须根据法律的规定防止、调查、制裁和赔偿侵犯人权的行为。墨西哥合众国禁止奴役。从国外进入墨西哥领土范围内的奴隶应恢复自由并受法律保护。任何因种族或国籍、性别、年龄、残疾、社会地位、健康状况、宗教、思想、爱好、民事财产或任何侵犯人的尊严的行为和旨在取消或减少人民权利和自由的启示均予以禁止。"第3条第2款(c)项规定："教育应有助于人类的共同生活，以加强和教导学生的尊严、家庭的完整、社会的共同利益、关心有爱、人人权利平等的思想，避免种族、宗教、阶级、性别或个人的特权。"

《尼加拉瓜共和国宪法》[2]第5条规定："自由，公正，尊重人的尊严，政治、社会及种族多元化，承认各种形式的所有制，自由的国际合作以及尊重各国人民的自由自决权，这些都是尼加拉瓜民族的原则。"

《萨尔多瓦共和国宪法》[3]第4条(共和国任何人均享有自由)规定："进入共和国领域内的任何人不得成为奴隶，且所有从事奴隶贸易的人不享有共和国公民资格。任何人不受奴役或遭受有损人的尊严的待遇。"第10条规定："法律禁止以任何行为或契约造成人的尊严、自由的丧失，或其他不可弥补的牺牲，法律亦禁止放逐或流放协议。"第11

---

〔1〕 1917年1月31日由制宪会议制定，并于1917年2月5日公布。许多条款都已得到全面修改。所列条款于2011年8月14日修改并公布。

〔2〕 1986年8月18日由国民大会通过，1987年1月9日生效。

〔3〕 1983年12月16日颁布，1983年12月20日生效。

条第2款规定:“任何政府机关或私人非法或恣意限制人身自由者,有权申请人身保护令。政府机关侵犯被拘留人的尊严或者身体、精神和道德完整时,应签发人身保护令。”第101条第1款规定:“经济制度应反映保证所有居民尊严生活的社会正义原则。”

《圣基茨和尼维斯宪法》在序言中申明:“鉴于圣基茨和尼维斯人民:一、宣称本国建立在对万能的上帝即每个人的固有的尊严的信仰之上。……”

《圣卢西亚宪法》[1]在序言中申明:“……(e)意识到人的尊严需要尊重精神价值,个人家庭生活以及财产;且经济的充分发展以及社会的安康依赖于国家资源;(f)尊重社会正义的原则,相信经济制度的实施能够确保社会福利物质为了公共福祉进行相关分配,并为了所有人的生活加以充分使用,不应该在非人道的条件下为了经济发展剥夺或强迫任何人进行劳动,除非是为了改善有关利益、能力和尊严;……”

《圣文森特和格林纳丁斯宪法》[2]在序言中申明:“第一,确信这个国家建立于对上帝、自由及人的尊严的无上信仰之上;第二,意识到保护家庭生活的隐私权和财产权以及对按劳获取合理经济回报事业是维护人类尊严的前提;……”

《苏里南共和国宪法》[3]第16条第3款规定:“任何被剥夺自由的人的人的尊严有权得到尊重。”

《危地马拉共和国政治宪法》[4]第4条(自由和平等)规定:“危地马拉的所有人都是自由的,他们在人格和权利方面都是平等的。男人和女人,不论其婚姻状况如何,都有同样的机会和责任。任何人不受奴

〔1〕 1979年2月22日独立时生效。

〔2〕 1979年10月27日独立时生效。

〔3〕 1987年9月30日经全民公决通过,1987年9月30日生效。

〔4〕 1985年5月经国民议会通过,1986年1月14日生效。

役,不会被置于有损其尊严的地位。人与人之间应当友爱。”第 19 条(监狱制度)规定:“监狱制度应致力于使犯人受到再教育,重新适应社会,并应以下列起码的准则对待他们:1. 他们应被当作人类对待;他们不应因任何原因被歧视,不可残酷地对待他们,施行身体、道义和心理上的折磨,强制和打扰,让他们干力不胜任的劳动、有损其尊严的行动,或者对他们横征暴敛,用他们做科学试验;……”第 102 条规定:“劳动法律法规、法院和当局的活动至少应保障以下权利:(1)自由选择职业的权利和获得令人满意的经济条件以确保劳动者及其家庭得以有尊严地生活的权利。……”第 183 条(总统的职权)规定:“总统的职权是:……15. 保持领土完整和国家尊严;……”

《特立尼达和多巴哥共和国宪法》[1]在序言中申明:“一、承认特立尼达和多巴哥国家是建立在如下原则之上:尊崇上帝至高无上,崇尚基本人权和自由,尊重在一个由人民和自由政府组成的社会中家庭的地位,承认人的尊严和所有家庭中全体成员享有的由造物主赋予的平等和不可剥夺的权利。……”

《委内瑞拉玻利瓦尔共和国宪法》[2]第 3 条规定:“国家的基本目标是保护个人发展,尊重人的尊严,确保人民意志的民主行使,建设一个公正、有爱的社会,促进经济繁荣,保障人民幸福,保证本宪法确立的各项原则、权利和义务得以完全履行。提供教育和工作机会是保证这些目的的基本过程。”第 46 条规定:“任何人的身体、精神、道德完整均应受到尊重,因此:(1)任何人均不得受到刑罚、酷刑、残忍、不人道的或有辱人格的对待。受到国家机关实施或默许的酷刑或残忍的、不人道的或有辱人格待遇的受害者有要求恢复命运和赔偿损失。(2)任何被

---

〔1〕 1976 年 3 月 29 日经特立尼达和多巴哥议会通过,1976 年 8 月 1 日生效。

〔2〕 1999 年 12 月 20 日由制宪会议通过,1999 年 12 月 30 日生效。

剥夺自由的人也应尊重其人生俱来的尊严。(3)除非本人其生命危在旦夕或法律规定的其他情形下,不得将任何人用于科学、医疗实验。(4)任何公共官员凭借其官方身份对他人实施虐待或者施加身体上或者精神上的痛苦,或是鼓励、纵容上述行为,均应受到惩罚。”第47条第1款规定:“个人住所和和私人住宅不受侵犯。除非为了防止犯罪的进一步发生或依法执行法院的决定,凭借法院命令且在任何情况下都必须尊重人的尊严外,不得强行侵入他人住宅。”

《乌拉圭东岸共和国宪法》[1]第85条规定:“议会行使下列职权:(三)制定涉及共和国的独立、安全、稳定以及尊严的法律,制定涉及所有个人权利的保护以及促进教育、农业、工业和国内外贸易的法律;……”

《智利共和国宪法》[2]第1条规定:“人生而自由平等,有尊严和权利。”

虽然美国宪法并未对人的尊严作出规定,但是蒙大拿州和路易斯安那州宪法却对此作出了界定。蒙大拿州1972年宪法的第4章第2条规定:“个人尊严:人的尊严不可侵犯。任何人不得被否认法律平等保护。任何个人在行使其公民权利或政治权利时,无论国家还是任何个人、机构、公司或政府机关均不得因种族、肤色、性别、文化、社会背景或条件或政治、宗教思想而受到歧视。”有学者指出,显然是受此规定的影响,1974年路易斯安那州宪法在其第三章对“个人尊严的权利”作出了规定。[3] 该条款全文如下:“(3)个人尊严的权利:任何人不得被否认法律平等保护。任何法律不得因种族或宗教思想、信仰或血缘等关系

---

〔1〕 1966年11月27日全民公决通过,1967年2月1日颁布。

〔2〕 1980年9月11日通过,1981年3月11日生效。

〔3〕 See Mary Anne Wolf, *Louisiana's Equal Protection Guarantee: Questions About the Supreme Court Decision Prohibiting Affirmative Action*, 58 LA. L. REV. 1209, 1223, 1996.

而歧视任何个人。任何法律不得因出生、年龄、性别、文化、身体状况或政治观点或血缘等关系而恣意、武断或不合理地对个人予以歧视。除非强迫劳役是出于对犯罪的惩罚，否则禁止奴役和强迫劳役。”

三、人的尊严在现代非洲国家宪法文本中之规定

《阿尔及利亚民主人民共和国宪法》[1]第 32 条规定：“公民的基本自由和人权受到保障。基本自由和人权构成阿尔及利亚一切男性公民和女性公民的共同遗产，他们有义务将该遗产代代相传以维护其完整并保障其不受侵犯。”第 34 条规定：“国家保护人格不受侵犯。禁止以身体或精神上的任何暴力形式侵害人格尊严。”第 35 条规定：“任何侵害权利和自由以及在身体上或精神上侵犯人的尊严的行为，均由法律加以处罚。”

《阿拉伯埃及共和国宪法》第 9 条第 1 款规定：“被逮捕、检查、拘留或以任何方式限制其自由的公民应受到维护人尊严的待遇，不得对其进行身体和精神伤害，不得将关押、拘禁在不属于有关监狱等法律规定的地方。”

《埃塞俄比亚联邦民主共和国宪法》[2]第 10 条第 2 款规定：“公民与各民族的人权与民主权利应被尊重。”第 24 条第 1 款规定：“每个人的人格尊严、名誉及荣誉均有权受到尊重。”

《安哥拉共和国宪法》[3]在序言中声明：“……决心建立一个公正、进步的社会、尊重生命、平等、多样性统一的社会……”第 1 条(安哥拉共和国)规定：“安哥拉是享有主权与独立的共和国，主要目标是基于个人尊严与安哥拉人民的意愿，建立一个和平、平等和进步的自由、公正、

〔1〕 1996 年 11 月 28 日经全民公决通过，1996 年 12 月 7 日颁布。

〔2〕 1994 年 12 月制宪会议通过，1995 年 8 月 22 日生效。

〔3〕 2010 年 1 月 21 日由国民大会制宪议会通过。

民主、团结的社会。”第 31 条(人格权)第 2 款规定:“国家尊重和保护人的尊严。”

《贝宁共和国宪法》[1]在序言中申明:“……明确宣告我们坚定捍卫和维护我们在世界眼中的尊严,重建民主的先驱地位,并保护我们曾经拥有的人权。……”第 8 条(人格神圣和不容侵犯)规定:“国家承担加以尊重和保护的绝对义务。国家确保人格得到充分实现。为此目的,国家应确保一切公民平等地获得健康、教育、文化、信息、职业培训和工作。”

《布基纳法索宪法》[2]在序言中申明:“号召捍卫这些民主成就,强烈希望建立法治国家,保障集体和个人权利的实施,以及个人自由、尊严、安全、幸福、发展、平等和公正,作为进步的多元社会的基本价值,摆脱偏见。……”

《布隆迪共和国宪法》[3]第 13 条规定:“所有布隆迪人在功劳和尊严方面均是平等的。所有国民享有同等的权利,获得法律的保护。任何布隆迪人不得因种族、语言、宗教信仰、性别或者民族出身而被排除与国家的社会、经济和政治生活。”第 21 条规定:“尊重和保护人的尊严。损害人的尊严的任何行为均应受刑法保护。”

《赤道几内亚共和国宪法》[4]第 5 条规定:“赤道几内亚社会的基本原则是:(a)尊重个人、个人的尊严、尊严和其他基本权利;……”第 13 条规定:“每位公民享有下列权利和自由:(a)尊重他的个人、生活、个人完整性、尊严、物质和道德的发展。死刑只适用用于法律所规定的罪行。……”第 14 条:“第一编中所列的各项基本权利并不排除宪法中

---

〔1〕 1990 年 12 月 2 日经全民公决通过。

〔2〕 1991 年 6 月 2 日经全民公决通过,1991 年 6 月 11 日颁布。

〔3〕 1992 年 3 月 13 日颁布实施。

〔4〕 1982 年 6 月经全民公决通过。

规定的其他权利，或其他类似性质的权利，或关于人的尊严、人民行使主权的原则，或社会民主法制和国家共和制政体形式的原则。”

《多哥第四共和国宪法》[1]在序言中申明：“决定建立法治国家、人之基本权利、公共自由以及人之尊严在其中受尊重和保护；……”第11条规定：“人人在尊严和法律上平等。男性与女性在法律面前一律平等。任何人不得因其家庭、种族、地区出身、经济或社会状况、政治、宗教哲学或其他方面的信仰享有特权或处于劣势。”

《厄立特里亚国宪法》[2]在序言中申明：“我们深信对公民权利与自由、人格尊严和平等的承认、保护和捍卫，将确立平衡发展，为满足公民的物质和精神需求奠定基础，建立民主秩序，满足厄立特里亚的需要和利益，保证民众参与并促进经济发展、社会进步与和谐。……”第16条（对人类尊严的权利）规定：“（1）所有人的尊严不受侵犯。（2）任何人不得受到酷刑，或受到残忍、不人道或有辱人格的待遇或处罚。（3）未经法律授权，任何人不得被奴役，遭受苦役或者要求被迫从事劳动。”

《佛得角共和国宪法》[3]第1条第1款规定：“佛得角为主权统一的民主共和国，保护人的尊严，承认作为整个人类共同体以和平与正义为基础的人权的不可侵犯和不可让与。”

《冈比亚共和国宪法》[4]第28条规定：“妇女与男子一样享有充分、平等的尊严。妇女享有同男子平等的权利，包括在政治、经济和社会活动中获得平等的机会。”第31条规定：“国家和社会应当尊重和保障残疾人的权利和尊严。”

《刚果（金）民主共和国宪法》[5]第11条规定：“任何人在尊严上和

[1] 1992年9月27日经全民公决通过，1992年1月14日颁布。

[2] 1997年5月23日厄立特里亚制宪议会颁布实施。

[3] 1992年8月5日经全国人民议会通过，9月4日颁布。

[4] 1996年8月8日经全民公决通过。

[5] 2005年12月18日全民公决通过，2006年2月18日颁布。

权利上都是生而自由和平等的。但唯独刚果人享有政治权利,法律另有规定的除外。”

《吉布提共和国宪法》[1]第16条规定:“任何人不得被施以酷刑,也不得遭受不人道、残忍、有损名誉或有人格的虐待与待遇。任何人、国家机构、公共权力机关犯有此类行为,无论是个人意志或接受指示,都应依法受到处罚。”

《几内亚共和国宪法》[2]第5条规定:“任何人及其尊严神圣不可侵犯。国家对此负有尊重和保护的义务。下面各条款所列举的权利和自由是不可侵犯、不可分割、不可剥夺的。这些权利和自由构成整个人类社会的基础,保障世界的和平与公正。”第6条规定:“任何人有自由发展其人格的权利。人有生命权和身心完整的权利。禁止对任何人实施有损尊严或非人性的、残忍的酷刑、处罚或虐待行为。”

《加纳共和国宪法》[3]第15条(人的尊严的保护)规定:“(1)人的尊严不可侵犯。(2)不论是否受到逮捕、限制或者拘留,任何人不得被:(a)拷打或者受到其他残酷、非人道或者有辱人格的对待或者处罚;(b)施加贬低或者有可能贬低其尊严和个人价值的限制。(3)未被判决有罪的人不得被当作罪犯,应当与罪犯分别关押。(4)青少年罪犯在已发羁押或者拘留时应当与成年犯分开。”

《津巴布韦共和国宪法》[4]第15条规定(免受非人道待遇的保障):“(1)任何人都不应遭受酷刑、非人道的及有辱人格的惩罚或者其他此类对待。(2)为阻止被合法拘谨的人逃离拘留所所采取的不正当、不合理的对待,将因有辱人格而被视为违反第(1)款的规定。”

---

〔1〕 1992年9月4日经全民公决通过。

〔2〕 1990年年12月23日经全民公决通过。

〔3〕 1992年4月28日经全民公决通过,1993年1月7日生效。

〔4〕 2013年5月22日经全民公决通过。

《喀麦隆共和国宪法》[1]在序言中申明："……任何人享有生命权以及身体和精神的完整权。任何人在任何情况下都应当得到人道主义的对待。在任何情况下，任何人都不受酷刑，不受残酷、不人道或有辱人格的惩罚或待遇。"

《科特迪瓦共和国宪法》[2]第2条(人是神圣的)规定："人人皆生而自由且在法律面前一律平等。人人拥有不可让渡之生命权、自由权、个性之充分发展权及尊严受尊重之权利。个人之权利不可侵犯。公权力机构有义务尊重、保护和促进个人权利。"

《肯尼亚共和国宪法》[3]第28条(人的尊严)规定："每个人都有其固有的尊严，并且有确保其尊严受到尊重与不受侵犯的权利。"第20条第4款规定："在解释权利法案时，法院、裁判所或其他机构应当弘扬：(a)民主与开放的社会中基于人的尊严、平等、公平与自由的价值；以及(b)权利法案的精神、宗旨与目标。"

《马达加斯加共和国宪法》第17条规定："国家保护和保障个人就其人格和尊严，以及身体、智力和道德充分发展的权利。"

《马拉维共和国宪法》[4]第12条(宪法原则)规定："(1)本宪法建立在以下原则之上：……(d)每个人与生俱来的尊严与价值，要求国家和所有人认可和保护人权，并充分保护所有个人、团体及少数族群的权利与观点，不论他们是否有权利选举。"第19条(人的尊严和个人自由)规定："(1)个人的人格尊严不受侵犯。(2)在任何司法程序或其他任何国家机关的任何程序中，以及刑罚的执行中，均应确保当事人的人格尊严受到尊重。(3)任何人均不应蒙受任何形式的酷刑，或者受到任何

[1] 1972年5月20日经全民公决通过。
[2] 2000年7月23日至24日经全民公决通过。
[3] 2010年8月24日经全民公决通过，2010年8月27日生效。
[4] 1994年5月18日颁布。

残忍的,不人道的,有辱人格的待遇或处罚。(4)任何人均不应在司法程序或其他国家机关的任何程序中,蒙受肉体上的处罚。(5)除非获得本人的同意,否则任何人不能成为医学或科学的试验品。”第42条第2款规定:“任何被控犯罪或逮捕的个人,除了享有前项被拘留者的权利外,还有如下权利:……(iv)以有助于促进其尊严和价值观的方式对待,从而增强其对他人权利和自由的尊重;……”

《马里共和国宪法》[1]第3条规定:“任何人不受虐待,也不受非人的、残酷的、有辱名誉的或者有损人格的对待。任何人和任何国家公务人员从事上述行为,不论是根据自己的意图,还是根据命令,都是有罪的,应受法律制裁。”

《摩洛哥王国宪法》[2]第22条第2款规定:“任何人不得以任何借口使他人受到残酷、不人道、有辱人格或尊严的对待。”

《纳米比亚共和国宪法》[3]第8条(对人的尊严的尊重)规定:“(1)所有人的尊严不可侵犯。(2)(a)在司法程序、国家机关的法律程序以及刑罚执行中,必须确保尊重人的尊严;(b)任何人不受拷问、虐待或泯灭人性的对待或惩罚。”

《尼日尔第七共和国宪法》在序言中申明:“我们,至高无上之尼日尔人民……决心建立法治国家,一方面保障个人和集体权利之行使,自由、公正、尊严、平等、安全和福利作为社会根本价值,另一方面保障民主更替和善治;……”

《尼日利亚联邦和国1999年宪法》[4]第34条(尊严的权利)规定:“(1)每个人的尊严不受侵犯,以及(a)任何人不得受到酷刑或不人道

---

〔1〕 1991年7月制定,1992年1月12日经全民公决通过,1992年2月25日颁布。

〔2〕 2011年7月2日经全民公决通过,2011年7月2日颁布。

〔3〕 1990年2月9日制定,1990年3月21日生效。

〔4〕 1999年5月5日颁布,1999年5月29日实施。

或有辱人格的对待；(b)任何人都不应被奴役和压迫；(c)任何人都不应被要求进行强制性的劳动。”

《塞拉利昂共和国宪法》[1]第8条第2款(社会目标规定)：“对于促进社会秩序：……b.国家应当承认、维持和提升人的神圣尊严；……”

《塞舌尔共和国宪法》[2]在序言中申明：“承认人类大家庭所有成员的固有尊严和平等与不可让与的权利是自由、公正、福利、博爱、和平和团结的基础。”第16条规定：“人人享有人格尊严且不受拷问、酷刑、非人或者对待或处罚。”第37条规定：“国家承认人人有权体面和尊严地生存，国家为确保其公民不因丧失劳动能力或被动失业而失去生活来源，应承担社会保障的职责。”

《圣多美和普林西比民主共和国宪法》[3]第23条第2款规定：“不得对任何人施行拷打或进行残忍的、非人道的活侮辱性的待遇或刑罚。”

《斯威士兰王国宪法》[4]第18条(保护免于非人道与有辱人格的待遇)规定：“(1)每个人的个人尊严是不可侵犯的。(2)不得对人进行拷问、不得以非人道的，或有辱人格方式的出路或惩罚人。”

《南非共和国宪法》[5]第1条(南非共和国)规定：“南非共和国是一个建立在下列价值之上的主权的民主国家：(1)人的尊严、平等、人权与自由的促进；……”第7条(权利)规定：“本章权利法案是南非民主制度的基石。它铭记了南非所有人民的权利并确认了人的尊严、平等与自由的民主价值。国家必须尊重、保障、促进及实现本权利法案中的诸项权利。本权利法案中的权利受到本法第36条或本法案其他地方所

---

〔1〕 1991年9月24日颁布。
〔2〕 1993年6月21日颁布并实施。
〔3〕 2002年12月6日国民议会通过，2003年1月25日颁布。
〔4〕 2005年7月25日通过，2006年2月8日生效。
〔5〕 1996年10月11日通过。

含或所提及的限制。"第10条(人的尊严)规定:"人人都有与生俱来的人的尊严,并有权要求尊重及保护其尊严。"第35条(被逮捕、拘禁之人的权利)第2款规定:"每一个被拘禁的人,包括每一个被判刑的人,皆有权:……(5)基于人的尊严,国家应当至少提供具备适当住宿、营养、阅读资料以及医疗条件的拘押环境;以及(6)与下列人士交流或受访:配偶或伴侣、近亲属、选定的宗教导师、选定的医师。"第36条(权利的限制)规定:"权利法案中的权利只能依据普遍适用的法律进行限制,并且对权利的这种限制在一个以人的尊严、平等和自由为基础的自由、民主、开放的社会里被认为是合理的和公平的。对权利的这种限制究竟是否合理、公平,应当充分考虑所有相关因素,包括:(1)权利的性质;(2)限制目的的重要性;(3)限制的性质和程度;(4)限制的手段和目的之间的关系;(5)是否存在采取较少的限制达到目的的可能性。除了第1款的限制或本宪法中其他条纹的限制规定以外,法律不得限制本权利法案所确立的权利。"第37条(紧急状态)第3款第3项对不可克减的权利的列举规定中,第10条对人的尊严的规定涵盖其中。第39条(权利法案的解释)规定:"在解释权利法案时,法院、法庭(1)应当抢点促进人的尊严、平等与自由的开放与民主的价值观;(2)应当考虑国际法;并且(3)可以考虑外国法。解释法律、发展不成文法或习惯法时,每一法院、法庭应当促进本权利法案的精神、内涵、目的。本权利法案并不否认其他不为成文法、习惯法或立法所承认或赋予的权利或自由,只要它们与本条例相符。"

《南苏丹共和国宪法》[1]在序言中申明:"鉴于南苏丹人民为争取正义、自由、平等和尊严而进行的长期和英勇的斗争;……"第11条(生命权和个人尊严)规定:"人人享有固有的生命权、尊严与个人的完整

〔1〕 2011年7月9日南苏丹独立时颁布。

性，并受法律保护；任何人不得被随意剥夺生命。”第16条第1款规定：“妇女应当享有与男子完全平等的尊严。”第30条第2款规定：“年长者和残疾人或有特殊需要的人的尊严应当得到尊重。他们应当享有法律规定的必要的保健和医疗服务。”第38条第1款规定：“各级政府应当：……(f)保护、维护和促进那些能够增强个人尊严并且与本章基本目标和原则相一致的文化。”

《2005年苏丹共和国临时宪法》[1]第1条第2款规定：“国家尊重并提高人的尊严，建立在公正、平等、提高人权及其基本自由基础上，允许存在多个政党。”第28条(人的生命和尊严)规定：“任何人都享有与生俱来的生命、尊严、安全的权利，受法律保护，不得任意剥夺他人的生命权。”

《坦桑尼亚联合共和国宪法》[2]第12条(人的平等)第2款规定：“任何人均有权就其尊严获得认可和尊重。”第13条(在法律面前平等)第6款第4项规定：“为了维护人的权利和平等，在刑事侦查过程的所有活动中，以及在被刑事拘留或执行判决时，应当保护人的尊严。”

《突尼斯共和国宪法》[3]在序言中申明：“……我们决意要加强民族统一，坚持人民对于人的尊严、正义和自由的普遍价值观，致力于和平、进步和国际自由合作。……”第13条规定：“根据法律规定，任何被剥夺自由的人都应当受到人性化的对待，并且人格尊严受到尊重。”

《乌干达共和国宪法》[4]在序言中申明：“……十六、承认残疾人的尊严：社会和国家应当承认残疾人受尊重的权利和人的尊严；……”第24条规定：“尊重人的尊严和保护免受非人道待遇，不得对任何人施加

〔1〕2005年7月总统签署了苏丹民族团结政府过渡时期宪法。

〔2〕1977年4月制定。

〔3〕1959年6月1日制宪议会通过。

〔4〕1995年9月22日制宪会议通过，1995年10月8日颁布实施。

酷刑、非人道或者有辱人格的对待或者惩罚。”第33条规定:“(1)妇女有与男子完全平等的尊严。……(6)违背妇女尊严、福利或者利益或者损害其地位的法律、文化、习俗和传统为本宪法所禁止。”

《赞比亚共和国宪法》[1]在序言中申明:“承诺确保国家尊重人的权利和尊严,维护国家法律,并且为了我们自己和子孙后代,以适当的方式开展国家事务,以保护、开发和利用资源。……”

《中非共和国宪法》[2]在序言中申明:“积极保障人的尊严,尊重中非共和国国父不冈达所宣扬的‘所有人皆是唯一之人’原则……”第2条规定:“共和国宣告尊重和充分保障人格发展。每个人均有组员发展个性之权利,但以不侵犯他人权利、不损害宪政秩序为限。”

四、人的尊严在现代亚洲国家宪法文本中之规定

《阿富汗伊斯兰共和国宪法》[3]在序言中申明:“建立一个没有压迫、暴政、歧视和暴力的,以法治为基石的,富于社会公正的,保护人权和尊严的,保障人民的基本权利和自由的市民社会。……”第6条规定:“国家应创造一个基于社会公正、保障人的尊严、保障人权、实现民主、确保部族间的民族团结和平等、促进各地区平衡发展的繁荣进步之社会。”第24条规定:“人的自由和尊严不可侵犯。国家有义务尊重和保护人的自由和尊严。”

《阿拉伯联合酋长国宪法》[4]在序言中申明:“……为联邦的人民创造一种尊严而自由的宪政生活,逐步在伊斯兰阿拉伯社会中建立一个完整的、代议制和民主的体制从而摆脱恐惧与忧虑;……”第26条

---

〔1〕 1973年8月通过。

〔2〕 2004年12月5日经全民公决通过,2004年12月27日生效。

〔3〕 2004年1月4日大支尔格国民议会通过,2004年1月26日生效。

〔4〕 1996年12月3日生效。

规定:“所有联邦公民的个人自由得到保护。非根据法律的规定,不得对个人进行逮捕、检查或拘禁。任何人不得受到折磨或有损尊严的待遇。”

《阿塞拜疆共和国宪法》[1]第13条(财产)第3款规定:“财产的使用不得损害人和公民的权利和自由、社会和国家的利益以及人的尊严。”第18条(宗教和国家)第2款规定:“禁止传播和宣传那些有损人的尊严,并与人性原则相抵触的宗教。”第46条(捍卫荣誉和尊严的权利)规定:“1.每个人都有捍卫其荣誉和尊严的权利。2.人的尊严受国家保护。任何情况都不得成为有损人格尊严的理由。3.每个人都不应当遭受刑讯和拷打。任何人都不应当遭受有损人格的虐待或者惩罚。非经本人同意,不得对其进行医学试验、科学试验和其他试验。”

《巴基斯坦伊斯兰共和国宪法》[2]第11条(禁止奴役、强迫劳动等)规定:“……(4)本条不得将义务理解为——……a)罪犯在犯罪服刑期间的惩罚性劳动;b)法律出于公共目的所作的要求。但是,任何强制性服务不得残酷或有损人的尊严。”第14条(人的尊严不可侵犯等)规定:“(1)人的尊严和法律保护的住宅隐私不可侵犯。(2)不得以取证为目的虐待任何人。”

《巴林王国宪法》第13条第1款规定:“劳动是每位公民的义务,是个人尊严和公共福利的要求,每位公民均有权劳动,有权根据公共秩序和道德选择职业。”第18条规定:“公民在人的尊严方面、在有关公共权利和义务的法律面前一律平等,不得基于性别、出身、语言、宗教和信仰而对公民进行歧视。”

---

〔1〕 1995年11月12日经全民公决通过,1995年12月27日生效。

〔2〕 1973年4月10日巴基斯坦国民议会通过,1973年8月1日生效。

《东帝汶民主共和国宪法》[1]第20条第2款规定："对老年人的政策,包括通过积极地、有尊严地参与社区活动从而增加个人成长机会的经济、社会和文化措施。"第30条(个人自由权、安全权和人的尊严)规定:"1.人人享有个人自由、安全和尊严。……4.不得对任何人适用酷刑以及残忍、非人道或有辱人格的对待。"第34条(刑事程序保障)第4款规定:"通过酷刑,强迫,侵犯个人尊严或人格完整,或非法干涉个人生活、家庭生活、通信以及其他交流方式等途径获得的证据无效。"第40条(言论自由和信息自由)第3款规定:"出于尊重宪法和人的尊严的需要,可依法对本条权利和自由的行使给予限制。"

《菲律宾共和国1987年宪法》[2]第2条(原则和国策的说明)第11款规定:"国家尊重所有个人的尊严,保障人权得到充分的尊重。"

《格鲁吉亚共和国宪法》[3]第17条规定:"1.人的荣誉和尊严不受侵犯。2.禁止对人实施刑讯,禁止实施不人道的、残忍的和有损人的荣誉和尊严的待遇和处罚。"

《哈萨克斯坦共和国宪法》[4]第17条规定:"1.人的尊严不受侵犯。2.任何人都不应当遭受刑讯、拷打,不应当遭受其他残忍的或者有损人格的虐待或惩罚。"第34条第1款规定:"人人都有尊重哈萨克斯坦共和国宪法和法律,尊重他人权利、自由、荣誉和尊严的义务。"

《大韩民国宪法》[5]第10条规定:"全体国民具有人的尊严和价值,享有追求幸福的权利。国家有义务确认、保障个人拥有的不可侵犯的基本人权。"第32条第3款规定:"工作环境的标准应由法律在保障人的尊严的前提下得以确定。"第37条规定:"(1)国民的自由和权利不

---

〔1〕 2002年3月22日东帝汶制宪议会通过,2002年5月20日实施。

〔2〕 1986年10月12日制宪委员会通过,1987年2月2日全民公决通过,1987年2月11日实施。

〔3〕 1995年8月24日格鲁吉亚议会批准,同年10月17日生效。

〔4〕 1995年8月30日经全民公决通过。

〔5〕 1948年7月12日通过,1987年10月29日全面修改并经全民公决通过,1988年2月25日生效。

因宪法没有列举而被忽视。(2)国民的所有自由和权利,在为保障国家安全、维持秩序或为公共福利所需时可由法律作出限制,但不得侵犯自由和权利的本质内容。"

《吉尔吉斯斯坦共和国宪法》[1]第20条规定:"……4.本宪法的下列禁止性规定不受任何限制:a)适用死刑、刑讯逼供和其他不人道的残酷的、损害人的尊严的处置或者惩罚;……f)因散布侮辱他人尊严和名誉的信息而受到刑事追究;……5.本宪法确认的下列自由不受任何限制:a)被剥夺自由的人应享有人道主义待遇,其人格尊严应受到尊重;……"第22条规定:"1.任何人都不应当遭受刑讯和其他人道的、残忍的或有损人格的虐待和惩罚。2.每个被剥夺自由的人都有获得以人道主义对待和恪守人的尊严的权利。3.在未经本人以适当的方式表示同意以及未经证实其自愿同意的情况下,禁止对其进行医学试验、生物学试验和心理学试验。"第29条第1款规定:"每个人都有私生活不受侵犯的权利,都有捍卫荣誉和尊严的权利。"

《柬埔寨王国宪法》[2]第31条第1款规定:"柬埔寨王国应当承认和尊重《联合国宪章》《世界人权宣言》以及有关人权、妇女权利和儿童权利的条约和公约中所规定的人权。"第38条第2款规定:"法律保障任何人予以指控、逮捕、拘禁。法律保障公民的生命、荣誉和尊严。"

《卡塔尔国永久宪法》[3]第36条规定:"法律保障个人自由。非根据法律条款,不得逮捕、拘禁或搜查任何人,也不得限制任何人的居住地或限制其居住或迁徙的自由。不得虐待任何人或侮辱其人格尊严。虐待是犯罪行为,根据法律规定对其进行惩罚。"第37条规定:"人的隐私神圣不受侵犯。除非以法律的规定而加以限制,不得介入个人的人

〔1〕 2010年6月27日经全民公决通过。
〔2〕 1993年9月21日经柬制宪会议通过,同年9月24日生效。
〔3〕 2003年4月经全民公决通过,2005年6月7日正式生效。

身、家庭事务、居住和通讯的隐私,或采取任何其他可能贬抑人的尊严的行为。”

《科威特国宪法》[1]序言中申明:“……通过促进个人尊严、保护公共利益并采用依然维持国家统一与巩固的协商规则来维持阿拉伯本性中所固有的各种传统;……”第29条规定:“公民在尊严上一律平等,在有关公共权利和义务的法律面前一律平等,不因性别、出身、语言或限制其居住或搬迁的自由。不得拷打任何人或侮辱其人格。”第41条第2款规定:“工作是个人尊严和公共利益所要求的每个公民的义务。国家努力使公民获得工作并使工作条件公平合理。”

《马尔代夫共和国宪法》[2]第54条(禁止有辱人格的待遇或酷刑)规定:“任何人不得被施以残忍、非人道或有辱人格的待遇或惩罚,或被施以酷刑。”第57条(被逮捕或者被拘留者的人道待遇)规定:“每个依法并按照法院命令因逮捕或拘留被剥夺自由者,或者因社会原因被国家控制而被剥夺自由者,应受到人道主义的对待并且尊重其作为人与生俱来的尊严。剥夺个人自由权利的限度仅限于本章所规定的目的。”第68条(解释)规定:“法院或法庭对本章的权利和自由进行解释和适用时,应促进以人的尊严为基础的开放和民主的社会价值,同时考虑马尔代夫作为成员国的国际条约。”

《蒙古人民共和国宪法》[3]第17条规定:“1.蒙古国公民崇尚正义和人道主义,诚意履行下列基本义务:……(2)尊重人的尊严、名誉、权利和其他合法利益;……”

《孟加拉人民共和国宪法》第11条(民主和人权)规定:“共和国是民主政体,在此政体中基本人权和自由、对个人尊严和价值的尊重受到

---

〔1〕 1962年11月12日颁布,1963年1月29日生效。

〔2〕 2008年8月制宪会议通过。

〔3〕 1992年1月通过,同年2月12日生效。

保障，并确保人民通过他们选举的代表参与政府管理的各个领域。”

《缅甸联合共和国宪法》[1]第44条规定：“不得规定任何有损人的尊严的刑罚。”

《尼泊尔临时宪法》第12条（自由权）第1款规定：“每个人都有生存的权利与尊严，任何法律不得规定死刑。”

《日本国宪法》[2]第13条规定：“全体国民作为个人均受到尊重。国民对于生命、自由以及追求幸福的权利，只要不违反公共福祉，在立法及其他国政上均须受到最大的尊重。”

《斯里兰卡民主社会主义共和国宪法》[3]在序言中申明：“……这些无形文化遗产是斯里兰卡人民和世界各国人民世世代代尊严和幸福的保障，他们将继承我们这一代人的努力为建立并维护公正与自由的社会而奋斗。我们斯里兰卡人们自由选举的代表，心怀感激地铭记为了争取和维护权利与特权以保障个人的尊严与自由……”第11条（免于酷刑的自由）规定：“任何人不应受到酷刑或残酷的、不人道的或有辱人格的对待和惩罚。”

《塔吉克斯坦宪法》[4]第5条（人、人的权利和自由是最高价值规定）：“人、人的权利和自由是最高价值。人的生命、荣誉、尊严和其他天赋权利不受侵犯。国家应当承认、恪守和捍卫人和公民的权利与自由。”

《泰王国永久宪法》[5]第4条规定：“人的尊严、权利和自由以及人民平等受保护。”第26条规定：“任何国家机构行使权力时应尊重本宪法所规定的人的尊严、权利和自由。”第28条规定：“个人享有人的尊

---

〔1〕 2008年5月29日经全民公决通过，2011年1月31日生效。

〔2〕 1946年10月7日帝国议会通过，1947年5月3日实施。

〔3〕 1978年9月7日生效。

〔4〕 1994年11月6日经全民公决通过。

〔5〕 2007年8月19日经全民公决通过，2007年8月24日实施。

严、权利和自由,但不得侵犯他人的权利和自由、违反宪法或良善道德。"第35条规定:"个人的家庭权利、尊严和荣誉以及隐私权受保护。禁止以宣扬或散布个人财务信息、图像等任何方式侵犯或影响个人的家庭权利、尊严、名誉或隐私权,有利于公共利益者除外。法律规定的个人的相关的信息受保护,禁止不当利用个人信息。"第45条第2款规定:"除非基于因维护国家安全,保障个人权利、自由、尊严、名誉、家庭权及隐私权,维护公序良俗,或防止公众身心健康的恶化之目的且依法律特别规定外,不得对前段所规定的自由施加限制。"

《1982年土耳其共和国宪法》[1]在第二部分"基本权利和自由的限制"第13条规定:"基本权利和自由仅得由法律加以限制,此种限制必须符合宪法相关条款规定的理由,且不得侵害其本质,不得与宪法的字义和精神相冲突,不得违反宪法规定的民主社会制度和政教分离的共和国原则,且必须符合比例原则。"第17条规定:"每个人都有生命权,以及维护和发展个人身体与精神实体的权利。除医疗需要和法律规定的情形外,个人的身体完整不受侵犯;未经本人同意,不得对其进行科学或医学试验。不得对个人施加酷刑或者虐待。不得以损害人的尊严的方式对个人予以惩罚或处置。因正当防卫而致人死亡,以及在执行拘留或逮捕令,制止被捕者或囚犯逃跑,镇压暴动或骚乱以及在戒严或紧急状态下执行有关机关下达的命令时,依法使用武器而造成的死亡,不在本条第1款规定的情形。"

《土库曼斯坦共和国宪法》[2]第3条规定:"在土库曼斯坦,人是社会和国家的最高价值。国家对每个公民负责,并保证为个人的自由发展创造条件。国家捍卫公民的生命、荣誉和自由,保障公民的人身不受

---

〔1〕 1982年11月7日经全民公决通过,1982年12月9日生效。
〔2〕 1992年5月18日通过。

侵犯,保护公民天赋的和不可让与的权利。”第 13 条第 2 款规定:“无论任何人都不得遭受刑讯和残酷的、非人道的、有损尊严的对待或者处罚,未经本人同意不能遭受医学(包括药品和医疗)或者其他实验。”第 43 条第 1 款规定:“本宪法和法律规定了人和公民的荣誉和尊严、个人权利和自由。保障公民享有对上述权利和自由的司法保护。”

《乌兹别克斯坦共和国宪法》[1]第 27 条规定:“每个人均有保护其荣誉和尊严不受侵犯、其私生活不受干涉、其住宅不受侵犯的权利。”

《阿拉伯叙利亚共和国宪法》[2]第 19 条规定:“阿拉伯叙利亚共和国的社会建立在团结的基础上,建立在尊重社会公正原则、自由、平等和保护每个人的尊严的基础上。”第 33 条第 1 款规定:“自由是神圣的权利,国家保护公民的个人自由,保护他们的尊严和安全。”

《伊拉克共和国宪法》[3]第 30 条第 1 款规定:“国家个人和家庭特别是妇女儿童提供社会和医疗保障,提供自由和有尊严的生存基础,使其有适合的收入和住所。”第 35 条第 1 款第 1 项规定:“保障个人之自由与尊严。”第 37 条第 1 款第 1 项规定:“个人自由与尊严受保护。”

《亚美尼亚共和国宪法》[4]第 3 条规定:“人、人的尊严、人的基本权利和自由,是最高价值。国家依照国际法原则和准则的规定,保证捍卫人和公民的基本权利与自由。人和公民的基本权利与自由,是具有直接效力的法律。国家应当受人和公民的基本权利与自由的限制。”第 14 条规定:“人的尊严作为人的权利和自由的不可动摇的基础,受国家的尊重和保护。”第 17 条第款规定:“禁止对任何人使用刑讯或者施加

[1] 1992 年 12 月 8 日乌兹别克斯坦最高苏维埃通过。
[2] 2012 年 2 月 15 日签署,2012 年 2 月 27 日经全民公决通过并生效。
[3] 2005 年 12 月 15 日经全民公决通过。
[4] 1995 年 7 月 5 日经全民公决通过。

残酷的、贬损人的尊严的对待和惩罚。被逮捕、拘留而拘禁的人以及被剥夺自由的人拥有人道主义待遇和尊重其人格尊严的权利。未经本人同意,禁止强迫任何人进行科学、医学和其他实验。"第 43 条规定:"本宪法第 23 至第 25 条,第 27 条、第 28 条至第 30 条、第 30 - 1 条和第 32 条第 3 款确定的人和公民的基本权利与自由只能在必须维护民主社会国家安全、保护社会秩序、制止犯罪、保护公众健康和道德、维护宪法上的权利与自由、维护他人的名誉与尊严的情况下有法律予以限制。对人和公民的基本权利与自由的限制不得超出亚美尼亚共和国加入的国际条约规定的界限。"第 47 条规定:"任何人都有遵守宪法和法律的义务,尊重他人的权利、自由与尊严的义务。禁止以使用暴力推翻宪法制度,挑起民族、种族、宗教仇恨,宣传暴力核战争为目的行使权利和自由。"

《伊朗伊斯兰共和国宪法》第 2 条规定:"伊朗伊斯兰共和国建立在下列信仰之上:……6. 个人高尚的尊严与价值,对自由的追求和对神的责任;……"第 22 条规定:"个人的尊严、生命、财产、权利、住宅和职业非经法律规定不受侵犯。"

《以色列国基本法》[1]在人性尊严与自由部分第 1 条(基本原则)规定:"在以色列国,基本人权建立在承认人的价值、生命的神圣性以及人的自由原则的基础上,其基于《以色列建国宣言》所列举的原则之精神而受到维护。第 1A 条(目的):基本法的目的在于保护人性尊严与自由,以在基本法中建立以色列国作为一个犹太国家和民主国家的价值。"第 2 条(人类生命、身体与尊严的维护)规定:"任何人的生命、身体与这样那样不受侵犯。"第 4 条(生命、身体与尊严的保护)规定:"任何人都有保护其生命、身体与尊严的权利。"

---

〔1〕 1992 年 3 月 17 日由国会通过。

《印度共和国宪法》[1]在序言中申明："我们印度人民，庄严地决定把印度建成一个'主权的、社会的、世俗的民主共和国'，保障其公民享有：社会、经济及政治的正义；思想、表达、信仰、信教及崇拜的自由；地位和机会的平等，并增进他们所有人之间的确保个人尊严与'国家统一和完整'的博爱。"第51－1条（基本义务）规定："所有印度公民均有义务：……（5）……摒弃有损妇女尊严的习惯；……"

《印度尼西亚共和国宪法》[2]第28－7条第1款规定："（1）每个人的自身、家人、荣誉、尊严和财产有受保护的权利，有获得安全感，免受威胁去做或不做某事的基本权利。（2）每个人均有免受酷刑或非人道的、有辱人格的待遇和获得政治庇护的权利。"第28－8条第3款规定："每个人都有使自己充分发展为一个有尊严的人而获得社会保障的权利。"

《约旦哈希姆王国宪法》[3]第8条第2款规定："任何被逮捕、拘留、拘禁或被限制自由之人都应受到维护其人格尊严的对待，不得受到任何方式的虐待，不得受到身体或精神上的伤害，不得在法律许可之外的地点对其实施拘留；任何人在受到虐待、伤害或威胁压迫之下所作的陈述均视作无效。"

《越南社会主义共和国宪法》[4]第71条规定："公民的人身不受侵犯，生命、健康、荣誉和尊严受法律保护。除非严重犯法的现行犯，任何公民，非经人民法院决定或人民检察院批准，不受逮捕。逮捕和拘留必须依法进行。严禁任何形式的对公民的荣誉和尊严的胁迫、侮辱和亵渎。"

---

〔1〕 1949年11月26日制宪会议通过，1950年1月26日生效。
〔2〕 1945年8月18日颁布实施，1949～1959年中止，1959年7月5日恢复实施。
〔3〕 1952年1月8日颁布。
〔4〕 1992年4月15日国会通过。

五、人的尊严在现代大洋洲国家宪法文本中之规定

《巴布亚新几内亚独立国宪法》[1]在序言中申明:“尊重个人尊严和社区相互独立是我们的国家认同感、正直和尊严……”第36条(免受非人道待遇)规定:“(1)任何人都不受虐待(无论身体或精神上的)或残酷的或非人道或有违人类与生俱来的尊严的对待或惩罚。(2)在第三十五条第(1)款第a)项(生命权)所述的情形下杀人,其事件本身并不违反本条第(1)款的规定,尽管杀人的环境或方式允许违反该规定。”第39条(在民主社会显得正当合理)规定:“一、对法律或法令在尊重人的权利和尊严的民主社会中是否合理质疑的决定。应考虑当时的环境。二、非由最高法院或国家法院或议会法令规定的其他法院宣布,一项法律不应被宣布在尊重人的权利和尊严的社会中是不合理的,并且排除法院确认法律不合理而宣布自公告之日起废止该法律。三、为了证明任一法律、事务或其他事项在尊重人的权利和尊严的民主社会中是否合理,法院可以参照:……”第40条(紧急法令的有效性)规定:“本章任何规定不得使第十章(紧急状态权力)所规定的紧急法律失去效力,但是在保持其宗旨与符合当时条件的前提下,在解释和运用这类法律时对本节所规定的权利和自由的影响和削弱不得超出对有关紧急状态所必需的合理限度,使其在一个充分尊重人的权利和尊严的民主社会中是合理正当的。”

《斐济共和国宪法》在序言中申明:“……重申我们对手法律保护的人权和自由的认识,以及对人的尊严和家庭重要性的尊重。……”第27条(被逮捕和被拘留的人)第1款规定:“被逮捕或拘留者享有下列权利:……(四)提供与下列人员交流、见面的机会:……4.被人道地对待,

---

〔1〕 1975年9月16日生效。

其固有的尊严得到尊重。"第 30 条(表达自由)第 2 款规定:"为了保护名誉、隐私、尊严或他人的权利和自由,包括:1. 免受敌视性言论的权利,无论是直接针对个体还是团体;2. 被不实或冒犯性的媒体报道伤害的人,有权要求相关媒体以法律规定的合理方式公开更正;……4. 防止以煽动种族或团体间的恶意或对某个民族或多个民族歧视和压迫的方式,侵犯个人、组织、团体、相关机构或机关的尊严;……"

《瑙鲁共和国宪法》[1]在序言中申明:"……我们给予其他人民和国家,我们从他们那里所寻求的:和平、友好、人道、尊严及相互理解和尊重。……瑙鲁人民为他们自己以及为他们的政府机构设定了一下原则;……我们支持尊重所有人的尊严和人权,并确认保障本宪法第二章规定的基本的和不可剥夺的权利;……"

《1990 年新西兰权利法案》[2]第 9 条(不受酷刑或残忍对待的权利)规定:"每个人都有权不受酷刑或残忍、羞辱、过度严厉的对待或惩罚。"第 23 条(被逮捕者或拘留者的权利)规定第 5 款:"每个被剥夺自由的人应被人道地对待,人的固有尊严应受到尊重。"

《所罗门群岛宪法》[3]在序言中申明:"……(c)我们尊重并增进人的尊严,加强并扩大人民的团结;……"

《图瓦卢宪法》[4]在序言的宪法原则中规定:"……6. 因此,图瓦卢的生活和法律应建立在对人的尊严的尊重、对图瓦卢的价值和文化接受和尊重的基础上。……"第 12 条(第二章的适用)第 2 款规定:"除了依据传统标准、价值和实践相符的有效法律制定的任何相关法案之外,依据有效法律制定的任何法案在下列特殊情形下:(a)严苛或压迫;(b)不合

〔1〕 1968 年 1 月 29 日通过。
〔2〕 1990 年 8 月 28 日批准。
〔3〕 1978 年 6 月 8 日由英国议会通过,1978 年 7 月 7 日生效。
〔4〕 1978 年 10 月 1 日独立时生效。

理的情形;(c)在享有应有尊重人权与尊严的民主社会,不是合理正当的;均为非法法案。”第 15 条(民主社会中的合理正当事项)规定:“(1)不得违反本条之规定,除非:(a)第 33 条(敌方受过训练的军队);以及(b)第 36 条(紧急状态时对某些权利与自由)之限制外,在对人的权利和尊严给予适当尊重的民主社会,所有法律以及根据法律做出的所有行为必须被视为是合理正当的。(2)在对人的权利和尊严给予适当尊重的民主社会中,有关某一法律是否具有合理正当性任何疑问,决定于涉及该问题的决定是在何种环境下做出的。(3)在对人的权利和尊严给予适当尊重的民主社会中,第(2)款不影响对依据某一法律做出的行为是否合理正当的质疑。(4)在对人的权利和尊严给予适当尊重的民主社会中,只有高等法院或根据议会法令所设立的其他法院才能宣布某一法律不具有合理正当性。(5)在对人的权利和尊严给予适当尊重的民主社会中,法院在决定一项法律或行为是否合理正当时,可以考虑:(a)图瓦卢的传统标准、价值和惯例;以及以前的法律和司法决定;以及(b)法院合理地以为具有民主制度的其他国家的法律、惯例和司法决定;以及(c)关于人权的国际公约、宣言、建议和司法决定;以及(d)法院认为相关的任何事项。”

第二节　国际公约中人的尊严之规定

本节是以联合国制定的国际公约为考察对象,但是,实际上在联合国成立之前就已有一些国际条约和公约对人的尊严做出了规定。如《1936 年第戎宣言(Dijon Declaration Dijon of 1936)》提出“尊重人的尊严和文明行为”;《1944 年美洲犹太人委员会人权宣言[The American Jewish Committee's Declaration Dijon of Human Rights (1944)]》规定:“我们所珍视的一切必须根植于依据上帝形象所创造的人的尊严与不得对其亵渎之上,而人在上帝面前享有生存和发展的神圣的权利。”[1]

一、国际人权宪章中人的尊严之规定

鉴于纳粹政权对人性的蔑视与践踏的惨痛教训,1945年《联合国宪章》在前言中申明:“欲免后世不再遭受近代人类两度胜利惨不堪言之战祸,重申基本人权、人的尊严与价值,以及男女以大小平等权利之信念。”在新成立联合国人权委员会主席罗斯福夫人不懈的努力和推动之下,1948年具有划时代意义的《世界人权宣言》诞生了。它与被称为“人权两公约”的《经济、社会及文化权利国际公约》和《公民权利和政治权利国际公约》合称为“国际人权宪章”,构成了国际人权领域最重要的文献。在国际人权宪章的引领下,人的尊严日益受到各国的重视和认可。

《世界人权宣言》[2]在序言中申明:“鉴于对人类家庭所有成员的固有尊严及其平等的和不移的权利的承认,乃是世界自由、正义与和平的基础;鉴于对人权的无视和蔑视已发展为野蛮暴行,这些暴行玷污了人类的良心,而一个人人享有言论和信仰自由并免予恐惧和匮乏的世界的来临,已被宣布为普通人民的最高愿望;鉴于为使人类不致迫不得已铤而走险对暴政和压迫进行反叛,有必要使人权受法治的保护,有必要促进各国间友好关系的发展;鉴于各联合国国家的人民已在联合国宪章中重申他们对基本人权、人的尊严和价值以及男女平等权利的信念,并决心促成较大自由中的社会进步和生活水平的改善;鉴于各会员国业已誓愿同联合国合作以促进对人权和基本自由的普遍尊重和遵

---

〔1〕 Christopher McCrudden, *Human Dignity and Judicial Interpretation of Human Rights*, European Journal of International Law, Vol. 19, No. 4, 2008.

〔2〕 联合国大会1948年12月10日第217A(Ⅲ)号决议通过。

行，鉴于对这些权利和自由的普遍了解对于这个誓愿的充分实现具有很大的重要性；因此现在，大会发布这一世界人权宣言，作为所有人民和所有国家努力实现的共同标准，以期每一个人和社会机构经常铭念本宣言，努力通过教诲和教育促进对权利和自由的尊重，并通过国家的和国际的渐进措施，使这些权利和自由在各会员国本身人民及在其管辖下领土的人民中得到普遍和有效的承认和遵行。"第 1 条规定："人人生而自由，在尊严和权利上一律平等。他们赋有理性和良心，并应以兄弟关系的精神相对待。"第 5 条规定："任何人不得加以酷刑，或施以残忍的、不人道的或侮辱性的待遇或刑罚。"第 6 条规定："人人在任何地方有权被承认在法律前的人格。"第 22 条规定："每个人，作为社会的一员，有权享受社会保障，并有权享受他的个人尊严和人格的自由发展所必需的经济、社会和文化方面各种权利的实现，这种实现是通过国家努力和国际合作并依照各国的组织和资源情况。"

《经济、社会及文化权利国际公约》[1]在序言中申明："本公约缔约各国，考虑到按照联合国宪章所宣布的原则，对人类家庭所有成员的固有尊严及其平等的和不移的权利的承认，乃是世界自由、正义与和平的基础，确认这些权利是源于人身的固有尊严，确认按照世界人权宣言，只有在创造了使人可以享有其经济、社会及文化权利，正如享有其公民和政治权利一样的条件的情况下，才能实现自由人类享有免于恐惧和匮乏的自由的理想。"第 13 条第 1 款规定："本公约缔约各国承认，人人有受教育的权利。他们同意，教育应鼓励人的个性和尊严的充分发展，加强对人权和基本自由的尊重，并应使所有的人能有效地参加自由社会，促进各民族之间和各种族、人种或宗教团体之间的了解、容忍和友谊，和促进联合国维护和平的各项活动。"

---

〔1〕 联合国大会 1966 年 12 月 16 日第 2200A(XXI)号决议通过，1976 年 1 月 3 日生效。

《公民权利和政治权利国际公约》[1]在序言中申明："考虑到按照联合国宪章所宣布的原则，对人类家庭所有成员的固有尊严及其平等的和不移的权利的承认，乃是世界自由、正义与和平的基础，确认这些权利是源于人身的固有尊严，确认按照世界人权宣言，只有在创造了使人人可以享有其公民和政治权利，正如享有其经济、社会和文化权利一样的条件的情况下，才能实现自由人类享有公民及政治自由和免于恐惧和匮乏的自由的理想，考虑到各国根据联合国宪章负有义务促进对人的权利和自由的普遍尊重和遵行，认识到个人对其他个人和对他所属的社会负有义务，应为促进和遵行本公约所承认的权利而努力……"第10条第1款规定："所有被剥夺自由的人应给予人道及尊重其固有的人的尊严的待遇。"第16条规定："人人在任何地方有权被承认在法律前的人格。"

二、土著人民和少数群体的权利国际公约中人的尊严之规定

《在民族或族裔、宗教和语言上属于少数群体的人的权利宣言》[2]在序言中申明："重申《宪章》所宣布的联合国的基本宗旨之一是不分种族、性别、语言或宗教，促进并鼓励对于全体人类之人权及基本自由之尊重，重申对基本人权、人的尊严与价值、男女权利平等及大小各国权利平等的信念……"

《联合国土著人民权利宣言》[3]在序言中申明："申明土著人民与所有其他民族平等，同时承认所有民族均有权有别于他人，有权自认有别于他人，并有权因有别于他人而受到尊重……"第15条第1款规定："土著人民有权维护其文化、传统、历史和愿望的尊严和多样性，他们的

〔1〕 联合国大会1966年12月16日第2200A(XXI)号决议通过，1976年3月23日生效。
〔2〕 联合国大会1992年12月18日第47/135号决议通过。
〔3〕 联合国大会2007年9月13日第61/295号决议通过。

文化、传统、历史和愿望应在教育和公共信息中得到适当体现。"

三、防止歧视国际公约中人的尊严之规定

《歧视(就业及职业)公约1958年(第111号公约)》[1]在序言中申明:"考虑到费拉德尔非亚宣言确认全体人类,不分种族、信仰或性别,有权在自由和尊严、经济稳定和机会平等的条件下追求物质福利和精神发展,并考虑到歧视构成对世界人权宣言所宣布的各项权利的侵害……"

《种族与种族偏见问题宣言》[2]在序言中申明:"对此种侵犯人格尊严的行径表示愤慨,痛惜由此造成各国人民间相互了解的障碍,并对其严重扰乱国际和平与安全的危险性表示震惊……"第1条第1款规定:"全人类属同一种类,均为同一祖先之后代。在尊严及权利上,人人均生而平等,所有人均为人类整体的组成部分。"第4条第1款规定:"任何基于种族或民族原因对人类充分发挥其才能及人与人之间自由交往实行限制,违背了人类尊严和权利平等的原则,是不能容许的。"第6条第1款规定:"国家的主要职责是在尊严和权利人人完全平等的基础上,确保所有个人与群体的人权与基本自由。"第7条规定:"法律如同政治、经济和社会措施一样,是保障个人尊严与权利平等的一种主要手段,亦是制止以所谓某些种族或民族群体具有优越性的思想或理论为根据,或企图为任何形式的种族仇恨的种族歧视辩解或鼓吹的任何宣传、任何组织形式或任何习俗的一种主要手段。各国应为此通过适当的法律,并遵照《世界人权宣言》所载诸原则保证法律效力及保证为所有执法机构所遵行。该法律应成为使其得到实施的政治、经济和社

〔1〕 国际劳工大会1958年6月25日第42届会议通过,1960年6月15日生效。

〔2〕 联合国教育、科学及文化组织大会于1978年11月27日第20届会议通过。

会体制的一部分。个人和其他公共或私人的法律实体必须遵循这一法律,并采用一切适当手段帮助全体公民理解并运用这一法律。”第9条规定:“1.全人类和各国人民不论其种族、肤色及血统,在尊严和权利上一律平等的原则,是得到普遍接受和承认的国际法原则。因而一国实行任何形式的种族歧视即构成侵犯国际法的行为,应当承担国际责任。2.必要时,应采取特别措施,以保障个人或群体在尊严和权利上一律平等,同时保证这些措施不带有种族歧视的色彩。在这方面,应特别关心在社会或经济上处于不利地位的种族或民族群体,以便完全平等地、不加歧视或限制地在法律和规章上对这些人予以保护,并使现行的社会措施符合其利益,特别是关于住房、就业和保健方面;尊重其文化及价值准则的正当性,特别是通过教育促使其社会及职业状况的改善。”

《消除基于宗教或信仰原因的一切形式的不容忍和歧视宣言》〔1〕第3条规定:“人与人之间由于宗教或信仰的原因进行歧视,这是对人的尊严的一种侮辱,是对《联合国宪章》原则的否定,因而应该受到谴责,因为这样做侵犯了经《世界人权宣言》宣布并由有关人权的各项国际公约加以详细阐明的各项人权和基本自由,同时也为国与国之间建立和平友好关系设置了障碍。”

《消除一切形式种族歧视国际公约》〔2〕在序言中申明:“鉴于联合国宪章系以全体人类天赋尊严与平等的原则为基础,所有会员国均担负采取共同及个别行动与本组织合作,以达成联合国宗旨之一,即不分种族、性别、语言或宗教,增进并激励对于全体人类的人权及基本自由的普遍尊重与遵守,鉴于世界人权宣言宣示人皆生而自由,在尊严及权利上均各平等,人人有权享受该宣言所载的一切权利与自由,无分轩

〔1〕 联合国大会于1981年11月25日第36/55号决议宣布。

〔2〕 联合国大会于1965年12月21日第2106A(XX)号决议通过,1969年1月4日生效,1992年12月16日第47/111号决议修订。

轻,尤其不因种族、肤色或民族而分轩轾……鉴于1963年11月20日联合国消除一切形式种族歧视宣言[大会第1904(XVIII)号决议]郑重宣告迅速消除全世界一切种族歧视形式及现象及确保对人的尊严的了解与尊重,实属必要……"

四、妇女权利国际公约中人的尊严之规定

《消除对妇女的暴力行为宣言》[1]在序言中申明:"认识到迫切需要使人人享有平等、安全、自由、人格完整和尊严的权利和原则普遍适用于妇女,注意到这些权利和原则已庄严载入各项国际文书之中……"

《消除对妇女一切形式歧视公约》[2]在序言中申明:"注意到《联合国宪章》重申对基本人权、人身尊严和价值以及男女平等权利的信念,注意到《世界人权宣言》申明不容歧视的原则,并宣布人人生而自由,在尊严和权利上一律平等,且人人都有资格享受该宣言所载的一切权利和自由,不得有任何区别,包括男女的区别……考虑到对妇女的歧视违反权利平等和尊重人的尊严的原则,阻碍妇女与男子平等参加本国的政治、社会、经济和文化生活,妨碍社会和家庭的繁荣发展,并使妇女更难充分发挥为国家和人类服务的潜力……"

《消除对妇女一切形式歧视公约的任择议定书》[3]在序言中申明:"注意到《联合国宪章》重申对基本人权、人的尊严和价值以及男女权利平等的信念,又注意到《世界人权宣言》宣布,人人生而自由,在尊严和权利上一律平等,人人有资格享受该宣言所载一切权利和自由,不得有任何区别,包括男女的区分……"

---

〔1〕 联合国大会1993年12月20日48/104号决议宣布。
〔2〕 联合国大会1979年12月28日第34/180号决议通过,2000年12月22日生效。
〔3〕 联合国大会1999年10月6日第54/4号决议通过,2000年12月22日生效。

《消除对妇女歧视宣言》[1]在序言中申明:"鉴于联合国人民已在宪章内重申其对基本人权、人格尊严与价值以及男女平等权利的信念;鉴于世界人权宣言申明不歧视原则,并宣示人皆生而自由,其尊严及权利均各平等,且人人皆有权享受该宣言所载的一切权利与自由,无分轩轾,包括不分性别;……鉴于歧视妇女有乖人类尊严及家庭与社会之福利,阻止妇女以与男女平等的条件参加其国内政治、社会、经济与文化生活,实为充分发展妇女服务其国家与人类潜力的障碍;……"第1条规定:"对妇女的歧视,其作用为否认或限制妇女与男子平等之权利,实属根本不公平且构成侵犯人格尊严的罪行。"

五、儿童权利与老年人权利国际公约中人的尊严之规定

《儿童权利公约》[2](Convention on the Rights of the Child)在序言中申明:"考虑到按照《联合国宪章》所宣布的原则,对人类家庭所有成员的固有尊严及其平等和不移的权利的承认,乃是世界自由、正义与和平的基础;铭记联合国人民在《宪章》中重申对基本人权和——人的尊严与价值的信念,并决心促成更广泛自由中的社会进步及更高的生活水平,认识到联合国在《世界人权宣言》和关于人权的两项国际公约中宣布和同意;……"第23条第1款规定:"缔约国确认身心有残疾的儿童应能在确保其尊严、促进其自立,有利于其积极参与社会生活的条件下享有充实而适当的生活。"第37条规定:"缔约国应确保:(A)任何儿童不受酷刑或其他形式的残忍、不人道或有辱人格的待遇或处罚。对未满18岁的人所犯罪行不得判以死刑或无释放可能的无期徒刑;……

〔1〕 1967年11月7日联大第2263(XXII)号决议宣布。

〔2〕 联合国大会1989年11月20日第44/25号决议通过,1990年9月2日生效。已有193个国家批准了《公约》。这是有史以来得到最广泛接受的国际人权条约。索马里和美国是世界上仅有的两个至今未批准加入《儿童权利公约》的国家。

(C)所有被剥夺自由的儿童应受到人道待遇,其人格固有尊严应受尊重,并以考虑到他们这个年龄的人的需要的方式加以对待。特别是所有被剥夺自由的儿童应同成人隔开,除非认为反之最有利于儿童,并有权通过信件和探访同家人保持联系,但特殊情况除外;……"

《联合国老年人原则》[1]在序言中申明:"确认在《联合国宪章》中,联合国人民除其他外,宣布其决心重申基本人权,人格尊严与价值,以及男女与大小各国平等权利之信念,并促成大自由中之社会进步及较善之民生……"在"尊严"部分规定:"17.老年人的生活应有尊严、有保障,且不受剥削和身心虐待。18.老年人不论其年龄、性别、种族或族裔背景、残疾或其他状况,均应受到公平对待,而且不论其经济贡献大小均应受到尊重。"

六、残疾人权利国际公约中人的尊严之规定

《智力迟钝者权利宣言》[2]在序言中申明:"念及联合国会员国曾担允依照宪章采取共同及个别行动,与本组织合作,以促进较高的生活水平、全民就业以及经济与社会进步和发展的条件,对于宪章所宣布的人权与基本自由以及和平、人的尊严与价值和社会正义等原则,重申其信心,回顾世界人权宣言、各项国际人权公约、儿童权利宣言的原则,和国际劳工组织,联合国教育、科学及文化组织,世界卫生组织,联合国儿童基金会及其他有关组织在组织法、公约、建议及决议中已制定的社会进步标准,强调社会进步及发展宣言宣布了必须保障身体上和智力上处于不利地位者的权利并保证其福利和康复……"

---

〔1〕 联合国大会1991年12月16日第46/91号决议通过。
〔2〕 联合国大会1971年12月20日第2856(XXVI)号决议宣布。

《残疾人权利公约》[1]在序言中申明："(一)回顾《联合国宪章》宣告的各项原则确认人类大家庭所有成员的固有尊严和价值以及平等和不可剥夺的权利,是世界自由、正义与和平的基础……"第1条(宗旨)规定:"本公约的宗旨是促进、保护和确保所有残疾人充分和平等地享有一切人权和基本自由,并促进对残疾人固有尊严的尊重。"第3条(一般原则)规定:"本公约的原则是:(一)尊重固有尊严和个人自主,包括自由做出自己的选择,以及个人的自立;……"

《保护精神病患者和改善精神保健的原则》[2]在原则1之基本自由和基本权利中规定:"1. 人人皆有权得到可获得的最佳精神保健护理,这种护理应作为保健和社会护理制度的一个组成部分。2. 所有精神病患者或作为精神病患者治疗的人均应受到人道的待遇,其人身固有的尊严应受到尊重。"

《残疾人机会均等标准规则》[3]在序言中申明:"各国铭记各国根据《联合国宪章》作出承诺,将与本组织进行合作,联合和分别采取行动,促进生活水平的提高、充分就业和为经济及社会进步和发展创造条件;重申《宪章》中宣布的人权、基本自由、社会正义和人格尊严和价值……"

《集束弹药公约》[4]在序言中申明:"本公约缔约国……还决心确保充分落实集束弹药所有受害人的权利,并承认他们固有的尊严,决心竭尽全力援助集束弹药的受害人,包括提供医疗、康复和心理帮助,并帮助他们重新融入社会和经济生活;承认需要为集束弹药的受害人提供顾及年龄和性别的援助,满足弱势群体的特殊需要,铭记《残疾人权

[1] 联合国大会于2006年12月13日第3447(XXX)号决议通过,并于2007年3月30日开放供签字。《公约》有146个签字国,有90个缔约国批准了《公约》。

[2] 联合国大会于1991年12月17日第46/119号决议通过。

[3] 联合国大会于1993年12月20日第48/96号决议通过。

[4] 2008年12月3日起在纽约联合国总部开放签署,2010年8月1日生效。

利公约》,其中除其他外,要求《公约》各缔约国承诺确保并促进充分实现所有残疾人的一切人权和基本自由,使其不受任何基于残疾的歧视;注意到必须适当协调各个论坛为落实各类武器受害人的权利及满足其需要所作的努力,决心避免在各类武器受害人中作歧视性区分;重申凡遇本公约或其他国际协定未涉及的问题,平民和战斗人员仍处于由既定习惯、人道原则和公众良心要求产生的国际法原则的保护和权威之下;……"

七、执法方面的权利国际公约中人的尊严之规定

《囚犯待遇基本原则》[1]规定:"1.对于所有囚犯,均应尊重其作为人而固有的尊严和价值。2.不得以种族、肤色、性别、语言、宗教、政治或其他见解、民族本源或社会出身、财产、出生或其他状况为由而实行任何歧视。3.然而在当地条件需要时,宜尊重囚犯所属群体的宗教信仰和文化信条。"

《保护所有遭受任何形式拘留或监禁的人的原则》[2]"原则1"规定:"所有遭受任何形式拘留或监禁的人均应获得人道待遇和尊重其固有人格尊严的待遇。"

《联合国保护被剥夺自由少年规则》[3]第87条规定:"拘留所管理人员在履行其职责时应尊重和保护所有少年的人格尊严和基本人权,特别是:(a)拘留所任何人员不得以任何借口或在任何情况下施加、唆使或容忍发生任何严刑拷打行为或施加其他粗暴、残酷、不人道或有辱人格的待遇、处罚、感化或纪律手段;……(f)所有管理人员应致力减少拘留所内外生活上的区别,因为这种区别往往会削弱对拘留所内少年

[1] 联合国大会于1990年12月14日第45/111号决议通过并宣布。
[2] 联合国大会于1988年12月9日第43/173号决议通过。
[3] 联合国大会于1990年12月14日第45/113号决议通过。

人格尊严的尊重。”

《保护人人不受酷刑和其他残忍、不人道或有辱人格待遇或处罚宣言》[1]在序言中申明:“认为按照《联合国宪章》所宣布的原则,承认人类大家庭所有成员固有的尊严与平等而不可剥夺的权利,是世界自由、正义与和平的基础;认为这些权利来自人的固有尊严;又认为按照《联合国宪章》,特别是第55条,各国有义务促进对人权和基本自由的普遍尊重和遵行;注意到《世界人权宣言》第5条和《公民权利和政治权利国际公约》第7条均规定不容对任何人加以酷刑或施以残忍、不人道或有辱人格的待遇或处罚;……”第2条规定:“任何施加酷刑的行为或其他残忍、不人道或有辱人格的待遇或处罚都是对人的尊严的冒犯,应视为否定联合国宪章宗旨和侵犯世界人权宣言所宣布的人权和基本自由,加以谴责。”

《禁止酷刑和其他残忍、不人道或有辱人格的待遇或处罚公约》[2]在序言中申明:“考虑到根据《联合国宪章》宣布的原则,承认人类大家庭一切成员具有平等与不可剥夺的权利是世界自由、公正与和平的基础,认识到上述权利起源于人的固有尊严,考虑到根据《宪章》尤其是第55条的规定,各国有义务促进对人权和基本自由的普遍尊重和遵守;注意到《世界人权宣言》第5条和《公民权利和政治权利国际盟约》第7条都规定不允许对任何人施行酷刑或残忍、不人道或有辱人格的待遇或处罚,并注意到大会于1975年12月9日通过的《保护人人不受酷刑和其他残忍、不人道或有辱人格的待遇或处罚宣言》;希望在全世界更有效地开展反对酷刑和其他残忍、不人道或有辱人格的待遇或处罚的斗争;……”《禁止酷刑及其他残忍、不人道或有辱人格的待遇或处罚公约

〔1〕 联合国大会于1975年12月9日第3452(XXX)号决议通过。

〔2〕 联合国大会于1984年12月10日第39/46号决议通过。

附加议定书》[1]第1条规定："本议定书的目的是建立一个由独立国际机构和国家机构对存在被剥夺自由者的地点进行定期查访的制度，以防范酷刑和其他残忍、不人道或有辱人格的待遇或处罚。"

《执法人员行为守则》[2]第2条规定："执法人员在执行任务时，应尊重并保护人的尊严，并且维护每个人的人权。"

《刑事司法系统中儿童问题行动指南》[3]第8条规定："在国际和国家一级使用《行动指南》时，应考虑到下列方面：(a)按照公约的四项基本总原则，尊重人的尊严，这四项总原则是：不歧视，包括注意到性别问题；维护儿童的最高利益；生命权、生存权和发展权；尊重儿童的意见；……"[4]第45条规定："对待儿童受害者时应给予同情并尊重他们的尊严。他们有权向司法机构申诉并为其所受损害迅速获得国家法律规定的补救。"

《为罪行和滥用权力行为受害者取得公理的基本原则宣言》[5]第4条规定："对待罪行受害者时应给予同情并尊重他们的尊严。他们有权向司法机构申诉并为其所受损害迅速获得国家法律规定的补救。"

《保护所有人不遭受强迫失踪宣言》[6]在序言中申明："考虑到依照《联合国宪章》和其他国际文书所宣布的原则，承认人类大家庭所有成员的固有尊严、平等及不可剥夺的权利是世界上自由、正义及和平的基础……"第1条规定："1. 任何造成被强迫失踪的行为是对人的尊严的一种侵犯，并应作为违反《联合国宪章》的宗旨和公然严重侵犯《世界人权宣言》所宣布、并由这一领域各项国际文书所重申和发展的人权和

---

[1] 联合国大会于2002年12月18日第57/199号决议通过。
[2] 联合国大会于1979年12月17日第34/169号决议通过。
[3] 联合国经济及社会理事会1997年7月21日第1997/30号决议建议。
[4] 联合国经济及社会理事会1997年7月21日第1997/30号决议建议。
[5] 联合国大会于1985年11月29日第40/34号决议通过。
[6] 联合国大会于1992年12月18日第47/133号决议通过。

基本自由的一种行为加以谴责。2. 这种强迫失踪将失踪者置于法律保护之外,并给失踪者本人及其家属造成巨大痛苦。这种行为违背了保障包括以下权利的国际法准则:法律面前人的地位得到承认的权利、人身自由与安全的权利以及免受酷刑和其他残忍、不人道或有辱人格的待遇或处罚的权利。这种行为还侵犯了生命权或对生命权构成严重威胁。"

《暂缓适用死刑》(Moratorium on the use of the death penalty)[1]在序言中申明:"考虑到适用死刑有损人之尊严,相信暂缓适用死刑有利于促进人权之发展,没有结论性的证据表明死刑有阻止(犯罪)之作用,而施行死刑方面的任何司法误判或失败都将是无法逆转和不可弥补的。"2007 年以来,联合国大会也呼吁在全球范围内暂停使用死刑。目前,联合国绝大多数会员国(193 个中的 150 个)都已废除死刑或在法律或事实上暂停使用死刑,仅有 20 个国家仍然实施死刑。

八、社会福利、进步和发展国际公约中人的尊严之规定

《社会进步和发展宣言》[2]在序言中申明:"……重申对于人权和基本自由,以及宪章所宣布的关于和平、人的尊严与价值和社会公平的各项原则的信念。"在第一部分"原则"中第 1 条规定:"一切人民和全体人类不分种族、肤色、性别、语言、宗教、国籍、人种来源、家庭地位或社会地位、政治信念或其他信念,均应有权在尊严和自由中生活和享受社会进步的成果,而他们本身则应对此做出贡献。"第 2 条规定:"社会进步和发展应建立在对人的尊严与价值的尊重上面,并应确保促进人权和社会公平,因而要求:(甲)立即和彻底消除一切形式的不平等、对人

---

〔1〕 联合国大会负责社会和人道主义事务的第三委员会 2007 年 11 月 16 日以 104 票赞成、54 票反对、29 票弃权的结果通过。美国、中国、伊朗、缅甸、朝鲜、苏丹、津巴布韦等国家投了反对票。

〔2〕 联合国大会于 1969 年 12 月 11 日第 2542(XXIV)号决议宣布。

民和个人的剥削、殖民主义和种族主义,包括纳粹主义和种族隔离政策,以及一切违背联合国宗旨和原则的其他政策和意识形态;(乙)承认和有效地实行民事和政治的权利以及经济的、社会的和文化的权利而不加以任何歧视。”

《世界消灭饥饿和营养不良宣言》[1]在序言中申明:“(a)现在贻害发展中各国人民的严重粮食危机——世界上饥饿和营养不良的人,多数在发展中国家,这些国家的人口合计占世界人口的三分之二强,而其生产的粮食约为世界产量的三分之一,而且这个差距在今后十年内大有加大的可能——不但是充满了严重的经济和社会问题,并且尖锐地威胁到人权宣言中所崇奉的关系生存权利和人类尊严的最根本的原则和价值;……”

《世界人类基因组与人权宣言》[2]在序言中申明:“忆及教科文组织《组织法》前言援引‘人的尊严、平等与相互尊重等民主原则’,并摈弃‘人类与种族之不平等主义’;它明确规定‘文化之广泛传播以及为争取正义、自由与和平对人类进行之教育为维护人的尊严不可缺少之举措,亦为一切国家关切互助之精神,必须履行之神圣义务’;它宣布‘和平尚必须奠基于人类理性与道德上之团结’;……亦考虑到1992年6月5日的《联合国生物多样性公约》,并就此强调指出,根据《世界人权宣言》的前言,承认人类遗传的多样性不应导致任何可能危害‘人类家庭所有成员的固有尊严及其平等的和不移的权利’的社会或政治方面的解释……承认对人类基因组的研究及其应用为改善个人及全人类的健康状况开辟了广阔的前景,但强调指出,它们同时应充分尊重人的尊严、

〔1〕 1974年11月16日经按照1973年12月17日大会第3180(XXVIII)号决议召开的世界粮食会议通过,1974年12月17日大会第3348(XXIX)号决议批准。

〔2〕 1997年11月11日联合国教育、科学和文化组织大会第29届会议通过,联合国大会1998年12月9日第53/152号决议批准。

自由和权利,并禁止基于遗传特点的一切形式的歧视……"

在《世界人类基因组与人权宣言》"A. 人的尊严与人类基因组部分"第 1 条规定:"人类基因组意味着人类家庭所有成员在根本上是统一的,也意味着对其固有的尊严和多样性的承认。象征性地说,它是人类的遗产。"第 2 条规定:"(a)每个人都有权使其尊严和权利受到尊重,不管其具有什么样的遗传特征。(b)这种尊严要求不能把个人简单地归结为其遗传特征,并要求尊重其独一无二的特点和多样性。"

在《世界人类基因组与人权宣言》"C. 人类基因组的研究"部分第 10 条规定:"任何有关人类基因组及其应用方面的研究,尤其是生物学、遗传学和医学方面的研究,都必须以尊重个人的,或在某种情况下尊重有关群体的人权、基本自由和人的尊严为前提。"第 11 条规定:"违背人的尊严的一些做法,如用克隆技术繁殖人的做法,是不能允许的。要求各国和各有关国际组织进行合作,以便根据本《宣言》所陈述的原则,鉴别这些做法,并在国家或国际一级采取各种必要的措施。"第 12 条规定:"(a)每个人都应本着尊重其尊严和权利的精神,利用生物学、遗传学和医学在人类基因组方面的进步。(b)知识进步所必需的研究自由取决于思想自由。有关人类基因组研究的应用,特别是在生物学、遗传学和医学方面的应用,均应以减轻每个人及全人类的痛苦和改善其健康状况为目的。"

在《世界人类基因组与人权宣言》"D. 从事科学活动的条件"部分第 15 条规定:"各国均应采取适当的措施,确定在遵守本《宣言》所规定之原则的情况下,自由从事人类基因组研究活动的范围,以确保尊重人权、基本自由和人的尊严,以及维护公众的健康。各国应努力确保这些研究的成果不用于非和平目的。"

在《世界人类基因组与人权宣言》"F. 宣传《宣言》的各项原则"部分第 21 条规定:"各国应采取适当措施,鼓励开展其他各种研究、培训和信息传播活动，进一步提高整个社会及其每个成员面对生物学、遗传学和医学领域的研究及其应用可能提出的维护人的尊严的各种根本问题而应承担的责任的认识。各国还应就该问题促进在国际上开展广泛的辩论，确保各种社会、文化、宗教和哲学思潮的自由表达。”

《联合国关于人的克隆的宣言》[1]申明："回顾联合国教育、科学及文化组织大会1997年11月11日通过的《世界人类基因组与人权宣言》，特别是其中第11条指出，诸如人的生殖性克隆等违背人的尊严的做法，是不应容许的，其于1998年12月9日作出第53/152号决议，《世界人类基因组与人权宣言》予以认可；认识到迅速发展的生命科学的某些应用，可能引起人的尊严、人权和个人基本自由方面的伦理问题，重申生命科学的应用应当旨在设法减少痛苦，以及增强个人乃至全人类的健康；强调应当以保障对人权的尊重和造福全人类的方式来促进生命科学领域的科技进展；注意到人的克隆可能对所涉及的人产生医学、身体、心理和社会方面的严重危险，也认识到必须防止对妇女的剥削；深信必须紧急防止人的克隆可能对人的尊严造成的危险，郑重宣告如下：(a)会员国应当考虑采取一切必要措施在应用生命科学方面充分保护人的生命；(b)会员国应当考虑禁止违背人的尊严和对人的生命的保护的一切形式的人的克隆；(c)会员国还应当考虑采取必要措施，禁止应用可能违背人的尊严的遗传工程技术；(d)会员国应当考虑采取措施防止在应用生命科学方面剥削妇女；(e)会员国应当考虑毫不延迟地通过并实施国内立法以落实上文(a)段至(d)段；……”

《世界文化多样性宣言》[2]在序言中申明："重视充分实现《世界人权宣言》和其他普遍认同的文件中宣布的人权与基本自由，例如有关公

〔1〕联合国大会2005年3月8日第82次全体会议通过。
〔2〕2001年11月2日联合国教育、科学及文化组织大会第31届会议通过。

民权利和政治权利及有关经济、社会与文化权利的两项国际盟约。”以及教科文组织《组织法》序言确认：“……文化之广泛传播以及为争取正义、自由与和平对人类进行之教育为维护人类的尊严不可缺少的举措，亦为一切国家关切互助之精神，必须履行之神圣义务……”第4条(人权——文化多样性的保障)规定：“捍卫文化多样性是伦理方面的迫切需要，与尊重人的尊严是密不可分的。它要求人们必须尊重人权和基本自由，特别是尊重少数人群体和土著人民的各种权利，任何人不得以文化多样性为由，损害受国际法保护的人权或限制其范围。”

九、健康权、移民权利与其他权利国际公约中人的尊严之规定

《关于艾滋病毒/艾滋病问题的承诺宣言》[1]第2条申明：“深切关注艾滋病毒/艾滋病蔓延全球，其范围极广，影响极深，造成全球紧急状况，是对人的生命和尊严以及切实享受人权的一个最严重的挑战，破坏世界各地的社会和经济发展，影响到社会各个层次——国家、社会、家庭和个人；……”

《保护所有移徙工人及其家庭成员权利国际公约》[2]第17条第1款规定：“被剥夺自由的移徙工人及其家庭成员应受到人道的对待，并尊重其固有的人的尊严和文化特性。”

《非居住国公民个人人权宣言》[3]在序言中申明：“考虑到《联合国宪章》激励全世界对所有人的人权和基本自由的尊重，不分种族、性别、语言或宗教的区别，考虑到《世界人权宣言》宣布人人生而自由，在尊严和权利上一律平等，人人有资格享受该宣言所载的所有权利和自由，不分种族、肤色、性别、语言、宗教、政治或其他见解、民族本源或社会出

〔1〕 联合国大会2001年6月27日第S-26/2号决议通过。

〔2〕 联合国大会1990年12月18日第45/158号决议通过，2003年7月1日生效。

〔3〕 联合国大会1985年12月13日第40/144号决议通过。

身、财产、血统或其他身份等任何区别……”

第三节 区际人权公约中人的尊严之规定

在世界人权宪章和其他联合国国际人权公约的引领下，各大洲的区际人权意识不断提高、人权活动日益频繁，区际人权合作与交流备显必要。各洲相继制定了区际人权公约，都在其中对人的尊严予以了高度重视。

一、欧盟人权公约中之体现

《欧洲人权公约》(European Convention on Human Rights, ECHR)，全称为《欧洲保障人权和基本自由公约》(Convention for the Protection of Human Rights and Fundamental Freedoms)，又称《保护人权与基本自由公约》，它是第一个区域性国际人权条约，其旨在保障欧洲人权与基本自由。它于 1950 年左右开始起草，于 1953 年 9 月 3 日正式生效，其生效时间早于“联合国人权两公约”25 年。《欧洲人权公约》对国际人权保护的发展产生了深远的影响，美洲和非洲也随后相继制定了各自的区域性人权公约。

《欧洲人权公约》在序言中申明：“考虑到 1948 年 12 月 10 日联合国大会宣布的世界人权宣言；考虑到该宣言的目的在于对其中宣布的权利得到普遍和有效的承认与遵守；考虑到欧洲理事会的目的就是促进其成员之间更大的团结并考虑到遵循上述目的所采取的手段之一就是维护和进一步实现人权与基本自由；重申它们对于各项基本自由的深切信仰，这些基本自由是世界正义和和平的基础，一方面通过有效的政治民主，另一方面由各成员所承诺的对基本人权的一种共同谅解和遵守来给予最好的保护。”第 3 条规定:“不得对任何人施以酷刑或者是使其受到非人道的或者是侮辱的待遇或者是惩罚。”

1961 年 10 月 18 日,欧洲理事会成员国会议通过了旨在保护经济、社会和文化权利的《欧洲社会宪章》(European Social Charter)。《欧洲社会宪章》于 1965 年 2 月 26 日生效,1996 年进行了修订。《欧洲社会宪章》的颁布实施,标志着以《欧洲人权公约》为核心的欧洲人权法律保护机制最终形成。

虽然《欧洲人权公约》和《欧洲社会宪章》并没有明确使用人的尊严(Human Dignity)的措辞,但是在其序言都确认对《世界人权宣言》的遵守,并在其相关的条款中体现了对人的尊严的精神的确认。1987 年欧洲理事会通过并于 1989 年 2 月 1 日生效的《欧洲防止酷刑和不人道或有辱人格待遇或处罚公约》也是在其条款中体现了对人的尊严的精神。

1997 年《欧洲生物暨医学应用之人权与人的尊严保护公约》(European Convention on Human Rights and Dignity of the Human Being with regard to the Application of Biology and Medicine: Convention on Human Rights and Biomedicine)在序言中申明:“遵循 1948 年 12 月 10 日联合国大会宣布的世界人权宣言;遵循 1950 年 11 月 4 日人权和基本自由保护公约;遵循 1961 年 10 月 18 日欧洲社会宪章;遵循 1966 年 12 月 16 日公民权利和政治权利国际公约以及经济、社会和文化权利国际公约;遵循 1981 年 1 月 28 日个人数据自动处理时个人保护之公约;同样遵循 1989 年 11 月 20 日儿童权利公约;考虑到欧洲理事会的目的在于致力于成员国间更大程度之结合而达成这一目的的手段之一是为保持并进一步实现人权和基本自由;意识到生物和医学的快速发展;确信尊重作为一个个体和人类整体的一个成员的人的必要性,同时承认确保人的尊严的重要性;意识到生物学和医学的滥用可能导致危害人的尊严的行为;确认生物医学方面的进步应被用来使当代人和未来人受益;

期望能引起所有社会成员对其权利和责任的注意;考虑到议会大会(Parliamentary Assembly)在此领域的工作,包括1991年关于草拟生物伦理公约的1160号建议:决定采取必要措施在生物和医学应用方面保护人的尊严、个体基本权利和自由……”第1条(目的和对象)规定:“本公约签约方将在生物学和医学应用方面保护所有人之尊严和同一性,保证不加歧视地尊重每一个人的完整性、其他权利和基本自由。为了实现本公约之规定,每一签约方应在国内法中采取必要措施。”

2000年12月7日通过的旨在确保欧洲联盟的条例和指示不会违背《欧洲人权公约》的《欧洲联盟基本权利宪章》,罗列出作为欧盟公民所具有的政治、社会以及经济等权利。它被并入了《里斯本条约》[1],并且具有法律约束力。《欧洲联盟基本权利宪章》第一章整章被冠以“尊严”(Dignity)的名称,其具体内容是:“第1条(人的尊严):人的尊严不可侵犯,其必须受尊重与保护。第2条(生命权):人人均享有生命权。不论何人均不受死刑判决或受死刑执行。第3条(身心完整权):(1)人人均享有尊重其心理与生理自主之权利。(2)对人类进行医学和生物学处理时必须注意的事:(a)依该国法律进行详细的事前说明,并取得当事人的同意;(b)禁止优生学的操作,尤其是禁止以筛选人类为目的之操作;(c)禁止为了营利目的而培养人体的全部或一部;(d)禁止克隆人。第4条(酷刑与人道或羞辱之待遇或惩罚之禁止):不论何人均不得被施以酷刑或不人道或贬损人格之待遇或惩罚。第5条(禁止奴隶与强制工作):(1)禁止使人为奴,禁止使人处于完全受支配的不自由地位。(2)禁止强制工作。(3)禁止人口交易。”在其后的章节内容

〔1〕 里斯本条约又称改革条约,是欧洲联盟用以取代《欧盟宪法条约》的条约。里斯本条约已经在2007年12月13日为所有欧盟成员国签署,并于2009年12月1日正式生效。里斯本条约旨在调整当前极需变革的欧盟在全球的角色、人权保障、欧盟决策机构效率,并针对全球气候暖化、天然能源等政策,以提高欧盟全球竞争力和影响力。

中也对人的尊严予以了补充规定：第三章（“平等”）第25条（老年人的权利）规定：“欧洲联盟确认并尊重老人享有尊严与独立之生活及参与社会及文化生活之权利。”第四章（“团结”）第31条（公平合理之劳动条件）第1款规定：“劳工享有尊重其健康、安全与尊严之劳动条件的权利。”

二、美洲人权公约中之体现

1948年5月2日在哥伦比亚首都波哥大举行的第九次美洲国家会议，正式宣告美洲国家组织成立（Organization of American States-OAS），并通过了《美洲国家组织宪章》（Charter of The Organization of American States，又称波哥大公约）。1951年12月，《美洲国家组织宪章》生效。同时鉴于美洲各国已将保护人类基本权利当作其主要目的，并且人权的国际保护应成为发展中的美洲法律的主要目标，故会议通过了由美洲国家司法委员会负责起草并完成的《美洲人的权利和义务宣言》（American Declaration of the Rights and Duties of Man）。

《美洲国家组织宪章》第29条规定：“会员国家同意在下列基础上发展它们社会立法的愿望：（甲）所有人类，不分种族、国籍、性别、信仰或社会条件均有权在自由、尊严、机会平等及经济安全的情况下，获得物质福利及精神发展；（乙）工作是一种权利及一种社会责任；工作不应当作一种商品；工作要求对集会自由及工人尊严的尊重；工作要在保障生命、健康及一种适当的生活水平的条件下操作，无论在工作年代中及在年老时，或当任何情况使个人失去工作能力时。”

《美洲人的权利和义务宣言》在序言中申明：“鉴于美洲各国人民已经承认个人尊严，他们的宪法承认，调整人类社会的司法和政治机构，把保护人类基本权利和创造使人们获得精神和物质进步及幸福的环境当作它们的主要目的。美洲国家一向认为，人的基本权利并非源于某人属于某一国国民这一事实,而是基于人的人格属性。……因此,美洲国家第九次理事会会议同意议定下列各条:在尊严和权利方面,人人生来自由和平等。大自然赋予了他们理智和良知,他们应互以兄弟相待。……每个人履行其义务,是一切人的权利的前提。权利和义务在人类的全部社会和政治活动中是相互关联的。权利促进个人自由,义务则表达这种自由的尊严。……"

《美洲人的权利和义务宣言》通过 11 年之后,历经 10 年的讨论和修改,1969 年 11 月 22 日美洲国家间人权特别会议通过了《美洲人权公约》(American Convention on Human Rights,又称哥斯达黎加圣约瑟公约)。它是继《欧洲人权公约》之后的第二个区域性人权保障公约,于 1978 年 7 月 18 日生效。《美洲人的权利和义务宣言》在序言中申明:"重申它们希望在本半球,在民族制度的范围内,巩固以尊重人的基本权利为基础的个人自由和社会正义的制度;承认人的基本权利的来源并非由于某人是某一国家的公民,而是根据人类人格的属性,因此以公约形式来加强或补充美洲国家国内法提供的保护而对上述权利给予国际性保护是正当的;考虑到美国国家组织宪章、美洲人的权利和义务宣言和世界人权宣言中,都已经阐明了这些原则,并在其他涉及世界范围和地区范围的国际文件中都已重申和确定了这些原则;重申根据世界人权宣言,只有在创造了使人可以享有其经济、社会和文化权利以及享有其公民和政治权利的条件下,才能实现自由人类享有免于恐惧和匮乏的自由的理想;……"第 5 条(人道待遇的权利)规定:"一、每一个人都具有在身体上、精神上和心理上受到尊重之权。二、不得对任何人施以酷刑或残暴的、非人道的或侮辱性的惩罚或待遇,所有被剥夺自由的人都应受到尊重人类固有的尊严的待遇。"

1985 年 12 月 9 日美洲国家组织并通过了《美洲防止和惩处酷刑公约》(Inter-American Convention to Prevent and Punish Torture),并于 1987

年2月28日生效。该公约虽没有明确使用人的尊严(Human Dignity)的措辞,但是其内容完全体现了对人的尊严的确认。

1988年美洲国家组织并通过了《美洲人权公约关于经济、社会和文化权利领域的附加议定书》[Additional Protocol to the American Convention on Human Rights in the Area of Economic, Social and Cultural Rights,又称《圣萨尔瓦多议定书》(Protocol of San Salvado)]。《圣萨尔瓦多议定书》在序言中申明:"重申它们希望在本半球,在民主体制的框架内,巩固以尊重人的必要权利为基础的个人自由和社会正义的制度;确认人的必要权利并非来自个人是某国家的国民,而是根据人本身的属性……考虑到经济、社会和文化权利与公民和政治权利之间所存在的密切关系,基于对人的尊严的承认,这些不同种类的权利构成一个不可分割的整体,为使二者都能得以充分实现,它们就必须都得到永久性的保护和促进。……"第6条(工作权)第1款规定:"人人有工作权,包括通过从事自由选择或接受的合法活动,获取过有尊严和体面的生活的手段的机会。"第7条(公正、公平和令人满意的工作条件)第1款规定:"本议定书各缔约国承认,前条所指的工作权要求人人都在公正、公平和令人满意的条件下享有这一权利,各缔约国承诺在其国内立法中保证这些条件,特别是有关:1.最低限度的报酬,保证所有工人以及他们的家庭都有过有尊严和体面生活的条件,同等的工作得到公平的同等的工资,没有任何区别;……"第9条(社会保障权)第1款规定:"人人应有社会保障权,以保护他免受老龄和妨碍他在身体或精神上获取过有尊严和体面生活的手段的残疾所带来的影响。在受益人死亡的情况下,社会保障收益应被适用于依赖受益人生活的人。"第13条(受教育权)第2款规定:"本议定书各缔约国同意,教育应鼓励人的个性和尊严的充分发展,并应加强对人权、意识形态多元化、基本自由、正义和和平的尊重。它们还同意,教育应使每个人都能有效地参加民主和多元化的社会并过上体面的生活，并且应当增进所有国家和所有种族、人种和宗教群体间的谅解、宽容和友谊，促进维护和平的各项活动。”

三、非洲人权公约中之体现

1963 年 5 月 25 日，31 个非洲独立国家元首、政府首脑或他们的代表在埃塞俄比亚首都亚的斯亚贝巴举行会议并通过了《非洲统一组织宪章》，决定成立非洲统一组织（Organization of African Unity，法语 Organisation de l'Unité Africaine-OAU，简称非统组织或非统）；1999 年 9 月，非统组织第 4 届特别首脑会议在利比亚苏尔特举行，会议决定在 2001 年成立非洲联盟（African Union，法语 l'Unité Africaine-AU，简称非盟）。《非洲统一组织宪章》在序言中申明："意识到自由、平等、正义与尊严是非洲各国人民实现其合法愿望的主要目标这一事实……"

1981 年 6 月 27 日，非盟通过了《非洲人权和民族权宪章》[African Charter on Human and Peoples' Rights，也称班珠尔宪章（Banjul Charter）]，并于 1986 年 10 月 21 日生效。《非洲人权和民族权宪章》在序言中申明："……考虑到《非洲统一组织宪章》规定'自由平等、正义与尊严是非洲各国人民实现其合法愿望的主要目的'；……意识到……非洲各族人民至今还在为他们的尊严和真正的独立而斗争，还在致力于消灭殖民主义、新殖民主义、种族隔离、犹太复国主义，摧毁入侵的外国军事基地和一切形式的歧视，特别是那些基于种族、种群、肤色、性别、语言宗教或政见的歧视；……"第 4 条规定："人是神圣不可侵犯的。每一个人的生命和整个人格均有权受到尊重。任何一个人均不得被专断地剥夺此项权利。"第 5 条规定："每一个人的固有尊严有权受到尊重，其合法地位有权得到承认。对人的一切形式的剥削和侮辱，尤其是奴隶制度，奴隶买卖，拷打及残忍的、不人道的或污辱性的刑罚和待遇，均应予以禁止。"

1992年11月2日至6日,在筹备世界人权会议的范围内及依照联合国大会第46/116号决议,非洲国家部长和代表在突尼斯开会,议会通过了《突尼斯宣言》(Tunis Declaration)。《突尼斯宣言》在第1条就明确指出:"非洲国家对《世界人权宣言》和《非洲人权和人民权利宪章》规定的原则作出的承诺是不可逆转的;……"

四、亚洲人权公约中之体现

东南亚国家联盟(Association of Southeast Asian Nations,ASEAN)成立至今,亚洲尚未建立起实质意义上的区域性人权保护机制。1993年,为筹备世界人权大会,亚洲各国的部长和代表在泰国首都曼谷举行会议,通过了《曼谷宣言》(Bangkok Declaration)。《曼谷宣言》第1条规定:"重申他们坚决支持《联合国宪章》和《世界人权宣言》所载的各项原则,支持在全世界充分实现所有人权;……"第7条规定:"强调所有人权的普遍性、客观性和不可选择性,必须避免在实施人权时采取双重标准,避免其政治化,并不得以任何理由侵犯人权;……"第23条规定:"确认儿童有权享受特别保护,并获得机会与设施,以健康政党的方式,在自由而尊严的条件下,在身体、心理、道德、精神和社会各方面发育成长;……"由于亚洲各国的政治、文化及传统的差异,《曼谷宣言》并没有取得实际效果,因此没有被认为是一个区域性的国际人权规约,只是一份昭示亚洲国家人权观的政治文件。

2005年11月22日,亚洲议会和平协会第六届年会通过了亚洲人权史上前所未有的《亚洲国家人权宪章》。它强调生存权、发展权、教育权,对人的尊严多有着墨:

前言

长久以来,特别是在殖民地时期,亚洲人民的权利和自由遭受粗暴践踏。时至今日,大部分亚洲人民依然被剥削和压迫,很多社会因为仇恨和不能容纳异己而四分五裂。亚洲人民日益明白到，唯有当所有人及群体之平等和不可剥夺的权利获得认可及保障时，和平与尊严才能得到落实。他们决定通过争取人权和自由，确保自己及后世能得到和平与正义。为此，亚洲人民通过本宪章以确认对生活在和平和尊严中的渴望。

……

人权的普世性和不可分割性

……

2.2　我们赞同《世界人权宣言》《经济、社会、文化权利国际公约》《公民权利和政治权利国际公约》及其他保护人权自由的国际文件。我们相信人权是普世的，只要是生而为人便有资格享有。虽然文化传统影响一个社会如何组织内部的各种关系，但是这无损人权的普世性。人权主要涉及公民和国家的关系，以及个人和群体固有的尊严。我们相信人权自由是不可分割的，有些人认为可以借其他权利的名义压抑另一些权利，这是一种谬误。人在社会、文化、经济方面有各样需要和渴求，它们是互相依赖的，不能够被割裂或分隔。公民、政治、文化的权利，除非人获得经济资源去行使这些权利，否则它们便没有多大意义。同样地，如果没有政治自由，没有机会发展和表达个性，没有机会参与文化和其他方面的讨论，物质财富的追求和获取最终也是徒然的。

2.3　尽管人权是普世和不可分割的，人权的享有和落实还是取决于社会、经济和文化处境。人权不是抽象的概念，而是行动和政策的根基，我们必须脱离对人权的抽象陈述，仔细审视人权受到严重侵犯的群体的情况，把人权在亚洲的具体处境中体现出来。只有把人权及其实践与亚洲的特殊境况联系起来，人权的享有才能得到落实。唯有这样，亚洲才能对世界保障人权的运动作出贡献。

2.4 即使在经济高度发达的国家，广泛的贫穷问题也是人权受到侵犯的主要原因。贫穷剥夺了无数个人、家庭以及社群的人权，并且导致卖淫、利用童工、使人为奴、贩卖人体器官、残害身体以便行乞等行为。贫穷使人不能过有尊严的生活，亚洲国家的发展政策必须以消除贫穷为目标，推行更公平的发展政策。

生命权利

……

3.2 在所有权利之中，首要是生命权利，从中再衍生其他权利和自由。生命权利不单包含生理或动物性的生存，而是包括有权发展个人的天赋和身体各部分的能力，使人能享受生命。从生命权利可引申出以下的权利：活得有人性尊严的权利、谋生的权利、住屋的权利、接受教育的权利以及享有清洁和健康环境的权利，因为没有这些权利便不能真正有效地行使或享有生命权利。同时，国家必须竭尽所能，提供清洁健康的环境及有足够防御性和疗效的医疗设施，以防止婴儿夭折，降低营养不良和传染病的概率，提高平均寿命。国家还需提供免费强制的基本教育。

……

文化身份权利和良心自由

6.1 生命权利不但关乎物质条件，还涉及精神道德条件，这些条件使人能追求有意义的生活。存在的意义并不单取决于个人，而是建基于个人与其他人共同生活的经验。亚洲的传统思想重视共同的文化身份，文化身份有助个人和社群应付经济和社会变迁带来的压力，并在急速转变的环境中给生命赋予意义，也是尊严和安全感的来源。正如其他地区的情况，亚洲也有许多弱势社群的文化受到威胁或嘲弄，亚洲人民和政府必须尊重不同社群的文化和传统。

……

不同能力的人士残障人士

11.1 传统上，亚洲社会关心身体或精神残障的人。然而，新的经济组织形态所带来的压力，影响我们的共同价值观念及社会统构，逐渐减低我们对这些人士的接纳程度。他们在教育、就业及住房方面都受到严重的歧视。由于对他们的偏见，而现行法律也没有保障他们的特殊需要，引致他们未能享受应有的人权。他们的能力得不到应有的重视，因而被迫接受一些低薪及缺乏晋升前景的工作。法律应保障他们有尊严地生活的权利，包括获得尊重和安全保障，以及有机会充分发展自己的潜能。

11.2 亚洲国家对待艾滋病带菌者或病者的方式令人沮丧，因此更需要尊重他们的人权。他们是严重歧视的受害者，一个尊重人权的文明社会应该承认他们无论在活着或死去的时候都有权享有尊严。他们应有权获得足够医疗护理，并且受到保障免于偏见、歧视及迫害。

……

五、阿拉伯国家联盟人权公约中之体现

1990年8月5日，伊斯兰会议组织[1]成员国在开罗召开会议，会议通过了《伊斯兰世界人权宣言》[Universal Declaration of Human Rights in the Islamic World，又称开罗宣言(Cairo Declaration)]。《伊斯兰世界人权宣言》在序言中申明："……伊斯兰乌玛(Islamic Ummah)的任务将是引导因对抗倾向和意识形态而陷于迷误的人类，并为这种长期的物质文明问题提供解决办法，希望有助于人类对维护人权的努力，有助于保护人免于剥削和迫害，以及有助于确认与伊斯兰教法(Islamic

〔1〕 伊斯兰会议组织(Organization of the Islamic Conference，OIC)成立于1970年，是由遍及中东、中亚、西非、北非和印度次大陆的57个伊斯兰国家组成的国际组织，为联合国常驻机构；于2011年6月，该组织更名为伊斯兰合作组织(Organisation of Islamic Cooperation，OIC)。

Shari'ah)相一致的人的自由和有尊严的生活的权利……"第 1 条第 1 款规定:"所有人组成一个家庭,其成员因服从于真主而和睦相处,他们是阿丹的后裔。在基本的人类尊严、基本义务和责任上,所有人都是平等的,不分种族、肤色、语文、性别、宗教信仰、政治派别、社会地位或其他见解等任何区别。坚定的信仰是人在尽善尽美的发展道路上增强这种尊严的保障。"第 6 条第 1 款规定:"在人的尊严上,妇女和男子一律平等,妇女有享受的权利和履行义务的责任;她享有自己的公民身份和财政独立,并有权保留其姓名和血统。"第 22 条第 3 款规定:"信息为社会之必需。但不得以违犯神圣义务和先知的尊严,破坏道德和伦理标准,分裂、腐蚀或危害社会或削弱信仰的方式利用或滥用信息。"

1994 年 9 月,伊斯兰会议组织通过了《阿拉伯人权宪章》(Arab Charter on Human Rights),该公约于 2008 年 3 月正式生效。《阿拉伯人权宪章》在序言中申明:"……考虑到阿拉伯国家对人的尊严的信念:自从上帝的眷顾而使阿拉伯世界成为各种宗教的摇篮和文明的发源地,阿拉伯世界向世人昭示其获得尊严生活的权利乃是基于自由、正义与和平;依据伊斯兰教和其他神启示宗教所牢固确立的并将永恒存在的在所有人中都恪守手足情深与人人平等的原则;我们以在漫长历史长河中牢固确立的人道主义价值观和原则为骄傲,这些人道主义价值观和原则在东方与西方文明传播中扮演了重要的角色,从而使之成为探求知识、文化、智慧的国际焦点……"第 2 条第 3 款规定:"所有形式的种族主义、犹太复国主义和外国占领和统治对人的尊严在造成障碍,它们严重妨碍各成员国人民实现其基本权利;必须对这些行径予以谴责,并采取措施消除这些现象。"第 13 条规定:"(a)各成员国应当保护在其领土内的每个人免受身体或精神折磨和残忍、不人道或有辱人格的待遇。各成员国应当采取有效措施来防止这些行为的发生,应当正视现实或积极参与将其作为犯罪加以惩罚。(b)未在其本人同意的前提下，不得对任何人进行医学或科学试验。”

第四节 人的尊严入宪之分析与比较

本节是针对第一节选取的193个联合国会员国现行宪法样本进行分析与比较，试图从中归纳出人的尊严（Human Dignity）入宪的一些规律性，以期对学术研究和宪政实践有所裨益。

一、各国文本中人的尊严规定之素描

从历史、地理、宗教、意识形态和文本结构等各种不同的视角考察，193个联合国会员国现行宪法对人的尊严的规定可谓是异彩纷呈。

首先，就历史层面而言，人的尊严入宪是一个历史现象。1945年被视为“分水岭”，人们一直都直观地认为人的尊严入宪乃在此之后。因为正是鉴于纳粹政权对人性的蔑视与践踏的惨痛教训，德国于“二战”后率先在其基本法中申明“人的尊严不可侵犯、国家有保护之义务”，随后1948年《世界人权宣言》、1966年“两个人权公约”也旗帜鲜明地主张维护人的尊严。从1948年以来，大约有136个国家的部分宪法条款可以被追溯到《世界人权宣言》。20世纪可以说是人权的时代，人的尊严彰显的时代。

但是，人的尊严入宪是一个渐进的历史过程，并非一蹴而就。实际上，1789年《法国人权宣言》就已开始对人的尊严予以关注，在其第6条中规定：“法律是公共意志的表现。全国公民都有权亲身或经由其代表去参与法律的制定。法律对于所有的人，无论是施行保护或处罚都是一样的。在法律面前，所有的公民都是平等的，故他们都能平等地获得

所有尊严并平等地按其能力担任一切官职、公共职位和职务，除德行和才能上的差别外不得有其他差别”。[1] 可以说，1789 年《法国人权宣言》首次在实证法层面提出了框架性架构，这种尝试却成为后世实证法上人的尊严的基础。紧接其后，1849 年 3 月的圣保罗教堂宪法（Paulkirchenverfassung），即“德意志帝国宪法”（Verfassung des Deutschen Reiches）第 139 条规定：“一个自由的民族自身在对待罪犯时，也必须尊重人的尊严。”[2]

其他国家也开始从宪法层面对人的尊严作出规定并作出了有益的尝试。一般认为，1937 年《爱尔兰宪法》是近代首部人的尊严入宪的宪法。但是，据学者考证，早在 18 世纪初，从拉丁美洲开始就爆发了一轮人的尊严入宪的潮流。[3] 如 1917 年《墨西哥合众国宪法》第 3c 条规定：“有助于改善人际关系……以及尊重人的尊严和家庭的完整……”1919 年《芬兰宪法》在第 1 章“总则”部分申明：“……保证人的尊严和个人的权利与自由不受侵犯……”1919 年《魏玛宪法》第 151 条第 1 款规定：“经济活动应以使每个人得以尊严地生活为目的，按照公平原则加以组织规范。在此范围内，各人之经济自由，应予保障。”1920 年《尼

---

〔1〕 各种版本对条款的翻译都有误，在此予以纠正，并将公布该条之英文和法文原文："Law is the expression of the general will. Every citizen has a right to participate personally, or through his representative, in its foundation. It must be the same for all, whether it protects or punishes. All citizens, being equal in the eyes of the law, are equally eligible to *all dignities* and to all public positions and occupations, according to their abilities, and without distinction except that of their virtues and talents. La loi est l'expression de la volonté générale. Tous les citoyens ont droit de concourir personnellement ou par leurs représentants à sa formation. Elle doit être la même pour tous, soit qu'elle protège, soit qu'elle punisse. Tous les citoyens, étant égaux à ces yeux, sont également admissibles à *toutes dignités*, places et emplois publics, selon leur capacité et sans autre distinction que celle de leurs vertus et de leurs talents."

〔2〕 E. Denninger, *Der Menschenwürdesatz im Grundgesetz und seine Entwicklung in der Verfassungsrechsprechung*, p. 1. 转引自［德］尤尔根·哈贝马斯：《人的尊严的观念和现实主义的人权乌托邦》，载《哲学分析》2010 年第 3 期。

〔3〕 Aharon Barak, *Human Dignity: The Constitutional Value and the Constitutional Right*, Cambridge University Press, 2015, pp. 49 – 50.

加拉瓜宪法》第25条如同魏玛宪法一样作出了类似规定。1922年《拉脱维亚宪法》第95条规定:“国家维护人的荣誉和尊严。禁止对人实施刑讯,禁止对人实施其他残忍的或者有损人格的虐待。任何人均不应当遭受非人的或者有损人格的惩罚。”1926年《黎巴嫩宪法》第10条对保障宗教信仰尊严作出了规定。1929年《厄瓜多尔宪法》第151条第8款如同魏玛宪法一样作出了类似规定。1933年《葡萄牙宪法》第45条规定:“认识到在上帝和人类面前所应承担的责任,国家确保那些……人的礼拜和宗教组织的自由……他们的礼拜活动是对人的生活和人的尊严的尊重。”1937年《爱尔兰宪法》序言中申明:“……应保障个人的人的尊严和自由……”〔1〕1939年《尼加拉瓜宪法》第100条第4款对工人享有人的尊严作出了规定。1940年《古巴宪法》第32条规定:“任何基于性别、种族、肤色或阶层的歧视以及任何贬损人的尊严的歧视都视为违法并受到惩罚。”

“二战”后,1946年《法国宪法》草案在其第22条和第27条中对人的尊严予以了肯认和保障,〔2〕但是这部宪法因短命而使这些规定未对后世产生任何影响。1947年《意大利宪法》在其第3条、第36条和第41

〔1〕 爱尔兰1937年宪法序言如下:“In the name of the most Holy Trinity, from Whom is all authority and to Whom, as or final end, all actions both of men and States must be referred. [W]e the people of the Erie…[G]ratefully remembering their heroic and unremitting struggle to regain the rightful independence of our Nation, [A]nd seeking to promote the common good, with due observance of Prudence, Justice and Charity, so that *the dignity and freedom of the individual may be assured*, true social order attained, the unity of our country restored, and concord established with other nations。” 参见 Catherine Dupré, *The Age of Dignity: Human Rights and Constitutionalism in Europe*, Hart Publishing, 2015, p. 54。

〔2〕 1946年法国宪法草案第22条规定:“为了全方位促进人的身体、智力和道德发展,每个人在社会中都享有法律对其予以尊严全面保障的权利”(Tout être humaine possède, à l'égard de la société, le droits qui garantissent, dans l'intégrité de la dignité sa personne, son plein développment physique, intellectual et moral.);第27条规定:“工作时间和条件不得有损工人的尊严和家庭生活。”(La durée et les conditions du travail ne doivent porter atteinte ni à la dignité, ni à la vie familiale du travailleur.)参见 Catherine Dupré, *The Age of Dignity: Human Rights and Constitutionalism in Europe*, Hart Publishing Ltd., 2015, p. 54, note7。

条对人的尊严作出了保障,[1]鉴于意大利战后急于社会重建加之其国内共产党政治势力的影响,这种极具社会主义思潮的宪法规定却被世人忽略。1949年德国基本法高举自由主义旗帜,其对人的尊严的规定显然有别于法国和意大利的做法,因而备受推崇而被奉为战后首部人的尊严入宪之典范。

深受1949年德国基本法的冲击和影响,在欧洲产生了三次人的尊严入宪(法典化)的浪潮:[2]第一波是从1975年至1978年的南欧民主化转型时期,希腊(其宪法第2条)、葡萄牙(其宪法第1、26和59条)和西班牙(其宪法第10条)在其宪法中对人的尊严予以肯认和保障;第二波发生于1989年至1997年东欧社会主义转型时期,匈牙利(其宪法第54条)、克罗地亚(其宪法第25条和第35条)、保加利亚(其宪法第4、6和32条)、罗马尼亚(其宪法第1条)、斯洛文尼亚(其宪法第21和34条)、爱沙尼亚(其宪法第10条)、斯洛伐克(其宪法第12和19条)、立陶宛(其宪法第21和25条)、捷克(其宪法第1和10条)、拉脱维亚(其宪法第95条)以及波兰(其宪法第30条),而在这期间,原欧洲民主国家的比利时和芬兰也参照德国基本法的规定分别于1994年和1995年将其宪法中的人的尊严规定(比利时在其宪法第23条,芬兰在其宪法第1条)加以修订;第三波是发生在2000年之后的人的尊严以超越国家的形式法典化,此即2000年的《欧盟基本人权宪章》加上其后的《里

---

〔1〕 意大利宪法第3条第1款规定:"全体公民,并且不问其性别、种族、语言、宗教、政治信仰、个人地位及社会地位如何,均在社会尊严和法律面前一律平等。"(All citizens have equal *social dignity* and are equal before the law, without distinction of sex, race, language, religion, political opinions, personal and social conditions.)但是国内却将social dignity理解为,"全体公民不问其性别、种族、语言、宗教、政治信仰;个人地位及社会地位如何,均有同等的社会身份,并在法律面前一律平等。"第36条第1款规定:"劳动者均有获得与其劳动的数量和质量相应的报酬的权利,此种报酬,在任何情况下,均应足以保证其自身及其家庭自由而尊严地生活。"第41条第2款规定:"私人经济积极性之发挥不得违背社会利益,也不得采取使公共安全、自由和人格尊严遭受损害的方式。"

〔2〕 Catherine Dupré, *The Age of Dignity: Human Rights and Constitutionalism in Europe*, Hart Publishing Ltd., 2015, pp. 55 –56.

斯本条约》,使《欧盟基本人权宪章》于2009年之后在成员国享有了当然的宪法地位,这也使《欧盟基本人权宪章》第2条所倡导的人的尊严理念被广为接受并付诸实施。

即便在国际层面,在联合国成立之前就已有一些国际条约和公约对人的尊严作出了规定。如《1936年第戎宣言(Dijon Declaration 1936)》提出"尊重人的尊严和文明行为";《1944年美洲犹太人委员会人权宣言(The American Jewish Committee's Declaration of Human Rights (1944)》规定:"我们所珍视的一切必须根植于依据上帝形象所创造的人的尊严与不得对其亵渎之上,而人在上帝面前享有生存和发展的神圣的权利。"[1]

其次,从地理分布上考察,欧洲和美洲国家宪法中人的尊严作出了相应的规定已成为共识。193个联合国会员国的全部现行宪法中,143个国家对人的尊严作出了规定,所占比例为74.1%;其中欧洲44国中有36国,所占比例为81.8%;美洲35国中有29国,所占比例为82.9%;非洲54国中有36国,所占比例为66.7%;亚洲46国中有35国,所占比例为76.1%;大洋洲14国中有6国,所占比例为42.9%。这种地理分布与民主和经济发展程度表现出惊人的一致,即民主程度愈高的国家经济愈富裕,对人的尊严重视程度也愈高。

再次,在宗教散布或宗教影响方面来说,宗教信仰对人的尊严是否入宪影响巨大。193个联合国会员国中,主要信奉天主教的有54个国家,所占比例达到28%;[2]主要信奉中包含天主教的国家20个,所占比

---

〔1〕 Christopher McCrudden, *Human Dignity and Judicial Interpretation of Human Rights*, European Journal of International Law, Vol. 19, No. 4, 2008, p. 678.

〔2〕 它们是:爱尔兰、安道尔、奥地利、比利时、法国、捷克、克罗地亚、拉脱维亚、立陶宛、摩纳哥、葡萄牙、瑞士、圣马力诺、斯洛伐克、斯洛文尼亚、西班牙、匈牙利、意大利、古巴、巴拿马、巴拉圭、巴西、秘鲁、玻利维亚、利伯兹、多米尼加、多米尼克、厄瓜多尔、哥伦比亚、哥斯达黎加、格林纳达、洪都拉斯、墨西哥、尼加拉瓜、萨尔多瓦、圣卢西亚、特立尼达和多巴哥、委内瑞拉玻利瓦尔、危地马拉、智利、布隆迪、赤道几内亚、佛得角、刚果(金)、科特迪瓦、马拉维、南非、塞舌尔、圣多美和普林西比、坦桑尼亚、乌干达、菲律宾、东帝汶、巴布亚新几内亚。

例达到 10.9%;[1] 主要信奉基督教的有 23 个国家,所占比例达到 11.9%;[2] 主要信奉东正教的有 10 个国家,所占比例达到 5.2%;[3] 主要信奉伊斯兰教的有 34 个国家,所占比例达到 17.6%;[4] 主要信奉其他宗教的有 9 个国家,所占比例达到 4.1%。[5] 由此可以看出,天主教和基督教信仰背景对人的尊严入宪影响十分明显,尤其是天主教的影响巨大。因此不难理解,为何早在 18 世纪初至"二战"前这段时间,拉丁美洲许多笃信天主教的国家纷纷在其宪法中写入人的尊严的内容。

复次,在意识形态层面,意识形态也对人的尊严入宪产生影响。在当今 5 个社会主义国家(中国、古巴、朝鲜、越南、老挝)中,越南和古巴在其宪法中对人的尊严作出了明确规定。而且,以往的社会主义国家宪法中都未对人的尊严作出规定。中国于 2008 年修宪时增加了"国家尊重和保障人权"的规定,可谓在向宪法中认可并保护人的尊严方向做出了迈进。

最后,从文本结构上,存在将人的尊严作为政治宣示与基本权利对待的巨大差异。在 193 个联合国会员国中,将人的尊严规定在序言中的有 36 个国家,所占比例为 18.7%;[6] 规定在总则中的有 24 个国家,

---

〔1〕 它们是:白俄罗斯、俄罗斯、德国、波斯尼亚黑塞哥维那、罗马尼亚、乌克兰、瑞士、巴巴多斯、圭亚那、圣文森特和格林纳丁斯、苏里南、新西兰、布基纳法索、喀麦隆、肯尼亚、赞比亚、中非、大韩民国、越南、柬埔寨。

〔2〕 它们是:德国、爱沙尼亚、伯利兹、瑞典、瑞士、英国国教(也属于基督教的一个分支)、芬兰、巴巴多斯、安提瓜和巴布达、圣文森特和格林纳丁斯、苏里南、安哥拉、厄立特里亚、加纳、肯尼亚、纳米比亚、斯威士兰、赞比亚、亚美尼亚、新西兰(信奉英国国教)、瑙鲁、所罗门群岛、图瓦卢。

〔3〕 它们是:保加利亚、罗马尼亚、白俄罗斯、俄罗斯、黑山、马其顿、摩尔多瓦、塞尔维亚、乌克兰、希腊。

〔4〕 它们是:阿尔巴尼亚、阿尔及利亚、波斯尼亚黑塞哥维那、埃及、埃塞俄比亚、布基纳法索、布隆迪、多哥、冈比亚、吉布提、几内亚、马里、摩洛哥、尼日尔、尼日利亚、塞拉利昂、苏丹、突尼斯、阿富汗、阿拉伯酋长联合国、阿塞拜疆、巴基斯坦、哈萨克斯坦、伊朗、伊拉克、叙利亚、吉尔吉斯斯坦、卡塔尔、科威特、马尔代夫、塔吉克斯坦、土耳其、土库曼斯坦、乌兹别克斯坦。

〔5〕 津巴布韦主要信奉原始宗教、基督教、伊斯兰教;中非主要信奉原始宗教、天主教、基督教;格鲁吉亚信奉东正教;柬埔寨主要信奉佛教、天主教、伊斯兰教等;印度主要信奉印度教、伊斯兰教、锡克教;大韩民国主要信奉基督新教、天主教、佛教;日本主要信奉神道教、佛教;以色列信奉犹太教;越南信奉佛教、天主教。

〔6〕 它们是:阿尔巴尼亚、爱尔兰、保加利亚、法国、波斯尼亚黑塞哥维那、捷克、瑞典、安提瓜和巴布达、巴巴多斯、巴拿马、巴拉圭、多米尼加、多米尼克、厄瓜多尔、格林纳达、圭亚那、圣卢西亚、特立尼达和多巴哥、贝宁、布基纳法索、多哥、喀麦隆、厄立特里亚、南苏丹、尼日尔、塞舌尔、赞比亚、乌干达、中非、阿富汗、印度、叙利亚、巴布亚新几内亚、斐济、瑙鲁、所罗门群岛。

所占比例为12.4%;[1]规定为基本权利的有93个国家,所占比例为48.2%;[2]匈牙利、巴拉圭、伯利兹、多米尼加、贝宁、多哥、厄立特里亚、南苏丹、塞舌尔、印度、巴拉圭、巴拿马、玻利维亚、斯里兰卡、斐济、图瓦卢、叙利亚17个国家既在序言中声明又规定为基本权利,所占比例为8.8%;罗马尼亚、乌克兰、意大利、玻利维亚、多米尼加、哥伦比亚、安哥拉、布隆迪、苏丹、突尼斯、阿富汗、巴林、孟加拉、泰国、土库曼斯坦、亚美尼亚、阿塞拜疆、南非18个国家在总则中声明又规定为基本权利,所占比例为5.2%;而厄瓜多尔、中非、阿富汗、古巴4个国家是在序言和总则中同时声明,所占比例为2.1%。由此可见,人的尊严入宪为基本权利也已成为绝大多数国家的实践,这样可以从操作性和实效性两方面确保人的尊严不至于沦为空洞的政治宣示。

二、人的尊严缘何备受推崇?

人的尊严受到重视乃至入宪、入国际公约,其中的缘由是什么?有学者认为,任何原因都可以是人们开始对人的尊严予以高度关注,并没有规律性的因素可兹遵循。如1848年法国的废奴主义运动中,人们废奴的主要理由就是认为蓄奴是对人的尊严的冒犯。[3] 虽然如此,从历

〔1〕 它们是:安道尔、波兰、乌克兰、玻利维亚、多米尼加、厄瓜多尔、哥伦比亚、智利、委内瑞拉、玻利瓦尔、安哥拉、多哥、佛得角、科特迪瓦、马拉维、塞拉利昂、中非、阿富汗、菲律宾、塔吉克斯坦、泰国、土库曼斯坦、亚美尼亚、以色列。

〔2〕 它们是:白俄罗斯、比利时王国、德国、俄罗斯、爱沙尼亚、芬兰、黑山、克罗地亚、拉脱维亚、立陶宛、马其顿、摩尔多瓦、摩纳哥、葡萄牙、罗马尼亚、瑞士、塞尔维亚、塞浦路斯、圣马力诺、斯洛伐克、斯洛文尼亚、乌克兰、西班牙、希腊、意大利、英国、新西兰、阿根廷、巴拉圭、秘鲁、玻利维亚、利伯兹、多米尼加、哥伦比亚、哥斯达黎加、洪都拉斯、墨西哥、苏里南、危地马拉、阿尔及利亚、安哥拉、埃及、马达加斯加、贝宁、赤道几内亚、布隆迪、厄立特里亚、冈比亚、刚果(金)、吉布提、几内亚、加纳、津巴布韦、马拉维、马里、纳米比亚、摩洛哥、南非、南苏丹、尼日利亚、塞舌尔、圣多美和普林西比、斯威士兰、苏丹、坦桑尼亚、阿拉伯联合酋长国、阿塞拜疆、巴基斯坦、东帝汶、格鲁吉亚、哈萨克斯坦、韩国、吉尔吉斯斯坦、柬埔寨、卡塔尔、科威特、伊拉克、马尔代夫、蒙古、缅甸、日本、斯里兰卡、泰国、土耳其、土库曼斯坦、乌兹别克斯坦、亚美尼亚、印度、印度尼西亚、约旦、越南、新西兰、图瓦卢。

〔3〕 Christopher McCrudden, *Human Dignity and Judicial Interpretation of Human Rights*, European Journal of International Law, Vol. 19, No. 4, 2008, p. 678.

史、文化传统等诸多因素综合考量，人的尊严之所以受到重视乃至被追捧，其中不乏宗教、社会主义思潮、民主殖民主义、落后国家之仿效和联合国之不懈努力等因素作用的结果。

首先，宗教奠定了人的尊严受到关注的基础。无论从历史还是现实，滥觞于天主教。根据圣经创世纪26的记载：人类最初是“照着上帝的形象（*Imago Dei*），按着他的样式而造”；因此，人的这个特别身份和特殊地位决定了人的神圣性，每个人都无一例外地享有尊严，人的尊严不可侵犯。这种思想孕育下，自由主义获得了滋生的沃土，15、16世纪人文主义以及18世纪的启蒙运动乃至20世纪新自由主义运动都是对人的尊严理念的不断深化。天主教教皇们的各社会通谕中，人的尊严时常被强调以使世人觉醒。根据《天主教社会教义汇编》（Compendium of the Social Doctrine of the Church）的总结，人的尊严原则（Principle of the Dignity of the Human Person）乃是最为基础和重要，其他原则（共同利益原则、辅助性原则、团结原则）都由它引申而来。[1] 天主教最为重要的文献《论教会在现代世界牧职宪章》，也特别强调尊重人的尊严。

由于深受天主教思想的影响，1849年的圣保罗教堂宪法（Paulkirchenverfassung），即“德意志帝国宪法”首次正式在宪法文本中使用了“人的尊严”用语，后来在1946年美国天主教主教们在其提交的人权宣言文本中使用了“尊严”措辞；而乌拉圭政府更是在1946年提议在联合国宪章中应对人的尊严加以规定，并对如何规定提出来详尽的建议；1946年古巴人权宣言中也规定：“每个人都享有生命权、自由权、人身安全权及尊重其作为人所享有的尊严的权利。”[2] 这些都对其后

---

〔1〕 白虹：《天主教社会思想中的“人格尊严”原则》，载《新会论坛》2008年第5期。

〔2〕 Christopher McCrudden, *Human Dignity and Judicial Interpretation of Human Rights*, European Journal of International Law, Vol. 19, Issue 4, 2008, pp. 655 –724.

《联合国人权宣言》的诞生及其中承认人的尊严产生了深远的影响。同样,1987 年 2 月 22 日天主教廷颁布的《有关尊重生命肇始及生殖尊严的指示》对《世界人类基因组与人权宣言》《联合国关于人的克隆的宣言》和其他国际相关公约影响巨大,使各国审慎对待生物技术,该《指示》中明确规定:“天主——造物主、天父,赋予人类生命,却期待人类珍惜这恩赐的无穷价值及承担其责任……这些技术可令人类‘支配自己的命运’,亦可令人类‘受诱惑,超越情理地操纵自然’。……干预人类的生殖过程的科技不断蔓延,引起严重的道德问题,影响人自受孕时开始的生命、人的尊严、性爱和传衍生命所应受到的尊重。”

其次,社会主义思想深化了对人的尊严的认识。肇始于 16 世纪以莫尔为代表的空想社会主义(Utopian Socialism,又称乌托邦社会主义),试图以“公有制”“人人劳动”“按需分配”等为社会主义(或共产主义)基本原则来建立“人人平等,个个幸福”的新社会。到了 19 世纪初期,经马克思、恩格斯的努力,空想社会主义发展到顶峰。在此时期,伴随着工业革命的深入这些改变,社会问题和阶层矛盾愈演愈烈。马克思、恩格斯将批判矛头直接对准资本主义制度,提出经济基础决定上层建筑、私有制产生阶级和阶级剥削等观点,并对历史和当下的现实进行无情的批判。也正是在此时期,由于 17 世纪末 18 世纪初的启蒙运动催生的理性主义使人们重新审视人的存在问题,自由主义理念勃兴,上帝开始走下圣坛。

天主教还未在疲于应付人们对上帝的淡漠中回过神来,马克思高举理性主义的旗帜给予天主教致命一击,认为“宗教是人民的鸦片”[1]。马克思无神论的立场使他和天主教的基本主张完全决裂,由于天主教从肇始即以尊严为教义,于是马克思弃绝天主教的“尊严”观,他

---

〔1〕《马克思恩格斯全集》(第 1 卷),人民出版社 1956 年版,第 453 页。

在 1847 年将社会主义信徒运用尊严的理念的行径斥责为“在道德领域向历史寻求庇护”[1]。鉴于对马克思所倡导的共产主义的蓬勃发展，出于对共产主义的无神论以及对其所主张激进的再分配、阶级斗争和集权主义的恐惧，天主教于 19 世纪末将尊严作为其所倡导的天主教社会信条之核心与共产主义相对抗。1891 年 5 月 15 日，利奥十三世（Leo XⅢ）颁布了被称为《劳工通谕》的《新事通谕》，抨击“阶级斗争”主张，任何人不得侵犯“连天主也是那么尊重的人格尊严”，鼓吹工人与资本家合作这种“分配的正义”谋求共同幸福。在其后的各教皇的通谕中不断强化此观念，并主张全面强化社会经济权利。

正是在这场天主教与社会主义思潮的交锋中，彼此认可并强化了社会经济权利观念。受此影响，《1917 年墨西哥宪法》成为世界首部对社会权（Social Rights）作出规定的宪法，它成为日后比它耀眼百倍的《1919 年魏玛宪法》[2]和《1918 年苏俄宪法》的先驱和典范。其中受之影响最深的是 1917 年墨西哥宪法第 3 条（受教育权，所有国家给予的教育应免费等）、第 27 条（国家对其所有管辖范围内的土地和水流拥有所有权，私人财产是由国家所创设等）和第 123 条（是对工人权利的规定，包括每日 8 小时工作、罢工权、每周休息 1 天的权利、雇主不公正地终止劳动关系应获得公正赔偿的权利、无论种族或性别而平等工作的权利等）。

---

〔1〕 参见 Christopher McCrudden, *Human Dignity and Judicial Interpretation of Human Rights*, European Journal of International Law, Vol. 19, Issue 4, 2008, pp. 655 –724。而中译本却将“Dignity”理解为“人的理智”：“我们这个时代的‘人的理智’所不能了解的正是以往数百年的这种理性和这种道德。它不了解它们，可是却看不起它们。它从历史的领域逃到道德的领域……”马克思：《道德化的批评和批评化的道德》，载马克思、恩格斯：《马克思恩格斯全集》（第 4 卷），人民出版社 1958 年版，第 308 页。

〔2〕 在德国早期工人运动著名领导人、社会主义倡导者斐迪南·拉萨尔（Ferdinand Lassalle）思想的直接影响下，魏玛宪法在其第 151 条中对人的尊严做出了规定。虽然魏玛宪法并未在其序言中宣示人的尊严，而是在正文以单独条款加以保障。但是由于欠缺相应的实施与保障机制，从而使该条款仅仅作为宣示条款而彰显于世。其重要意义在于它将经济权利视为人的尊严存在的基础。有学者认为，细察之则可发现这种做法乃是延续 1789 年《法国人权宣言》第 18 条维护工人权利的初衷与做法。参见 Catherine Dupré, *The Age of Dignity: Human Rights and Constitutionalism in Europe*, Hart Publishing, 2015, p. 49。

再次,价值普世化将人的尊严理念广为传播并成为共识。人类在经历了两次世界大战的蹂躏之后,公平、正义、平等、自由、民主、法治等这些普世价值日益深入人心。特别是《联合国人权宣言》公布以后,这些以人的尊严理念为核心的普世价值逐渐得到国际社会的公认和各国人民的普遍拥戴。于是乎,建立在普世价值之上的自由民主制度被认为是人类政治的最佳选择和最终的制度进化归宿,成为各国人民向往的新的"乌托邦"。

柏林墙的倒坍、两德统一以及苏联、东欧的解体,更是从历史和现实层面使人们更加清醒和直观地感受到了民主制度的生命力。在面临着"合法性的衰落、经济发展和危机、外部势力的新政策、示范效应或滚雪球"等诱因[1]的情形下,民主制度似乎成为一劳永逸解决问题必然的选择,因而在出现了20世纪全球性的民主浪潮前赴后继、此起彼伏的景象。德国的示范效应直接影响了诸如匈牙利、波兰、爱沙尼亚等中欧和东欧国家的转型,鉴于历史文化和宗教信仰的相似性,这些国家纷纷效仿德国在宪法中落实对人的尊严的尊重和保护。德国的影响远远超越了欧洲,它对以色列以及以南非为代表的非洲国家宪法对人的尊严的认可起了决定性的影响。[2]

落后国家之积极仿效使得人的尊严在世界各个角落开花结果。贫穷落后似乎与人类形影相随,但是近现代西方民主国家都逐步与贫穷告别,贫穷貌似成为落后国家的专利。不难理解,20世纪之后,人们不仅仅将民主视为普世价值,也视其是摆脱贫穷走向富裕之不二法门。无论理论家们对民主的理解是否纠缠于"理性主义的、乌托邦的和理想

〔1〕 参见[美]亨廷顿:《第三波——20世纪后期民主化浪潮》,刘军宁译,上海三联书店1998年版,第54~118页。

〔2〕 参见 Christopher McCrudden, *Human Dignity*, http://papers.ssrn.com/Abastract=899687. p. 14。

主义的"还是"经验的、描述的、制度的和程序的"民主概念,出于摆脱贫穷走向民主和富裕之功利主义目的,摆脱殖民统治的国家、新近诞生的国家、新兴工业化国家、苏东解体以后的国家,纷纷模仿西方尝试建立民主制度,在其宪法中也相应地对人的尊严加以规定。

而随着世界经济一体化、国际间的市场分工与合作带来的新问题以及各个国家层出不穷的贫富差距加大、社会阶层固化、社会流动停滞、隐性剥削等问题,人们愈来愈感到应承认人作为人的基本尊严并对其加以切实保护。2005 年,曼德拉在伦敦特拉法加广场演讲时就强调:"这个世界上只要贫困、不公、不平等依然存在,我们每个人就不可能真正得到安宁。""战胜贫困与反对种族隔离一样重要。""如同奴隶制和种族隔离一样,贫穷并不是自然现象,贫穷是人为的,所以也能通过人类的努力和实际行动来克服。克服贫困并不仅仅依靠慈善事业,同样也依靠公正。克服贫困就是保护基本人权,获得尊严和体面生活的权利。"

最后,联合国不懈之努力最终将人的尊严从理念付诸行动。"二战"后,鉴于纳粹政权对人性的蔑视与践踏的惨痛教训,在 1948 年联合国人权委员会第一次会议通过了《世界人权宣言》,其前言中申明:"兹鉴于人类一家,对于人人固有尊严及其平等不移权利之承认确系世界自由、正义与和平之基础。"1966 年通过的《公民权利与政治权利国际公约》和《经济、社会、文化权利国际公约》都在其序言中强调:"对人类家庭所有成员的固有尊严及其平等不移的权利的承认,乃世界自由、正义与和平的基础,确认这些权利是源于人身的固有尊严。"1950 年《欧洲保护人权及基本自由公约》也作出了类似规定。自 1948 年以来,大约有 143 个国家的部分宪法条款可以被追溯到《世界人权宣言》。

至今,联合国已有近 40 余部公约对人的尊严作出了实质性的规定。不仅如此,各国在法律适用时都在不同方式和程度上诉诸人的尊严并形成了诸多宪法判例,欧洲人权法院等区际人权保障组织也在此方面做出了卓有成效的努力并取得了丰硕的成果,推动了各成员国对人的尊严保护的深度和广度。

三、缘木求鱼还是故步自封——形式法治与实质法治下道路之抉择

法治是相对于人治而言的一种治国理念与方略,已成为当代历史之潮流并广为接受。法治滥觞于西方,西方的法治化进程其间不乏波折,历经了从形式法治向实质法治转变的过程,其间的经验和教训值得我们借鉴。实际上,法治的概念在最初并无形式和实质之区分,根据亚里士多德对法治的诠释,法治原本的意思应包含两重意义:“已成立的法律获得普遍的服从,而大家所服从的法律又应该是本身制定得良好的法律。”[1]而在其后的研究与实践中,人们在各自价值观的引导下对法治做出的诠释与践行却是大相径庭。

在形式法治阶段,着眼于“已成立的法律获得普遍的服从”,即注重创制出一整套体系化、可操作的规则来规范人们的行为准则,强调法应具有至高的权威性,于是我们津津乐道于苏格拉底用自己生命演绎了形式法治的义举。如德国在19世纪初将法治诠释为法治国家(Rechtstaat),并以此来治理国家。但是,19世纪下半叶以后,法治国家的发展出现了明显的形式化倾向。但法治国家的制约公权力、保障人权之实质内涵被忽略了,立法者享有全能的、无所不包的权力,他甚至可以制定限制乃至废除基本权利的法律。[2] 对法治国家进行形式化的理解,最终导致法治国家蜕变成为“法律国家”(Gesetzesstaat),甚至与

---

〔1〕 [古希腊]亚里士多德:《政治学》,吴寿彭译,商务印书馆1997年版,第199页。

〔2〕 邵建东:《从形式法治到实质法治——德国“法治国家”》,载《南京大学法律评论》2004年第2期。

法治风马牛不相及的“暴力国家”(Machtstaat,Gewaltstaat),[1]魏玛共和国因形式法治摧毁了自己迎来纳粹专制的梦魇至今仍挥之不去。

在历经劫难之后,德国学者才醒悟到应将法治国家理解为:“行使国家权力,只有在宪法以及在形式上和实体上均合宪颁布的法律的基础上,以保障人的尊严、自由、正义和法的安定性为目标,才是合法的。”[2]也就是说,法治的核心价值乃是人的尊严,正是从人的尊严出发才导出人权及国民主权之原理,这些以人的尊严为核心之原理构成宪法的根本规范。[3] 正因如此,第二次世界大战后《德国基本法》第1条明确规定:“人的尊严不可侵犯。尊重和保护人的尊严是一切国家权力的义务。”第76条明确规定,基本法第1条第1款所确立的人的尊严原则,不在修宪所及的范围。德国由此确立了人的尊严是最上位的宪法原则,将人的尊严视为宪法的最高法律价值规范,尊重和保护人的尊严是国家的绝对义务,实质法治由此开端。

怵惕于法国大革命矗立在道德制高点之上不达目的而不择手段致使血流漂杵,更鉴于纳粹泯灭人性的暴行所导致的人类浩劫;至20世纪,其他西方国家更加珍视手段(程序)的正当性,形式法治式落、实质法治勃兴,尊重和保护人的尊严逐步成为共识,成为以《联合国人权宣言》为核心的众多国际公约之宗旨。

由此可见,如果将“法律必须被信仰,否则它将形同虚设”“没有信仰的法律将退化成为僵死的教条,而没有法律的信仰也易于变为狂信”[4]等此类形式法治理念过度推崇为僵化的信条,势必落入“恶法亦法”的窠臼,无异于缘木求鱼。但是,我们也应看到形式法治对社会进

〔1〕 邵建东:《从形式法治到实质法治——德国“法治国家”》,载《南京大学法律评论》2004年第2期。

〔2〕 Klaus Stern,Staatarecht in 5 Bǎnden,1980ff.,S. 781. 转引自邵建东:《从形式法治到实质法治——德国“法治国家”》,载《南京大学法律评论》2004年第2期。

〔3〕 参见法治斌、董保城:《宪法新论》,元照出版有限公司2004年版,第203~204页。

〔4〕 [美]伯尔曼:《法律与宗教》,梁治平译,中国政法大学出版社2003年版,第3页。

步所起的作用，它不仅增进了人们的规则意识，也促进了司法职业化和民主进程。

伴随着民主深入，形式法治逐步向实质法治过渡，即“良法之治”越来越成为社会共识。尤其是当文明发展到一定阶段，便会出现停滞现象及发展的“瓶颈”。如果抱残守缺、故步自封，必然会被历史无情地抛弃。唯有在制度层面上寻求突破即改革现有的制度，方能破解此难题。这是历史的惨痛经验和教训，更已是当下国际社会的共识。正因如此，一向对外封闭的阿拉伯国家也意识到“世俗民主”和“法治”浩浩荡荡之历史潮流，为确保政权统治的“合法性”而不得不向普适价值屈尊。不仅如此，越来越多的信奉伊斯兰教的国家认识到实质法治的核心价值——人的尊严——的重要性，[1]如前所述30个信奉伊斯兰教的国家在其宪法中对人的尊严做出了规定，其中包含异常顽固坚守传统伊斯兰教义的阿拉伯联合酋长国、巴基斯坦、阿富汗、苏丹和南苏丹。

但是我们也应看到，转型国家多是模仿西方成熟国家，因而难以领悟其中的真谛，仅是出于政权合法性功利主义考量或迫于民主殖民主义的某种程度的胁迫或基于历史潮流不可抗拒的考虑，其所建立的民主制度多是不求甚解、依葫芦画瓢、徒有光鲜的外表，在其后的发展中要么出现反覆，要么荆棘遍野举步维艰。如当下的埃及就是鲜明的例证。因为失去了实质法治核心价值，人的尊严的真实维系，统治的正当性大打折扣，进而危及政权的合法性，整个社会必然滑向动荡的深渊。

---

〔1〕 伊斯兰学者指出，人的尊严的理念不为基督教所独享，人的尊严的理念在伊斯兰世界有着深厚的宗教与世俗传统。对此可参见 Mahmoud Abbasi, Hamidreza Salehi, *Human Dignity: the Final Word on the Religious Ideas and Moral Thinking*, Iranian Journal of Medical Ethics, Vol. 1, Issue 1, 2012, pp. 16 – 36。此外，2006年7月，伊朗总统内贾德致信德国总理默克尔，提出共同推进“人的尊严”大业。2006年11月29日，内贾德通过伊朗驻联合国使团发布了一封致美国人民的公开信。内贾德在信中说，伊朗和美国人民有“共同责任推动和保护自由、人类尊严与正直”，“人类价值观和共同的人类精神……让我们两个伟大的国家靠得更紧密”。参见《内贾德再展书信外交》，转引自《天府早报》2006年12月1日，今日国际（A13版）。

目前的埃及政局变动就是一鲜明的例证。[1]

而在那些业已进入实质法治的西方发达国家，人的尊严多已入宪，更多的是要面对如何运用“公平”“正义”“人的尊严”等道德韵味浓厚的抽象原则指引立法、执法和司法。由于社会利益和价值日益多元化，在不同的价值观指引下，不同的人必然会对同样情形下适用同样概念做出不同的理解。尤其是在适用人的尊严这一高度抽象的概念时，“每个人都会赞同‘人的尊严至关重要’，但是对于为什么、以何种形式，看法却不尽相同。”[2]有时甚至会做出迥异的诠释，正如有学者指出：“实质法治中的福利法的实施本意是为个人特别是处于不利社会地位的人们行使权利和自由以及维护尊严提供必要的物质条件，但结果却造成了对私人自治的侵犯，对个人自由的干预，以及对个体尊严的冒犯。”[3]因此，西方发达国家目前所面临的难题是：虽然不能统一价值观，但是应努力避免法律适用时出现价值判断龃龉，即在法学方法论上尝试采取步调一致。

本章小结

人的尊严在20世纪之后备受推崇，不仅为众多国际人权公约所肯认，而且人的尊严入宪俨然成为一种潮流。人的尊严之所以受到如此的重视是多种因素综合作用的结果，并非某一单纯因素所能决定，我们必须将其放置于世界经济一体化、政治趋同化、普世价值之认可与接纳

[1] “阿拉伯之春”后，埃及经全民公决通过新宪法，首次通过民选的总统穆尔西却推行政教合一举措，背离了宪法世俗化之宗旨，军方于2013年应国内民众回归世俗化的诉求而将总统赶下台，各方游离法治的举措使得埃及局势越发恶化。

[2] Christopher McCrudden, *Human Dignity and Judicial Interpretation of Human Rights*, European Journal of International Law, Vol. 19, Issue 4, 2008, p. 678.

[3] [德]哈贝马斯：《在事实与规范之间》，童世骏译，三联出版社2003年版，第630页。

以及本国、地区的历史文化传统等大背景下具体评判。

在某种意义上而言，这是一个人的尊严丧失殆尽的年代，这也是一个到处廉价地高谈阔论保护人的尊严的年代。因此，对于那些形式法治进程中的国家，应将人的尊严视为一切行动的出发点，作为公民对抗国家的最后一道防线；而对于那些实质法治国家，应始终恪守人的尊严这一神圣理念，敬畏权利、限制权力。

CHAPTER 04 >>

第四章

人的尊严之司法实践

"人，之所以为人，第一是要自己有尊严；第二是尊重别人的尊严，而且是诚挚地尊重。"[1]

——柏杨

由于各个国家法治与人权发展历程异彩纷呈，加之历史文化、传统等因素的差异，那些根植于本国深厚法治传统的西方发达国家对待人的尊严之态度以及丰富的经验，使那些在殖民化、民主化浪潮中被动学习和仿效的国家难以望其项背。联合国以及区域性人权组织对人的尊严的重视，不仅在国际层面开拓了人的尊严适用经验，也推动了各国的实践，逐步将人的尊严的适用与保障提升到一个更高的层次。

[1] 柏杨：《我们要活得有尊严》，人民文学出版社2009年版，序。

第一节 原生国家之司法实践[1]

一、德国之司法实践

(一)1951 年人的尊严第一案[2]

1951 年,德国有位律师在“二战”中去世,他的妻子成为寡妇后无法找到合适工作,而且还养育有从 6 岁至 16 岁不等的 3 个孩子。于是她向法院提起诉讼控诉政府当局对其生活照顾不周。其理由是:她与其他战争寡妇的处境大为不同,她和她的孩子们无法根据国家福利法律规定而领取每月 3 德国马克度日。德国宪法法院经审理认为,没有证据表明立法机关是以武断的方式来设定各种福利标准而对诉愿人造成不公平对待,于是驳回了她的诉愿。

虽然诉愿人最终败诉,但是德国宪法法院在判决中指出:“(基本法)第 1 条第 2 款所规定的‘尊重和保障人的尊严’并没有对国家设定积极的‘保障’义务,这种义务虽然不包括保证个人免于物质匮乏,然而却包涵保障免受他人进行诸如贬损人格(*Erniedrigung*)、指责(*Brandmarkung*)、虐待(*Verfolgung*)和排挤、流放(*Ächtung*)以及其他类似行为的侵扰。”

(二)1970 年监听案[3]

1945 年德国被占领后,占领国首先根据占领法对书信、邮件以及电

---

〔1〕 本章所列各国判例,若未指明出处,则均源自其所在国的最高法院、宪法法院、宪法委员会等官方网站。

〔2〕 BVerfGE1,97(1951). 参见 Catherine Dupre, *The Age of Dignity: Human Rights and Constitutionalism in Europe*, Hart Publishing Ltd, 2015, pp. 103 - 104。

〔3〕 BVerfGE 109,219(1970). 此案的详情参见司法院大法官书记处编:《德国联邦宪法法院裁判选辑(八)——人性尊严与人格发展自由》,天松印刷文具有限公司 1999 年版,第 226 ~283 页。

讯往来进行监视。在德意志联邦共和国(东德)成立后,乃至1955年德意志联邦共和国(西德)成立后,美、英、法西方占领国仍然继续进行监视。1968年6月西德对其基本法进行修改,根据《第17次基本法修订法》(BGB1. I,S.1)第1条第2款的规定:"第10条修改后条文如下:'2.第10条 书信、邮件及电信秘密是不可侵犯的。限制措施只得基于法律而为。如果该限制措施有助于自由民主基本体制、联邦或联邦存续或安全的保护,则该法律可以作以下之规定:该限制措施将不告知当事人,而且以议会所任命之机关或辅助机关进行事后审查来取代诉讼救济途径。'……6.第19条第4款增加以下文句:'第10条第2款第2句之规定除外。'"而在其后的1968年颁布的《书信、邮件及电信秘密限制法》(BGB1. I,S.949)中对造成侵害的可能性以及程序进行了详细规定。对此,黑森州政府于1969年9月29日向联邦宪法法院提出"抽象性规范审查",要求对《第17次基本法修订法》(BGB1. I,S.1)第1条第2款进行审查,因该条款经由增订基本法第10条第2款第2句后段,允许由民意代表所任命之机关作事后审查以代替司法审查救济途径,另外也对该法(《第17次基本法修订法》)第1条第6款进行审查;要求对1968年8月13日所颁布的《书信、邮件及电信秘密限制法》(BGB1. I,S.949)第9条第5款进行审查;……"

联邦宪法法院经审理认为,根据基本法第79条第3款之规定,基本法第1条所指出的"人的尊严不可侵犯原则"不得经由修宪程序而变动,所以关键在于确定何种情况下人的尊严可能受到侵害。显然这不能泛泛而论,只能视个案而定,因"人民不得被贬抑为国家权力的客体"等一般原则只能指出,可能在该领域有人的尊严受到侵害的情形发生。当不顾及人民利益而且必须迁就其他利益时,人民往往不只是社会情况及社会发展的客体,也是法的客体。但是不能只凭此就认为人的尊严受到了侵害。除此之外,人民的主体应当受到原则性的质疑,或者在具体案例中人的尊严被恣意地蔑视。如果欲认定执法的公权力机关对待人民时侵犯了人的尊严，它必须表现出蔑视人之所以为人所应有的价值，也就是说这是一项蔑视的对待。……虽然尊重人民主题性原则通常要求，人民不只是权利主体，而且为了防御与贯彻其权利，他应能进行诉讼程序而且在法院陈述事实与立场，在这里也就是说享有法院救济程序。但此一"不得侵害人的尊严"之原则向来都有例外。无论如何，当排除法院救济程序并非基于对人对事蔑视与低估，而是出于"保护民主体制与国家存续措施"保密的必要性，则并未侵害人的尊严。如果相反地，经由排除法院救济途径当事人将受到行政机关自己决定所摆布，那就侵犯了人的尊严。

（三）1971 年梅菲斯特案〔1〕

1963 年，德国一家出版公司向世人预告其打算出版已故流亡作家克劳斯·曼（Klaus Mann）业已在荷兰出版的小说《梅菲斯特》（Mephisto，魔鬼）。小说是以当时的一名演员格林更斯（Gustaf Grundgens）为蓝本，描述他与纳粹同流合污的卑劣行径。于是，格林更斯要求出版社不予出版，但出版社严词拒绝。于是，他以自杀以示抗议。其继承人遂对出版社提起诉讼，认为该小说已是一部"影射小说"而非艺术作品，请求法院机制禁止该书的复制、散布及出版。诉讼历经汉堡地方法院、汉堡高等法院、联邦法院，最后诉至德国宪法法院，主张联邦法院及汉堡高等法院所做的判决违反基本法第 1 条，第 2 条第 1 款，第 5 条第 1 款、第 3 款、第 14 款，第 103 条第 1 款及比例原则与安定原则等宪法原则。

联邦宪法法院认为，尽管基本法第 5 条第 3 款对艺术自由保障条文

〔1〕 30 BVerfGE 173（1971）．此案的详情可参见胡建淼主编：《外国宪法：案例及评述》（下册），北京大学出版社 2004 年版，第 704 ~707 页。

中,并未提及对艺术、学术及研究自由的限制,在理论上似乎是一种"无限制保留"的人权,但并不意味着人民可以无限制地拥有上述人权,只是限制这一自由保障的界限只能依宪法自身来确定。因此,在本案艺术自由的保障与宪法保障的人格权发生冲突时,应以基本法上的价值秩序为标准,并考虑在此价值体系中的一致性。除了基本法第1条第1款,人的尊严的保障可对所有人权条款加以限制外,同是基本法所揭示的"法治国家原则"(第18条及第20条),也可作为限制所有人权的依据。限制艺术自由也和限制其他人权一样,是基于公共利益的正确考虑,并应该经过所涉及人进行法益间的"利益衡量"及"比例原则"的使用。

联邦宪法法院还认为,人之所以有尊严,完全取决于其之现存在(per-sonsein),即使是在人死之后,人的尊严也受保障,也是高于一切的宪法价值。因为,"只有个人可信赖其人格形象在死后能得到基本保护,并在此期待中生活,其生前的人格尊严和个性自由发展才能得到充分的保护。"[1]只是,当名誉权受害者已死亡时,社会对死者的印象已经退色,并随着时间的推移,其受保护的利益也逐渐降低。

(四)第一次堕胎案与第二次堕胎案[2]

1974年6月,德国《第5次刑法改革法》重新规定了对堕胎行为的惩罚措施,对《刑法典》第218条至第220条作出了修正。193名联邦议会议员以及一些州政府根据《德国基本法》第93条第1款第2项以及《联邦宪法法院法》第13条第6项,向联邦宪法法院提出审查《第5次刑法改革法》第218a条合宪性的请求。依照该法中所谓"期限规定",

---

〔1〕 Soergel,BGB-Kommentar,13. Aufl. 2005 § 823 Rn. 26.

〔2〕 BVerfGE 39,1(1975),BVerfGE 88,203(1993). 此案的详情可见张翔主编:《德国宪法案例选释》(第1辑:基本权利总论),法律出版社2012年版,第144~183页;另第二堕胎案详情也可见司法院大法官书记处编:《德国联邦宪法法院裁判选辑(八)——人性尊严与人格发展自由》,天松印刷文具有限公司1999年版,第1~181页。

在满足特定条件下,在怀孕开始的12周内实施的堕胎行为免受刑事处罚。

宪法法院经审理认为,国家针对每一个人生命的保护义务不仅可以直接从第2条第2款第1句中得出,还可以从第1条第1款第2句这一明确规定中得出,因为孕育中的生命也受到第1条第1款人的尊严的保护。人并非在出生后才有尊严,孕育中的生命同样享有人的尊严。只要存在人的生命,就存在人的尊严。至于主体是否意识到这一尊严,是否知道维护尊严,并不起决定作用。国家的保护义务是广泛和全面的,不仅当然要禁止来自国家自身对于孕育中生命的直接侵害,还要求国家对于这类生命采取保护和促进措施,只要旨在防止来自他人的违法侵害。因此,在母亲面前,国家也要原则上履行对孕育中生命的保护义务。怀孕属于妇女的私人空间,受到《德国基本法》第2条第1款及第1条第1款的保护。如果仅将胎儿视为母亲的一部分有机体,那么堕胎只是私人生活规划的一部分,立法者不得介入。但胎儿具有独立的人之属性,受到宪法保护,因此胎儿就具有了社会意义,国家可以甚至需要介入和规制。宪法所保护的个人人格的自由发展包括了最全面意义上的行为自由,因此也包括对妇女自我负责的保护,妇女原则上可以选择不做母亲,不承担父母负有的义务,但这一权利不是不受任何限制的,任何权利都要受到他人的权利、宪法制度和道德法的限制。

在第一次堕胎判决作出后,德国议会于1976年5月通过了《德国刑法第15次修改法》,对《德国刑法典》第218条及以下的规定进行了修改。该次修改主要针对在胚胎着床后实施的堕胎行为原则上处以刑罚。但考虑到孕妇所处的特定紧迫状况,如果医生根据相关专业知识断定适合堕胎,那么在孕妇自愿的情况下,在特定期限内由医生实施的堕胎免受刑事处罚。1987年3月,德国议会颁布了新的《德国刑法典》。1990年3月,巴伐利亚州政府向联邦宪法法院提出:针对《德国刑法第

15 次修改法》第 218b 条第 1 款第 1 句和第 2 款、第 219 条第 1 款第 1 句的规定，可以进行宪法审查的申请，具体申请审查这些条款中关于紧迫状况中堕胎的规定。

宪法法院经审理认为，胎儿的生命权并非基于母亲的认可与接受才产生，而是基于其存在，胎儿生命权是源于人的尊严的不得让渡人的基本权利，其适用不取决于特定的宗教和哲学信仰……对孕育中生命的保护义务与个别生命相关，而不只是涉及普遍性的人之生命。从孕妇所享有的尊严和保护人的尊严（《德国基本法》第 1 条第 1 款）的请求权角度来看，孕育中生命的生命权所影响的法益主要包括孕妇的生命权和身体不受侵犯权（《德国基本法》第 2 条第 2 款）以及人格权（《德国基本法》第 2 条第 1 款）。在确定具体的保护方式和范围时，立法者须注意"保护不足之禁止"原则，否则将受到宪法的司法审查。国家必须考虑到相互冲突的法益，从而提供一种适当的保护。处于遵循"保护不足之禁止"原则，法律制度对保护方案的规划必须符合最低要求，这包括在整个怀孕期间原则上将堕胎视为非正义行为并在法律上予以禁止。……哪怕仅在有限时间内，孕育中生命的生命权也不得取决于第三人——甚至包括母亲在内的不受法律约束的自我决定。考虑到介入社会领域的最高强度，刑法并不是法律保护的首选手段，其适用需遵守比例原则，如果某一行为除了必须禁止，还会对社会公共秩序产生特别的危害，即属于公共生活无法容忍的亟待阻止的行为，那么刑法属于最后手段。而且，宪法原则上不阻止立法者改变对孕育中生命的保护方案，在怀孕初期的矛盾重点将放在对孕妇提供咨询上……这一咨询方案需要那些能够为促使孕妇作出有利于孕育中生命的行为创造积极前提的框架性条件。国家为实施咨询程序承担全部责任。……但孕妇在前 12 周接受咨询后请求医生所实施的堕胎，若未经确认为合适的，不得被声明是正当（不违法）的。

(五)1977年无期徒刑案[1]

1973年5月13日晚上,柏林警官戴托莱福(被告人)杀害了22岁的吸毒者琼塔。被告人以前有过贩卖毒品的行为,并且受到了受害人的告发威胁。被告人为了杀人灭口,将正在吸毒的受害人从背后枪杀。由此,被告人以杀人罪受到起诉。弗奥廷地方法院根据刑事诉讼程序,确认了被告人的犯罪事实,明确了被告人为掩盖其罪行而故意杀人,依据《德国刑法典》第211条,以杀人罪判处被告人有罪。但是,该地方法院对《德国刑法典》第211条第1款是否违背《德国基本法》第1条、第2条第2款、第19条第2款以及结合第3条第1款法治国家原则的规定存有疑虑,便中止了刑事诉讼程序,根据《德国基本法》第100条第1款的规定,将案件移送至联邦宪法法院。

联邦宪法法院认为,无期徒刑意味着对当事人基本权利的最深刻侵害,人身自由只有基于特别重要的利益才能加以限制,而对人身自由的终身限制必须经过严格的合宪性审查。对人的尊严的尊重与维护是立宪原理。自由人的人格和尊严是宪法内部秩序中最上位的价值。国家权力应当以各种形式来保障人的尊严。……立法者为了保护社会共同生活,必须要确立每一个人自由活动的界限。……从与社会、国家相关联的《德国基本法》第1条第1款来看,对犯罪分子施以刑罚,实际上是以国家义务的要求来保障人的最低限度的尊严。

(六)1981年"窥视表演案"[2]

1981年,有位商人为了经营窥视表演活动,于是向政府申请相关营业执照。该商人预计的经营方式是,顾客坐在环绕着舞台的单人包间

---

[1] BVerfGE 45,187,Urteil v. 21. 6. 1977. 此案的详情可参见韩大元主编:《外国宪法判例》,中国人民大学出版社2005年版,第69~71页。另参见张翔主编:《德国宪法案例选释》(第1辑:基本权利总论),法律出版社2012年版,第184~209页。

[2] BVerwGE 64,274(1981). 此案的详情可参见李累:《宪法上人的尊严》,四川人民出版社2010年版,第75~76页。

中,在付款后包间窗户方开启,顾客便透过窗户欣赏舞台上的裸女表演。政府部门拒绝就此申请颁发营业执照。其理由是,根据法律,如果展示人的行为违反良好的道德标准,那么政府有权依法拒绝该项申请。该商人对此决定不服,于是诉诸法院,后经上诉至联邦行政法院。

联邦行政法院判决认为,尊重和保护"人的尊严"是基本法的基本原则,违反了这个原则,也就违反了道德。虽然仅仅展示女性人体的脱衣舞并不侵犯"人的尊严",然而,窥视表演根本不同于一般的脱衣舞表演。如果脱衣舞女在传统的舞台上做传统的表演,直接面对观众,那么,表演者的个性不受损害。可是,在窥视表演中,女人被置于一个贬低人格的位置上,她被当作一个客体(物):单纯展示女性裸体、受商人摆布、为观众提供视觉刺激、缴费、观众藏在包厢中等因素加在一起,使女人成为纯粹刺激观众的性的兴趣的客体(物)。即使表演者是受过训练的,是为获得报酬而自愿表演的,仍然不能化解侵犯"人的尊严"的问题。"人的尊严"是客观价值,不可任意处理,利害关系人不得放弃,权利主体的抛弃归于无效。

(七)2004 年 Daschner 案〔1〕

2002 年,犯罪嫌疑人以获取赎金为目的绑架了一名 11 岁的少年。警方抓获了犯罪嫌疑人,为了获取少年遭囚禁的地点,警察对犯罪嫌疑人威胁要实施刑讯行为。犯罪嫌疑人迫于心理压力,交代了人质已被杀害的事实以及藏尸处。2004 年,指示进行威胁性刑讯行为的警察副署长 Daschner 和直接威胁的高级警察均以违反强制罪遭到起诉。2004 年 12 月 20 日,法兰克福地方法院做出判决,该副署长罪名成立,其行为违反了《德国基本法》第 1 条第 1 项的规定。

---

〔1〕 NJW 2005,692,2004. 此案的详情可参见王涛:《晚近德国法上禁止刑讯与保护人性尊严之讨论》,载《国家检察官学院学报》2013 年第 6 期。

法兰克福地方法院在判决中指出："根据基本法第 1 条第 1 项，人的尊严不可侵犯。任何人不得被国家权力作为客体，成为被施暴的恐怖对象。""尊重人的尊严是法治国家的基础。制宪者完全有意识地将其写在宪法的开篇。生命权以及身体不受侵犯权则紧随其后，位列基本法第 2 条第 2 款，其根源于国家历史。德国联邦共和国成立之际的文件表明，对纳粹统治的极度憎恶，明白无误地存在于每一个制宪会议代表的脑海中。""严格禁止对犯罪嫌疑人进行权力威胁，系前述利益衡量之结果。这在基本法制定之际早已成文。此时，本质问题即刑事司法之保护及机能性。""以获取信息为目的而进行苦痛折磨，应予避免。强制手段与强制目的之间的内在关系（目的与手段之关联），在更高层面上则属于反伦理行为和反社会行为。这一价值概念，是不可破毁的基本法第 1 条第 1 款中的价值。因此，对人的尊严予以侵害，即使主观上出于拯救孩子生命之目的，同样应受到非难。"

（八）2006 年航空安全法案〔1〕

"9·11"之后反恐成为各国面临的难题，加之 2003 年德国发生了一起武装劫持一架运动飞机事件，德国警方与空军不得不将其迫降。这最终导致了 2005 年 1 月其颁布《德国航空安全任务的新规定法》。该法在第 3 章"通过军队所进行的援助及公务扶助"第 13 条至第 15 条规定，在特定情况下，军队可以对航空领域内的被劫持的飞机使用武器进行警告射击。巴伐利亚州和黑森州政府遂提请联邦宪法法院对此进行审查。

宪法法院经审理认为，如果允许国家击落包含无辜乘客和乘务人员的飞机，则不仅是犯罪行为人将他们视为客体，国家也同样出于挽救

---

〔1〕 此案的详情可参见张翔主编：《德国宪法案例选释》（第 1 辑：基本权利总论），法律出版社 2012 年版，第 237～263 页。

其他人生命的目的而将这些人视为纯粹的客体……在此情况下,他们将无助地与航空器一起被击落——并基本上可以确定是被杀害,如此行为明显漠视这些无辜乘客及乘务人员作为有尊严及不可剥夺之权利的主体地位,他们将因为作为挽救其他人的工具而被物化并剥夺了相应的权利。……即便不考虑实施评估过程中的不确定性,即便在防范危险领域预测的不确定性是不可避免的,但根据《基本法》第1条第1款的人的尊严的规定,通过一个法律授权在未深思熟虑的情况下故意剥夺无辜者——如置身于一个对于他们来说毫无希望的处境中被劫持飞机中的乘客及乘务员——的生命的做法也是无法想象的,无论如何立法者的这种授权都不能认定为合法。在这里,同样不该决定的是,一个无论如何都要进行的射击以及与之相关的规定在刑法上应该如何去评估。对于宪法上的评估来说,唯一具有决定性的是,立法者不能通过创设法律上的干涉权限授权采取《航空安全法》第14条第3款中规定的措施来针对无辜者,这些措施不能以此方式而被认定为合法并藉此而被允许,它们作为非战争方式的动用武力与生命权以及国家尊重和保护人的尊严的义务并不相符。

二、法国之司法实践

(一)《人身尊重法》与《器官捐献与人体利用法》合宪与否案[1]

1994年7月,法国议会通过3个旨在规范生物技术的法律。其中的2个被法国国民议会和68名议员联名提交至法国宪法委员会进行审查。这两部法律均涉及"尊重人身"以及捐献和利用人体器官、人体制品、医疗辅助生殖、孕期诊断等事宜。

法国宪法委员会经审查认为:"……鉴于1946年宪法序言在开篇

[1] Decision n° 94/343/344 DC, 27 July 1994. 此案是法国人的尊严第一案。

便重申确认权利、自由和宪法原则：‘自由的法兰西人民刚刚战胜了奴役和践踏人性的社会。法兰西人民重申，无论任何民族、种族或信仰，任何人都享有神圣的不可剥夺的权利。’……鉴于所审查的法律制定了一系列以人为本、尊重人之生活免受滋扰、人身完整、人体不可让渡且不可交易以及种族完整等原则；鉴于这些原则有助于确保人的尊严这一宪法原则的落实；鉴于所有这些所审查的条款都毫无偏差地符合并贯彻了宪法原则。”因此，宪法委员会作出如下裁决：人身尊重法和捐献与利用人体器官、人体制品、医疗辅助生殖与孕期诊断法合宪。

（二）1995年投掷侏儒案[1]

1994年，奥日河畔莫桑镇（Commune of Morsang-sur-Orge）镇长下令，禁止在该镇各个Disco舞厅举行“投掷侏儒”的表演。原告不服，遂诉至行政法院。

1995年1月27日，最高行政法院做出判决明确表示，投掷侏儒是一种蔑视人的尊严的行为，人的尊严是公共秩序的内容之一；公共秩序不应仅限定在“具体的和外在的”狭小领域内，对人性的尊严也应包含在其中，而公共权力机关必须对人性给予应有的尊重。

最高行政法院在判决中指出：

鉴于根据城市法L.131－2的规定：“城镇警察应确保良好的秩序、安全、防卫以及公共健康。”

鉴于是公共权力机关赋予了其辖区警方权力去采取必要措施防止破坏公共秩序的行为；尊重人的尊严也是这些公共秩序的考量因素之一；即使在非特殊情形下，赋予警方权力的公共权力机关有权对引发侵犯人的尊严的行为予以禁止。

鉴于“投掷侏儒”这种公众表演活动是由观众投掷侏儒，此举是将

[1] CE Ass.，Oct. 27，1995，Rec. Lebon 372，aff'd. 这是法国行政法院首个关于人的尊严的判例。

残障人士作为投掷物来投掷并以此为乐；正是由于将侏儒作为特殊的投掷物，这种表演是对人的尊严的冒犯；因此，即使在非特殊情形下，赋予警方权力的公共权力机关有权禁止该表演活动。但是，其间必须采取某些特定保护措施以确保相关当事人的安全以及那些付费参加此活动的观众的安全；……

鉴于对工作自由和营业自由这些原则法律的尊重，以及工商业活动不得妨碍公共权力机关赋予警方禁止某项活动的考虑，如果这种禁止措施的目的在本质上是为了防止或终止破坏公共秩序，那么即使欲被禁止合法也不得有例外；本案所涉及的表演活动所面临的情形即属于被禁止之列……

(三)《关于修改2011年7月7日No. 2011－814授权胚胎与胚胎干细胞研究法律的法律》的合宪性[1]

根据《关于修改2011年7月7日No. 2011－814授权胚胎与胚胎干细胞研究法律的法律》的规定，如果出于纯粹的医学研究目的而且进行了有效的保障措施，授权胚胎与胚胎干细胞研究法律不违背人的尊严的原则。法国宪法委员会裁决认为，该法律合宪。

法国宪法委员会在裁决中认为，根据该胚胎干细胞研究的法律，在未经许可的情况下，禁止进行任何人体胚胎研究。而且，这种许可是有各种条件限制的。尤其是人体胚胎干细胞研究必须以医疗为目的，而在现有的科技水准下，不可能开展此类人体胚胎或胚胎干细胞的研究。而且，此类研究或许只有在为不孕夫妇提供人工辅助手术时才能将胚胎植脱离母体进行研究。而这需要获得胚胎提供者夫妇双方的书面同意才可进行。法国生物医疗机关不能仅凭符合法律规定就做出准许人体胚胎研究的许可决定。

---

〔1〕 Decision n° 2013－674 DC, August 2013.

对于申请人辩称的法律对此做出的新规定违背了保障人的尊严的原则，法国宪法委员会认为，该法律对人体胚胎研究所设定的条件并非如申请人辩称的那样措辞含糊、充满歧义，其规定符合法律的可操作性和准确性这一宪法要求。尽管法国议会为了促进人体胚胎研究而修订了一些旨在规范许可人体胚胎及其干细胞研究的规定，但是它却要求只有在确保提供有效保障措施时才能做出此类研究的许可决定。因此，这些新规定并未违反人的尊严保障原则。

三、美国之司法实践

独立宣言、美国宪法及其修正案中均未出现过"尊严""人的尊严"的措辞。据学者考证，"尊严"一词最早出现在 *Chisholm v. Georgia*〔1〕一案中。〔2〕 在该案中，Wilson 大法官并未将国家的尊严与人的尊严区别开来，而是一并予以探讨："作为有用和有价值的构想而显现的国家，其地位低于人这种缔造物；正是从人的尊严才演绎出一切人所必备的重要性。"此后的一百多年后即于 1896 年，Field 大法官才在 *Brown v. Walker* 案〔3〕中再次使用"人的尊严"这个久违了的措辞：禁止堕胎的权利源自"已根植于英语人民心中数以百年之久的个人自我尊重、自由、独立和尊严等情感中"。对人的尊严的理解与诠释的颠覆性变化始于 20 世纪 40 年代。在 *Glasser v. US*〔4〕案中，Frankfuter 大法官在判决中指出，权利法案的保障并不抽象，在个案中衡量自由和尊严是否受到了侵犯应视具体情况而定。而在 *Skinner v. Oklahoma*〔5〕案中，Jackson 大法官指出，对于

---

〔1〕 2 US 419,455(1793).

〔2〕 Aharon Barak, *HumanDignity: The Constitutional value and the Constitutional Right*, Cambridge University Press, 2015, p. 193.

〔3〕 161 US 591,455(1896).

〔4〕 318 US 332(1943).

〔5〕 316 US 535(1942).

法律上代表的多数人通过牺牲少数人的尊严、人格以及自然权利而进行的生物实验而言,必须对此设定界限,即使对那些被多数人定性为犯罪分子的人而言,这种界限也是必需的。在1943年的 *McNabb v. US*〔1〕案中,Frankfurther 大法官指出,在一个以尊重所有人的尊严为核心的民主社会中,自然地保障人民免受执法过程中权力滥用的滋扰。此后,人的尊严的案件层出不穷,如 *State v. Louisville & Nashville Railroad Co. et al.*〔2〕、*Korematsu v. US*〔3〕、*Screw v. US*〔4〕、*In re Yamashila*〔5〕、*Homna v. Patlerson, Secretary of War*〔6〕。人的尊严的概念逐步映入人们的视野。第二次世界大战后联合国《人权宣言》以及接踵而来的1946年两个国际人权公约的拟定,这无疑对人的尊严理念的传播起到了推波助澜的作用。因此,从1946年后,美国对人的尊严的认知开始逐步有了新的发展。

在此,节选美国关于人的尊严的经典的判例。

(一)*Schmerber v. California*〔7〕

在1964年11月12日的晚上,Armando Schmerber 和一名乘客在酒后开车回家时撞在一棵树上,他们因此受伤并送往医院治疗。后来警察来到医院调查,要求他们提交血样,他们予以拒绝。虽然警方没有搜查令,但是警察通知主治医师强行获得血样。警方依据血样分析结果而逮捕了 Armando Schmerber 及其同伴。他们不服,遂诉诸法院,最终上诉至最高法院。

最高法院以5比4少数服从多数作出判决,认为,强制提取和分析血液样本不属于强迫作证;因此,该行为不违反第五修正案不得自证其

〔1〕 161 US 455(1896).
〔2〕 323 US 192 (1944).
〔3〕 323 US 214(1944).
〔4〕 325 US 491 (1945).
〔5〕 327 US 1(1946).
〔6〕 327 US 759(1946).
〔7〕 384 US 757 (1966).

罪的权利。威廉·J.布伦南大法官在判决中指出,“第四条修正案最为重要的作用是保护个人隐私和尊严免受国家非法侵犯。”

(二)*Hope v. Pelzer*[1]

Larry Hope 因犯罪入狱服刑,在服刑期间,狱警多次把他捆在木桩上暴晒,而且不让他喝水。Hope 为此而将狱警诉诸法庭,要求赔偿其损失。

最高法院在判决中指出:在没有急救措施的情形下,狱警明知起举动会对 Hope 的身体造成巨大伤害,还要用手铐将其铐在木桩上长达七个小时之久,而且使其身体遭受难以忍受的剧痛,此外还要暴晒在毒热的太阳之下,长时间忍受干渴和嘲弄并且禁止上厕所,由此对他造成特别的不适和羞辱。此举是无端施加不必要的痛苦的行为,是为法律所禁止的,是对人的尊严的侵犯。

(三)*Obergefell v. Hodges*[2]

美国最高法院以5比4最终通过裁决,裁定同性伴侣有权在全美同性婚姻合法化,意味禁止同性婚姻的14个州要终止针对同性婚姻的禁令。赞成的最高法院大法官安东尼·肯尼迪(Anthony Kennedy)在判词中指出:“同性恋者希望结婚,不应被判以孤独生活,不应被排除于其中一条文明世界中最古老的制度。他们要求在法律中获得同等尊严。因此,宪法赋予他们(同性婚姻)权利。”

最高法院在判决中指出:“宪法承诺的自由都有其界限……自由包括诸多赋予所有人在法律框架内界定和表达其身份的权利。”最高法院援引 *Griswold v. Connecticut* 的判决,认为第十四修正案正当程序条款中规定的基本权利已“扩展至以个人尊严和自治为核心特定的个人选择行为,这包括确定个人身份认同及信仰的私人选择行为”,但是

---

〔1〕 536 US 730 (2002).

〔2〕 576 U.S. (2015).

对这些基本权利确认和保护并未被程式化。正如最高法院在 *Loving v. Virginia*、*Zablocki v. Redhail* 以及 *Turner v. Safley* 案件的判决中表明的那样,结婚的权利也被扩展为这种基本权利。

赞成多数意见的安东尼·肯尼迪(Anthony Kennedy)大法官在判决中指出:"没有一个结合能比婚姻更为意义深远,因为当中体现了最梦寐以求的爱、忠诚、投入、牺牲和家庭。形成婚姻存续期间,赋予两人的责任远比以往原本彼此独立的他们更多。正如此类案件中的一些诉请人指明的那样,婚姻使爱绵延不断,乃至跨越了生死。人们对这些陷入婚姻纠葛的男女多有误解,误认为他/她们对婚姻持不尊重态度。他们苦苦争取恰恰说明了他们尊重婚姻,而且他们对婚姻给予太多尊重以至于他们将婚姻视为一种自我实现。他们希望其行为不受人谴责,不希望因此而被世人孤立并聊度余生,不希望被这个文明社会最古老的婚姻制度拒之门外。他们诉求在法律中获得同等尊严。因此,宪法赋予他们(同性婚姻)这权利。"

令人有趣的是,托马斯(Thomas)大法官竟然也在其不同意见中运用"人的尊严"反击多数意见:

或许我们认识到此类案件实际上并不涉及人们通常所理解的自由,最高法院多数意见以长篇宏论确认其对本案的判决关乎同性配偶的"尊严"。当然,其推理的瑕疵在于宪法并未规定"尊严"条款,即便宪法做出了这种规定,政府也无权赋予(民众)尊严。

尊严在这个国度始终被认为是人所固有的。当制宪者们在独立宣言中宣称"人生而平等"并"由上帝赋予了不可让渡的权利"时,他们所援用的就是所有人都是按照上帝的镜像创生并因此而具有固有的价值这一理念。该理念正是美国赖以建立的基础。

伴随此而产生的原则就是人的尊严不能被政府褫夺。由于政府的原因而使奴隶受到奴役,因此奴隶也不能丧失尊严(虽然他们已丧失了某些人性)。那些被关押在集中营的人之所以不享有尊严,只是因为政府囚禁了他们。而那些拒绝从政府那里获得利益的人士之所以没有丧失尊严,只是因为他们拒绝从政府那里获得利益。政府既不能赋予尊严,也不得褫夺尊严。

多数意见对此的误解因此而被深深地掩盖,但是这种误解对多数意见所贬损的人所享有的尊严影响不大。国家对此类涉及人的尊严的案件提交的答辩所带来的不利后果并不能影响法院对这些案件中人的尊严侵犯与否的判定。国家拒绝适用维持传统对婚姻界定的法律的做法,也不会对选出他们的人民的尊严产生影响。这些法律的有效性与否并不影响坚持传统婚姻观念的人的尊严。对这个国家赖以建立的基石的自由和尊严的理解的藐视,也不会影响那些坚信传统婚姻观念的美国人民的尊严。

就如同宪法诞生之前的《独立宣言》那样,我们的宪法根植于如下简单的真理:个人的自由(并未提及尊严)才是用以抵御国家(而非由国家赋予)的利器。

首席大法官罗伯茨在此案宣判后单独公开发表不同意见以示其对最高法院多数意见的强烈不满:“毕竟宪法中没有‘伴侣和理解’或者‘尊贵和尊严’条款。他们的论点是婚姻法违反了十四修正案的隐含权利,即自由不能未经正当法律程序而被剥夺。”

四、英国之司法实践

(一)*A and others v. East Sussex County Council*[1]

A和B是姐妹,分别生于1976年和1980年,案件发生时年龄分别是26岁和22岁。她们不仅严重残障,而且患有严重的学习障碍。她们

[1] [2003]EWHC 167(Admin).

将 East Sussex 县委员会(ESCC)诉诸法庭,主张根据英国 1948 年《国家救助法》第 29 条和 1970 年《慢性病患者和残障人员法》第 2 条以及 1990 年《国家保健和社区保障法》第 47 条的规定,县委员会应履行救助义务为她们的生活提供便利。

英国贵族院判决认为:

……本案首先涉及人的尊严的问题。的确,《欧洲人权公约》并未使用"人的尊严"这一措辞,但是它却确实贯穿于第 8 条,而且几乎整个公约中的每个条款中均可见其身影。肯认和保障人的尊严是我们社会诸多价值中的一个价值(实际上是核心价值),而且这也是所有作为欧洲大家庭成员的社会的价值,更是指引《欧洲人权公约》中规定的诸原则的价值。它是远比《欧洲人权公约》和《欧洲宪章》历史久远的普通法的核心价值。当法院在对重病患者或那些濒临死亡边缘的人行使其固有的审理活动时,本案患者所援引的一般社会认知的人的尊严,在某种程度上并非被认为是旨在安抚或缓解那些涉及做出生死抉择的人们的良知:这完全是将法律和社会将我们对人性和人的尊严的认知所做出的庄严肯认。毫不令人惊奇的是,正如同《联合国人权宣言》第 1 条的规定,《欧洲宪章》也在其第 1 条中昭示了人的尊严。而且,《联合国人权宣言》第 1 条倡导我们要"向他人展示我们的行动"并不陌生。

当然,尊严的利益也是《欧洲人权公约》第 3 条所要保障的权利的核心。某一特定情形是否构成"非人地或贬损地对待"是一事实认定与判定程度与否的问题。正如欧洲法院在 *A v. United Kingdom*(1998) 27 EHRR 611 at 629 (para [20])判决中指出的那样:

法院认为,只有不良对待行为达到了最低限度的严重程度要求时,方可适用《欧洲人权公约》第 3 条。而对这种最低限度的严重程度的认定是相对的:它有赖于与案件相关的所有考量因素,如对待行为的性质与内容、期限、对身体和精神造成的影响,而且,在某些情形下还须考量受害者性别、年龄以及健康状况。

(二) *Ghaidan v. Godin-Mendoza (FC)*〔1〕

本案涉及已过世的某位男子的同性性伴侣的居住权问题,由此引发的是平等问题,进而聚焦于人的尊严这一核心议题。

在本案判决中,英国贵族院 Baroness Hale 勋爵指出:“首先,这种对平等对待的保障也是民主的一种表现形式。民主是建立在每个个体都具有平等价值的基础上。无意识地将自己的价值置于他人之上的做法不仅使他人罹于痛苦和不安,同时也侵犯了他/她作为人存在的尊严。众所周知,《欧洲人权公约》的核心是尊重人的尊严与自由[参见 Pretty v. UK, App nos. 2346/02,(ECHR,29 July 2002)]。其次,这种不平等对待会对整个社会造成损害。……此举也有碍社会融合、增进凝聚力,它不仅滋生了低下社会阶层,也使处于低下阶层的人们极度贪婪。再者,这种不平等对待正是对我们当今国家和政府所期盼的理性行为的报复举动。权力不得以恣意的方式径行为之。如果试图去界定诸如尤其是对群体歧视之类棘手问题,所要坚持的一个重要原则就是务必使这种界分合乎常理。最后,人权制度的目的之一便是要确保少数群体成员的根本权利得以保障,即使这些人并不为大多数人所认可,也无不予保障之例外。”

(三) *HJ (Iran) and HT (Cameroon) v. Secretary of State for the Home Department*〔2〕

本案涉及分别来自伊朗和喀麦隆两名同性恋人士,由于其母国因其同性恋取向而对其进行迫害,因此请求在英国避难。本案争议的焦点在于,如果将他们遣返,是否可以对他们进行能否承受在其本国的“对待”或“合理的承受”的测试。欧洲平等与人权委员会以及联合国难

〔1〕 [2004] UKHL 21, June 2004.

〔2〕 [2010] UKSC 31.

民高级委员会都介入此案。

英国最高法院裁决,不得进行这种"对待测试"。Hope 勋爵在判决中指出:"(该测试)自称不存在(个人的性取向或性兴趣)这一事实,或者虚伪地认为这一自我证明的行为是可以被克制的,该行为也不否认其所在群体其他成员本应享有的权利。"Lord Rodger 勋爵认为,对于性取向的判断不应仅局限于某一特定性行为,而应考量这个人的生活的方方面面,他在判决中指出:"英国社会中一些典型的日常琐事即可对此予以说明:就如同男性异性恋者尽情地自由踢英式橄榄球、边饮酒边和其朋友谈论女孩那样,男性同性恋者也自由地去参加歌星凯莉的演唱会、边饮用奇幻多彩的鸡尾酒边和他们的异性恋女友谈论男人。时代已变化,在许多情形下,这种变化不仅明显而且巨大,这也同样适用于其他社会。换言之,社会给予同性恋男人和异性恋男人同样的关怀,他们可以如同异性恋男人那样不必担心受到迫害而无忧无虑地生活。"

(四)*McDonald v. Royal Borough of Kensington and Chelsea*〔1〕

由于患病,McDonald 在夜间去洗手间方便时面临一些困难,因此亟须有人在夜间照顾其起居。他与某护理公司订立合同雇用一名护工照顾其生活。但是,这名护工为了省心,竟然在夜间给 McDonald 使用尿垫,从而免去了夜间服侍 McDonald 的麻烦。为此,McDonald 诉诸法院,主张护工此举有损其尊严,要求就此赔偿其损失。

英国最高法院判决认为:"尿垫仅仅是针对那些大小便失禁的人使用的,McDonald 并未大小便失禁,尽管如此,护工的行为并不构成违法,并未损害 McDonald 的尊严;但是,护工并未按照合同约定履行夜间服侍 McDonald 起居的义务,应对此违约行为承担损害赔偿责任。"

〔1〕[2011] UKSC 31.

Baroness Hale 勋爵对此持有异议,他在判决不同意见中指出:"使用尿垫不能满足原告的要求,而且此举会对原告的自理行为造成负面影响甚至恶化其病情。本案审理的核心是护理时间安排这一问题,由于尿垫的使用将护工的作息时间安排置于原告的作息时间安排之上,这势必无法阻止原告病情(按照预想的)恶化速度,于是乎,使用尿垫的举动侵犯了原告的尊严。"

五、加拿大之司法实践

(一)*Law v. Canada* (*Minister of Employment and Immigration*)〔1〕

根据加拿大 Nancy Law 法律规定,获得 CPP 社会救济的最低年龄限制是 35 周岁,而且必须满足残障或在死亡人死亡时依赖其生活的抚养人等条件;除此之外,低保救济申请人年龄一旦达到 65 周岁,其救济申领资格自行终止。本案当事人由于年龄 30 岁而不符合 CPP 救济法定条件,于是她向救济复议法庭提出复议申请,主张年龄限制规定违背了《加拿大人权和自由宪章》第 15 条第 1 款的规定(不得歧视)。后诉至加拿大最高法院。

Lacobucci 大法官在判决中指出:平等权所蕴含的目的是保障人的尊严。加拿大人权宪章第 15 条第 1 款的目的是要防止通过置他人于不利状态、阶层固化或政治或社会歧视等方式侵犯人所必需的人的尊严,促进形塑一个这样的社会:其法律将加拿大社会中的人或其所有成员都予以对平等对待,人人均有能力平等关心、尊重和照顾他人并获得他人的关心、尊重和照顾。

对于何谓"人的尊严",Lacobucci 大法官援引《加拿大人权和自由宪章》第 15 条第 1 款做出诠释:人的尊严这意味着个人或群体意识到

〔1〕 [1999] 1 S. C. R. 497.

其自我尊重和自我价值之所在。人的尊严关乎生理和心理完整以及自我赋权。人的尊严因施加于人格特质或与个体需求无关的需要、能力或某种外在环境的不公平对待而产生的反应。正是法律基于不同人所依赖的外在环境不同而强化了这种不同个体需求、能力或荣誉的差异。当个人和群体在加拿大社会中被边缘化、忽视、贬损时,人的尊严便受到了侵犯;而当法律确认了个人和群体的全面发展时,人的尊严便得到了强化。平等保障所蕴含的人的尊严无须求助于社会中的人的身份和地位本身,它将关注更多聚焦于个人在面对具体某部法律时是以何种合法方式获得良好的生活感受。即平等保障更关注法律是否考虑了所有那些受法律影响和被排斥适用的人的具体情况,他/她是否因此而获得了平等对待。

(二)*Quebec (Public Curator) v. Syndicat national des employés de l'hôpital St-Ferdinand*〔1〕

为了维护智障人士的权利,魁北克某医院的许多雇员在工会的组织下多次参加非法罢工活动。出于维护在罢工期间患者的权益,政府医疗管理部门向法院提起集团诉讼,后诉至魁北克上诉法院。上诉法院以少数服从多数作出判决:上诉人的非法行为侵犯了《加拿大人权和自由宪章》第 1 条和第 4 条所保障的不得侵犯患者享有的权利和人的尊严,而且这种侵犯属于《加拿大人权和自由宪章》第 49 条第 2 款所规定的故意。

魁北克上诉法院在判决中指出:"尽管患者遭受的痛苦是短暂的,虽然患者并未对此做出令人得体的反应,但是此举却侵犯了患者的尊严。《加拿大人权和自由宪章》第 4 条保障个人尊严的规定昭示:'不得侵犯个人有权受到尊重这一作为人所必须具备的根本属性。'与不得侵

〔1〕[1996] 3 SCR 211.

犯概念不同的是,人的尊严的权利并不要求有证据表明该权利遭受了持续侵犯的结果发生。鉴于本案涉及智障人士这一特殊情形,向智障人士提供正常的护理这一关键因素是本案争议的焦点。至少我们应注意到:在某种程度上,智障患者滋生无疑会影响他们对尊严的理解,但是考虑到《加拿大人权和自由宪章》的相关规定时,更为重要的是我们应将关注的焦点转向尊严的客观评价标准,以及如何以提供必要护理和服务等此类术语来衡量具体问题。由罢工带来的诸多不便不仅构成了一般民事归责原则所涵盖的道德偏见,罢工也侵犯了《加拿大人权和自由宪章》第 4 条所保障的权利。"

(三)*Blencoe v. British Columbia* (*Human Rights Commission*)[1]

Robin Blencoe 曾在加拿大不列颠哥伦比亚担任部长多年。1995 年,Fran Yanor 公开宣称她受到过 Blencoe 的性骚扰,并将其诉至加拿大不列颠哥伦比亚人权委员会。由于审理的延期,该案一直拖延了 30 个月后才进行审理。而在此期间,由于媒体对此丑闻的报道而使得 Robin Blencoe 不得不终止了其政治生涯,不仅如此,此事还对他及其家庭造成了社会和心理创伤。于是,Blencoe 诉至加拿大最高法院,主张加拿大不列颠哥伦比亚人权委员会的延期审理有违自然公正。

加拿大最高法院以少数服从多数作出裁判:"以保障自由和安全为宗旨的《加拿大人权和自由宪章》第 7 条的规定乃是针对保护公民免受此案当事人(Blencoe)所遭受的那些以不当侮辱、拖延或羞辱和公开贬损名誉等方式所侵犯的隐私和尊严。"

Bastarach 大法官在判决中指出:显然,尊重人的内在尊严是《加拿大人权和自由宪章》指引给我们这个自由和民主社会的必备价值。然而,这并不意味着尊严被上升为一项《加拿大人权和自由宪章》所保障

[1] [2000] 2 S.C.R. 307.

的自我确立的宪法权利。本院历来将尊严确认为一项独立的权利,但是它始终被认为是从诸如平等、隐私或免受国家压迫等权利引申出的一种诠释。……就本院判决中“尊严”的内涵而言,它不应被理解为一项《加拿大人权和自由宪章》中自然存在的权利,应被理解为一项隐含的价值。……如同尊重人的尊严那样,尊重人的名誉也是《加拿大人权和自由宪章》所隐含的一项价值。这两个价值并不支持被告所提出保障名誉或自由等相关人权免受侮辱是《宪章》第 7 条的一项独立的宪法权利。……尊严和权利不是自我确立的权利,免受侮辱的自由也不是一项自我确立的权利。

六、以色列之司法实践

(一)*Ajuri v. Commander of IDF Forces in the West Bank*[1]

以色列驻 Judaea 和 Samaria 国防军司令下令三名当地居民在接下来的两年中必须生活在加沙地区,这三人不服,就此依据《第四届日内瓦公约》第 49 条向高等法院诉请拒绝执行此命令。

以色列最高法院判决认为,《第四届日内瓦公约》第 78 条赋予了占领国有权出于安全的考量而安置居民的居住。而安置居民的措施只有在极端情况下才使用。然而,在当前已有数百名平民被自杀式炸弹杀死的安全形势下,安置措施是适当之举。然而,其中的关于第二位诉请人,却向他弟弟即被通缉的恐怖分子提供食物和衣服,并在明知其弟弟为何动用车辆而仍驾驶其弟弟的车辆替他驱车出行。最高法院据此认为,没有充分的证据表明第二位诉请人符合安置条件,安置命令不适用他。

在判决中,色列最高法院判指出:判断本案基本的前提是,如果某

〔1〕 HCJ 7015/02, Ajuri v. Commander of IDF Forces in the West Bank (2002). http://www.hamoked.org/Document.aspx? dID =110.

人被强行从其居所驱离而安置他处,此举势必严重地伤害了他的尊严、自由及其财产。一个人的家不仅是其遮风避雨的栖所,而且意味着他在社会中的地位、其私人生活及其社会关系(see M. Stavropoulou, The Right not to be Displaced 9 Am. U. J. Int'l L. & Pol'y, 1994, at pp. 689, 717)。由于被从家中驱离而安置他处,即使这种安置并未跨越国界,但是,被安置者的某些基本人权因此而遭受损害(see F. M. Deng, Internally Displaced Persons: Compilation and Analysis of Legal Norms, 1998, 14)。这些人权有些源于各国的国际法,并在某种程度上体现于国际法规范之中。人所享有的尊严权、自由权及其财产权不是绝对的权利,而是相对的权利,可能因维护他人权利或达成社会目的而受到限制。的确,人权不是一个人在某个荒漠中所享有的权利,而是作为社会的一部分个人所享有的权利。因此,人权可能因维护他的社会成员所享有的类似权利而受到限制。它们可能会限制为了进一步促进正当的社会目的,而这些正当的社会目的反过来会促进人权的发展。人权及其限制的确都有一个共同的渊源,而这关乎民主国家中个人权利。

(二)*MK Zahava Gal-On (Meretz-Yahad) v. Attorney General*[1]

该案是被称为"公民资格法判例"的以色列最高法院判例。以色列最高法院以6比5少数服从多数裁决认为2003年《公民资格和进出境法》合宪,但是其两个修正案违宪。该法律宣布以色列进入暂时紧急状态,并禁止向加沙和西岸地区的居民授予公民资格并赋予相关权利。

事实上,该法律已经实施了超过13年之久,而且它的两个修正案(2005年和2007年)甚至将其中的限制性措施扩展至包括防止来自"敌国"叙利亚、黎巴嫩、伊朗和伊拉克的配偶进入以色列。最受该法律影响的是那些希望结婚并将其配偶由占领区带入以色列共同生活的阿拉

[1] HCJ 466/07, 5030/07 (2010).

伯裔以色列公民。

以色列最高法院在判决中指出："个人与其伴侣建立关系并成立家庭的权利与人的尊严这一价值紧密相连，而且人的尊严也是该权利的核心。个人与其伴侣建立关系并成立家庭的权利是决定人的尊严与自我实现的权利，是个人意志自由的最终表现。"

（三）*Milstein v. Chief Military Prosecutor*[1]

上诉人因在国防军服役期间使用违禁毒品而被指控犯罪。在被警察讯问时，他对其服用毒品的行为供认不讳。但是在庭审时他却拒不认罪，行使他保持沉默的权利和不得自证其罪的权利。

根据最高法院的判例，不能仅仅因被告的坦白而被认定有罪，即使该坦白是自愿且不存在胁迫的情形下做出的也不例外。还需要满足"补充要件"才能对被告定罪。Martial 地区法院和 Martial 上诉法院都做出判决，拒绝承认其在庭审中的行为构成"补充要件"，因此对此做出有罪判决。上诉人不服而诉至最高法院。

最高法院多数意见认为：无罪推定和沉默权是我们刑法赖以存在的两个基石。……它们也是被告所享有的正当程序权利的不可分割的部分。……它们直接关乎公平、公正和自由等原则。……它们反映出在国家（刑事司法领域是以公诉人为其代表）和案件被告人之间存在着巨大的权力不平衡。这两项原则向国家施加了让其证明因那些被指控犯罪并欲绳之以法的被告人的人权受到侵犯的义务。这两项原则减少了错误只看无辜者犯罪的概率。因此，一些权威人士将这两项原则视为由基本法引申出的宪法权利：人的尊严与自由。……作为一项原则，被告在庭审中的沉默不应构成其在被讯问期间坦白的"补充要件"。然而，原则也存在例外。讯问期间的坦白不应仅限于坦白视频证据，法院

〔1〕 LCrimA 4142/04, 2006 -2 IsrLR 534, 546 (2006).

有权以被告在庭审中的沉默认定构成他在讯问期间坦白的“补充要件”,只是这种自由裁量权应尽可能偶尔谨慎为之。行使该自由裁量权需满足三个要件:首先,坦白应合乎逻辑、前后一致、明确且翔实;其次,法院有权排除被告可能因为内在压力而承认他未做的事的可能性;最后,法院应最终确信:被告在庭审中的沉默既不是由于某些内部或外部压力的结果,也不是一些无意动机的结果。

(四)*Manaa v. Israel Tax Authority*[1]

以色列警察部队为了其经营目的,而在道路上设置路障并没收那些不履行其债权人(以色列税务局和以色列国民保险局)到期债务的债务人的汽车。本案涉及审查该行为的合宪性与否。

以色列最高法院判决认为:“警方执法所依据的条例中的规定不能被解释为授予了被授权人享有不受限制的权力而可以采取任何必要措施征收税务。为了征收赋税可以动用警力设置路障,但是此举必须要有议会事先以明确的立法授权方可为之。而这种立法当然必须接受司法审查。……众所周知,根据行政法的基本原则,行政机关只能按照法律的授权行事。如果行政行为侵犯了宪法权利,那么行政机关必须证明该行为有明确的立法授权。在公民或组织的宪法权利受到威胁时,行政机关不得仅仅依赖法律的一般授权规定而解释为已获得了对某些特定行为执法的授权。相反,行政行为的作出必须在事先立法授权以清晰、明确、具体的方式为之。最高法院认识到,实施基本法律的要求就进一步对此做出了证明:人的尊严和自由,即不得违背在立法所欲保障的符合基本法规定的权利,不得违背通过此类立法明确授权的规制条款所涉及的权利。”

---

〔1〕 HCJ 6824/07 (20.12.2010).

第二节 派生国家之司法实践

所谓的派生国家,主要是指在殖民或模仿基础上建立本国制度的国家。由于所移植的制度并非原创于本国,与本国历史文化传统有所龃龉,因此这些国家的制度建设与实践不断在调整而使之更符合本国特殊背景。

一、日本之司法实践

(一)1980年主张有尊严地死亡的判例

此案是日本第一个确认是否有权选择死亡的案件。

1980年,Tobita先生向东京地方法院提出诉讼,他援引日本宪法第13条和第25条所规定的"追求幸福"和"生活权",主张每个日本公民选择相守幸福及痛苦与否的权利是这一宪法所赋予的基本权利,因此,每个人都有权根据他或她的个人意愿选择死的方式,据此他要求法院确认其有权以有尊严的方式死去。

东京地方法院于1982年2月17日作出裁决认为:"由于该案件请求不明确而其不属于《日本法院法》第3条第1款所规定的受案范围,因此驳回原告请求。而且,根据《日本民事诉讼法典》第202条的规定,也必须驳回原告的诉讼请求。"

此案的判决表明,在日本若要选择依据自己的意愿的有尊严地结束生命,尚需获得立法的确认。

(二)1998年在押犯受虐判例

被告因被指控为谋杀案的共犯而被诉至大阪地区法院,他声称无辜。由于此案案情复杂,大阪法院一直未将此案审理完毕。然而,自

1985年8月开始,此案被告已被羁押长达10年之久。1990年,被告因患白内障而请求保外就医,但是大阪拘留所拒绝了他的请求。1992年4月1日,他在大阪一家医院就医,同行的还有两个狱警。但是在就医过程中,他却被双手戴着手铐并用绳子捆住腰部,而且限制他只能在走廊和候诊室活动。他备感羞辱,于是向大阪地区法院提起国家赔偿诉讼。大阪地区法院驳回了拒绝他要求获得适当就医的主张,判决赔偿其损失100,000日元。大阪地区法院在判决中指出,由于原告被戴着手铐和腰绳就诊的状况很容易被到该院就诊的患者和访客看到,因此,狱警的行为侵犯了原告人格这一隐私权,狱警明显故意否认原告的人格,即原告作为人应享有名誉及其生命权。

被告(大阪拘留所)对此不服而向大阪高等法院提出上诉。人权是从"人的尊严和人的生存权"派生而来,狱警以手铐和腰绳对待被告的行为明显侵犯了尊严,即侵犯了其人权。于是,大阪高等法院驳回了上诉。后来,1998年4月10日,日本最高法院维持了大阪高等法院的判决。

(三)2015年夫妇强制同姓合宪判例

2011年,5名日本原告以"夫妇同姓"规定歧视女性、违反保障两性平等和个人尊严的《日本宪法》第24条为由向法院提起诉讼,最终诉至最高法院。2015年12月16日,日本最高法院判决认定"夫妇同姓"符合《日本宪法》。

日本最高院在判决中指出:

姓所代表的是家族,现行民法体系下,家族是社会的基础单位,所以在一个家族内部通用一个姓是合理的。姓氏对社会而言具有重要的识别功能,同时是父母对子女亲权的象征。从子女的角度来看,父母姓氏相同有利于子女将二者平等看待。同时,因为夫妇可以自由选择谁从谁的姓,所以不存在不平等的问题。

不可否认,在改姓的一方看来,他/她在使用婚前姓氏的过程中所形成的社会信用、社会评价、名誉、感情等都难以维持,这是不能否认的。而且,因为现状就是绝大多数情况下都是女性从夫姓,所以也可以推定女方在此情形下所受到的负面影响更大。但是,"夫妻同氏制"也不是不准在非正式场合使用婚前姓氏,且这一现象在近年日益普遍,在一定程度上已经缓解了一方因改姓而受损的情况。

综合以上两点考虑,不能认定本案上诉人要求确定"夫妻同氏制"是违反个人尊严、两性平等的制度,故本院认为该制度不违反宪法第24条的规定。

二、韩国之司法实践

(一)通奸罪是否违宪案[1]

请求人A因犯通奸罪被釜山地方法院判处有期徒刑1年,上诉后被判8个月徒刑。因对判决不服而向高等法院提出上告,在审理过程中以《韩国刑法》第241条[2]违反宪法为由向审理法院提出违宪审查请求,被法院驳回后向宪法法院提出宪法诉愿审判请求。请求人主张:"人类享有自己决定命运的自我决定权,自我决定权包括性的行动自由。以规定通奸罪强迫没有爱情的婚姻关系的维持是国家对性的自我决定权的不当干涉,违反规定人的尊严和价值、追求幸福权利的《韩国宪法》第10条和保障人身自由的第12条的规定。此外,通奸罪存在滥用的可能性,离婚时有可能借通奸之名要求更多的损失费。而且犯同样的通奸罪,财力雄厚的人一般不受惩罚,没有财力的人则受惩罚,必

〔1〕 韩国宪法法院1990年9月10日判决,1990甲83。本案的详情参见韩大元主编:《外国宪法判例》,中国人民大学出版社2005年版,第58~60页。

〔2〕 该条规定:"有配偶者通奸处以2年以下徒刑。通奸的对方亦同。前款的罪须有配偶的告诉。但配偶纵容时不得提出告诉。"

然造成人与人之间的不平等,违反法律面前人人平等的《韩国宪法》第11条的规定。”

韩国宪法法院于1990年9月10日作出判决,认定《韩国宪法》第241条不违反宪法,作出合宪判决。宪法法院判决认为:“《韩国宪法》第10条规定了一切国民享有追求幸福的权利,作为人的尊严与价值受到国家保护,国家有义务确认并保障个人享有的基本人权。个人的人格与追求幸福权是基本权保障的基本理念和人的固有价值,个人的人格权与追求幸福权以个人的自我命运决定权为前提,它包含是否进行性行为以及决定相对方的性的自我决定权。规定通奸罪的《韩国刑法》第241条限制了个人性的自我决定权,其根据主要在于个人性的自我决定权只能在国家、社会的共同体生活范围内以尊重他人的权利、公共道德、社会伦理和公共福利为其存在的界限,其权利的国家保护并不是绝对的。《韩国刑法》第241条规定通奸罪的主要目的是维护善良人性道德和一夫一妻制的婚姻制度,使夫妇互相履行性诚实的义务,防止因通奸行为而引起的社会混乱。为此,有必要限制有配偶者同第三者发生性关系,并对犯通奸罪者判处2年以下有期徒刑,这是对性的自我决定权的必要限制,并不是对自由与权利本质内容的侵犯。……总之,通奸罪的规定并不违反《韩国宪法》第36条第1款规定的‘婚姻与家庭生活以个人尊严与两性平等为基础,国家予以保障’的原则,反而通奸罪的规定,有利于国际保障个人尊严与两性平等为基础的婚姻与家庭生活。”

(二)死刑制度是否违宪案〔1〕

请求人A因犯杀人和强奸罪在一审和二审中被判死刑,于是向法院提出上告的同时以规定死刑的《韩国刑法》第250条第1款、第41条

〔1〕 韩国宪法法院1996年11月28日判决,92宪戊108。本案的详情参见韩大元主编:《外国宪法判例》,中国人民大学出版社2005年版,第61~63页。

第1款,规定死刑执行方式的第66条(在刑务所内以绞刑方式执行),规定刑场的《韩国刑法》第57条第1款(在监狱内的刑场执行)的规定违宪为由向最高法院提起违宪与否审判请求。该申请被最高法院驳回后,请求人遂向韩国宪法法院提起宪法诉愿审判请求。

韩国宪法法院与1996年11月28日作出判决,认定《韩国刑法》第41条第1款、第250条第1款不违反宪法(合宪判决)。韩国宪法法院认为:"人的生命是十分宝贵的,它是有尊严的人类存在的根源,有些生命权虽然没有具体规定在宪法典之中,但它作为人类生存本能和存在目的基础,是一种自然法上的权利,构成宪法规定的基本权利的前提。生命权为绝对的基本权利,从理念上不能成为法律保留的对象……它不能成为超越规范的永久妥当的权利。在现实生活中,没有正当理由否定他人的生命或者损害重大公共利益时,国家法律有必要揭示他人生命和公共利益优先保护的基准,此时生命权虽然从理念上具有绝对价值,但对生命权不得不做出法律评价,生命权成为《韩国宪法》第37条第2款规定的一般法律保留的对象。……一切人的生命作为自然的存在具有同等的价值。当同等价值之间出现冲突或出现重大公共利益的损害时,有保障国民生命、财产义务的国家必须优先保护一种生命或公共利益。对否定人的生命的犯罪行为的非法效果,在限定的范围内实施死刑是出于人对死的本能恐惧,是因与犯罪的报应相结合的'必要恶'而不得已选择的方法,现在仍有其合理的功能。在这种意义上,死刑制度并不违反宪法规定的比例原则,是国家宪法本身预想的刑罚的一种,至少现在并不违反国家的宪法程序。……当一个国家文化得到高度发展时,剥夺生命的死刑有可能失去起预防犯罪的必要性,或者国民感情已经达到这种水平时死刑制度的废除是自然的,这种情况下死刑作为刑罚制度继续存在必然违反宪法。从死刑制度具有的公益上的目的和社会机能的合理性以及宪法的规定看,死刑制度并不违反《韩国宪法》第

37 条第 2 款的规定。但规定死刑刑罚的个别刑事条款在其构成要件行为的不法程度与行为者责任之间显失平衡时,死刑可能被评价为违背人的尊严的残酷刑罚,或者超越达到刑罚目的所必要的限度时,可能会违反宪法解释上的比例原则,是一种违宪刑罚。《韩国刑法》第 250 条第 1 款的规定在行为的不法程度与行为者责任之间不存在显失平衡问题。"

(三)同姓同本绝对禁止结婚是否违宪案〔1〕

《韩国民法典》第 809 条第 1 款规定,不论代数远近如何,禁止同姓同本血亲结婚。因此,以某些大姓占据韩国人口多数的男女面临着同姓同本无法结婚登记的窘境,而且其子女在教育领域受到诸多歧视。于是,不断有一些共同生活的此类男女挑战上述民法规定的合宪性。

韩国宪法法院判决认为:《韩国民法典》第 809 条第 1 款的规定直接违反性的自我决定原则,侵犯缔结婚姻的自由和选择婚姻伴侣的自由,从而侵犯"人的尊严"和"追求幸福权",也违反宪法关于婚姻家庭生活以"个人尊严和两性平等"为基础的规定。因此,《韩国民法典》第 809 条第 1 款违宪,要求立法机关在判决确定的期限内(1998 年 12 月 31 日前)修订民法典,原有规定在判决指定的特定日期(1999 年 1 月 1 日)正式失去效力。

(四)确定亲属关系的规定是否违宪〔2〕

为稳定家庭关系,根据《韩国民法典》第 847 条第 1 款的规定,男子若要否认自己的父亲身份,必须在子女出生后 1 年内行使争议权,方为有效。此 1 年的期间是从孩子出生之时起算,至于父亲何时得知提出

〔1〕 宪法裁判 9 -2,1,95Hun-Ka6(1997 年 7 月 16 日)。此案的详情可参见李累:《宪法上人的尊严》,四川人民出版社 2010 年版,第 159 ~160 页。

〔2〕 宪法裁判 9 -2,1,95Hun-Ka6(1997 年 7 月 16 日)。此案的详情可参见李累:《宪法上人的尊严》,四川人民出版社 2010 年版,第 164 ~165 页。

争议的理由，不予考虑。民法规定1年的除斥期间，是因为传统上韩国是以此为期间观察配偶是否忠实。

某位丈夫在妻子生产之后，否认自己的父亲地位。但是，由于他是在孩子出生1年后才提出此异议，因此《韩国民法典》的上述规定使他的权利主张受到阻碍。为此他诉诸韩国宪法法院。韩国宪法法院判决认为："《韩国民法典》上述期间的确定，原则上属于立法裁量的范畴，如其过短或过于不理性，以致个人在确信其父亲身份时业已完毕，就会极大地减少其否认父子关系的机会，此举超越了立法裁量的适当范围，构成违宪(侵害一般人格权)。"宪法法院认为："传统过分重视血缘关系，而现代社会，妇女参与社会的程度愈来愈高，传统价值观淡化，子女非婚生的可能性增大；同时，在医院或其他场所出生的孩子数量很多，可能被混淆，上述民法规范在此背景下是很不公平的，超越了立法裁量的合法范围，侵害'人的尊严'和'追求幸福权'，也违反宪法第36条第1款禁止干扰家庭生活的规定。"

(五)对工业厂商中外国雇员劳动权利的合宪性审查[1]

韩国宪法法院在判决中指出："劳动权不仅包括'工作机会的权利'，它也是一种获得'工作环境的权利'"。因为后者具有捍卫不得侵犯人的尊严这一自由的特性，它包括请求获得健康工作环境、获得公平报酬合理的工作条件，外国工人也同样拥有这一权利。换而言之，根据劳动权的具体内容，要求政府应制定相应的社会和经济政策以促进就业的权利就属于理应适用于朝鲜人的社会权利。然而，由于资本主义经济秩序之下，社会权利是一种为了确保工人基本生活手段及其人的尊严得到保障而赋予工人应享有最低工作条件的权利，该权利具有自由权的属性，它在本案中也适用于外国工人。

---

[1] Aug 30,2007/Case NO.:2004Hun-Ma670,KCCR:19-2 KCCR297.

（六）对《韩国与日本处理财产与争议及积极合作协定》第 3 条的合宪性审查[1]

韩国宪法法院在判决中指出："《韩国宪法》第 10 条规定：'所有国民拥有人的尊严和价值，并享有追求幸福的权利。国家担负确认和保障个人拥有的不可侵犯之基本人权的义务。''人的尊严'在此乃是一最高宪法价值，它是由国家设定，其目的旨在制约所有政府机关，这表明实现人的尊严是国家的职责和任务。因此，人的尊严不仅是为一种国家权力所设定的与国家保障个人权利联结在一起的'国家权力边界'，也是人民在罹于第三方侵犯其尊严之虞，国家公权力保护其免受该侵扰的对象。"

三、匈牙利之司法实践

（一）Decision 8/1990[2]

本案涉及工会以《匈牙利劳动法》第 15 条第 2 款为依据而径行代表工人的行为是否违宪。

匈牙利宪法法院判决认为，《匈牙利劳动法》第 15 条第 2 款违宪，因为它有可能侵犯员工的自我决定权，而自决权属于宪法第 54 条第 1 款所规定的人的尊严的权利的内容之一。令人不可思议的是，工会在不考虑员工明确相反意见的情况下竟然行使其代表权。此举可能对员工的自决权造成潜在的侵害，而这种侵害并不能仅仅通过工会对员工利益予以考虑的方式就可以减轻。的确，当将那些非工会成员员工的个人问题考虑进来后，对侵犯员工的权益造成的危害将被推向极致。一旦该争议条款被废止，劳动法将成为工会同意员工作为其行使代表

[1] Aug 30,2011/Case NO.：2006Hun-Ma788,KCCR：23－2(A) KCCR366.

[2] HUN－1990－S－001,23－04－1990.

权的唯一依据。

宪法法院在判决中指出:“宪法法院对本案的判决是基于对人的尊严权利的解释而做出的。宪法第54条第1款是在被冠以‘基本权利与义务’章节下的对每个人所固有的权利的规定。宪法第54条第1款所规定的人的尊严的权利是任何人都享有的一项不可剥夺的自然权利。该权利包括人格自由个人发展权、自我决定权、隐私权或一般行动自由权等。宪法法院将人的尊严视为一般人格权的一种。现代许多国家宪法及其判例是从多方位来诠释一般人格权,诸如人格自由完善权、自我决定权、一般行动自由或隐私权等。一般人格权是一项‘母体权利’,即它是在特定情形下没有列举的基本权利可以保障个人自治时才予以适用的一项实体基本权利。”

(二)Decision 23/1990〔1〕

宪法法院在判决中指出:

在对宪法第8条第2款和第54条第1款的规定进行分析比较后,本院认为死刑违宪。《匈牙利刑法典》和其他法律中的相关条款将死刑作为一种刑事制裁而予以规定,这与不得对生命权的本质内容和人的尊严的作出任何限制性规定发生冲突。

从宪法审查,人的生命和人的尊严构成不可分割的整体,其价值远在其他权利之上;它因此而被视为一项旨在限制国家刑罚权力的不可分割、绝对的基本权利。无论是否具有匈牙利国籍,该权利都是生活于匈牙利中的每个人都享有的固有的、不可侵犯且不可剥夺的基本权利,国家对其负有尊重和保护的首要义务。

根据宪法第8条第2款,不允许通过甚至包括立法在内的任何方式对基本权利的本质内容做出限制。鉴于生命权和人的尊严本身就是

〔1〕 HUN-1990-S-003,31-10-1990.

"本质内容",国家不得对其予以贬损。因此,任何形式的对生命权和人的尊严的褫夺都是恣意为之。如果通过授权的方式允许国家规范死刑而将该权利褫夺,那么国家将面临引发与宪法基本权利的整体概念相冲突的境况。因此,第 54 条第 1 款不能被解释为允许实施死刑,即使履行了法定程序也不例外,即并非恣意为之,因为任何旨在剥夺生命权和人的尊严的做法都在法理上无立锥之地。由于死刑不仅对该权利设定了限制,而且在事实上完全且不可逆转地终结了生命与尊严并废止了对其的保障,因此所有关于死刑的规定也因此被宣告无效。

不论具有何种国籍,生命和人的尊严的权利都是生活于匈牙利的每个人所享有的一种固有的、不可侵犯且不可剥夺的基本权利。匈牙利国家的首要义务是尊重和保护这些权利。宪法第 54 条第 1 款规定:"不得恣意褫夺任何人"的生命和人的尊严。然而,这一禁止性规定并不排除出现恣意褫夺某个个体的生命和人的尊严的可能性。

……

宪法法院认为,刑法典的相关规定以及本案所援引的相关死刑规定违反了不得对生命权和人的尊严的本质内容做出限制的规定。规定以死刑方式剥夺生命权和人的尊严的条款不仅是对生命权和人的尊严的本质内容做出了限制规定,而且也是对生命权和人的尊严或对此予以保障的权利的彻底且不可恢复的剥夺。因此,宪法法院宣布这些规定违宪,从此无效。

……

人的生命和人的尊严构成不可分割的整体,其价值远在其他权利之上。因此,人的生命权和人的尊严一同构成一项不可分割、不得予以限制的基本权利,是其他基本权利的渊源和前提。一个法治国家应在尊重有关国际公约和基本法律原则的基础上将人的生命和尊严视为整体,并致力于维护宪法所保障的公共利益和私人利益,由此对基本权利做出规范。人的生命和尊严的权利被视为一项绝对价值,其目的在于限制国家在刑事领域的权力。

首席大法官在本案判决中指出:“人的尊严的权利不仅是一种道德价值宣示。人的尊严是一种先于并超越实定法的价值,它无法触及整个法律体系。这种对人的尊严的认知并不否认人的尊严这种价值如同国际公约和各国宪法那样遵循自然法理念而将其视为权利的源泉,或者不否认通过法律规定对人的尊严予以尊重或将尊严价值的某些特质转化为某种权利。……我们将会认识到,只有将人的尊严与个人生命权联结在一起诠释方能发挥其功效;如果我们对此不予考虑,那么抽象的尊严概念将会在个案中将人作为客体予以对待。”

(三)Decision 46/1991〔1〕

本案涉及公权力干预私人生活的界限问题。由于在30天的催告期届满后,债权人申请公权力机关强制执行其债权。匈牙利宪法法院认为,公权力机关在没有尽责查明执行对象情形下而做出了错误执行,此举侵犯了由人的尊严引申而来的隐私权和名誉权。

宪法法院在判决中指出:因此,由于为实施必要的保障措施,授权公权力机关执法的法律条款违反了宪法第59条第1款所要保障的住宅和人的尊严不得侵犯的规定。确实,考虑到上述情形后,该授权条款使得相对人是在一种不情愿的情形下面对其他当事人(如雇主或其室友),即面对那些有公权力机关为了履行其义务而被法院强施以义务的人。在此情形下,宪法法院坚持认为,人的尊严的权利不仅包括名誉权,也包括其他那些保障私人领域视为权利。鉴于此,公权力机关在未尽查明责任情形下的执法行为侵犯了人的尊严的权利;在此,国家无正

〔1〕 参见 Catherine Dupré, *Importing the Law in Post-Communist Transitions: The Hungarian Constitutional Court and the Right to Human Dignity*, Hart Publishing, 2003, p. 81。

当理由干预了本属于私人生活领域的关系。

（四）Decision 57/1991[1]

本案涉及对1952年《家庭法》关于侵权关系的判定规定是否违宪。

宪法法院在判决中指出：

“于此同时，宪法法院确认人的生物渊源关系并质疑法律上亲权推定的规定是完全属于非常私人领域的权利，而且该权利属于宪法第54条第1款所规定的‘一般人格权’的范畴。根据宪法第54条第1款，每个人都享有天赋的人的尊严的权利，而且不得恣意褫夺该权利。”

早在8/1990号判决（1990年4月23日）中，宪法法院就指出：“人的尊严是在被冠以‘基本权利与义务’章节下的对每个人所固有的权利的规定。宪法法院将人的尊严视为一般人格权的一种。现代许多国家宪法及其判例从多方位来诠释一般人格权，诸如人格自由完善权、自我决定权、一般行动自由或隐私权等。一般人格权是一项‘母体权利’，即它是在特定情形下没有列举的基本权利可以保障个人自治时予以适用的一项实体基本权利。”

在宪法法院看来，自我决定权和自我确认权属于被“一般人格权”。自我决定权和自我确认权意味着，这两项权利属于每个人最为私人性质的权利，它们用以质疑其生物意义上的身世，用以越过其直系亲属并确认其亲子关系，他人不得对其亲权关系予以质疑。而将此权利褫夺的后果将使第三方当事人由此诉诸法庭，也无法对亲子关系甄别提出质疑、上诉或提请复议等，此举侵犯了孩子身份确认的权利，也侵犯了宪法保障的一般人格权。

（五）Decision 64/1991[2]

宪法法院判决认为：“通过法律做出管制的需要有赖于所采取特定

〔1〕 HUN-1991-C-001,08-11-1991.

〔2〕 HUN-1991-S-003,17-12-1991.

措施的性质及其影响基本权利的程度。就本案而言,对堕胎的规制关乎胎儿的生命权,因为此举涉及胎儿的法律主体资格问题,该法律规定无疑涉及胎儿享有权利能力的权利。这种权利是胎儿作为一个法律上的人而享有生命权和人的尊严的前提。因此,判断胎儿是否为法律上的人将决定胎儿是否称为法律上指称的人。对堕胎的规制和生命权利及获得法律确认之间存在必须是可预期的,而且是由以往此类权利运用的经验做出的;因为这些权利不能受到限制,无论这些权利存在与否,对堕胎的规制从根本上就是针对它们做出的。

为了判定堕胎规制对这些权利的影响是否符合法定必要干预程度,必须运用利益衡量予以检验。必须对女性的自决权(尊严)和国家义务是否应扩展至胎儿生命权保障两者做出权衡。如果胎儿的法律主体资格没有得到认可,因此胎儿就不能被认为是法律意义上的人,堕胎也就没有违反宪法第54条规定的生命权。相反,如果胎儿享有生命权和人的尊严,我们无法区分这种权利在未出生者和其他人之间的不同,而当胎儿与母亲享有的生命权和人的尊严发生冲突时,所做出的利益衡量必须有别于对已出生者做出的衡量。在这种情形下,胎儿的尊严权将禁止终止妊娠的行为。鉴于对此的任何规制措施无不关乎确定胎儿的法律主体资格问题,因此必须对堕胎予以严格法律规范。……

根据宪法和国际人权协定,每个人都被无条件地赋予确认为法律主体资格,即一个法律意义上的人。生命权和人的尊严是一实体权利,它对人的基本法律地位起了补充作用,使人在满足权利能力形式要件的同时也具有了人的尊严的内容。人的尊严权利意味着个人具有超越他人的那种不得侵犯的自治和自我决定这一核心要素,人因此而成为主体而不得被改造成工具或客体,而其他具有法律地位的实体却可以轻易受到全方位规制、不具有不得侵犯的内容。人的尊严与人的存在等量齐观,它不可被剥夺、不得受到限制,每个人都平等地拥有人的尊严。因此,与生命权相连的尊严平等权的作用在于确保人的生命价值不得在法律层面被区别对待。无论社会发展需要或其他事由,都不得侵犯人的尊严和生命。这些最为重要的基本权利决定了人的法律主体资格,宪法是以这些基本权利为基石,宪法因而禁止对人已获得的法律地位的任何内容做出任何否认或限制。反之,只有宪法本身才能对法律主体资格的规定作出修改,因此宪法可以将这种法律上的人格概念修改扩展至适用于未出生时。

(六)Decision 14/2000[1]

宪法法院判决认为:为了保护共同体的尊严及和平的公共秩序,不得传播和散布共产主义和纳粹政要以及政权标志。维护公共秩序本身并不构成充足的理由去限制个人最重要的基本权利;但是,当某一行为以侵犯共同体的尊严的方式侵犯了由民主价值观所认定的和平的公共秩序时,立法机关有权通过设定最低限度的措施来维护公共秩序,进而保护共同体的安危。就本案而言,在这种情况下,宪法法院认为没有其他可用的手段来保护共同体的尊严、维护公共秩序。此外,宪法法院业已指出,受到争议的刑罚条款并未规定惩罚那些使用、散发或展示旨在教育或告知公众有关历史事件或以艺术表达方式做出行为的人。

Kukorelli 大法官在判决中指出:对限制表达自由权的法律必须予以严格解释。如果限制表达自由权的法律直接实现或保障了他人的基本权利,那么应更多地倾向于对这些法律的适用与解释;若是这些法律是通过其他制度间接保障了他人的基本权利,那么对这些法律的适用与解释应倾斜少些;若是仅仅以规定一些抽象的价值为目的,那么对其给予最低的关注。……在使用、散发和展示的共产主义和纳粹政权的标志并未侵犯任何人所享有的人的尊严的权利。这种行为本身并不造成

[1] HUN-2000-2-002,05-12-1999.

这种侵权。此外,人的尊严的权利是一项个人权利,而不是一项一群身份未得到认可的人所享有的权利。人的尊严的权利主体不是一个群体,也不是一个社会,它仅仅是个人。事实上,使用这些标志很可能伤害那些在共产主义和纳粹政权统治下的幸存者的感情,使用这些标志并不意味着危及了这些人的尊严。任何人都无权利基于某种言论伤及了其情感的事由而去运用权力来限制言论。

(七)Decision 22/2003[1]

宪法法院判决认为:对安乐死而言,人的尊严的权利并不与生命权共同构成一个不可分割的统一体,但反之亦然:对某个个人实施安乐死意味着他人被强行置于这种情境。因此,我们不能就此而主张:根据人的尊严的权利具有与生命权紧密连接成一体这一绝对特性,一个无法治愈的病人所享有的终结其生命的自我决定权是一绝对权。当考虑到对基本权利和宪法第 8 条第 2 款规定的权利是否受到一般保障时,自我决定权就可能因此而受到限制。……对病人行使其自我决定权的法律规制合宪与否的边界线并未尘埃落定,知识水平、制度状况及其发展和其他一些因素会影响宪法法院对此的判决。

宪法法院认为,原告仅依赖于宪法第 54 条第 1 款("匈牙利共和国中的任何人所固有的生命权和人的尊严不得被恣意剥夺"),宪法法院必须对此进行特别审查。宪法法院撤销了之前的相关判例,并指出本案据以作出判决的基础形成了新的判例原则:生命权和人的尊严是一不可分割的绝对权利。然而,根据宪法第 8 条的规定,就如同任何其他基本权利那样,从作为一般基本权利的人的尊严的权利引申而来的从属权利(如本案所涉及的自我决定权问题)可能要受到必要性审查或比例原则的审查,以及符合本质内容保障的限制。

[1] HUN -2003 -2 -003,28 -04 -2003.

涉争法律所规定:即使是出于挽救病人的人的尊严的目的,医生在没有获得病人同意结束生命的情形下终结其生命的行为必须受到惩罚。事实上,该规定并未直接涉及无法治愈的病人的自我决定权;因此,无法由此而引申出无法治愈的病人享有自我决定权。……

宪法法院指出,对于这些规定而言,涉争法律在某种程度上使得无法治愈的病人只有在根据其人的尊严权行使其自我决定权时才能结束自己的生命,但是该法律也在某种程度上限制了国家依据宪法第 8 条第 1 款的规定保障生命权的义务。然而,宪法法院认为这些限制规定与保护生命权的目的之间不成比例。

Éva Tersztyánszky Vasadi 在同意意见中指出:在某些特定的情形下(各种形式的安乐死),宪法法院判决所持有的生命权和人的尊严不可分离的主张必须被法院认定具有法律效力。因此,由此产生的生命权和人的尊严相冲突看法乃是基于对人的尊严的错误解释引发的。她认为,法律做出允许医疗辅助手段结束生命的规定与生命权保障的理念不一致。

(八)Decision 36/2005[1]

宪法法院判决指出:在没有令人信服的情况下,宪法应允许将监控延伸至私人领域。财产权及其保护不被视为对此的充分理由。

调整电子监控设备的法律规定,此类技术设备在必要时方能予以布放安装。该法律规定还禁止行使信息使用方式的控制权。而该法律仅仅要求得到行为主体同意方能进行采录。该法律所规定的同意可以由监控所采录到的行为判定。根据第 30 条第 3 款,可以做出如下推论:如果这种同意是由所监控采录到的行为做出的,因此此举并未侵犯人的尊严的权利。而且,该条款的规定并不足以撤销那些对亲密关系的

[1] HUN -2005 -3 -006,05 -10 -2005.

监控。……对据以从行为来判定甚至是对亲密关系的监控的同意的第30条第3款所做出的解释侵犯了人的尊严的权利。对于在不违反财产权保障和阻碍以刑事违法行为情形下侵犯人的尊严权利而言，有诸多其他方式为之，但是能够付诸实施的依然只是对财产的有效技术保护而已。

（九）Decision 7/2014〔1〕

宪法法院判决指出：民法典在2013年V号法律的第44条第2款规定的“对确认的公共利益的基础上”与基本法冲突，因此予以撤销，被撤销条款不再具有法律效力。

根据并入基本法第4条修正案的规定，言论自由权不得以侵犯了他人的人的尊严为目的的方式行使。然而，宪法法院解释言论自由的基石始终就是，他人的人的尊严可以限制言论自由（CCDec 1.，ABH 1992，167，174）。与之相关的宪法问题（始终）是：基于限制基本权利的一般原则，保障人的尊严是对言论自由的必要和合理限制（基本法第1条第3款第3段）。只有在确认人的法律主体资格时，对人的尊严权利的保护才受到限制，而此限制仅仅是针对一般人格权和由此产生的子权利。在言论自由和其他基本权利尤其在人的尊严权发生冲突的情形下，宪法法院一贯考虑的基本原则是：“如果限制言论自由的法律直接践行或保护其他主观基本权利时，才能对该法律予以较多的考量。”（CCDec 1.，ABH 1992，167，178）因此，根据宪法法院的实践，他人的人的尊严被解释为对言论自由的一个清晰限制，而宪法法院在基于上述考量后对言论自由和表达自由的解释（早期对公众人物批评的争议）进行了细化。

……

〔1〕 HUN-2014-1-001，03-03-2014.

尽管言论自由发挥着特殊作用，但是人的尊严具有的较高宪法地位，以人的尊严限制言论自由具有合法性。基本法第9条第4款对此作出了明确规定。因此，毫无疑问，在特定情形下，人的尊严的位阶高于言论自由。然而，根据基本法第1条第3段所规定限制基本权利的一般原则，在此情形下，必然要涉及人的尊严是否可以限制言论自由这一宪法问题。显然，对言论自由的限制不应由任何法律规定与人的尊严之间的关系来证明其合法性。在与此相反的情形下，言论自由的内容会被人的尊严架空，由此产生的权利被认为在相当大的领域内与诸多相关法律规定具有或远或近的关系。人的尊严权只有在确定人的法律主体资格时方能予以限制，而且仅能通过一般人格权和由此产生的具体人格权加以限制。可以在新民法典第44条第2款对此类限制作出规定，而在第43条第2款规定了人格权保护一般原则的例外。

因此，宪法法院必须（基于本案所涉及的宪法争议）对可否因保护人的尊严而限制言论自由予以审查。在此审查过程中，宪法法院也必须注意到：也有一些由人的尊严派生而来的权利是受到基本法中的具体条款的保护。基本法第6条第1段规定，基本法对个人私生活和名誉提供宪法保障。

……

根据新民法典的规定，对政治意见表达自由的界限应当由司法做出，由司法通过阻止即使针对公众人物的情形下侵犯人的尊严的方式为之。宪法法院认为，这种情形本身也符合基本法第9条将人的尊严作为限制言论自由的规定。新民法典的规定符合按照宪法对此的规定：在某些特定领域内，公众人物的人的尊严也要受到免受言论自由侵扰的保护。然而，在对新民法典的某些规定合宪性的司法审查实践中，其合宪性问题取决于宪法法院所确立的审查标准，由此确保当言论自由让位于对人的尊严、私人生活和公众人物名誉权的尊重时，以便在特定具体情形(如在个人就具体人格权或一般人格保护而主张权利时)下仍能自由讨论公共事务中须明晰论争。新民法典第42条第2款所规定人的尊严不得受到限制的规定只能被视为仅在狭窄的范围内适用的言论自由做出绝对限制,而该规定对人的法律主体资格的作用是消极的。

四、南非之司法实践

(一)*S v. Makwanyane and Another*[1]

宪法法院判决认为,死刑与南非过渡宪法中的人权条款规定不符,1977年《南非刑事诉讼法》第51条第277款(1)(a)项关于适用死刑的规定无效,正在南非实施的其他法律中的所有类似条款也都无效;政府不得对任何死刑待决犯执行死刑,在对这些死刑待决犯做出了新的裁决之前,应继续对其收监关押。

宪法法院在判决中指出:生命与尊严权在所有人权中最为重要,这两项权利是南非过渡宪法第3章规定的其他个人权利的源泉。鉴于社会已对人权予以肯认并积极践行人权保障义务,国家有义务从价值取向上将这两项权利置于其他权利之上,并在其所有事宜中体现此价值取向,即使对于犯罪的刑罚也不例外。因此,即使为了震慑他人,也不应采取贬损人格或处决谋杀的方式为之。虽然复仇或报复在宪法中并未被赋予生命权和人的尊严权那样的宪法地位,宪法法院认为经验表明死刑并不比终身监禁能更有效地遏制犯罪。

Chaskalson P. 大法官在判决中指出:死刑在宪法第9条中无据可循,死刑意味着扼杀生命,死刑使宪法第10条所保障的人的尊严被虚置、归于无效,死刑的恣意性由此暴露无遗,而且死刑造成的损害是无

---

〔1〕[1995] ZACC 3,1995 (3) S.A. 391.

法挽回的……令我感到欣慰是,根据我们的宪法,死刑的确被视为是一种残忍、不人道或有辱人格的刑罚。

O'Regan 大法官在判决中指出:将人的尊严视为一种权利是对人的内在价值的肯认:人被赋予了值得尊重和关心、对待的权利。这一权利因此而成为南非权利法案中所要保障的诸多权利的基础。

(二)*Dawood and Another v. Minister of Home Affairs and Others*[1]

本案涉及旨在限制非南非居民欲通过与南非居民通婚的方式取得南非国籍的法律是否违宪。

Akerman 大法官在本案的判决中指出:所有人所具有的人的尊严是宪法的基本价值之一,而且它以各种方式体现在南非权利法案中。

O'Regan 大法官在判决中指出:我们宪法框架中的尊严的价值不能就此而受到质疑。宪法肯认尊严是为了对抗我们曾经经历的南非黑人的人的尊严被无情地予以否认的历史。宪法对人的尊严的肯认也是为了昭示未来,也是为了使我们这个民主国家拥有一种尊重所有人所具有的内在价值的氛围。人的尊严因此而在各种不同领域指引着宪法司法适用及宪法解释。人的尊严是指引着近乎对所有其他权利的解释。本院业已认识到:人的尊严这一宪法价值在解释诸如平等权,禁止被施以酷刑、不人道或贬损刑罚的权利和生命权等领域扮演着重要的角色。人的尊严也是界定权利边界(分析)方法的核心要素。然而,宪法第 10 条表明:尊严不仅是我们宪法赖以维系的一种价值,它也是一种可以被司法适用与实施的、必须予以尊重和保护的权利。但是,在诸多冒犯人的尊严的案件中,与之相关的违宪行为更多地涉及的是诸如身体完整、平等权或不得被奴役、提供性服务或强迫劳动等权利。……然而,对于本案而言,不应认为有比宪法第 10 条所规定的人的尊严的权利那样更

[1] CCT35/99 [2000] ZACC 8.

能保障个体所欲营造和维持持久的亲密关系。虽然在诸多国际人权文献和其他国家宪法中都对家庭生活予以了保障,然而南非并未如此行事。申请人主张旨在干预营造家庭生活的法律侵犯了他行动自由的权利和在南非居住的权利。或许人们会乐观地认为,该法律对上述权利造成的影响是偶然的而且是有限的。但是,我却认为本案涉及的核心权利是人的尊严的权利。由于关乎核心权利,该权利才是本案关注的焦点。……宪法所欲缔造和维护的民主社会并非是一个将自由诠释为许可的社会,也就是说可以对个人行为进行任何形式的侵扰。这必然会侵犯宪法所保障的自由。如此对自由的诠释没有认识到人生活在社会中并相互依存的事实。宪法所蕴含的自由理念必须涵盖这种在不否认个人自治前提下的相互依存关系。我们必须认识到国家和他人在寻求强化个人自治和尊严及享有权利和自由中所扮演的角色。

Woolman 大法官在判决中指出:由于宪法法院认为没有其他具体权利可以保障已婚夫妇或终身伴侣的利益。因此,尊严已成为在诸多紧密相关因素中首要予以适用的秩序原则。高等法院将正式宪法(Final Constitution,FC)第 10 条所规定的局限于已婚或终身伴侣这种亲密关系扩展至(外)祖父母与(外)孙子女之间的关系。高等法院业已将尊严视为在没有其他权利可以保障当事人法律文本依据上的利益时的一个操作性原则。

(三)*Residents of the Joe Slovo Community, Western Cape v. Thubelisha Homes and others*[1]

近 20,000 名居住在开普敦 Joe Slovo 的非正式居民诉请南非宪法法院,主张废止高等法院签发的驱逐他们的命令。

宪法法院判决认为:规定提供基本服务条款是开普敦市政当局提

[1] 2010 (3) SA 454 (CC).

出的合法证据。然而,宪法法院发现,为了最终解决 Joe Slovo 居民安置问题,当事人所援引的作为依据的居民和政府公共纠纷处理程序不合法。

Ngcobo 大法官在判决中指出:历史有助于提醒我们正生活在一个什么样的国度中、我们将走向何方等问题。确实,历史有助于提醒我们:我们在宪法中为自己确立的宗旨是什么,即建立一个以人的尊严、平等和基本自由为基石的全新的社会。历史也有助于我们认识到处于悲惨处境和极度贫困的数百万人所为之付出的努力。历史提醒我们:我们的宪政民主在于公开承认上述这些状况并勇于肩负将我们的社会转变成一个人的尊严、自由和平等彰显的社会所应承担的责任。

(四)*S v. Jordan and Others*〔1〕

1996 年 8 月 20 日,警察 S 进入某间妓院,付费后观看性表演。后来 S 将妓院及相关服务人员诉诸法庭。治安法庭裁定妓院及相关服务人员违法了 1957 年《南非性犯罪法》第 20 条第 1 款 aA 项"禁止卖淫条款"的规定,即任何人为获取报酬而发生肉体关系的行为属于犯罪。妓院及相关服务人员对此裁定不服,于是诉诸高等法院后诉至宪法法院。宪法法院一致判决维持高等法院作出的认定"禁止卖淫条款"有效的判决。

在判决中,O'Regan J. 和 Sachs J. 大法官指出:我们的宪法视人的尊严为源自对人各方面都具有意义的价值所在。其中的一个意义就是人体具有不得被商品化的根本尊严。即人体不得被商品化。我们的宪法规定人的尊严必须得到尊重。我们并不认为宪法第 20 条第 1 款第 aA 项是任何对妓女的尊严做出限制的依据。就某种程度而言,对妓女尊

〔1〕 CCT31/01 [2002] ZACC 22.

严不予以重视的原因是由卖淫本身的性质决定的。卖淫的本质是人体的商品化。即使我们承认妓女鲜有其他出路替代卖淫,但是妓女的尊严并没有因宪法第20条第1款第aA项的规定而受到缩减,反而是其商业性的性工作而致使其尊严受到缩减。其工作的性质贬损了被宪法视为人体所固有的尊重。这并非是说妓女被剥夺了受到执法人员尊重的权利,对于所有被逮捕和被指控的人,警察必须以使之有尊严的方式对待。但是,除了那些通常的逮捕或指控之外,其他在逮捕或监禁时发生的任何侵犯尊严的行为都不适用宪法第20条第1款第aA项的规定,它们仅仅是由于执行方式造成的。对此的救济措施并非废止该法律,而是要求它以合宪方式为之。任何妓女不得被剥夺其所享有的被客户尊严对待的权利。事实上,付费接受性服务的客户并未获得无限的许可而侵犯妓女的尊严。……于是,宪法对人的尊严的保障使得人体具有了不可侵犯和值得尊重这一重要价值。因此,隐私权的作用在于保护和哺育尊严。

(五)*Jaftha v. Schoeman*〔1〕

Mokgoro大法官在判决中指出:本院业已明确,任何基于社会经济权利而提出的请求必须与人的尊严这一权利勾连在一起。对于这个国家如此众多的民众而言,充足的食物、住房和健康维护等的匮乏是不幸的,他们的尊严因此而蒙羞。无论何时,当诉请人诉诸法院主张其所应享有的社会经济权利被侵扰的状况已殃及其享有的尊严权时,每个案件都是那么令人棘手。因此,诉请人依据宪法第10条所确立的权利(人的尊严的权利)无助于本案的解决,这没有必要在本案中人为扩张该权利的适用范围。〔2〕

〔1〕 参见 Aharon Barak, *Human Dignity: The Constitutional value and the Constitutional Right*, Cambridge University Press, 2015, pp. 263 -264.

〔2〕 即在有具体权利可以使用的情形下,不必适用人的尊严这一概括性权利。

五、俄罗斯之司法实践

(一)Judgment of 25 April 2001[1]

本案涉及《俄罗斯联邦刑法典》第265条的合宪性审查。

宪法法院判决认为:根据刑法的规定,违反道路交通规则的机动车司机承担指认事故现场的义务,此规定并未侵犯其不得自证其罪的宪法权利。

刑事法律,通过使司机在诸如此类的事故中始终处于要受到承担指认事故现场的义务这种惩罚的威胁,而该指认义务由道路使用者的利益分配以及确保由交通事故引发的相互责任划分。这是由造成严重危险源头的车辆驾驶人和其他道路使用者之间关系的性质决定的,而不与之相反由宪法权利予以确定,即基本人权及公民权利和自由的行使不得侵犯他人的权利和自由。同时,国家履行其保障包括生命健康权、保障刑事犯罪受害人的权利及对此造成的名誉损害在内的人的尊严、权利和自由的宪法义务。

(二)Judgment of 5 July 2001[2]

本案涉及2000年6月28日俄罗斯联邦议会发布的"关于1941~1945年伟大卫国战争胜利55周年的大赦宣言"的合宪性。

宪法法院判决认为:在决定谁以及基于何种行为才能获得大赦这些问题时,议会必须确保不因此而侵犯他人的权利或违反法律,并且必须确保不得有损法律制度和公共安全。如果已获得批准的对大赦做出条件的修正将恶化被赦免人的处境,那么不得实施此修正规定。

宪法法院认为,俄罗斯联邦议会的举动违背了宪法关于禁止恶化

---

〔1〕 No. 6 -П/2001. Rossiyskaya Gazeta (Official Gazette),21.09.2001.

〔2〕 No. 11 -П/2001. Rossiyskaya Gazeta (Official Gazette),18.06.2001.

人的法律地位的规定,它是基于从刑事诉讼和刑罚执行制度考量而作出的。此外,即使不对大赦令修正的社会基础予以考虑,那些最终被剥夺了由先前颁布的大赦令而获益的人不得不忍受额外的痛苦,这有违刑罚的目的;这也与宪法规定的禁止实施贬损人的尊严的非人道对待相违背。

(三)Judgment of 14 July 2011[1]

本案涉及对《俄罗斯联邦刑事诉讼法典》第254条第1款第4项和第24条第1款的合宪性审查。

宪法法院判决认为:获得辩护权、无罪推定原则均是基本权利和自由。这些规定体现在宪法第21条第1款(关于个人尊严的规定)、宪法第23条第1款(关于每个人都有权捍卫自己的荣誉和名誉的规定)以及宪法第46条第1款和第46条第2款(关于每个人都享有获得司法保障其权利的权利以及上诉权的规定)和宪法第49条(关于无罪推定的规定)等条款。根据上述条款,宪法法院认为,必须保障每个人都被赋予了诉诸法律行动、重新确定自己的权利并证明自己清白的权利。

(四)Judgment of 9 July 2013[2]

本案涉及《俄罗斯联邦民法典》第152条第1款、第5款和第6款的合宪性审查。

宪法法院判决认为:网站必须删除那些被认定为攻击侵犯名誉的信息。

宪法法院认为,宪法宣示了人的尊严为最高价值。言论自由也因此而要承担相应的义务和责任,以确保第三方的权利和名誉受到尊重。该原则同样也适用于互联网信息发布。法律保护的权利是一项不可剥

---

〔1〕 No. 16-П/2011. Rossiyskaya Gazeta (Official Gazette),165,29. 07. 2011.

〔2〕 No. 18-П/2013. Rossiyskaya Gazeta (Official Gazette),157,19. 07. 2013.

夺的权利。还必须保证尽可能按照法定程序恢复受到侵犯的人权和自由。……诉争法律条款并不将那些从网上被删除的虚假和诋毁名誉性的信息视为媒体,也不规定信息删除行为所应承担的责任。这些条款的适用不能对个人的宪法权利予以充分保障,因而这些条款违宪。宪法法院认为,为了保障名誉、人的尊严和声誉,有必要引入其他保护措施。

(五)Judgment of 23rd September,2014[1]

本案涉及对《俄罗斯联邦行政违法法典》第21条第21款第1项的合宪性审查。

宪法法院判决认为:与在未成年人间促进《非传统两性关系法》相背的法律不违宪。

宪法法院认为,法律并未将同性恋行为入罪。宪法保障公民在法律面前一律平等。性取向不能成为限制公民权利的一项标准。此外,宪法第21条规定要保护个人的尊严不能因任何理由而被减少。此外,至今没有任何国际条约要求认可同性伴侣的地位。根据宪法,国家有责任保护母亲和儿童。议会制定该法律的目的是“拯救孩子,使之免受可能导致非传统两性关系的信息的影响而在将来难以建立家庭”。据宪法法院认为,禁止公开评论《非传统两性关系法》的规定并不构成一种新闻审查。在新闻媒体上可以对此予以讨论。立法禁止或者限制的是那些可能危及儿童健康或心理发育的性关系信息的传播。

[1] No. 24 -П/2014. Rossiyskaya Gazeta (Official Gazette),No. 226,03. 10. 2014.

第三节 国际人权实践中之人的尊严

在国际层面,欧洲人权法院和欧洲法院业已成为人的尊严的保障典范。联合国除了制定一系列的公约保障人的尊严及其相关人权外,还通过海牙国际法院(ICJ)、卢旺达问题国际刑事法庭(ICTR)以及前南斯拉夫问题国际刑事法庭(ICTY)等,在种族清洗、战争罪和反人类罪等领域发挥着保障人权的积极作用。鉴于联合国的有关人权司法实践多涉及国家的国际义务,在此,仅就欧洲人权法院和欧盟法院的司法实践进行介绍。

一、欧洲人权法院(ECHR)判例

(一)*The Kalderas Tziganes v. Germany*,[1] *The Kalderas Tziganes v. the Netherlands*[2]

德国和荷兰两国政府都拒绝向申请人签发身份证明文件,这导致许多申请人不能在这两国内自由安置自己的生活,或无法获得合法工作机会。于是,Kalderas Tziganes 将德国和荷兰两国诉诸欧洲人权法院。

欧洲人权法院裁决认为,申请人的申请被视为不合法的原因在于他未能穷尽其国内法上的救济手段。然而,欧洲人权法院认为,"从欧洲人权法院以往的裁决可以推断出,《欧洲人权公约》并非是要保障享有身份文件的权利,而是欧洲人权法院认识到在特殊情形下,考虑到申请人居无定所而且拥有其他民族背景,根据《欧洲人权公约》第 3 条和

---

〔1〕 App No 7823/77,6 July 1977.
〔2〕 App No 7824/77,6 July 1977.

第14条的规定，申请人的人的尊严是否得以尊重以及采取何种方式对待他的问题便凸显出来。”

后来，欧洲人权法院利用被《欧洲人权公约》所确立的人的尊严这一原则来处理那些鼓励杀人的游戏，[1]要求各成员国国内法依据这一原则基于公共政策事由而禁止上述杀人游戏，其理由是这些鼓励杀人的行为是对人的尊严的冒犯。

（二）*Tyrer v. UK*[2]

根据马恩岛（Isle of Man）的法律规定，Tyrer被指控并被处以相应的刑罚。Tyrer对此不服，于是诉诸欧洲人权法院。他请求法院认定马恩岛的法律规定违反了《欧洲人权公约》（ECHR）第3条关于保障人的尊严的规定。

欧洲人权法院经审理认为，尽管申请人并未遭受酷刑或处以刑期较长的刑罚，但因他被作为政府权力的客体对待，因此对他的惩罚措施恰恰违反了《欧洲人权公约》（ECHR）第3条所欲保障的主要目的之一，即“个人尊严和身体完整”的规定。

（三）*SW v. UK*，[3] *CR v. UK*[4]

这两案的申请人都对他们强奸自己的妻子的行为供认不讳。欧洲人权法院裁决认为，在此所争议的强奸行为业已为英国上诉法院和贵族院的判决所确认，即无论受害者与施害人的关系如何，申请人被指控的行为都构成强奸。因此，这种强奸行为无可否认地不属于《欧洲人权公约》第7条所欲规范的对象，也即是该条确保不得使任何人遭受恣意迫害、认罪或刑罚。而且，抛弃丈夫不因强奸妻子而受惩罚这种业已不

---

[1] Omega v. Bonn, Case C-36/02, 2004.

[2] App No 5856/72, A/26, 1978.

[3] App No 20166/92, A/355-B, IHRL 2596 (ECHR 1995).

[4] App No 20190/92, A/355-C, IHRL 2595 (ECHR 1995).

被接受的陈旧观念的做法,不仅符合文明婚姻制度的理念,而且归根结蒂它符合《欧洲人权公约》的根本目的,即尊重人的尊严和自由这一根本诉求。

(四)*D v. UK*[1]

申请人是一名HIV阳性携带者,在其患病期间,英国当局要求他在服刑届满后立即被遣返回国。他对此决定不服,于是上诉至欧洲人权法院。

欧洲人权法院经审理认为,那些在狱中服刑并被遣返的外国人原则上不得为了继续享受其在遣返国服刑期间所享有的医疗、社保或其他形式的保障而请求继续逗留在当事国。……如果申请人被遣返回圣克茨(St Kitts),他将面临着巨大的风险,因为他会处于极其不利的状况而使其生命缩短,使他的精神和身体状况急剧恶化。……在本案这种特殊的情形下,加之基于迫切的人性关怀的考量,法院认为执行遣返申请人的决定有违《欧洲人权公约》第3条(人的尊严)的规定。

(五)*P v. S and County Council*[2]

英国政府对变性人做出否定决策后,有人因此而被解雇。于是,他向欧洲人权法院提出申请,要求欧洲人权法院确认英国政府的决定是对1976年2月9日欧盟76/207/EEC号解释指令的蔑视。根据该解释指令,各成员国应在就业、职业训练和晋升以及工作条件等领域贯彻男女平等的原则。

欧洲人权法院经审理认为,该指令的适用范围不应仅仅局限于非男即女的性别识别范畴。从该指令所欲保护的目的和权利的性质来看,其适用范围也涵盖如同本案的由当事人所在意的变性而产生的歧

〔1〕 24 EHRR 423, May 1997.

〔2〕 Case 13/94, 1996.

视。……这种歧视在本质上是基于当事人的性别而产生。只要人们是基于他(她)所欲或已做出的变性而因此被解雇,那么他(她)就会使人们就他(她)在变性前后的性别做出令人不快的比较。……对这些变性人而言,对这种歧视的容忍将无异于置他们的尊严和自由于不顾,而欧洲人权法院有义务保障他们的尊严和自由。……解雇此类人的行为有违欧盟76/207/EEC号解释指令第5条第1款的规定,因此必须予以纠正。

二、欧洲法院(ECJ)判例

(一)*Netherlands v. Parliament of Council*[1]

本案涉及对98/44/EC关于生物技术发明指令的解释。原告因是否适用该指令而诉诸欧盟法院,原告提出适用98/44/EC关于生物技术发明指令有违人的尊严。

欧洲法院驳回了原告的请求,并在判决中明确指出,人的尊严的保障是欧洲法院的根本任务;考虑到要使政府的行为符合共同体法律所适用的普遍法律原则,因此,欧洲法院的职责是确保人的尊严于完整这一基本原则得以实施。欧洲法院还指出:"这些条款清楚地表明,就人本身这一现实问题而言,指令要求专利法律必须以极为严厉的措施确保人体不得被利用和转让,并确保人的尊严得以维护。"

(二)*Omega v. Bonn*[2]

原告的公司经营一种激光模拟游戏,在游戏中,玩家可以用激光发射器瞄准贴于夹克上的感应标签,从而"射杀"其他玩家。德国政府作出处罚决定,禁止该公司经营此类产品。于是,原告不服,遂诉诸法院。

〔1〕 Case C-377/98,2001.

〔2〕 Case 36/02,2004.

原告辩称,这种游戏在英国属于合法经营项目,因此德国必须基于欧盟服务自由的原则准许其经营这种游戏。

欧洲法院经审理认为,德国的禁止行为符合共同体法律,因为它不仅关乎德国基本法所昭示的基本权利,而且也涉及引领欧洲法院自身的一个基本原则。欧洲法院在判决中自此重申了人的尊严保障之一话题……"共同体的法律秩序无疑是要努力确保使尊重人的尊严成为一条普遍遵守的法律原则。因此,保护人的尊严的客体必然要符合共同体的法律要求,尤其应注意到尊重人的尊严这一原则在德国具有独特的地位,它被视为是一项独立的基本原则。由于欧盟及其成员国都有义务尊重基本权利,对基本权利的保障也就成了一个法定利益,而该法定利益在原则上也使因共同体法律设定的义务具有正当性、合法性,即便是由欧洲条约所保障的诸如提供服务自由等的基本自由施加义务也是如此。……然而,那些旨在限制服务自由的措施或许仅仅因为它们有必要保护其所欲保障的利益,而且只有如此才能获得那些限制措施不利所不能获得的目的。……对于各成员国政府为了回应由所有成员国共同持有的理念而做出的限制性规定,即采取何种具体方式使基本权利或法定利益得到保障,没有必要予以尊重。共同体法律并不阻止各成员国通过有其国内法践行其各自的公共政策来禁止这种鼓励杀人的模拟游戏的商业开发。"

(三)*Pretty v. UK*〔1〕

Diane Pretty 患有运动神经元疾病,颈部以下完全瘫痪,她无法说话而且只能通过饲管进食。她想让她丈夫帮助其自杀。尽管 Pretty 恳求公诉人不要因此而责难她丈夫,但是她丈夫还是因此受到犯罪指控。根据英国法律,禁止协助他人因不堪病痛折磨而进行自杀。然而,根据

〔1〕 App nos. 2346/02,(ECHR,29 July 2002).

1961年《自杀法》第2条第1款的规定，协助他人自杀也构成犯罪。

欧洲法院七名法官作出一致判决：依据《欧洲人权公约》第2条、第3条、第8条、第9条以及第14条的规定，Pretty有权请求他人协助自杀，其行为并未违反《欧洲人权公约》。欧洲法院在判决中指出：《欧洲人权公约》第2条规定的生命权也可以解释为它也包含有消极的内容。……《欧洲人权公约》第2条与生活质量或他（她）选择什么样的生活无关……既不能词不达意地将《欧洲人权公约》第2条曲解为赋予了完全相反的权利，即死的权利；也不能创设一个个人可以选择死而非生的自我决定权。……根据《欧洲人权公约》第2条的规定，无论通过第三方还是公共机关的协助，任何人都没有选择死的权利。对于涉及《欧洲人权公约》第8条所规定的对Pretty私生活的尊重问题，欧洲法院对她自杀的干预行为被视为是一种在民主社会保障他人权利的"必要"措施。

（四）*Vinter and others v. UK*〔1〕

欧洲法院经审理认为，尽管各成员国仍然有权自由规定对成年人犯罪行为尤其是严重犯罪行为是否处以终身监禁，但是实施终身监禁会与《欧洲人权公约》第3条发生龃龉。由于终身监禁是国家在未向被监禁人提供他（她）在未来重获自由的情形下而强制剥夺自由的刑罚，该刑罚有违人的尊严，因此必须对其进行审查并使被监禁人有可能获得释放。因此，《欧洲人权公约》第3条必须被解释为只有在成员国政府对以下予以考虑后方能做出：是否对终身监禁犯的生活造成了重大影响、在终身监禁施行过程中是否采取了恢复措施，即继续监禁不再具有刑罚的正当性。

根据《欧洲人权公约》第3条的规定，作为成员国的英国并未提供

〔1〕 App nos. 66069/09, 130/10 and 3896/10 (ECHR, 9 July 2013).

这种审查的可能性,因此其终身监禁的刑罚不符合该规定。从实施终身监禁的那一刻开始,囚犯就应有权知道他们应被释放、满足何种条件可获得释放,以及将会或可能会对其判决进行审查。因此,是在终身监禁判决作出之时而不是在实施监禁时,就已违反了《欧洲人权公约》第3条的规定。欧洲法院查明,英格兰和威尔士对是否释放终身监禁犯的法律的前景尚不明朗。

因此,欧洲法院认为,终身监禁判决符合《欧洲人权公约》第3条的规定。

第四节　人的尊严之中国事案

一、"人体盛"事件

2004年4月2日,云南昆明晓忆娱乐有限公司"和风村"饭店首次推出"美女人体盛宴"。4月5日,云南省卫生厅及昆明市卫生监督中队联合对"和风村"的"女体盛"依法予以"叫停",并立案进一步处理。[1] 4月19日,昆明市西山区卫生局、区工商局认为,"女体盛"行为违背了《民法通则》和《中华人民共和国妇女权益保障法》的有关基本原则;直接违反了《中华人民共和国广告法》第7条第2款第5项和《中华人民共和国食品卫生法》第8条第1款第5项(关于餐具需消毒保持清洁)的规定。于是依法作出如下处理:举办"女体盛"活动的餐馆被责成立即改正,并处罚款2000元。[2] 至此,"女体盛"事件画上一个句号。

〔1〕 对"女体盛"事件处理详情参见 http://www.thebeijingnews.com/news/2004/0406/20044632612.htm.

〔2〕 参见《新京报》2004年4月19日的相关报道。

然而,仅仅在“女体盛”事件两个月后,即 2004 年 6 月,重庆又上演了一出“男体盛”风波。“男体盛”的承办人认为,“男体盛”的念头来源于“女体盛”,但这不是商业行为,而是一场批判“女体盛”的行为艺术,要以毒攻毒,用“男体盛”来反讽大男子主义,对“女体盛”这种流毒做一次另类批判。参加当天“男体盛”的食客全部是女嘉宾。有位食客事后称:“当时给我的感觉就是有一种男女平等,有种复仇快感。”[1] 事件发生后,重庆有关部门始终未对“男体盛”做出任何处理意见。

2004 年 9 月 22 日,央视对“男体盛”进行报道,随即网上指责之声一浪高过一浪。不久,“男体盛”销声匿迹了,“女体盛”也不闻其声。“人体盛”闹剧在中国就此草草收场。

“女体盛”事件发生后,云南省妇女联合会迅速发表文章表示愤怒并坚决反对。她们认为,“女体盛”实质上是对女生尊严的伤害、侮辱和歧视。希望社会各方面积极行动起来,共同抵制一切腐朽文化,维护社会公共道德。同时也希望各有关部门要加强管理,坚决制止不文明行为,杜绝再发生类似事件。[2]

此后,社会各界对“女体盛”事件高度关注,纷纷发表评论。有人认为“女体盛”是一伪饮食文化,它是对女性的一种侮辱和虐待,所以“封杀‘女体盛’不需要理由”。[3] 有人认为,有关部门对“女体盛”事件处理没有完全以道德审判取代正式的依法行政,而是依法予以制裁,这体现了法治精神。[4] 还有人认为,取缔“女体盛”的做法令人忧虑,因为

[1] 参见《央视名栏目评说“男体盛”》,载《江南时报》2005 年 9 月 24 日,第 14 版。
[2] 参见《云南妇联发表文章 怒斥“女体盛”》,载《新京报》2004 年 4 月 8 日。
[3] 参见周士君:《封杀女体盛不需要理由》,载《新京报》2004 年 4 月 5 日。
[4] 参见阮占江:《“女体盛”事件处理体现法治精神》,载《新京报》2004 年 4 月 20 日。

这是“动辄把道德问题法律化”。[1] 也有人提出通过确立公益诉讼、修改《消费者权益保护法》等法律措施来解决“女体盛”问题。[2]

《南方周末》则认为,“女体盛”已经超出了法律规制的范围而进入有关“人的尊严”问题的范畴。其本质是将人物化,是对人的尊严的漠视。该报还提醒人们要清醒地认识到:人类的大敌是“对人的尊严的挑战乃至毁损,甚至有着来自人性本身的基础。”[3]

与“女体盛”不同的是,对于“男体盛”未得到人民的丝毫同情,社会舆论一致予以强烈的谴责和反对。大多数人赞同:“男体盛”实际上是“拿无耻当高尚”。而且,无论“女体盛”还是“男体盛”,“人体盛”本身就是对人的不尊重。用两性对立的角度看问题,用不文明的举动来进行所谓的批判,带来的只能是不文明的报复,只能使“女体盛”更加猖獗。“男体盛”借“行为艺术”这块遮羞布无法经受住公众道德的拷问。[4] 仅有一小部分人理性地认为,批判“女体盛”不该以牙还牙。“女体盛”在很大程度是在迎合少数男性低俗的消费心理,是男权社会下对女性尊严的损害和践踏。“男体盛”只能加剧性别之间的对立。我们应该做的是进行反思,对商业道德、社会心理的反思,并努力进行重塑工作。[5]

虽然社会各界对“人体盛”事件给予了高度的关注,但是法学界对此鲜有回应。事件发生一年后,于2005年宪法学年会才有人指出,由

---

〔1〕 许多人持此看法,但其论点和理由有所差异。其中,代表性的有:薛克智:《该以什么理由叫停女体盛》,载 http://www.thebeijingnews.com/news/2004/0409/20044913506.htm;彭兴庭:《观点交锋:对待“女体盛”不能泛道德主义》,载 http://www.thebeijingnews.com/news/2004/0407/20044712714.htm;马少华:《“女体盛”与行政权》,载 http://www.legaldaily.com.cn/zl/2004-04/13/content_91118.htm;《处罚“女体盛”的执法尴尬》,载 http://review.qianlong.com/20060/2004/04/21/1260@2014069.htm,最后访问时间:2018年9月9日。

〔2〕 参见《用法律叫停美女人体宴》,载《大河报》2004年4月12日。

〔3〕 参见陈杰人:《“女体盛”的本质是将人物化》,载《南方周末》2004年4月22日。

〔4〕 参见杨涛:《“男体盛”,别盗用高尚的名义!》,载《国际在线》2005年9月26日。

〔5〕 参见王纪旺:《批判“女体盛”不该以牙还牙》,载 http://news.163.com/05/0926/10/1UIODAIJ0001120S.html,最后访问时间:2018年9月9日。

于人只能是法律关系的主体而不能是客体,因此女性的身体不能作为客体,“人体盛”事件是一民事侵权案件。[1]

实际上,“人体盛”事件不是普通的民事侵权案件或行政案件,它是一起典型的宪法学意义上的事件。它涉及以下问题:首先,“人体盛”是否侵犯了人性尊严(又称人的尊严)?人的尊严是否属于宪法保护的范畴?若属于宪法保护的范畴,应如何保护?其次,宪法权利可否自由处分,即人可否自由处分自己的尊严?最后,男女平等问题,即男女是否应在相互贬损对方的尊严上予以平等对待?

“人体盛”事件已经结束,但是它留给我们宪法学层面以外许多值得深思之处:

首先,是对待人的尊严问题。中国两千多年的封建传统使得我们从未真正地正视过人的问题、认真思考过人的价值与目的,我们始终不能彻底摆脱封建专制主义余毒的影响,总是自觉不自觉地将自己作为国家的附庸来对待。至今,践踏人权、将人非人对待的事案仍不断充斥着我们的视听,让我们每个人刻骨铭心。虽然古今中外的学者至今都无法诠释“人为什么活着”,但是我们应当有勇气、有权利追问“人应当怎样活着”。我们应充分认识到:人是理性的、具有自我决定的能力和道德自律的能力的生物;人性尊严是天赋的,是与生俱来的,是先于国家而存在的;人性尊严是社会性的价值要求和尊重要求,但不能仅仅理解为人类已经有的或已经是的东西,而更应理解为必须被获得的东西,是人类固有价值、本质、人之为人之根本,尊重和保护人性尊严是国家义不容辞的责任。

其次,“人体盛”受到制裁是否泛道德主义或者是法律的道德化?

〔1〕 参见韩德强:《论女性的身体尊严——对女性身体裸露行为的法理学思考》,载《2005年宪法学年会论文集》,第161~168页。

其实,法律和道德相区别,但并非两者那种“井水不犯河水”般的绝缘关系。法律仅仅是道德的底线。换言之,法律只是最低限度的道德而已。仅有法律的调整远远不能胜任有效调控社会的重任,而且成文法具有滞后性,条文中的漏洞也比比皆是,因此各国法律规定了诸如“公序良俗”“社会公德”等道德韵味极强的条款以消弭其缺憾。此类条款的作用是引领社会风气、纯化社会风尚,使法律能及时把握社会的脉动、适应不断变化的社会。据此,在“人体盛”事件中,执法部门制裁依据民法通则第 7 条关于“社会公德”的规定取缔“人体盛”并无不妥,这不是泛道德主义或者是法律的道德化。

再次,法学家们在“人体盛”事件面前集体失语。我国的法学理论工作者们历来注重“形而上”的研究而忽视甚至鄙视“形而下”的思考,这是我们法学研究的一大积弊。“法律的生命不在于逻辑,而在于经验”,[1]因此,我们只有面对具体的、活生生的生活,在生活中发现法、补充和完善制定法,法律才会生机勃勃,法学才能欣欣向荣。

最后,执法者对法律的理解水准低下。执法部门处罚“女体盛”的依据是:“女体盛”违背了《中华人民共和国民法通则》和《中华人民共和国妇女权益保障法》的有关基本原则;直接违反了《中华人民共和国广告法》第 7 条第 2 款第 5 项和《中华人民共和国食品卫生法》第 8 条第 1 款第 5 项的规定。执法部门在处罚时,不能明确指明其所依据民法通则和妇女权益保障法的具体条款,这与法不容。但也从另一方面反映出其找不出具体依据的尴尬。此外,作为直接处罚依据的广告法第 7 条第 2 款第 5 项是关于公序良俗的规定。然而,广告法是对企业发布广告行为进行约束的法律,而“女体盛”并没有进行广告宣传,生搬硬套广告法的规定显然于法无据。食品卫生法第 8 条第 1 款第 5 项是关于餐

〔1〕 Oliver Wendell Holmes, *the Common Law*, Little Brown & Company, 1963, p. 5.

具需消毒保持清洁的规定，但是据此将“女体”认定为盘子没有经过消毒处理、不洁净而予以处罚，实在令人匪夷所思。虽然不否认执法部门的执法目的的正当性，但对法律作如此理解，我们应深刻反思执法队伍的建设问题。

从表象上看，盈利是“人体盛”的最终动机，其主要手段就是通过标新立异扩散其影响。究其实质是：社会的利益化越来越严重，人们把追逐利益作为根本的甚至是唯一的目的，陷入“拜物教”的怪圈而不能自拔，并最终将所有人都“物化”，人的尊严也就荡然无存。于是乎，在高倡“自由、权利”的名义下，“人乳宴”“裸聊”“裸女服务员”你唱罢来我登场。当今社会屡见不鲜的现象是：无耻多假借高尚之名招摇于市！所以，国家应加强法治建设、消除社会积弊，营造出良好的社会氛围，让每个人在追求社会的公平、正义及人类之幸福的前提下能有尊严地发展每个人的潜能，贡献社会、服务社会。

二、“与狼共舞”事件

2011 年 10 月，一段题为“杨某德讲述刑讯逼供”的视频在网上广为流传。这位已瘫痪不起近 1 年的罪犯躺在看守所，讲述自己被警方刑讯逼供致残的经过。此视频一经上传，立即引起网民和各界人士的热议。

杨某德原本是河南南阳一家汽车销售公司的老板，还是南阳市第四届政协委员、南阳政法系统的司法监督员。2010 年，因不满其公司存款 8.6 万元被南阳市卧龙区法院划走，员工先去银行抗议，继而去法院，后来，杨某德带着员工进京上访。在被一位副区长劝回后，河南警方以涉黑的罪名将杨某德等 10 多人抓捕后羁押在南阳市警犬基地，期间惨遭数十余种残忍的刑讯手段。据“受害人”杨某德在视频中的申诉和事后 10 多名被告人的当庭陈述，这些刑讯逼供包括：殴打、罚跪、灌辣椒水、针扎、“坐火箭”(把啤酒瓶塞进肛门双脚需腾空)、“吊大秤”(被戴上脚镣手铐,再用棍子穿起来,吊在半空来回晃);此外,另有惨不忍睹的两种极富警犬基地“特色”的方法,一种是把人关到特制的笼子里,露出头部,让警犬来舔脸,命名为“鬼洗脸”;另一种是给人戴上数十公斤的脚镣手铐后,和狗关在一起,这被称为“与狼共舞”。2011 年 7 月 30 日,该案一审宣判。唐河县人民法院认定,杨某德组织领导黑社会性质组织、聚众扰乱社会秩序等 6 项罪名全部成立,判刑 21 年 6 个月,合并执行 20 年,并处罚金 40 万元;22 名员工也被判有罪。据当地媒体报道,针对公诉机关指控,32 位来自北京和郑州的律师逐条辩驳,均作了无罪辩护,但无一被法院采纳。[1] 此事被媒体广泛报道后,河南省南阳市公安局没有作出正面回应,反倒是把杨某德等人遭受酷刑的警犬基地审讯室紧急拆除,杨某德的妹妹杨某芬认为这是在销毁证据。[2]

杨某德“与狼共舞”事件甫一曝光,立即引发热议,可谓一石激起千层浪。苏州大学法学院周永坤教授率先在博客上发难,他义正词严地指出:“看看相关视频与图片,相信当事人没有说谎;但是又实在不敢相信这发生在以马克思主义立国的 21 世纪的国家。恕我以小人之心度之:在当下的司法体制下,杨某德案获得司法公正的可能性很小。一个简单的道理是:在中国‘行政特色’的法院系统中,作为事情起因的卧龙区法院与审判的唐河县法院实为一家,自家人审自家人能有公正么?二是在维稳第一的理念下,处理上访是大局所需,谁敢不从?这些今天都不说,只说一个:刑讯逼供。”“如此灭绝人性的刑讯逼供,相信周兴、来俊臣等也难出其右。在一个如此先进的社会主义国家,做出此灭绝

〔1〕 参见刘虎:《河南老板上访被控涉黑称遭刑讯逼供与警犬同笼》,载 http://news.eastday.com/c/20111010/u1a6144618.html,最后访问时间:2018 年 9 月 9 日。

〔2〕 参见王俊秀、翟璐:《河南南阳一政协委员“与狼共舞”申请取保候审被拒》,载《中国青年报》2011 年 10 月 15 日,第 3 版。

人性之刑讯逼供，充分说明禁止刑讯逼供法律的有效性不能诉诸道德，只能以法律为之。”“请高贵的立法者想想，如果有一天您被关在笼子里感受‘与狗共舞’时，这就叫‘设身处地’，这就叫‘己所不欲勿施于人’，千万不要把自己当作局外人，现代立法者首先是守法者。”因此，周永坤教授建议“要转换思路，以‘预防、惩罚双管齐下’模式取代原来单一惩罚模式。这个预防的重中之重是确立讯问被告时的‘律师在场原则’”。[1]

其实，《中华人民共和国宪法》第33条第3款规定：“国家尊重和保障人权。”第38条规定：“中华人民共和国公民的人格尊严不受侵犯。禁止用任何方法对公民进行侮辱、诽谤和诬告陷害。”这可视为我国对公民人的尊严予以规范的最高上位法依据。2012年修改后的《刑事诉讼法》第50条明确规定：“审判人员、检察人员、侦查人员必须依照法定程序，收集能够证实犯罪嫌疑人、被告人有罪或者无罪、犯罪情节轻重的各种证据。严禁刑讯逼供和以威胁、引诱、欺骗以及其他非法方法收集证据，不得强迫任何人证实自己有罪。必须保证一切与案件有关或者了解案情的公民，有客观地充分地提供证据的条件，除特殊情况外，可以吸收他们协助调查”。《刑事诉讼法》的该规定正是对宪法人的尊严理念的践行。

在侦查和逮捕及审判乃至执行整个活动中，均要践行保障人的尊严的理念，这业已成为国际共识并为联合国诸多公约所确认。《联合国保护所有遭受任何形式拘留或监禁的人的原则》[2]中“原则一”规定：“所有遭受任何形式拘留或监禁的人均应获得人道待遇和尊重其固有人格尊严的待遇。”联合国《保护人人不受酷刑和其他残忍、不人道或有

---

〔1〕 参见周永坤：《“与狼共舞”呼唤“律师在场”原则》，载 http://guyan.fyfz.cn/b/626634，最后访问时间：2018年9月9日。

〔2〕 联合国大会1988年12月9日第43/173号决议通过。

辱人格待遇或处罚宣言》[1]序言中申明:"认为按照《联合国宪章》所宣布的原则,承认人类大家庭所有成员固有的尊严与平等而不可剥夺的权利,是世界自由、正义与和平的基础;认为这些权利来自人的固有尊严;又认为按照《联合国宪章》,特别是其第55条,各国有义务促进对人权和基本自由的普遍尊重和遵行;注意到《世界人权宣言》第5条和《公民权利和政治权利国际公约》第7条均规定不容对任何人加以酷刑或施以残忍、不人道或有辱人格的待遇或处罚;……"第2条规定:"任何施加酷刑的行为或其他残忍、不人道或有辱人格的待遇或处罚都是对人的尊严的冒犯,应视为否定联合国宪章宗旨和侵犯世界人权宣言所宣布的人权和基本自由,加以谴责。"联合国《禁止酷刑和其他残忍、不人道或有辱人格的待遇或处罚公约》[2]序言中申明:"考虑到根据《联合国宪章》宣布的原则,承认人类大家庭一切成员具有平等与不可剥夺的权利是世界自由、公正与和平的基础,认识到上述权利起源于人的固有尊严,考虑到根据《宪章》尤其是第55条的规定,各国有义务促进对人权和基本自由的普遍尊重和遵守;注意到《世界人权宣言》第5条和《公民权利和政治权利国际盟约》第7条都规定不允许对任何人施行酷刑或残忍、不人道或有辱人格的待遇或处罚,并注意到大会于1975年12月9日通过的《保护人人不受酷刑和其他残忍、不人道或有辱人格的待遇或处罚宣言》;希望在全世界更有效地开展反对酷刑和其他残忍、不人道或有辱人格的待遇或处罚的斗争;……"联合国《执法人员行为守则》[3]第2条规定:"执法人员在执行任务时,应尊重并保护人的尊严,并且维护每个人的人权。"

〔1〕 联合国大会1975年12月9日第3452(XXX)号决议通过。
〔2〕 联合国大会1984年12月10日第39/46号决议通过。
〔3〕 联合国大会1979年12月17日第34/169号决议通过。

三、嫌犯被当街捆绑示众事件

2012年3月31日，河南省周口项城市召开“春季严打整治推进会”，依法对51名严重扰乱社会秩序的犯罪嫌疑人予以刑事拘留、逮捕，并将这些犯罪嫌疑人五花大绑，公开示众。同时，在此次“春季严打整治推进会”上，法院经审理后，还对10名被告人进行了公开宣判。据知情人士介绍，此次“春季严打整治推进会”是由项城市政法委综治办组织召开的，参与的有该市公安、法院、检察院等部门，该市人大、政协的有关领导也出席会议了。“当时人山人海的，围观的市民有上千人。”昨日，回忆起“春季严打整治推进会”那一幕，项城市民张先生仍记忆犹新。据他介绍，当天，犯罪嫌疑人被从该市的看守所提出来后，分乘几辆车，由武警和民警分别押解。此后警车开道，引来过往行人驻足观看。最后，嫌犯被带到了市中心的剧院前的广场。目击者王先生说，犯罪嫌疑人大多被反手铐着，捆得五花大绑，胸前挂着白底黑字的牌子，上写着：犯罪嫌疑人某某某。此外，八九个人一组，蹲在地上，被一条绳子串连起来，像串蚂蚱似的。“在公开宣判谁谁谁被逮捕或被判多少年有期徒刑时，人群中有人拍手和议论，大家猜测，很可能是受害人的家属。”一位不愿透露姓名的男子说。〔1〕

诸如此类的公捕公判大会近年来屡有发生，各地“失足妇女”、小偷被示众的，更是不胜枚举。这些地方政府的本意，无非是通过示众这种方式彰显其破案成果，震慑犯罪。但这种“羞辱式执法”非但没有起到法治教育的作用，反而暴露当下执法部门法治意识的淡漠。

其实，我国1980年实施的《刑事诉讼法》第155条第3款明确规定：

---

〔1〕 张黎光：《51名嫌犯被绑街示众 项城警方回应：可能方法不妥》，载http://news.dahe.cn/2012/04-05/101212740.html，最后访问时间：2018年9月9日。

"执行死刑应当公布,不应示众"。但在随后的20世纪80年代的严打中,这一条法律未得到遵守,在繁华市区先游街后枪毙时有发生,造成了恶劣影响。1984年11月21日,中共中央宣传部、最高人民法院、最高人民检察院、公安部、司法部联合发出《关于严防反动报刊利用我处决犯人进行造谣诬蔑的通知》中指出:"执行死刑不准游街示众"。1986年7月24日,最高人民法院、最高人民检察院、公安部、司法部又发出《关于执行死刑严禁游街示众的通知》,再次强调:"严禁将死刑罪犯游街示众,特别是开放城市更要严加注意,以免对外造成不良影响。""各地公安机关、检察机关和审判机关务必严格执行刑事诉讼法和有关规定,不但对死刑罪犯不准游街示众,对其他已决犯、未决犯以及一切违法的人也一律不准游街示众。如再出现这类现象,必须坚决纠正并追究有关领导人员的责任。"1988年,最高人民法院和最高人民检察院及公安部又下发了《关于坚决制止将已决犯、未决犯游街示众的通知》,明确规定:不但对死刑罪犯不准游街、示众,对其他已决犯、未决犯以及一切违法的也一律不准游街、示众。如再出现这类现象,必须坚决纠正并要追究有关领导人的责任。1992年"两高"、公安部又下发了《关于依法文明管理看守所在押人犯的通知》(公通字〔1929〕139号)再次强调,严禁将死刑罪犯游街示众。对其他已决犯、未决犯和其他违法人员也一律不准游街示众或变相游街示众。让人遗憾的是,在1996年修订后的《刑事诉讼法》里,没有明确规定不准示众(除了死刑犯);各地警方"各自为政",每每在局部治安环境恶化,或为追求政绩时,就祭出游街示众、公审大会这种"戏剧化"执法手段。

然而,随着社会的发展、公民权利意识的提高,2010年,最高人民法院在其《最高人民法院关于执行〈中华人民共和国刑事诉讼法〉若干问题的解释》第346条中明确规定:"执行死刑前,指挥执行的审判人员对罪犯应当验明正身,询问有无遗言、信札,并制作笔录,然后交付执行人员执行死刑。执行死刑应当公布,禁止游街示众或者其他有辱被执行人人格的行为。”同年,公安部会同人社部等部门也下发通知,禁止采取游街示众、公开曝光等侮辱人格尊严的方式羞辱“失足妇女”。

由此可见,项城警方将犯罪嫌疑人捆绑、胸前挂牌示众的行为不仅违反了《刑事诉讼法》与相关的司法解释的规定,也违反了《宪法》第33条第3款关于“国家尊重和保障人权”和第38条“人格尊严不受侵犯”的规定(侵犯了犯罪嫌疑人的姓名权、肖像权和隐私权),更违背了联合国诸多公约的规定。

将犯罪嫌疑人游街示众不仅侵犯了被示众者本人的人格权,同时也伤害了其亲属的尊严,特别会对其未成年子女的心理带来负面影响,甚至还会引发一些其他社会问题。在震慑犯罪、彰显其破案成果并炫耀政绩的人治思维导向下,尽管有宪法乃至法律、司法解释的明确规定,将一些罪犯或犯罪嫌疑人游街示众、“公捕”大会、“公判”大会还是没有绝迹,甚至在一些地方和地区大有愈演愈烈之势。“国家尊重和保障人权”绝非空谈,当下亟须确立对人的起码的尊重(人的尊严)之理念并付诸实施。

四、“留头不留发”事件

2000年9月11日早晨升旗结束后,广州某中学校长便指点一些老师把两名初三留长发的同学叫到办公室,告知因头发留得过长而违反了校纪、校规,然后两位体育老师按住他和另外一名同学,用剪刀剪去他们的头发。事后校长对此的解释是:“学生留长发违反了《中学生日常行为规范》第3条,学校对他们采取措施是合理的。况且,两名学生也是自愿接受理发的。”[1]

---

[1] 《校园剪发事件引发风波》,载《南方都市报》2000年9月16日。

2007 年 12 月的一个周末,位于白云区人和镇的市 71 中向学生们发出按规定整顿仪容仪表的通知,通知中规定"男生不留长发,所有学生不染发,不留奇形怪发"。随后周一早晨,学校集会即检查出仅高二级即有百多名男生发型未达标准,于是,高二级老师从人和镇请来数名理发师为学生修剪头发。该校凌校长就此事接受记者采访时认为:"其实这也是《中学生日常行为规范》中的要求之一,我们每学期开学初都会进行集体教育。""从学校到人和镇有 1.5 公里,将理发师请到学校来为学生理发,一切都是为学生考虑。"凌校长认为,学生在学校理发,一方面不必离开校园,确保安全,又不会因此耽误课程;另一方面理发的花费,相比于市面的洗剪吹一条龙服务少花十几元,更为便宜实惠。该校坚持长期整肃学生的仪容仪表。作为市一级的高中学校,为了培养学生良好的精神面貌,学校会阶段性地对学生头发进行检查,这种检查平均每月一次。据凌校长介绍,这种将理发师请来学校为学生理发的举动,该校以前有过多次。[1]

2009 年 3 月 17 日,三亚港务局中学校长办发出一份通知:从 19 日起,男生留长发、男女生染发、女生披发的一律不准进校园。通知还规定男生头发的标准:前不过眉,侧不过耳,后不到领。凡是不符合这一标准的男生,一律不准进入学校。长发男生们只能在学校周边闲逛,许多学生干脆直奔网吧打发时间。[2]

2009 年 9 月 23 日下午,广东省佛山市禅城实验高中对学生仪容展开检查,其中一项内容是"按照教育部颁布的《中学生日常行为规范》的规定,我校制定的学生仪容仪表标准是:女生剪短发(头发后不过衣领、侧不过面部、前不过眉毛);男生不留长发(刘海不过眉毛、发际要起

---

〔1〕 谭秋明、石善伟:《发型未达标准 百名男生被剪发》,载《腾讯—教育频道》2007 年 12 月 18 日。

〔2〕 王成诚:《三亚某校:留长发男生不准进校 学生奔网吧》,载 http://www.hq.xinhuanet.com/news/2009-03/20/content_16010194.htm,最后访问时间:2018 年 9 月 9 日。

发角），男女生都不能染发，不能搞奇异发型。”据几名学生介绍，当天整个学校有过百名女生因头发太长被“强制放假剪头发”。大多数学生都老老实实地修剪了头发。但来自高三五班的32名女生却拒绝剪头发，最终，校方以“规定是行政会议决定的”为由对她们做出“停学”处理。[1]

2011年新学期开学时，济南历城四中的高一新生接到了一份“入学须知”：为了规范学校管理，新生入校时不准留长发。学校硬性规定学生发型引起了不少争议。然而在截止日期到来时，仍有近200名男生未剪去长发。留长发还是短发引起争议。为此，历城四中举行了一场全校辩论会决定长发的“去留”。[2]

其实，校规作为高等学校管理学生的主要工具，既是保障学生受教育权的必要手段，也是最容易侵犯学生权利的领地。校规不容侵犯的天然道义优势，似乎是学校的一切工作都为了教书育人，校规校纪的根本目的在于约束学生并保障学生能够很好地接受教育。正是在这一良好的道德意愿的前提下，公众对校规也采取了相对默认并遵行的态度。但这并不能成为校规凌驾于学生权利及法律法规之上的合法性基础。校规是以《教育法》及教育部门有关行政规章赋予的权限为依据，仅在这些法律、法规及规章所赋予的自由裁量权范围内做出灵活规定。《教育法》第30条规定：“学校及其他教育机构应当履行下列义务：（一）遵守法律、法规；（二）贯彻国家的教育方针，执行国家教育教学标准，保证教育教学质量；（三）维护受教育者、教师及其他职工的合法权益……”《教育法》第44条规定：“受教育者应当履行下列义务：……（二）遵守学生行为规范，尊敬师长，养成良好的思想品德和行为习惯……（四）遵

[1] 秦淮：《佛山禅城高中强制女生剪发的背后》，载《广州日报》2009年9月24日。

[2] 王端鹏：《校规不准留长发引争议 学校辩论会决定学生长发“去留”》，载《济南日报》2005年9月26日。

守所在学校或者其他教育机构的管理制度。”教育部修订的《中学生日常行为规范》并未就头发发式及长短等做出明确规定，上述诸多“留头不留发”的校规是无法律依据的，而且侵害了宪法的第 38 条所保障的学生的人格尊严；若学校将“不符合标准者”在上课期间赶出校门，则侵犯了学生接受教育的权利。

退而言之，即便按照“特别权力关系”理论，学校可以对学生的某些基本权利做出限制而无须法律的特别授权，但是在涉及公民的人的尊严、人身自由等重大基本权利方面，国内外主流的观点和国外的实践都将“特别权力关系”拒之门外，唯有法律才能对此加以规定，这也是我国《立法法》确认的原则(《立法法》第 8 条规定只有法律才能对公民的基本权利作出限制)。

由此可见，如此多的校规以教育部《中学生日常行为规范》作挡箭牌而颟顸蛮横，殊不知本是培育现代公民的场所，竟然罔顾构成公民素养的基本理念：对人的尊重即人的尊严的尊重。教育预示着国家的未来，早在百年前，梁启超在其《少年中国说》中就指出：“少年智则国智，少年富则国富；少年强则国强，少年独立则国独立；少年自由则国自由，少年进步则国进步；少年胜于欧洲则国胜于欧洲，少年雄于地球则国雄于地球。”而唯有教育方能促进少年中国梦，教育兴则民族兴。只有在日常教育中践行人的尊严的理念，法治才会水到渠成。

五、北京“井底人”事件

2013 年 12 月 6 日，以《新京报》为代表的多路媒体记者们对“井底人”这种北京的特殊生存方式进行了报道。这些“井底人”常年住在北京一些地下三米深的热力井里，有的已住了 20 年，他们白天外出，从事洗车、捡破烂等行当，晚上钻进热力井过夜。

媒体选择“井底人”王某青做典型，对其进行了跟踪报道。“朝阳区丽都花园路的一侧,数百平方米的绿化带上,共有 17 个井盖。井盖周围,是高级酒店区和均价在 4 万元以上的高档住宅区。……王某青已在井下住了整 10 年,他不孤独,井下有很多"邻居":薛老太太和她 60 多岁的女伴、同样年过花甲的老祝头……他们都占据着不同的井口,相距不到 50 米。在这座城市,他们靠打工或乞讨拾荒为生,晚上,潜入只有一两平方米的井底,成为穴居人。在站直了就会碰到头的地下井室,穴居者大多数时间都在黑暗里,从不高声说话,他们怕城管、警察,甚至是路人惊奇的目光,那些都可能导致他们被驱逐出这个避风港。不想被发现,而又渴望得到切实的帮助,在和管理部门的游击战里,他们盼着冬天赶快过去。"〔1〕

媒体刚一报道,第二天下午,针对有人居住热力井 20 年的问题,市热力集团负责人表示,经查,该热力井并不属于热力集团所辖。朝阳区将台路派出所民警称,得知井底住人的情况后,他们已安排社区民警去寻找住在井下的人,一旦出了井,这些人则属于城管负责。朝阳区救助站工作人员表示,假如这群人是北京户口,他们有低保,不属于救助范围。救助站工作人员称,救助站的主要职责是救助外地"三无"(无居住地,无生活来源,无工作)人员,一旦发现有人住在井下,警方首先会询问他们是否需要救助;需要救助,警方会通知救助站,"按规定,居住人拒绝救助,他们无权强制执行。"而随手拍街头救助负责人樊银华表示,在他救助的人群中,他从没碰到过流浪人、乞讨人员生活在井内,他们大多聚集在桥下,这可能跟城市管理方面有关系,或是个人经济条件有一定关系。〔2〕 然而在多家媒体报道、此事成为舆论关注焦点后,12 月 8 日,北京朝阳丽都广场南门西侧的住人井已被全部封死。当晚,归来的

〔1〕 张永生等:《井底人家》,载《新京报》2013 年 12 月 6 日,第 A14 版。

〔2〕 张永生等:《井底人家》,载《新京报》2013 年 12 月 6 日,第 A14 版。

洗车工王某青只好搬进附近的废弃岗亭蜷缩一夜。而原先在此居住的“井底人”最终无“家”可归,不知所终。隔日,这间废弃的岗亭再被拆除。与此同时,多家单位表示愿意提供工作机会,也有公司希望资助三个孩子从现在至大学毕业的学费。[1] 虽然各方的救助十分给力,然而王某青终于还是决定“不给政府添麻烦”,准备返回家乡。[2]

“井底人”“桥洞人”“马路人”“街角人”“公园人”等这些处于社会边缘的群体,其利益诉求往往被忽视。随着近几年城市化进程的加快,越来越多的农民进城谋生活,但随之带来的是城市承载能力以及服务配套不足的矛盾,大量外来人口在居住、子女教育以及其他生活必需方面缺乏应有的保障,甚至是极度牺牲尊严。[3] 在保证安全以及维护城市的观瞻和社会“脸面”的恢复的大旗下,执法者往往采取极端措施,其做法屡屡突破人们的心理承受底线。如有媒体指出:“近几年的媒体报道中,广州用尖石锥驱逐立交桥下的居住者,郑州用收缴棉被解决民工睡街头问题……跟北京焊死热力井口清除‘井底人’一样,这个社会解决穷人无处可去的问题,往往采用‘眼不见为净’的做法。”[4]

其实,“井底人”事件折射出的是社会对人的普遍冷漠。我们不仅尚未树立起对人的起码尊重的理念,更未将这种现代意义上人的尊严的理念予以制度化。我们应该认识到,无论地位、生活和生存方式等存在如何的差异,作为生物意义上的人彼此间不应存在差别,理应相互间予以最起码的尊重。同情并不意味着尊重,仅有同情是远远不够的,只有确立以人的尊严为核心价值的公民的基本权利,并予以制度化,方能在立法、行政乃至司法各个领域对每个个体存在的人的尊严予以最大

〔1〕 饶沛、张永生:《“井底人”王某青找到工作》,载《新京报》2013年12月9日,第A09版。

〔2〕 牛角:《“井底人”需要的不是同情而是权利》:载《新文化报》2013年12月9日。

〔3〕 苏晓倩:《关注“井底人”背后的社保尊严》,载 http://news.sina.com.cn/o/2013-12-09/171628926410.shtml,最后访问时间:2018年9月9日。

〔4〕 刘洪波:《“井底人”与城市的脸面》,载《东方早报》2013年12月19日,第A15版。

的尊重。以“井底人”事件为例,社会必须无差别地保障城市边缘群体的居住权、工作权、社会保障权等基本权利,使每个人均感受到其存在的价值。

六、“嫖宿幼女罪”之始乱终弃

2003 年,朱苏力在网上发表一篇题为《一个不公正的司法解释》的文章(其后该文经修改以《司法解释、公共政策和最高法院——从最高法院有关奸淫幼女的司法解释切入》为题发表在《法学》2003 年第 8 期),文章针对的是 2003 年 1 月 17 日最高人民法院经审委会讨论下发了《关于行为人不明知是不满十四周岁的幼女双方自愿发生性关系是否构成强奸罪问题的批复》中涉及的“嫖宿幼女罪”。该文由此引发了中国刑法学界发生了“20 多年来最大的一场论争”,最终以刑法学界主流观点维护最高人民法院对“嫖宿幼女罪”认定而宣告结束。

然而,其后现实再次将“嫖宿幼女罪”推向舆论的风口浪尖。2009 年 4 月,贵州省习水县 11 名女生被以拍裸照和殴打等手段胁迫卖淫,其中有 3 名是未满 14 岁的幼女;而参与买春的人员中,竟有 5 名习水县的公职人员和 1 名县人大代表。随后,检方以“嫖宿”而非“强奸”的罪名提起公诉,引发举国愤慨。然而,习水案的最终结果却是:7 名曾性侵幼女的被告人,除一人以强迫卖淫罪被判处无期徒刑外,其余 6 人则以“嫖宿幼女罪”入罪,刑期从 14 年到 7 年不等。习水案后曾一度引发社会各界对“嫖宿幼女罪”的口诛笔伐,然而刑法学界主流观点可谓岿然不动。

2012 年 5 月以来,浙江永康嫖宿女生案[1]和河南永城嫖宿女生案[2]

---

〔1〕 朱丽珍、张姮、叶梦婷:《浙江永康大规模“嫖宿女学生案”已逮捕 6 人》,载《钱江晚报》2012 年 5 月 28 日。

〔2〕 李丽静:《市委官员让情人物色女学生 奸污 10 余人》,载《新华网》2012 年 5 月 28 日,http://news.qq.com/a/20120528/001090.htm,最后访问时间:2018 年 9 月 9 日。

相继曝光。2013年,继海南“6幼女开房事件”[1]及广东雷州小学校长强奸2女生事件[2]被曝出后,又有河南省南阳市桐柏县一小学教师涉嫌性侵多名小学女生事件[3]被曝光,此后仍不断有类似事件发生,充斥着人民早已麻木的感官。

习水案之后的上述其他案件,除了一起校长被以强奸罪、嫖宿幼女罪数罪并罚外,其他均以嫖宿幼女罪论处。诸如此类的事件激发了举国愤慨,废弃“嫖宿幼女罪”已成为民众的共识。

在此,须对“嫖宿幼女罪”入刑做详细的梳理。实际上,“嫖宿幼女罪”并非新鲜事物。早在1991年全国人大常委会颁布《全国人民代表大会常务委员会关于严惩卖淫嫖娼的决定》第5条第2款就规定:“嫖宿不满十四岁的幼女的,依照刑法(1979年刑法)关于强奸罪的规定处罚。”此时的“嫖宿幼女”非独立罪名,嫖宿只是加重情节,仍属于强奸罪。1997年,《刑法》修改时便以上述规定为基础,但是将“嫖宿幼女罪”从强奸罪中分离出来,且与强奸罪并列。《刑法》第236条对强奸罪(奸淫幼女罪)的规定为:“奸淫不满十四周岁的幼女的,以强奸论,从重处罚。”《刑法》第360条第2款(嫖宿幼女罪)规定:“嫖宿不满十四周岁幼女的,处五年以上有期徒刑,并处罚金。”于是乎,现行《刑法》新增“嫖宿幼女罪”后,一旦与幼女进行性交易,有可能只以“嫖宿幼女罪”处罚,因为涉案幼女收钱则定性为嫖宿,若没有金钱交易方定性为强奸。为了指导司法实践,2001年最高人民检察院在《关于构成嫖宿幼女罪主观上是否需要具备明知要件的解释》中规定:“行为人知道被害人是或者可能是不满十四周岁幼女而嫖宿的,适用刑法第三百六十条第二款的

---

〔1〕 吴晓锋、邢东伟:《小学校长与政府职员携6名幼女开房》,载《法制网》2013年5月13日,http://news.sina.com.cn/s/2013-05-13/111027105898.shtml,最后访问时间:2018年9月9日。

〔2〕 《又见狼师!小学校长强奸两名女生》,载《南方都市报》2013年7月6日,第A08版。

〔3〕 李超:《河南省南阳市桐柏县一小学教师涉嫌性侵多名小学女生》,载《新京报》2013年5月26日。

规定,以嫖宿幼女罪追究刑事责任。”2003 年 1 月 17 日最高人民法院经审委会讨论下发了《关于行为人不明知是不满十四周岁的幼女双方自愿发生性关系是否构成强奸罪问题的批复》,内容如下:“行为人明知是不满十四周岁的幼女而与其发生性关系,不论幼女是否自愿,均应依照刑法第二百三十六条第二款的规定,以强奸罪定罪处罚;行为人确实不知对方是不满十四周岁的幼女,双方自愿发生性关系,未造成严重后果,情节显著轻微的,不认为是犯罪。”2006 年 2 月 2 日,最高人民法院出台审理未成年人刑事案件司法解释,为体现所谓的“教育为主,惩罚为辅”原则,规定“已满 14 周岁不满 16 周岁的人偶尔与幼女发生性行为,情节轻微、未造成严重后果的,不认为是犯罪。”由此可见,司法解释步步后退,竟然退却到以侵害人是否“明知”和是否“情节轻微、未造成严重后果”来判定是否构成“嫖宿幼女罪”,全然不顾对被害人造成的身心伤害及对社会造成的恶劣影响。为此,全国人大代表、中华女子学院教授孙晓梅从 2010 年开始持续提出取消嫖宿幼女罪的建议。

从法理上而言,“两高”的司法解释有僭越立法权、违宪之嫌。首先,如同朱苏力所言,司法解释把至少是隐含的严格责任的法定强奸擅自改变为某种程度的过错责任;其次,现行《刑法》第 236 条对强奸罪(奸淫幼女罪)与第 360 条第 2 款对嫖宿幼女罪的规定,隐含着立法者对于同幼女发生性关系可能对幼女造成伤害给予格外保护的价值判断,同样对于“明知”以及“自愿”“不自愿”这一同法定年龄相联系的立法推定也是立法的价值判断,而非朱苏力教授所言的事实判断;最后,这种立法价值判断却被司法解释以偷换概念的形式擅自置换成为一种可以由法官在司法过程中针对具体案件斟酌决定的司法事实判断。因此,司法径行可以决定罪与非罪,而根据《立法法》第 8 条的规定“犯罪和刑罚”须有全国人大立法,“两高”对“嫖宿幼女罪”的司法解释显然违背了“立法保留”原则,当属违宪。

实际上,“嫖宿幼女罪”字面上本身就隐含着歧视,它刻意把幼女划分为“良家幼女”和“卖淫幼女”两类,甚至有学者把幼女称为“雏妓”。这是对幼女的侮辱和歧视,违背了《宪法》第 33 条第 3 款“国家尊重和保障人权”所蕴含的对“人的尊严”的肯认,直接违反了《未成年人保护法》第 5 条“尊重未成年人的人格尊严”以及《妇女权益保障法》第 38 条“妇女的生命健康权不受侵犯”的明确规定。由此可见,司法部门有意无意地针对不同对象选择性适用不同的法律规定,不仅未达到《刑法》对于未成年幼女给予特殊保护的初衷,还造成民愤甚至腐败。以至于人们愤愤而言,“如果把幼女是否自愿作为定罪依据,本质上是给犯罪行为开绿灯,无异于取消了这一罪名。”而在世界上大多数国家在规定中,凡是幼女在法定年龄之下,不管有没有钱物交易,不管是否自愿,与幼女有性行为一律界定为强奸。

2013 年 10 月 23 日,最高人民法院、最高人民检察院、公安部、司法部联合发布《关于依法惩治性侵害未成年人犯罪的意见》,对 2003 年最高人民法院《关于行为人不明知是不满十四周岁的幼女双方自愿发生性关系是否构成强奸罪问题的批复》这一司法解释中的“明知”作出进一步指引,与不满 12 周岁的幼女发生性关系或有其他性侵行为的,规定“应当”认定行为人“明知”对方是幼女。2013 年 7 月 30 日,最高人民法院在《对十二届全国人大一次会议第 3939 号建议的答复》(以下简称《答复》)中表示,完全赞成孙晓梅代表提出的废除嫖宿幼女罪的建议,“无论从法理上,还是从未成年人保护层面,废除嫖宿幼女罪都有充分理由。”最高人民法院认为,刑法规定:“奸淫不满 14 周岁的幼女的,以强奸论,从重处罚。”也就是说,只要与幼女发生性关系,不论是否采用暴力、胁迫等手段,无论幼女是否同意,均构成强奸罪。这是基于幼女身心发育不成熟、尚不具备性决定能力的现实情况规定的,充分体现了法律对幼女性权利的绝对保护。但是,嫖宿幼女罪的规定,又间接承认了幼女可以“卖淫”、具备性自主能力,这不仅不符合幼女身心发育状况,更与强奸罪的规定存在逻辑矛盾。“我们经研究认为,只有废除嫖宿幼女罪才能真正解决问题。”最高人民法院在《答复》中表示,废除嫖宿幼女罪,能够解决强奸罪与该罪之间根本性的逻辑矛盾;能够更好地保护幼女名誉,实现“儿童最大利益”目标。以嫖宿幼女罪定罪量刑,虽然对被告人进行了处罚,但也认可了幼女“卖淫女”的身份,这一标签是对幼女的极大侮辱。司法实践中,许多嫖宿幼女案被害人和家长对该罪名都非常不满,社会各界特别是妇联、未成年人保护组织等部门对该罪名普遍不认可。但是,嫖宿幼女罪的存在,对幼女进行了不当的道德评判,往往容易给幼女及其家庭带来严重的精神伤害,背离了文明国家对儿童保护的初衷。最高人民法院在答复中表示,“总之,我们希望能够共同推动全国人大法工委尽快立项废除该罪名,如果一段时间内该罪名依然未被废除,我们将加强调研,进一步研究规范该罪的适用。”

本章小结

进入20世纪之后,随着人权理念的深入传播并广为接受,各国人权保障实践也在不断深化。最初,人的尊严只是为终极价值的指导原则而被置于高不可及的地位,但是自20世纪后,人的尊严逐步从价值层面走向规范层面进而进入日常生活,由此开启了各国人的尊严保障的实践。然而,各国基于其各自迥异的政治、经济、文化、宗教、历史、传统等而去诠释人的尊严,人的尊严也因此在世界范围内呈现出异彩纷呈的景象。由此引发人们进一步追问:人的尊严是否是普世价值或理念?为防止将该理念或价值虚掷乃至曲解之虞,是否应对人的尊严做出统一的理解与界定?诸如此类问题或许仍将长期困惑我们,让我们苦苦探寻但或许永远无答案。但是,我们应乐观地看到:当整个社会和国家都将人的尊严作为其做出行动时必须考量的因素时,这就意味着人的主体地位得到了肯认并被赋予了前所未有的重要性,这本身即是历史的进步。

CHAPTER 05 >>

第五章

人的尊严之法律适用

生命的尊严正是超等价物的一切事物的基点。[1]

——汤因比、池田大作

我们的尊严不在于我们做什么,而在于我们懂得什么。[2]

——[美]乔治·桑塔亚纳

人才成为"能思想的苇草":我应该追求自己的尊严,绝不是求之于空间,而是求之于自己思想的规定。我占有多少土地都不会有用;由于空间,宇宙便囊括了我并吞并了我,有如一个质点;由于思想,我却囊括了宇宙。[3]

——[法]帕斯卡尔

---

〔1〕[英]汤因比、[日]池田大作:《展望二十一世纪——汤因比与池田大作对话》,国际文化出版公司1985年版,第431页。

〔2〕[美]乔治·桑塔亚纳:《常识中的理性》,张沛译,北京大学出版社2008年版,第59页。

〔3〕[法]帕斯卡尔:《思想录》,何兆武译,商务印书馆1985年版,第157~158页。

第一节 人格之嬗变

——法律上对人的认知演进[1]

人类形象(*das Bild des Menschen*)又称为人的形象或图像或类型,主要在于探讨法秩序中所设定的、所追求的理想的“人类形象”到底是什么。[2] 可以说,正是由于对人的形象认知的差异,才导致了各国在法律制度上对人的对待的迥异态度。在以人权保障为核心的宪政理念下,必须摒弃旧制度下的对人的认知之糟粕,在借鉴和吸取人类普世价值与理念重塑人类形象之基础上,力求探寻制度上的革新与突破。

主体资格乃是法律上对人的基本认知。从学理上说,欲成为法律上的主体,须具备一定的主体资格方能享有权利承担义务。即享有权利是以具备主体资格为前提。随着社会的变迁和时代的发展,主体资格由古罗马时代的人格业已演变为近现代的权利能力制度。主体资格制度的发展演变期间所经历的诸多波折,恰恰真实反映了其所在时代对人的认知水准。

在法律制度中,权利能力业已成为主体资格制度的核心。欲知法律尤其是宪法(公法)对人的认知,必须正本清源而求诸民法中的权利能力之理念。因为民法被誉为万法之法,公法中的诸多概念、制度都源于私法,宪法上的基本权利能力同样是由民法上的权利能力衍变而来。由是观之,通过探究私法上主体资格制度的变迁,或许使我们能够真正

---

〔1〕 本节是根据作者的《基本权权利能力之本质》一文修改而来,参见侯宇:《基本权权利能力之本质》,载《中国宪法学年刊》(2010),法律出版社2011年版。

〔2〕 龙晟:《论德国法律中的人类形象》,载《德国研究》2007年第1期。

理解为何法律上会对人像之貌进行似飘忽不定的阐释。

一、逝去的人格制度——主体资格理论曾经的辉煌

通说认为,"人格"理论肇始于罗马法。罗马法上的"人格"是通过对人的概念来界定的。罗马法上有三个关于人的概念,即 homo、caput、persona。其中,Homo 是指生物学意义上的人即生物人、生命体人、伦理人,其拉丁词根的含义原为血肉之躯,用来表示具有客观实在的人形的生物实体,但不一定是权利义务主体。Caput 原意是指头颅或书籍的一章,转借指权利义务主体即法律上的人格,但是只有家长才是权利义务主体。"persona 一词的来源于 personare,而后者是指演员演出时为了掩饰声音而戴在脸上的面具",[1] 即演员所扮演之角色,引申为人参与各种法律关系所演绎的角色,即表示权利义务主体的各种身份。

在罗马法上,能够成为法律上的人的条件或资格是一个生物人必须具有自由权、市民权和家族权,也即必须同时具备自由人、家父和市民三种身份。学界对这种资格的认识存在分歧。有学者认为,当时的罗马学者为了概括这种资格,采用人格或人格权(Caput)来总称这三权。[2] 另有学者认为,当一个人(Homo)具备足以使其获得权利能力的条件时,在技术用语上被称为 Persona(人),即使他不是罗马人。[3] 还有学者认为,罗马法中的"人格"一词的拉丁文为 Caput,而"Persona"一词则用来代表法律上作为权利义务主体的人的概念。[4]

就学理上而言,"人格是指人之所以为人的事实资格。在法律语言中,人们也使用'法律人格'这一术语。法律人格与权利能力等值,而人

---

〔1〕 [葡]Carlos Alerrrto da Mota Pinto:《民法总论》,林炳辉等译,澳门法律翻译办公室、澳门大学法学院 1999 年版,第 41 页。

〔2〕 周枏:《罗马法原论》(上册),商务印书馆 1996 年版,第 107 页。

〔3〕 [意]彼德罗·彭梵得:《罗马法教科书》,黄风译,中国政法大学出版社 1992 年版,第 29 页。

〔4〕 曲可伸:《罗马法原理》,南开大学出版社 1986 年版,第 86 ~87 页。

格却是事实层面上的概念。与法律人格不等值。"[1]"所谓'法律人格'者,就是私法上的权利和义务所归属之主体,即权利义务的归属点的意思,在西语中被称为 Personne, Person。"[2]而从哲学上的含义探究,Persona 源于斯葛多哲学上的"具备理性的独立实体"。[3] 由此可见,Caput 才是罗马法中"人格"一词的正确表达,而 Persona 仅指自然人,只有那些适格(同时兼具三种身份)的自然人才具有人格(Caput)。

显然,罗马法的人格理论是通过严格区分人生命体和法律主体而将人与人格相分离,进而在立法上生物人与法律人相互分离。生物人通过身份这一"适格判断"才成为法律人。可见,罗马法并不是所有的自然人都具有人格,而是因具体的人的家族血缘、性别、国籍以及是否为被解放的奴隶等身份要素的差异而有所不同。因此,罗马法是将人格作为人的一个标记,"标记出法律舞台上的存在、标记出各种不同的角色与功能,并依据身份将此种角色和功能分配给现实中的人,同时,通过此种角色与功能将现实中的人与活着的物相区分。"[4]此外,罗马法还创立了名誉减损制度和人格变更制度。正是通过对不同身份的人的权利资格的界定,罗马法在人类法律发展史上第一次构建了"法律人",使"法律上的人"与"生活中的人"泾渭分明。罗马法中的人格制度的基本价值"在于区分自然人不同的社会地位","是一种一些人压迫另一些人的法律技术工具。"它"在古罗马发挥了身份划分的功能,实质上是关于社会阶层或阶级的划分,是作为组织社会身份制度的一种工具。"[5]

---

〔1〕 张俊浩:《民法学原理》,中国政法大学出版社 2000 年版,第 133 页。

〔2〕 马骏驹、刘卉:《论法律人格内涵的变迁和人格权的发展——从民法中的人出发》,载《法学评论》2002 年第 1 期。

〔3〕 [日]星野英一:《私法中的人——以民法财产法为中心》,王闯译,中国法制出版社 2004 年版,第 23 页。

〔4〕 [德]罗尔夫·克尼佩尔:《法律与历史》,朱岩译,法律出版社 2003 年版,第 59 页。

〔5〕 尹田:《论法人人格权》,载《法学研究》2004 年第 4 期。

因此，在罗马法中，人格的本质乃是统治者利用法律的外衣制造的一种身份特权。伴随着基督教神学圣父、圣子、圣灵三位一体理念的昌盛，陈旧、落后的身份等级观念和制度被逐步淘汰、废除。“当欧洲进入中世纪以后，另具特色的封建身份等级制度得以建立，罗马法的人格理论和制度寿终正寝。”〔1〕“Caput”（人格）一词湮没于浩瀚的历史之中，罗马法这一技术工具没有直接延续下去。罗马法的人格理论与制度曾经的辉煌已不再，逐步淡出了历史舞台。而“Persona”一词却被赋予了新的内涵，它不仅用于天使也被用于人，并随着历史的演进逐步演化成为现代法理论上的术语——“人格”（personality，personalité）。

二、权利能力：理性与自由理念的勃兴——主体资格的重塑

罗马法的人格理论强调自由人、家父和市民三种身份，而未对名誉的身份给予足够的重视。后来，德国学者萨维尼（Friedrich Carlvon Savigny，1779—1861）和英国学者格林尼奇（H. J. Greenidge）对此做了深入的研究。萨维尼把名誉的身份列为罗马法中的第四种身份并把它定义为“一个人的外在地位，它表示该人的个人尊严，因此，它自然地与公众评价相连”。〔2〕 随着社会的发展，对人的认知的不断深化，以名誉身份的人格理论为基础而建立的古罗马社会身份等级制度阻碍了历史前进的步伐，造成了严重社会不平等。

随着梅因“从身份到契约”理念的广泛传播，人们开始重新审视人格理论。自中世纪之后，人格的本质属性就是人本身，人格就是主体，与主体合一。人格从人的资格到“人”（主体）的转变，实际上反映的是

〔1〕 尹田：《论法人人格权》，载《法学研究》2004 年第 4 期。

〔2〕 Cfr. Federico Carlo di Savigny, Sistema del diritto Romano attuale, Traduzione in italiano diVittorio Scialoja, Vol. secondo, Torino, UnioneTipografico-Editore, 1888, p. 447. 转引自徐国栋：《权利能力制度的理想与现实》，载《北方法学》（上）2007 年第 2 期。

由身份到契约的转变。因为，"从身份到契约的运动"中的身份是指"人格状态"，即"在人法中所提到的一切形式的身份都起源于古代属于家族所有的权力和特权"。而"契约"的概念反映的正是人和人的关系。因为"进步社会的运动有一点上是一致的。在运动发展的过程中，其特点是家族依附的逐步消灭以及代之而起的个人义务的增长。个人不断地代替家族，成为民事法律所考虑的单位"。"个人和个人之间的关系不再是通过家族连接，而是通过契约形式完成。"[1]在此，人格与主体合二为一。

于是，中世纪的人格和主体合一理论使资产阶级革命找到了理论基础。资产阶级革命倡导天赋人权、自由、平等、博爱，在革命胜利以后，用平等替代了等级制，从而使人人平等成为现实，人格平等更是作为一种当然的事实被接受。因此，"根本不需要制作任何表示某种身份或者地位的面具配发给每一个生而自由的人"[2]。于是，当人不再是只有"人格"的人才称其为人的时候，"人格"的身份意义与价值也就逐渐消失于尘封的历史中。"人格被人取代，人格平等的实质就是人人平等。人，在法律上不需要'人格'的门槛，便可以踏进法律之门受法律的保护。人人自由、生而平等已经成为人类社会的基础和信条，'人就是人'深深地印在法律的文本上，其是烙印而不是标签。"[3]因此，在法国民法典以及早期各国民法理论中，不存在人格的概念。事实就是，当近代各国以其宪法、法律宣称"人人平等"之后，毫无必要运用一种徒增繁琐的法律技术再将"人格"赋予每一个人。换句话说，作为身份区分工具的"法律人格"在人人平等的社会中，应当毫无使用价值。[4] 于是

---

〔1〕［英］梅因：《古代法》，沈景一译，商务印书馆 1959 年版，第 96～97 页。

〔2〕尹田：《论法人人格权》，载《法学研究》2004 年第 4 期。

〔3〕付翠英：《人格·权利能力·民事主体辨思——我国民法典的选择》，载《法学》2006 年第 8 期。

〔4〕尹田：《论法人人格权》，载《法学研究》2004 年第 4 期。

乎,迄今未有一个近代或者现代国家的宪法或者民法曾将所谓“人格”明文赋予其国民。正因如此,自中世纪后半期以来,尽管“人格”被作为一个哲学或者伦理学上解释“人”的本质属性时常用的一个重要概念,但并未被引入法学领域而成为一个法律术语。[1]

随着资本主义的兴起与发展,团体纳入法律上的人的范畴成为大势所趋。为了解决这一棘手问题,德国人“从古罗马的故纸堆里发掘其人格理论……让古老的人格理论死灰复燃的目的,不是为了给相互平等的自然人重新戴上身份区分的面具,而是为了将一经改造的面具戴到某些‘适于成为交易主体’的团体的脸上。”[2]但是,德国人巧妙地避开“人格”这一术语,而独创了“权利能力”概念代之。

据学者考证,现代权利能力观念滥觞于德国学者萨维尼。[3] 萨维尼把生物人与法律人同一化,他指出:“每个单一的生物人,并且仅仅是单一的生物人,可以享有权利(ècapace di diritto)”。[4] 而根据意大利法学家安杰罗·法尔泽阿(Angelo Falzea)的研究,蒂堡(Anton Friedrich Justus Thibaut,1772—1840)最早提出权利能力的概念,他在1803年在耶拿出版的《潘特克吞法体系》一书中指出:“希望自然地被看作能拥有权利的主体的人,应该拥有理性和意志。”[5]此语中的“能”字,被看作权利能力制度的萌芽。[6] 而在实证法上,通说认为,奥地利民法典首先创造并使用权利能力这一概念,而在此之前,并无权利能力这一概念,

---

〔1〕 尹田:《论法人人格权》,载《法学研究》2004年第4期。

〔2〕 尹田:《论法人人格权》,载《法学研究》2004年第4期。

〔3〕 徐国栋:《权利能力制度的理想与现实》(上),载《北方法学》2007年第2期。

〔4〕 Cfr. Pierangelo Catalano, Il Concetto “Soggetto di Diritto” Secondo il Sistema Giuridico Romano, Manuscrtto inedítto, p. 11.

〔5〕 Cfr. Guido Alpa, Status e Capacità, Editori Laterza, Bari, 1993, p. 64. 转引自徐国栋:《寻找丢失的人格》,载《法律科学》2004年第6期。

〔6〕 徐国栋:《寻找丢失的人格》,载《法律科学》2004年第6期。

仅有人格的称谓。[1]

所谓权利能力,是指由法律所确认的享有权利或承担义务的资格,是参加任何法律关系都必须具备的前提条件。也就是说,不具有权利能力,就意味着没有资格享有权利,甚至也没有资格承担义务。[2] 虽然权利能力与人格有着千丝万缕的勾连,但是二者迥然有别。人格与权利能力都具有抽象性,然而,人格具有更高的抽象性,它兼具公法私法内涵,“是指人之所以作为人的事实资格……是事实层面上的概念”。[3] 人格描述的是人的一般法律地位、一般意义的主体资格,其并不考虑和表达主体得具体享有之权利的范围。有学者所谓的“人格是宪法赋予的……并非民法赋予。”[4] 抽象性相对弱的权利能力,表达的则是能够作为权利义务主体的资格,或者叫作可能性。在法律语言中,人们有时也用法律人格代指权利能力。

权利能力是伴随着文艺复兴、理性和自由理念的传播与推广而确立与发展的。理性和自由强调人的价值,强调在作为“群体”的人彼此之间的关系中,引申出人人平等的观念。在这种理念的鼓舞下,人们重新认知人的存在与意义,随着平等、自由、尊严、博爱、天赋人权等激进思想时代的来临,人们迫切要求摆脱森严的等级制度的桎梏。理性的观念,意味着对人的价值的强调。罗马法复兴运动为法律制度的变革提供了可能。于是,在人人生而平等的自然法思想倡导下,生物人与法律人合一,所有的生物人因此都是法律人,籍此实现普世的平等。1781年《人权宣言》第1条所规定的“人生来并且始终是自由的,在权利上是平等的……”正是这种全社会共识的真实写照。在这种理念的感召下,

[1] 此乃学界通说,但是也有学者认为,“权利能力”一词的真正含义与运用起源于德国民法典。参见李永军:《论权利能力的本质》,载《比较法研究》2005年第2期。

[2] 张文显主编:《法理学》,法律出版社2004年版,第184页。

[3] 张俊浩:《民法学原理》,中国政法大学出版社2000年版,第133页。

[4] 尹田:《论人格权的本质》,载《法学研究》2003年第4期。

1811 年《奥地利民法典》率先把萨维尼权利能力理论条文化，第 16 条规定："每个生物学意义上的人（Mensch）都享有与生俱来因而被看作法律意义上的人（Person）的权利。奴隶制、奴役以及以奴隶制和奴役为依据的权力行使，禁止之。"1867 年的《葡萄牙民法典》第 1 条紧随其后并加以提升，规定："只有生物人（Homen）可以承担权利和义务。这构成其权利能力或其人格。"

尽管早期各国法典并未规定法人的权利能力，但是生物人具有权利能力的规定仍然从技术上巧妙地解决了自然人和法人在同一主体制度的框架下的共存问题。[1] 诚如学者指出："自然人格的场合，以德国民法典为例，这种构架中的逻辑关系，就是'生物人—伦理价值—权利能力—自然人格'。……而当我们将人的'伦理价值'从人的范畴之中抽去之后，即在'生物人—权利能力—自然人格'的关系中，自然人格，就将通过权利能力，与'生物人'的本体直接连接。于是，作为人之存在标志的'出生'事实，将直接成为'权利能力'的标志，进而成为法律人格的标志。这样一来，一方面，由于'权利能力'在形式上扮演了'法律人格依据'的角色，所以生物人与法律人相互分离的民事主体制度模式因而得以维持，法人制度也就不会因此受到冲击。"[2] 对法人权利能力自然也是以理性和自由为基础，贯彻平等理念，惟有这种平等是基于有差别的平等，有别于自然力的平等。

综上所述，在人非生而平等的时代，人格是自然人能够成为法律人应当具备的条件。现代的权利能力制度是以平等为理念的出发点，是对基于不平等为基石的人格概念的取代。

---

〔1〕 参见尹田：《论法人人格权》，载《法学研究》2004 年第 4 期。

〔2〕 马俊驹、张翔：《人格权的理论基础及其立法体例》，载《法学研究》2004 年第 6 期。

三、基本权权利能力——人的尊严之滥觞与勃兴

权利能力概念蕴涵着深厚的自然法理念。德国学者弗卢梅则认为,权利能力是一个先于法律制度所规定的、以自然法为基础的概念,试图通过自然法的基础避免成文法的改变。[1] "法律仅能适用于了解目的的自觉意志,而这些目的正是限定这些自觉意志。据我们所知,其所以只有个人才能成为法律主体,是因为只有个人才掌握着一种了解自己目的的自觉意志。因此只有自觉和能支配自己行为的个人才是法律的主体。"[2]于是,德国学者将权利能力设计为一种法律上拟制而产生的分析工具,不考虑法律主体的财产、地位、种族、性别、受教育程度等的差异而做出的高度抽象,旨在塑造独立、无差别的人,其背后是"在理性、意思方面强而智的人像"。[3]

虽然,以权利能力替换人格从而使"法律人格即权利能力明确地'从伦理的人格中解放出来'",[4]人的伦理价值却依然是取得法律人格的条件。自法国民法典以来的近现代法律观念,自始是人的自由、尊严等范畴视为人的要素——人本身"内在的东西",进而使之成为法律人格即权利能力的伦理基础。德国民法典第一草案说明书明确指出:"不论现实中的人的个体性和其意志,承认其权利能力是理性和伦理的一个戒律。"[5]于是,法是建立在自然法观念的基础之上的权利能力,不仅以维系群体和谐关系的人人平等的观念为价值,即消除等级差别,消

---

〔1〕 [德]罗尔夫·克尼佩尔:《法律与历史》,朱岩译,法律出版社2003年版,第60页。

〔2〕 [法]狄骥:《宪法论》(第1卷),钱克新译,商务印书馆1962年版,第324页。

〔3〕 [日]星野英一:《私法中的人——以民法财产法为中心》,王闯译,中国法制出版社2004年版,第8页。

〔4〕 [日]星野英一:《私法中的人——以民法财产法为中心》,王闯译,中国法制出版社2004年版,第24页。

〔5〕 [德]罗尔夫·克尼佩尔:《法律与历史——论〈德国民法典〉的形成与变迁》,朱岩译,法律出版社2003年版,第58页。

除那些“经济上寄生的贵族所享有的政治上的特权”;而且包含了作为“个体”的人的安全、自由和尊严,此即人的生命、健康、身体、名誉等“伦理价值”。于是,上述伦理价值就成了“适格判断”的标准,构成了人之所以为人的条件。

由此可见,权利能力是以消灭等级差别、实现人人平等、保障人的安全与自由、彰显人的尊严为终极目的,旨在对抗罗马法确认的“人格”。诚如1789年《法国人权宣言》所昭示的:“在权利方面,人们生来是而且始终是自由平等的”。自由、财产、安全和反抗压迫是“人的自然的不可动摇的权利”。

基本权利之权利能力(Grundrechtsfähigkeit)是指,基本权主体得以享有基本权之资格。〔1〕 也就是说,只要具备基本权权利能力者,即可主张其基本权利受到国家的保障,并且在其基本权利受到侵害(主要是公权力)侵害时,向司法机关寻求救济。宪法上的基本权权利能力同样是由民法上的权利能力衍变而来,是以是否及何时拥有基本权利为核心,其本质自然也是以人的尊严这一伦理价值为其终极诉求。因此,每个人都享有平等的权利能力,其权利能力不可被剥夺与限制,更不得抛弃和转让。而且,享有权利意味着在法律上可得到或应得到某些东西。无行为能力人也应当被尊重和不受侵犯,他有权取得别人的给付,由此得到他应得的东西。〔2〕 因为,幼儿、青少年或者因疾病而智力受损害或丧失的人,虽然不能充分认识其行为,但同样享有人的尊严,他们有权要求别人尊重他们有生存的权利,有权获得个人生活的空间。〔3〕

〔1〕 Ingo von Münch, a. a. O. (Fn. 5), Rn. 95. 也有学者称为基本权能力,如陈慈扬:《宪法学》,元照出版公司2005年版,第381页;李惠宗:《宪法学要义》(第3版),元照出版公司2006年版,第100页。

〔2〕 [德]卡尔·拉伦茨:《德国民法通论》,王晓晔等译,法律出版社2003年版,第122页。

〔3〕 [德]卡尔·拉伦茨:《德国民法通论》,王晓晔等译,法律出版社2003年版,第120页。

四、法律上人的尊严——回归本来意义的人

法律必须将生活在群体中的人作为其规范对象,而当其作用于一定的人际关系时,必须展示其表现方式,这种表现方式被称为“法律关系”。法律关系不同于原本意义上的人际关系(财产关系及伦理关系),在此种关系中,人的行为被予以强制性评价,因而与权利义务直接相联系。“一切权利均因人而设立”(*hominum causa comne ius constutum est*)。[1] 因此权利义务得以成为法律关系的核心。而在确认权利义务亦即“产生”法律关系时,便合乎逻辑地必须确认权利义务承受人(法律关系的参加者)的资格,即主体资格。由此,法律意义上的“人”必然具有与原本意义上的“人”(一种生命存在体)不同的属性。

按照拉伦茨教授的理解,一个伦理意义上的人格人与所有其他的人都处在一个“法律上的基本关系”之中,而在这一“法律上的基本关系”(das rechtliche Grundverhaeltins)之中,该人格人有权要求其他人尊重自己的人格人尊严,同时有义务尊重所有其他的人为人格人。[2] 这就指出了权利能力的连结点,即人的尊严,或者更为广泛地说,是人格人的尊严。[3] 拉伦茨教授进一步指出,权利能力的概念不是由实证法规范获得的抽象法律概念,而必须是由先于实证法的人格人这一具体概念——一般概念发展而来的先验性意义概念。[4] 如果承认权利能力系以人的尊严为连结点,那么必须同时承认权利能力具有先验性,即是

---

〔1〕[意]彼德罗·彭梵得:《罗马法教科书》,黄风译,中国政法大学出版社 1992 年版,第 32 页。

〔2〕Vgl. Larenz, Allgemeiner Teil des deutschen Buergerlichen Rechts, 2. Auflage, 1972, S. 63. 转引自卢谌:《德国民法专题研究》,法律出版社 2008 年版,第 26 页。

〔3〕卢谌:《德国民法专题研究》,法律出版社 2008 年版,第 26 页。

〔4〕Vgl. Larenz, Allgemeiner Teil des deutschen Buergerlichen Rechts, 2. Auflage, 1972, S. 64. 转引自卢谌:《德国民法专题研究》,法律出版社 2008 年版,第 27 页。

先于实证法的，这也是人格人尊严的应有之意。[1] 正因如此，由于人的尊严是不得丧失也不能抛弃，于是权利能力相应地不得丧失也不能抛弃。于是，权利能力为这种法律技术在人和法律人之间架起了桥梁，使人的尊严所蕴含的伦理、道德价值得以张扬。

权利能力、行为能力与责任能力是抽象思维的产物，它们构成了严密的逻辑体系，是德国法学的伟大贡献。通过抽象性和平等性，权利能力排斥了身份权的干预，人人皆成为平等主体，“权利能力的普遍性，通过人类平等而伟大起来”。[2] 但现实生活千差万别，不同的人认识和判断能力不尽相同，要保护这些意思能力不健全者的利益，就要承认意思能力方面的差别，即确认行为。“权利能力概念的形成并不意味着行为能力概念的形成，因为前者从属于主体制度，后者从属于法律行为制度。前者关系到主体资格的静态——被动方面，涉及权利、义务和法律情势的主体；后者关系到主体资格的动态——积极方面，涉及主体完成其取得、丧失、变更其权利和法律关系的可能性。”[3] 同时，为了维护共同的社会秩序，权力主体不能恣意表达意思、作出行动，必须被限定在社会共同伦理、道德观念的框架内，规定责任能力成为必然。

在基本权利主体所具有的诸项能力（权利能力、行为能力与责任能力）[4] 中，基本权权利能力意义重大。它是在那理性张扬时代笃信人类理性的产物，是一种直接体现人类尊严和社会进步的极为重要的法律拟制手段。如果说，基本权权利能力体现了人的尊严这一终极价值诉求，基本权行为能力则是对现实的回应，而基本权责任能力则是理性的

---

〔1〕 Vgl. Larenz/Wolf, Allgemeiner Teil des deutschen Buergerlichen Rechts, 9. Auflage, 2004, S. 101, Rn. 5. 转引自卢谌：《德国民法专题研究》，法律出版社 2008 年版，第 27 页。

〔2〕 [德]罗尔夫·克尼佩尔：《法律与历史——论〈德国民法典〉的形成与变迁》，朱岩译，法律出版社 2003 年版，第 61 页。

〔3〕 Cfr. Diritto Civile, V Edizione, Simone, Napoli, 1993, p. 49. 转引自徐国栋：《寻找丢失的人格》，载《法律科学》2004 年第 6 期。

〔4〕 侯宇：《基本权主体诸能力》，载《中国宪法学年刊》（2009），法律出版社 2010 年版。

诉求(自己责任)。

在法学领域,人的问题并不仅仅是法律关系的参加者以及法律后果的承受者的问题,人尤其是自然人,作为万物之灵,始终面临着一个“人应当怎样被看待、怎样被对待”的问题,这就涉及关于人的哲理。对于“人之所以为人”这一问题的哲理思考,乃是法律制度构建的根本。

“尊重人的原则……意味着每一个人都必须有一个可以行使自己的自由选择权的活动余地。”〔1〕在公权力依旧猖獗、平等依然不尽如人意、人的尊严与安全仍然受到严峻挑战的现实面前,权利能力用于区分主体法律地位和价值宣示的功能非但没有消失,反而倍显重要。

第二节 人的尊严之适用

一、人的尊严之于立法

由于人的尊严与价值是否受到侵害,通常涉及其他基本权,于是人们经常以其他基本权是否受到侵害来判断,而仅仅将人的尊严与价值视为辅助判断基准。有学者对此是以“普通—特别”关系(Lex Specialis)法理来说明,也就是其他特殊保障制基本权为特别规定,唯有在保障不足时,才以人的尊严与价值来补充。〔2〕也有人认为人的尊严与价值不应以一般基本权限制要件来衡量。因为,德国对基本权限制是在个别条文中分别规定,就基本法第1条第1款之人的尊严是不存在限制之规定。宪法中并无可以直接限制人性价值与尊严的适用条款,

〔1〕[英]彼得·斯坦、约翰·香德:《西方社会的法律价值》,王献平译,中国法制出版社2004年版,第201页。

〔2〕参见 Vgl. Dreier, H., Menschenwürdegarantie und Schwangerschaftsabbrunch, DÖV 1995. S. 1037。转引自陈慈杨:《宪法学》,元照出版有限公司2004年版,第477页。

仅能在限制基本权时,考虑是否有侵害到作为人权基础的人的尊严。如有侵害,因其属于基本权核心部分,所以仅能对基本权作限制,而非剥夺。简而言之,人的尊严是对立法者限制基本人权所限定的界限。

由于人的尊严在各国宪法中多是以抽象原则性条款出现,因此,对立法者的限制往往是通过法律保留原则和比例原则予以落实。

法律保留原则是"法治国"理念的产物,乃是基于对代议机关行使权力的信任和对其他国家权力专断的恐惧,旨在制约国家权力(主要是行政权和立法权)对公民权利的肆意践踏,将国家权力对公民基本权利的限制控制在法律范围之内,即"对人民基本权利的侵犯,必须依法律方得为之"〔1〕。该原则作为一项制度,它"渊源于法国人权宣言的第4条之规定,即只有经过立法者同意并且形诸法律后,国家才可以限制人民之权利。"〔2〕只有坚持了法律保留原则,才能从本源上防范对公民基本权利的侵害,从而做到合理地限制公民权利。伯特曼甚至更为直接地表明,"法律保留制度能成为宪法之制度,是国会取得权力的表现,也是国会权力受到宪法信任的表现,并借此来防止人民权力遭到第二权(行政权)及第三权(司法权)非法之侵犯。"〔3〕在现代社会中,由于立法任务日益繁重,特别是涉及行政管理的事项专业技术性越来越强,因此由行政机关来完成部分立法工作是必然趋势。在很多国家,行政机关的立法权都来源于法律的授权,即委任立法。因此,授权内容、目的及范围必须"在法律中被规定"。

在基本人权保障中,法律保留原则表现为两种基本方式。一种是基本人权的具体内容与保障方法必须由普通法律加以具体规定,该意义上的法律保留在德国被称为"规范保留";另一种是对宪法权利的限

〔1〕 陈新民:《德国公法学基础理论》(下),山东人民出版社2001年版,第354页。
〔2〕 陈新民:《德国公法学基础理论》(下),山东人民出版社2001年版,第355页。
〔3〕 [英]马丁·洛克林:《公法与政治理论》,郑戈译,商务印书馆2002年版,第355页。

制必须通过普通法律加以规定,在德国被称为“限制保留”。但诚如芦部信喜教授所指出的那样,随着“依法行政原则”的确立,“法律保留”不断失去了其本来的意义,在宪法权利关系上,主要演变成一种只在法律的范围内保障基本权利的观念。换句话说,这种演变很可能导致如下的情形:宪法已经明确地规定了基本人权,但是却不得不依赖普通法律对其具体化才能够得到真实的保障。一旦某个基本人权的保障遭遇到普通法律的立法不作为情形时,则这种基本人权的保障就只能束之于宪法的“高阁”,失去真实保障的基本人权不论宪法对其的规定多么完善都无异于一纸空文。退一步说,普通法律的立法作为即使真切的存在,普通法律亦可通过“规范保留”的方式削减宪法上基本人权的内容,而“限制保留”方式则在实际上首先默认了普通法律对宪法权利的限制。因此,为了使法律保留原则落到实处,普通法律的立法应当遵循两个基本原则,即明确性原则(对授权命令的限制)与通过违宪审查制度保障法律保留原则。

然而,法律保留原则也并非灵丹妙药,议会也可能会以多数暴政侵害少数人的基本权利。因此,法律保留原则必须受到限制,即不得侵害权利的本质——法律的正当性。公民的基本权利可以通过法律保留原则得到保障的前提是,议会具有民主正当性,其所制定的法律为良法。

为防止议会通过暴虐的法律,德国基本法对限制公民基本权利的法律从形式到内容予以限制。[1] 首先,个案法律的禁止。基本法第19条第1款规定某项基本权利可通过法律或依据法律予以限制的该法律,需具有普遍适用效力,不得只适用个别情况;限制人权的法律必须是广泛的而不得只对个案适用,即必须具有抽象性。个案法律的禁止主要在于使宪法的平等权获得实践,使某一部分人不会得到由法律加

〔1〕 陈新民:《德国公法学基础理论》(下),山东人民出版社2001年版,第364~368页。

诸的特别利益或不会遭到由法律所加诸的特别不利益。因为“人权主体的普遍性栅栏一旦允许有了缺口,人权马上就不成其为人权而蜕变为特权”。[1] 其次,指明条款。基本法第19条第1款后半段规定,该法律需指明引用有关基本权利的具体条款。这一要求的目的非常清楚,即要求立法者限制人权的意图应当尽量明确化,免得适用法律的机关——行政与司法机关——曲解法律,甚至扩张被限制的权利的范围。最后,根本内容的保障。这是对法律正当性要求的集中体现。人权虽可以通过法律进行限制,但每项权利无论如何限制皆应有最起码的留存部分,不至于徒有其名。

就限制公民基本权利做主体、权限以及范围通过法律保留原则对立法者予以严格限制之外,为了更好地保障人的尊严、限制立法机关的权力滥用,各国在理论和实践中通过比例原则担当此任。一般认为,宪政意义上的比例原则是调整国家权力和公民个人权利之间关系应坚持的一项基本准则,泛指国家权力行使要妥当、必要、均衡、不过度、符合比例,不得对公民个人造成非法侵犯。[2] 这项原则已经成为现代法治社会中规范国家权力运行的普遍性且具有根本性的指导原则,往往被冠以法秩序的最根本原则,是法治原则自身所产生的最高规范。由比例思想发展到比例原则理论并走进立法的首先是德国,[3] 比例原则目前逐渐被世界各国宪法理论与实践所认可并继受。

比例性原则是从“价值取向”上来规范国家公权力与其所采取的措施之间的比例关系。但其所要求的目的与手段之间关系的考量,仍需要根据具体个案来决定。比例原则的三项子原则既相互联系,又有着

---

〔1〕 徐显明:《对人权的普遍性与人权文化之解析》,载《法学评论》1997年第6期。

〔2〕 郝银钟、席作立:《宪政视角下的比例原则》,载《法商研究》2004年第6期。

〔3〕 陈新民:《德国公法学基础理论》(下),山东人民出版社2001年版,第369~376页;范剑虹:《欧盟与德国的比例原则——内涵、渊源、适用与在中国的借鉴》,载《浙江大学学报》(人文社科版)2000年第5期。

各自独立的内涵和侧重点,层层推进与深入。妥当性原则要求手段有助于目的实现,妥当性是第一个条件,是必要性原则和均衡性原则的基础,只有妥当才可能谈及必要与均衡;必要性原则要求实现目的的手段是最小侵害的,但具备必要性原则并不一定就具备了均衡性原则;而均衡性原则是通过对手段负面影响的考量,要求目的本身的适当、不过分,同样具备均衡性原则也不一定就具备了必要性原则,妥当、均衡、必要都是必要条件,缺一不可。这三项子原则之间相互联系、不可或缺,共同构成了比例原则的完整而丰富的内涵。

由于法律条文、法律术语本身含义难以确定,法律不确定概念不可避免地存在;加之在具体案件中,能够解决该案的具有决定作用的法律原则有多个,而这些法律原则的价值取向有所不同(如公序良俗和权利保障侧重有所不同),甚至截然相反。于是,立法者或法律适用者(行政和司法)往往藉价值判断之借口,恣意制定和曲解法律。因此,比例性原则愈来愈成为立法和法律适用的原则,以对其做出限制与制约。根据德国学者 K. Hsse 的观点,当宪法所保障的利益间发生冲突时,不应轻率地为实现一方利益而完全牺牲他方。必须为相互冲突的利益划定界限,以便各方均能获得最大可能的实现。而对界限的划定必须符合比例原则的要求。换言之,为调和相互冲突的利益,不能对他方作出过度的限制(所谓的“实践性调和原则”)。[1]

然而,如何“符合比例”地划定各种宪法所保障的利益间的界限,实乃利益(或价值)衡量这一难题。对此,阿列克西尝试发展出一种衡量模式。他认为:(一)首先应确定,抽象地看,各该法律原则所拟保护的不同利益间,有无绝对的优先劣后关系;在前述实践性调和原则的考量

〔1〕 参见 K. Hsse, a. a. O. (Fn. 51), Rn. 72。转引自陈爱娥:《宪法作为政治之法与宪法解释——以德国宪法学方法论相关论述为中心检讨》,载翁岳生教授祝寿论文编辑委员会编:《当代公法新论》(上),元照出版公司 2002 年版,第 732 页。

下，自然很难成立。（二）如是，即必须决定，抽象上看来同等重要的各种法益，在具体情境下，何者较为重要。于此必须留意，（三）针对具体案件事实，就相互矛盾的原则之间所规定的优先劣后关系，其取决于具体的规范、事实条件；在另一类案件事实的情况下，结论可能相反。[1]

综上所述，对于权力的高度忌惮，使西方先哲们在政治制度架构时就对公益化身的代议机关保持高度的警惕，在因代议机关基于公共利益可以对公民权利做出限制之情形下，依然要对立法者的权力做出必要的限制，即在对基本权利做出限制时以维护人的尊严为底线。

二、人的尊严之于行政

对于人的尊严而言，国家负有尊重、保护和促进义务。因此，国家除了在立法层面上保障人的尊严，还要在行政和司法领域担负起此重任。尤其对于行政权，更应强化其对人的尊严的尊重与保护义务，因为人们对公权力的怵惕主要是针对行政权。当社会契约和法治国理念开始付诸实施时，对行政权的控制主要是通过宪法做出宏观的制度安排，具体则由行政法律体系予以落实。因此，行政法被誉为具体践行宪法理念的“动态的宪法”。因此，有学者认为，从目的言之，整部行政法（包括实体及程序）皆含有实现人性尊严之作用。[2]

但是，从法律发展史的角度检视，在最初形式法治时期，鉴于经济奉行亚当·斯密的自由放任主义，在行政领域也因此推行“管得最少即管得最好”的理念，国家只要消极地不干预人民的自由，即是保障了公民的基本权利、践行了对人的尊严的尊重与保护义务。然而，随着社会的发展，工商业的飞速发展，世界经济一体化进程加剧，随之带来了人

---

〔1〕 陈爱娥：《宪法作为政治之法与宪法解释——以德国宪法学方法论相关论述为中心检讨》，载翁岳生教授祝寿论文编辑委员会编：《当代公法新论》（上），元照出版公司2002年版，第733页。

〔2〕 蔡志方：《行政救济与行政法学》（一），台北，三民书局1993年版，第373页。

们以前无法预测的新问题与挑战:垄断趋于寡头化对公平竞争机制的冲击、能源与环保及可持续发展问题的凸显、公司的社会责任愈发引起关注等。因此,行政法的任务也发生了根本性的变化,在“生存照顾”理念的指引下,“给付行政”和“服务行政”成为新的行政理念,国家应该通过积极行政而对人们提供全方位的服务,努力最大限度创造出提升人的尊严的环境以使每个人都能充分施展自己的才能。

为了在行政领域践行人的尊严,应从以下几个方面予以落实:

首先,行政理念或国家治理模式须发生根本性的转向。自 19 世纪以来的“管制行政”倡导的是那种传统的“命令与服从”理念,是以行政权力单向度推进模式来致力于国家的现代化建设。显然,这种模式下是以维护国家权力(主要是行政权)的权威、效率至上为导向,这势必将落实控制国家权力的法治理念乃至人的尊严的终极关怀束之高阁。因此,行政的重心和出发点应转向以保障公民基本权利、提升人的尊严。

其次,强化对行政权行使主体、权限、程序和责任的控制。这仍是传统的行政理念,只不过在新的时期被赋予了新的内容。即政府不得过度干预公民的自由不仅意味着对人的尊严的尊重,而且意味着公民有权要求政府以尊重和保护人的尊严的方式进行管理国家的活动。为此,为了对行政权进行有效的控制,必须在宪法和组织法层面对行政权的行使者及其权限乃至相应的责任做出严格的规定,并在具体的管理性法律规范中予以落实。

再次,还要对行政权的行使程序予以高度关注。根据美国学者马修的“尊严价值理论”,“评价法律程序正当性的主要标准是它使人的尊严获得维护的程度。这种体现于法律程序本身之中的价值,是以人类普遍的人性为基础而提出的。它们可以有诸如自治、自尊或平等等不同的价值要素。这些价值能否在法律实施中得到实现,完全取决于裁决制作活动采取什么样的形式和程序。尊严理论所关心的问题是,裁判的制作过程是使人的尊严受到尊重还是损害。”[1]因此，通过程序不仅能够制约行政权的专横和腐败，还能起到保护公民基本权利、践行尊重和保障人的尊严的宗旨的作用。

最后，还要加强对行政自由裁量权的控制。由于行政直接面对具体的事件而必须拥有一定的针对具体情况进行处置的权力，于是行政自由裁量权就成为游离于法律之外的权力。“权力导致腐败，绝对的权力绝对导致腐败”，因此必须对行政自由裁量权进行严格的控制。程序无疑可以在一定程度上控制行政自由裁量权，可以使结果趋于相对合理性。裁量基准制度，也可以在很大程度上限制行政权行使者的裁量空间，但是它们都不是灵丹妙药。人们越来越意识到，比例原则对控制行政自由裁量权的重要意义。比例原则不仅能够制约立法者，而且能最大限度地将执法者的执法目的与手段缩限到合理的范围内，此合理范围的判断标准即是人的尊严。然而，通过比例原则对行政权进行有效约束，还需要建立有效的司法审查（或行政诉讼）制度，即由司法机关对行政自由裁量权作出裁判。

三、人的尊严之于司法

由于立法上抽象性的规定操作性差，而行政权始终有蚕食公民基本权利的危险倾向，历史和实践也向我们展示了司法愈来愈成为维护人性尊严的最有效手段。依联邦德国宪法法院的一贯判决，认为基本权利不仅是对抗公权力之主观防御权，同时是宪法客观之法价值判断，其适用于法秩序所有领域，且为立法、行政及司法之准则。人的尊严因而成为整个法秩序之“价值判断之原则性规范”，因此，立法、行政、司法

[1] 陈瑞华：《程序正义的理论基础——评马修的“尊严价值理论”》，载《中国法学》2000年第3期。

等国家机关皆应受其拘束,自不待言。[1] 所以,国家除了通过立法制定颁布法律积极义务协助人民自主形成、创造符合人的尊严的生活环境与客观条件,还可通过法律解释尽力塑造一个符合人性尊严的社会环境。

自1970年德国宪法法院在"监听案"中援引德国基本法第1条对"人的尊严"的规定后,1978年欧洲人权委员会在*Tyer v. UK*一案中首次尝试性地提及了欧洲人权公约第3条所规定的人的尊严,1985年欧洲人权委员会针对*Abdulaziz, Cabales and Balkandali v. UK*[2]作出了欧盟第一个维护人的尊严的判例,其后世界各国司法逐步开始对人的尊严问题给予高度重视,此类判例层出不穷。无论宪法上对人的尊严作出了规定与否,司法采取积极主义的立场保障人性尊严已成为不可阻挡之势。对于那些宪法中对人性尊严作出了规定的国家,其司法是利用判例丰富和发展了宪法上人性尊严这一抽象规定;而对于未在宪法明确保障人性尊严的国家,其司法则是通过解释宪法中其他抽象性条款将人的尊严涵盖于其中,如法国1995年的"投掷侏儒案"就是将人的尊严视为公共秩序内涵之一予以解决。[3]

由于宪法上对人的尊严的规定多从正面、积极去定义,其优点在于它能较直接地说明其本质,但因其道德文化意味浓厚,欠缺可操作性。鉴于消极定义不仅回避了道德说教之嫌而又便于解决纷争,于是备受以消极主义美德为传统的司法的青睐,逐渐成为个案判断的基准。因

---

〔1〕 林水吉:《民主化与宪政选择》,风云论坛出版有限公司2002年版,第48页。

〔2〕 参见http://www.europarl.eu.int/comparl/libe/elsj/charter/art01/default_en.htm。

〔3〕 该案的起因是奥日河畔莫桑镇镇长下令,禁止在该镇各个Disco舞厅举行"投掷侏儒"的表演。1995年1月27日最高行政法院的判决首次明确,人的尊严是公共秩序的内容之一。最高行政法院认为,"投掷侏儒"表演是由观众将身体缺陷的侏儒作为投掷物来投掷、从中取乐,这种表演的目的已违背人性尊严这一基本道德底线。所以,行使警察权的市镇当局因表演违背人性尊严有权予以禁止。通过这种做法,最高行政法院向世人表明:公共秩序不应仅限定在"具体的和外在的"狭小领域内,对人性的尊严也应包含在其中,而公共权力机关必须对人性给予应有的尊重。有关案情详见第四章第一节,另见http://www.conseil-etat.fr/ce/jurisp/index_ju_la47.shtml。

此,司法实务上认为人的尊严是一极不确定的法律概念而多从反面、消极来诠释,即是从其受侵害过程的角度来观察。德国学者 Gunter Durig 曾提出所谓“客体公式”(Objektformel)这种反面、消极诠释的经典论点,它经德国联邦宪法法院多次援用,其界定人的尊严的标准为:“凡具体的人被贬抑为客体、纯粹的手段或是可任意替代的物,便是人的尊严受到侵犯。”[1]

我们应正确对待对人的尊严的这两种不同理解。无论正面定义还是反面定义都是着眼于阐明人的尊严的本来面貌,只是出发点不同,殊途同归,应将两者结合使用。即在法学理论研究中,应采纳正面定义,因为在于一种强烈的价值宣示,以这种高位的价值取向来构建宪法学体系。而在司法实践中,应着眼于操作,宜采用消极定义,这样便于切实维护人的尊严而不至于沦为空洞的教条。

我国宪法第 38 条规定,“中华人民共和国公民的人格尊严不受侵犯。禁止用任何方法对公民进行侮辱、诽谤和诬告陷害。”这是我国关于人格尊严的规定。2004 年宪法修正案首次确立“国家尊重和保护人权”的原则,这成为国家初步形成对个人权利保护予以充分关注的理念的标志,它凸显以人的尊严作为宪法的核心和最高价值。人的尊严现在已逐步成为我国宪法不断追求和完善的新课题。在我国立法、行政都不差强人意的情形下,我们应赋予法院本应有的法律解释权,使法院通过运用法解释技术拓宽宪法第 38 条的适用空间来实现法的续造,[2] 这不失为最行之有效且现实、明智之举。司法实践不但和法学理论研究相得益彰,而且将极大地推动立法和行政“大有作为”。

但是我们也应看到,由于道德承诺应当兑现为司法铸币,人权显现

---

〔1〕 李震山:《人性尊严之宪法意义》,载《律师通讯》第 150 期。

〔2〕 关于法官如何从事法的续造,参见[德]卡尔·拉伦茨:《法学方法论》,陈爱娥译,商务印书馆 2003 年版,第 246 页以下。

出亚努斯神的两副面孔,既面向道德,同时也面向法律。尽管人权具备特有的道德内容,它们却也具有实证的、悬以惩罚加以保护的主体权利的形式,这些权利确保单个人的自由活动空间和诉求,它们的目的在于,在民主立法的道路上加以具体化,通过司法根据每个情况来加以细化,并借助国家的惩罚措施来加以贯彻。由此可见,人权正好界定了启蒙的道德的这样一个部分,它能够被转译成强制法律媒介,并以有效力的基本权利的坚实形态而成为政治现实。[1]

四、人的尊严法律适用之模式

从第三章对于人的尊严入宪的统计与分析可以看出,有的国家仅将人的尊严置于序言作为政治宣示,而有的国家则将其规定在总则部分作为宪法的一个原则对待,还有的国家则将人的尊严规定为一种基本权利,当然也有国家既在总则中将人的尊严视为一宪法原则也在分则中规定为一基本权利。虽然,总体而言,人的尊严入宪为基本权利也已成为绝大多数国家的实践,这样可以从可操作性和实效性两方面确保人的尊严不至于沦为空洞的政治宣示。但是,我们也应看到,由于人的尊严这一概念本身极具抽象性、容易产生歧义,被有的学者诟病为"尊严是一个无用的概念"[2]或"尊严是一个愚蠢的概念"[3],甚至司法实践也做出此种论断,[4]这都折射出诠释者本人的立场与价值观,这无疑给如何具体适用人的尊严带来诸多难题。

在学理上,人的尊严的法律适用即是专指人的尊严在司法领域的

---

〔1〕 尤尔根·哈贝马斯:《人的尊严的观念和现实主义的人权乌托邦》,载《哲学分析》2010年第3期。

〔2〕 Macklin, R., *Dignity is a useless concept*, British Medical Journal 327(7429), 2003, pp. 1419 - 1420.

〔3〕 Pinker, S., *The stupidity of dignity*, The New Republic, May 28, 2008. http://www.newrepublic.com/article/the-stupidity-dignity.

〔4〕 如加拿大最高法院在2008年的判决中指出:"人的尊严是一个抽象的主观性观念……其含义含混不清、令人难以理解适用。"R.V. Kapp, 2008 SCC 41 at §22.

适用。那么,在人的尊严的法律适用中,人的尊严究竟被视为权利抑或法律原则、立宪宗旨或终极关怀？对此,应视各国根据各自传统、文化等因素所做的具体制度安排而定,切不可武断地作出结论。此外,各国也是依据本国的具体情况选择直接适用宪法中人的尊严的规定还是间接通过其他基本权利条款而进行扩张解释适用。但是,需注意的是:正如加拿大最高法院在 *R v. Kapp* 案的判决中指出的那样,对于一项司法审查标准而言,人的尊严这一概念太具主观性和抽象性,也已被证明它对平等案件构成额外的说理负担,而不是达到它所企图的哲学说理补强作用。[1] 因此,在司法实践中亟须避免此种现象的发生:“人的尊严开始之时,即是民主自我决定终结之日,无论法院如何对待人的尊严问题,法院始终都将其僵化为一成不变的教条。”[2]

因此,无论何种适用模式和使用方法,我们都要兼顾形式法治和实质法治的要求,努力灵活地调和多元价值冲突,重塑与整合社会共识。为此,在人的尊严的法律适用中应以人的尊严作为最低限度的社会共识去检视社会纠纷与冲突,这种最低限度的社会共识即是将人的尊严理解为“社会共同体成员互相尊重彼此的自我决定权”。

以这种人的尊严理念进行法律适用的意义在于:一方面具有强大的规范力(一切国家权力抵触此共识者无效)与相对明确的规范内涵(自我决定权不容剥夺);另一方面不过度强调形而上的论据基础,对于社会成员所保持的信仰采取开放态度,避免个人在宗教信仰、价值观上的歧异,会影响到对法秩序之规范基础的认同。也因此是割舍诉诸较高标准的道德、理想要求,转而在社会共识的基础上,求取在宪法理论上有正当性且法律释义学上能够操作的“人性尊严”的概念内涵。如此

---

〔1〕 *R v Kapp* 2008 SCC 41 para 22.

〔2〕 Christoph Möllers, *Democracy and Human Dignity: Limits of a Moralized Conception of Rights in German Constitutional Law*, Israel Law Review 42(2009), p.416.

以将人性尊严的概念内涵从道德、伦理论争中抽离的方式,以共识的建构过程来凝聚其内涵,也符合“国家不宜介入道德场域”的认知,减少政治利用伦理论述遂行道德专断的疑虑。[1]

第三节 人的尊严适用之一般法理

人的尊严的案件已在各国司法实践中层出不穷,据学者探究,其中的原因在于:首先,人的尊严已成为超越地域、文化和政治界限而被普遍认可的一种宪法价值;其次,毫无疑问,尊严概念的内涵非常广泛,它比其他任何一项宪法权利都能包容众多具体事物;最后,即使在那些不必适用尊严理念或条款解决的案件中,法学从业者越来越伺机赋予尊严新的含义,他们是有目的地在其特定宪政文化中诠释人的尊严的内涵。在这些案件中,正如食物权或选举权在各国的确认与发展,我们看到的不仅是某种权利适用范围的拓展,也是我们超越普通法理而认识到个人与国家之间关系在现代的重要性。[2]

一、人的尊严适用之路径

在司法实践中,法院有时会将人的尊严诠释为绝对价值,如德国在著名的吕特案中的做法;法院也可能将人的尊严理解为具体的权利;也可能将人的尊严视为兼具宪法权利与价值,如哥伦比亚最高法院从具体保障客体和人的尊严的规范功能视角出发,分别呼应人的尊严具有权利和价值双重本质。

---

〔1〕 蔡维音:《人性尊严作为法概念之出路》,载《法律与生命科学》2009 年第 3 期。

〔2〕 Erin Daly, *Dignity Rights: Courts, Constitutions, and the Worth of the Human Person*, University of Pennsylvania Press, 2012, p. 101.

就人的尊严具体保障客体的解释路径而言,法院从以下三个不同层次进行甄别而将其界定为:(1)自治或根据自己的意愿规划人生并做出自我决定的可能性;(2)必要的特定具体物质生活条件;(3)某种关于身体和道德完整但无法确定的价值。简而言之,法院将这三个方面形象地描述为按照人的意愿生活、生活得更好以及生活在没有羞辱存在的氛围中。[1]

司法对人的尊严的诠释必然是以其哲学进路为依赖。综观各国司法,司法无外乎对人的尊严的四个哲学构成要素加以诠释,进而使人的尊严理念得以实证化。首先,每个人都具有内在价值;其次,每个人的价值都是独一无二的;再次,每个人和他人的价值都是相同的;最后,人人平等但却具有各自独特的价值,使得某些自我控制成为必要。[2]

而在具体的司法解释中,各国司法灵活运用抽象解释(解释宪法,不将人的尊严视为权利而作为最高价值与原则)与具体解释(通过宪法具体基本权利条款以及部门法中的相关条款予以解释)。但是,恪守司法消极或司法谦抑的原则,司法多对人的尊严做出合宪解释而非径行做出违宪判断。如 1994 年 7 月 29 日,法国宪法委员会判决首次确认人的尊严是"宪法价值原则"的指引原则。[3] 1995 年,宪法委员会判决认为,居住的权利是由人的尊严这一宪法原则派生而来的一种宪法任务。[4]

但是在现实中,各国因对人的尊严入宪的方式大相径庭而导致解释模式异彩纷呈,人的尊严的适用呈现出不同的模式。截至目前,在

---

〔1〕 Sentencia F088/08, Para. 3.5. See Erin Daly, *Dignity Rights: Courts, Constitutions, and the Worth of the Human Person*, University of Pennsylvania Press, 2012, p. 26.

〔2〕 Erin Daly, *Dignity Rights: Courts, Constitutions, and the Worth of the Human Person*, University of Pennsylvania Press, 2012, p. 27.

〔3〕 Conseil Constitutionnel, Décision n°94 -343 -344 DC, Loi Bioéthique, 27 July 1994. RFDA 1994.

〔4〕 Conseil Constitutionnel, Décision n°94 -359 DC, Loi relative à la diversité de l'habitat, 27 January 1995. Rec. p. 176.

193 个业已制定宪法的联合国成员国中,有 163 个国家在其宪法中对人的尊严作出了规定。其中,有些国家将人的尊严规定在序言或总则中充当基本原则;有的国家直接规定在为基本权利或涵盖于其各基本权利中,而这种规定多体现在对维护人的尊严的自由被限制(如逮捕、审讯)、劳工(劳动权)相关的尊严问题以及社会福利中所享有的尊严。具体见表 5-1 和表 5-2。

表 5-1 在序言和充当基本原则的人的尊严

表现形式	做出规定的国家数量	在 163 个国家中所占的比例(%)
序言——总则	63	39
仅在序言	19	12
基本原则	50	31
基本原则与序言	16	10
基本原则与具体条款	34	21
基本原则或序言	97	60

表 5-2 宪法条款的尊严

表现形式	做出规定的国家数量	在 163 个国家中所占的比例(%)
(以各种形式)规定在条款中	141	87
仅在具体条款中	52	32
作为限制自由的抗辩条款	26	16
与劳动相关条款	23	14
与福利相关条款	21	13
与劳动和福利相关条款	31	19

二、作为宪法价值与宪法权利的人的尊严之区别

在现代，人的尊严有三个方面的内涵：充当社会价值、充当宪法价值与视为宪法权利。〔1〕将人的尊严视为一种社会价值，反映了在特定时代的特定社会中人的尊严的地位。可以说，人的尊严的认知史就是其社会价值发展史。从历史的宏观维度与视野，我们会体察到在宗教、哲学以及国家与社会对人的尊严的诠释与建构。19世纪下半叶之后，随着宪政的发展、各国宪法的纷纷制定，人的尊严被各国宪法所确认。因此，人的尊严已不再是一种社会价值，人们开始将其视为具有宪法价值。虽然无论是以明示还是默示方式，各国基本上都在其宪法中将人的尊严宣示为一种社会价值。但是从本质上而言，社会价值的范围远远大于宪法价值。因此，宪法中所宣示的仅仅是人的尊严的社会价值的某些方面，被纳入宪法中而成为宪法价值。

虽然，人的尊严的宪法权利源于人的尊严宪法价值即作为宪法价值的人的尊严。但是，作为宪法价值的人的尊严有别于宪法权利的人的尊严。〔2〕首先，在许多国家的宪法中，人的尊严的宪法价值得到了确认，然而，人的尊严的宪法权利却并未得到宪法确认。〔3〕而且，如果宪法对人的尊严的宪法价值与宪法权利同时予以了确认，对人的尊严的宪法价值的范围也大于人的尊严的宪法权利的范畴。

---

〔1〕 Aharon Barak, *Human Dignity: The Constitutional Value and the Constitutional Right*, Cambridge University Press, 2015, p. 12.

〔2〕 Aharon Barak, *Human Dignity: The Constitutional Value and the Constitutional Right*, Cambridge University Press, 2015, pp. 13-14.

〔3〕 如西班牙、加拿大、美国、法国等国家的宪法规定。在第三章第四节"人的尊严入宪之分析与比较"中所统计的，目前仅在总则和序言中宣示人的尊严的国家有58个国家，有89个国家将人的尊严确认为基本权利。

人的尊严的价值不仅具有理性价值,还兼具非理性价值。[1] 在各国的司法实践中,司法也常常通过确认人具有理性兼具非理性来谈及人的尊严。如秘鲁最高法院在诠释文化保护的多样性时,是从人具有两面性这一认知为出发点来作出推断:“就社会视角而言,宪法在另一方面将人归结为承认人不仅具有理性而且具有情感。这意味着,尽管民主宪政是以理性的且可以在不违反他人合法权益情形下做出自由处分为前提,但是,我们不能据此而否认情感或‘非理性’一面也是人的固有本质。我们应对情感因素予以特别关注,因为宪法所确认的文化多样性允许人们以个人或某个具有文化多样性的社会团体成员共同参与活动。”[2]

三、相对与绝对的人的尊严之诠释

人的尊严究竟为绝对价值抑或相对价值?如果一味坚持其为绝对价值,鉴于其过于抽象、内涵不易把握,容易在实践中被奉为教条而僵化,或者被曲解而恣意于预既有的制度并引发价值混乱。如果坚持人的尊严的相对性,也势必带来对人的尊严的任意裁剪,使其脱离其初衷而被异化。因此,应审慎对待人的尊严所具有的绝对与相对价值。

有学者指出,对人的尊严的相对法律诠释与绝对法律诠释存在以下区别(见表5-3)。[3]

---

〔1〕 对此可参见第二章第四节中“理性主义之诘难”之内容。

〔2〕 Erin Daly, *Dignity Rights: Courts, Constitutions, and the Worth of the Human Person*, University of Pennsylvania Press, 2012, p. 116.

〔3〕 Martin O'Malley, *A Performative Definition of Human Dignity*, Nikolaus Knoepffler, Peter Kunzmann and Martin O'Malley, eds., Facetten Der Menschewürde, Karl Alber Verlag, 2011, p. 98.

表 5-3 相对法律诠释与绝对法律诠释的区别

相对的(有条件的)人的尊严	绝对的(无条件的)人的尊严
具有历史性、不完善性	绝对性、普适性
具有国家(地域)特色、背景依赖性	国际性、不依赖背景
内涵具有开放性、充满活力,具有乌托邦色彩	通过法律中道德制约因素予以制约
以经验为基础并随时呼应现实与经验	以理性为基石
其意义必须与"二战"之后(特定地域与时间)相隔膜的人相关 必须在与现实的道德对抗中不断地揭示出其意义	为回应"二战"残暴行径,通过诸如联合国《人权宣言》等国际条约或协议界定其含义

综观各国司法实践,以色列将人的尊严视为相对权而非绝对权,德国虽然在其宪法中宣示并在其判例(如著名的吕特案)中诠释为绝对价值、规范中的规范,但是实际也是作为相对权顺应社会变迁背景来诠释人的尊严,而不流于僵化,如对胎儿的保护。德国宪法法院在判决中指出,尊重人自始即享有的予以尊重,违反人的尊严权利及保障不得以任何方式贬损人的尊严,而且违反了旨在保障公共卫生的良心自由权。[1]

以色列最高法院在 *Commitment to Peace and Social Justice v. Minister of Finance*[2]和 *Bilhah Rubinova and Others v. Minister of Finance*[3]案中指出:"在提交至我们面前的申诉状中,申诉人请求我们裁决某部法律无效,(在他们看来)该部法律完全违背了在有尊严的生活的背景下的人的尊严权的'积极'方面。这种'积极'方面的内容是什么?这个问题的答案在于对基本法相关条款的宪法解释。为了刻画

〔1〕 2001-446 DC/f(Act on Voluntary Termination of Pregnancy and Contraception/g) Journal officiel de la République française-Lois et Décrets (Official Gazette),07. 07. 2001,10828. 在该案中,宪法法院驳回了超过60名参议员提出的《自愿终止妊娠和避孕法》的上诉,并作出裁决指出:将妊娠终止法定期限(从受孕开始)延长至第10至第12周会使女性更加痛苦,此举不合宪。

〔2〕 HCJ 366/03.

〔3〕 HCJ 888/03.

'尊严'权的特征,亟须法官对时间、地点、社会的基本价值观及其生活方式、社会和政治共识以及规范现实情况进行综合考量。上述所有这些都是法官对人的尊严之法律概念进行诠释的随手拈来的手段……因此,一个经济发达国家无法同一个经济萎靡的国家相提并论。一个不断受到生存威胁的国家无法同一个生活安宁得不到任何保障的国家相提并论。一个将人的尊严珍视为宪法权利的国家是不能与一个不如此行事的国家同日而语……[1]申言之,各国应根据个案的具体情况,将人的尊严视为兼具绝对与相对价值,最大限度地诠释人的尊严这一抽象理念,进而达到保障人的权利自由、增进人民福祉、维系宪政制度的良好运行的诉求。"

四、人的尊严之适用对象

一般而言,人的尊严适用于自然人,尤其适用于本国公民。然而,随着社会的发展,各国逐步开始承认外国人以及法人开始享有人的尊严。对于外国人的人的尊严,有学者指出,"即使那些不属于这个国家的公民以及那些旅游者或其他人等都有权依据宪法规定而保障其生命权。他们也享有这个国家的生命权。因此,只要他们待在这个国家,他们就享有有尊严地生活的权利。正是由于国家有义务保障这个国家中每个公民的生命权,国家因此有义务保障那些非公民者的生命权。"[2]

早在1882年的*The Railroad Tax Cases*案中,美国最高法院开始承认法人是宪法意义上的"人";[3]而在1906年的*Hale v. Henkel*案中,

---

〔1〕 http://elyon1.court.gov.il/files_eng/03/660/003/a39/03003660.a39.pdf.

〔2〕 Chairman, Railway Board v. Chandrima Das. & Ors (2000) 2LR1273, Para. 34. See Erin Daly, *Dignity Rights: Courts, Constitutions, and the Worth of the Human Person*, University of Pennsylvania Press, 2012, p. 179, note 8.

〔3〕 杜强强:《论法人的基本权利主体地位》,载《法学家》2009年第2期。

美国最高法院开始将法人视为权利法案的主体。[1] 鉴于法人成为基本权利的主体,人的尊严这种基本权利主体所必须具备的宪法价值与权利必然也应由法人所享有。与之类似的是,1975 年,德国联邦最高法院就表达了保护法人一般人格权的思想。在"侵害声誉的剧本中的艺术自由案"中,德国联邦最高法院认为:"作为法人的本案原告也享有宪法所保护的人格领域(基本法第 2 条第 1 款),虽然仅限于它作为法律创造物的本质和所被赋予的功能所限定的范围之内。"[2] 随后,1981 年 6 月 26 日,德国联邦最高法院在"卡雷拉"(Carrera, Rennsport-Gemeinschaft)案中划时代地明确提出了法人享有一般人格权。[3] 该法院认为:"不仅自然人,而且法人、商法上的人合公司、无限公司(OKH)以及两合公司(KG)——只要根据它的本质可以适用一般人格权——也享有一般人格权赖以建立的基本权利的保护(基本法第 19 条第 3 款)。如同联邦最高法院一再判决的那样,在它们本质的框架和法律所赋予它们的功能范围内它们也可以要求人格的保护。"[4]

五、人的尊严适用方式与范围

综观各国法理与司法实践,无外乎通过直接与间接解释宪法条款两种方式,[5] 而间接解释则是经由刑事、行政与民事三种模式来践行这一最高宪法理念、价值或规范。[6]

---

〔1〕 杜强强:《论法人的基本权利主体地位》,载《法学家》2009 年第 2 期。

〔2〕 3BGH, NJW, 1975, 1884.

〔3〕 沈建峰:《德国法上的法人一般人格权制度及其反思》,载《政治与法律》2012 年第 1 期。

〔4〕 4BGH, Carrera, Rennsport-Gemeinschaft, BGHZ 81, 75 -82.

〔5〕 即宪法的直接适用与间接适用。根据学理通说,鉴于宪法条款本身的抽象性特质,一般不得直接适用宪法,否则有损宪法的权威性和至上性,会将宪法沦为普通法律。但是,在某些特殊情形下,为了填补部门法的漏洞也可以通过部门法中的具体条款而间接适用宪法,此即宪法的"第三者效力"、"垂直效力"或"国家行为"等宪法解释理论。

〔6〕 人的尊严被视为"价值中的价值"、"规范中的规范"、"最高宪法价值"或"最高宪法规范"也成为学界共识。参见林水吉:《民主化与宪政选择》,风云论坛出版有限公司 2002 年版,第 203 ~204 页。

对于人的尊严的保障范围而言,各国司法实践有所差异。如法国宪法委员会曾在其裁决中指出(No 94/343/344 DC,27 July 1994):立法以制定出一系列的原则,这些原则包括人的至上、尊重人的生活免受干预、人身不可侵犯、人身完整且不得交易及种族完整等原则。这些原则有助于人的尊严保障这一宪法原则的贯彻与落实。[1] 欧洲人权法院(ECHR)所审理的人的尊严案件主要涉及以下领域:福利、工人自治、界定人性、为资本主义制度设定界限、难民保护等。[2] 德国宪法法院认为:"由公民来决定人和主体之间关系的权利、决定通过选举公权力机关等其他方式实现自由与平等权利是民主的基本要素。自由、平等地参与公权力的权利主体体现了人的尊严。"[3] 由此可见,人的尊严要求选举是自由、平等地进行,而自由、平等选举也确认并践行了人的尊严。

有些国家则通过国家政策贯彻人的尊严,尤其在社会经济领域即第三代人权的保障。[4] 如匈牙利宪法法院有权将匈牙利宪法所规定的社会保障权诠释为,"确保通过为实现人的尊严权利所必需的各种福利措施以维系最低生活的国家义务。"[5] 在另一起案件中,匈牙利宪法法院裁定,诸如应急避难所之类的措施是国家履行其保障人的尊严义务的最低要求。[6] 印度最高法院也确认了类似的人的尊严保障义务,尽管印度宪法并未对最低限度维系人的尊严的义务做出特别规定,但是,在 ***Mullin v. Administrator*, *Union Territory of Delhi*** 案中,印度最高法院

---

〔1〕 Catherine Dupré, *The Age of Dignity: Human Rights and Constitutionalism in Europe*, Hart Publishing, 2016, p. 107.

〔2〕 Catherine Dupré, *The Age of Dignity: Human Rights and Constitutionalism in Europe*, Hart Publishing, 2016, pp. 103 – 112.

〔3〕 Erin Daly, *Dignity Rights: Courts, Constitutions, and the Worth of the Human Person*, University of Pennsylvania Press, 2012, p. 139.

〔4〕 但不限于此,第一代人权更体现了人的尊严的内核:自由。

〔5〕 Alkotmánybíróság (AB) [Constitutional Court] 32/1998 (VI. 25.) AB (Hungary) (social welfare case).

〔6〕 See Neomi Rao, *Three Concepts of Dignity in Constitutional Law*, 86 Notre Dame Law Review 183 (2011), p. 238.

将印度宪法序言中的自由和博爱规定诠释为“有尊严地生活及其他相关的生存权,即享有诸如良好营养、衣服和居所等生活所必需品的权利”。[1] 在 *Banduha Mukti Morcha v. Union of India AIR* 案中,印度最高法院重申:“为了个人有尊严地生活,必须设定最低限度的要求,任何国家公权力(无论中央政府还是地方政府权力)都无权采取褫夺个人享有那些最基本需求的措施”。[2]

不仅如此,随着社会的发展,人的尊严的范围呈现出不断扩大的趋势。要么通过对人的尊严权利的范围的拓展,要么通过几乎所有具体的宪法权利而凸显。而且,各国和地区的人的尊严保障的司法实践表明,尊重人的尊严是保障人权和基本自由的基础,保证和保障人的尊严是民主国家的基础。对人的尊严的尊重丰富了各国的基本权利体系或人权体系这一个自我构建的价值系统。

第四节　人的尊严之适用模式

由于各国的法律制度与传统的差异,加之各自宪法文本中对人的尊严规定方式的不同,使人的尊严在各国的法律适用异彩纷呈。纵观各国司法实践,大致存在以下三种适用模式:将人的尊严视为宪法原则(以下简称原则模式),将人的尊严视为基本权利(以下简称基本权利模式),既将人的尊严视为宪法原则又将人的尊严视为基本权利(以下简称混合模式)。

---

〔1〕 [1981] 2 SCR 518.

〔2〕 See Banduha Mukti Morcha v Union of India AIR 1984 SC 802,812.

一、原则模式下人的尊严之适用

德国是原则模式的典范。在德国,通说认为人的尊严被视为"价值中的价值"、"规范中的规范"、"最高宪法价值"或"最高宪法规范",这已成为学界共识。[1] 这一核心原则通过三种方式予以实现:首先,人的尊严作为基本权利的规范基础;其次,它充当确定基本权利所遵循的解释原则;最后,人的尊严对合乎比例原则地限制基本权利发挥着重要作用。[2] 在司法实践中,通常直接通过宪法中人的尊严条款与间接通过宪法中人的尊严条款的途径予以实现。

根据学理通说,鉴于宪法条款本身的抽象性特质,一般不得直接适用宪法,否则有损宪法的权威性和至上性,宪法将沦为普通法律。作为宪法原则的条款更是如此。但是,为了弥补普通法律的漏洞与不足,在例外情形下也可直接援引宪法原则性条款。如德国"窥视秀"案中,联邦行政法院通过"客体公式"(Objektformel)对基本法第 1 条第 1 款"人的尊严"之规定[3]进行了诠释。联邦行政法院判决认为,尊重和保护"人的尊严"是基本法的基本原则,违反了这个原则,也就违反了道德。虽然仅仅展示女性人体的脱衣舞并不侵犯"人的尊严",然而,窥视表演根本不同于一般的脱衣舞表演。如果脱衣舞女在传统的舞台上做传统的表演,直接面对观众,那么,表演者的个性不受损害。可是,在窥视表演中,女人被置于一个贬低人格的位置上,她被当作一个客体(物):单纯展示女性裸体、受商人摆布、为观众提供视觉刺激、缴费、观众藏在包厢中等因素叠加在一起,使女人成为纯粹刺激观众

---

〔1〕 参见林水吉:《民主化与宪政选择》,风云论坛出版有限公司 2002 年版,第 203 ~204 页。

〔2〕 Aharon Barak, *Human Dignity: The Constitutional Value and the Constitutional Right*, Cambridge University Press, 2015, pp. 103 -113.

〔3〕 即人的尊严不可侵犯。国家一切权力均有义务尊重并保护人的尊严。

的性的兴趣的客体(物)。即使表演者是受过训练的,是为获得报酬而自愿表演的,仍然不能化解侵犯“人的尊严”的问题。“人的尊严”是客观价值,不可任意处理,利害关系人不得放弃,权利主体的抛弃归于无效。[1]

然而,抽象的客体公式并不能应对纷繁复杂的个案。于是乎,作为辅助判断标准的“侵害强度”(Verletzungsintensität)理论应运而生。即在个案中,对人性尊严的藐视(Missachtung)行为,原则上须达到某种强度(eine gewisse Intensität),即从“行为目的”及“行为本身”可以导出将人贬抑为客体之结果,方能构成侵害。[2] 德国宪法法院的判例也明确指出,不得将人视为商品。[3] 因此,在德国“客体公式”保护模式下,不得将人作为商业消费对象而为公众所把玩、羞辱乃至嘲弄,此举是对人这种生物系统化地贬损甚至剥夺其主体资格的举动,是对人的尊严的极大侵害。

除了上述直接援引之外,在某些特殊情形下,为了填补部门法的漏洞也可以通过部门法中的具体条款而间接适用宪法,此即宪法的“第三者效力”、“垂直效力”或“国家行为”等宪法解释理论。这多是经由刑事、行政与民事三种模式来践行这一最高宪法理念、价值或规范。

根据新西兰法学家戴维教授的研究,可以从刑事领域对人的尊严予以保护。他认为,须从道德约束角度去处理诸如投掷侏儒等关涉人的尊严问题,其理由在于必须对刑事领域(立法尤其是执法)设置道

---

[1] BVerwGE 64,274(1981). 此案详情可参见李累:《宪法上人的尊严》,四川人民出版社 2010 年版,第 75 ~76 页。

[2] 陈耀祥:《论广播电视的节目自由与人性尊严的保护——以德国的窥视性电视节目 Big Brother 为例》,载《公法学篇》(一),学林文化事业有限公司 2002 年版,第 95 页。

[3] BVerfGE 45,375/399 f. 转引自陈耀祥:《论广播电视的节目自由与人性尊严的保护——以德国的窥视性电视节目 Big Brother 为例》,载《公法学篇》(一),学林文化事业有限公司 2002 年版,第 100 页。

德边界,以防止权力滥用。[1] 通常,刑事领域通过伤害原则(Harm Principle)、自治原则(Autonomy Principle)与人的尊严(Human Dignity)来保障人的尊严。[2] 但是,戴维教授指出,传统的人的尊严在刑事领域的适用存在诸多问题:[3] 首先,难以界定尊严和伤害之间的界限。由于刑事制裁须以达到刑事伤害为标准,然而所谓的"尊严受到的伤害"(Dignitary Harms)仅仅是一种描述,尚无法评判或界定。因此,受害者仅仅停留于规范价值诉求层面,无法提出事实层面的证据,过分强调人的尊严理念会因此而颠覆立法。其次,未意识到尊严的双重内涵。尊严不仅包含有人们所熟知的主张平等、不得被贬损等内在尊严这一规范层面的尊严,还包含着由于随着社会变迁愈来愈多的贬损尊严事件发生,而使尊严逐步减少这一可量化的事实层面的尊严。正是这一原因,使我们无法对尊严这类道德设定界限;最后,鉴于尊严作为双方当事人攻讦的工具而对其真实作用存疑。由于尊严的概念及其抽象,各方均可拿来任意做有利于自己的诠释。因此,在无法对人的尊严做出准确界定的情形下,对争议于事无补,反而起到负面作用。

因此,戴维教授主张"良好生活"模式(good life model)来制裁刑事不法行为,尤其是侵犯人的尊严的行为。"良好生活"模式是以免受他人伤害以及保障获得尊重的平等尊严理念为理论基础,通过向各方施加相互尊重的义务予以保障。[4] 依据"良好生活"模式,只有某种行为

---

[1] Julia Davis, *Forbidding dwarf tossing: Defending dignity or discrimination based on size?* Yearbook of New Zealand Jurisprudence, Vol. 9, (2006), p. 241.

[2] Julia Davis, *Forbidding dwarf tossing: Defending dignity or discrimination based on size?* Yearbook of New Zealand Jurisprudence, Vol. 9, (2006), pp. 242 -251.

[3] Julia Davis, *Forbidding dwarf tossing: Defending dignity or discrimination based on size?* Yearbook of New Zealand Jurisprudence, Vol. 9, (2006), pp. 250 -251.

[4] Julia Davis, *Forbidding dwarf tossing: Defending dignity or discrimination based on size?* Yearbook of New Zealand Jurisprudence, Vol. 9, (2006), pp. 251 -254.

不仅对他人造成了伤害(违背了伤害原则),而且违背了不对他人予以平等尊重的人的尊严的诉求,此时方能适用道德原则而追究行为人的刑事责任。而且,“良好生活”模式不仅向所有作为共同体成员的个人施以了维护公平正义的义务,而且更向另一个最为危险的法人施加了此项义务:国家。[1] 根据近现代政治哲学,国家是公民让渡自己的权利、通过社会契约缔结而成的法律上的拟制组织,因此国家有绝对的义务保障公民尊严与权利免受滋扰。但是,需注意的是,国家的此项义务必须在民主和法治框架内为之,否则,国家这种必要的恶势必伺机肆虐。因此,必须严格遵循法律保留等原则而由议会制定出法律予以限制或褫夺某些人的权利与自由。

在行政法领域,通常通过法律解释方法与技术将行政法中的公共秩序、公序良俗等抽象条款予以扩张解释以践行保障人的尊严的宪法原则。法国1994年“投掷侏儒”案开启了行政法践行人的尊严保障的先河。[2] 1995年1月27日,法国最高行政法院作出判决,它在判决中指出:“根据城市法L.131-2的规定:‘城镇警察应确保良好的秩序、安全、防卫以及公共健康。’鉴于是公共权力机关赋予了其辖区警方权力去采取必要措施防止破坏公共秩序的行为,尊重人的尊严也是这些公共秩序的考量因素之一。即使在非特殊情形下,赋予警方权力的公共权力机关有权对引发侵犯人的尊严的行为予以禁止。鉴于‘投掷侏儒’这种公众表演活动是由观众投掷侏儒,此举是将残障人士作为投掷物来投掷并以此为乐;正是由于将侏儒作为特殊的投掷物,这种表演是对

---

〔1〕 Julia Davis, *Forbidding dwarf tossing: Defending dignity or discrimination based on size?* Yearbook of New Zealand Jurisprudence, Vol. 9, (2006).

〔2〕 对此案的详细分析,可参见侯宇:《论人性尊严在行政法中的适用——以法国1995年“投掷侏儒”案为例》,载《哈尔滨工业大学学报》(社会科学版)2007年第4期。

人的尊严的冒犯;因此,即使在非特殊情形下,赋予警方权力的公共权力机关有权禁止该表演活动。但是,其间必须采取某些特定保护措施以确保相关当事人的安全以及那些付费参加此活动的观众的安全;……鉴于对工作自由和营业自由这些原则法律的尊重,以及工商业活动不得妨碍公共权力机关赋予警方禁止某项活动的考虑,如果这种禁止措施的目的在本质上是为了防止或终止破坏公共秩序,那么即使欲被禁止合法也不得有例外;本案所涉及的表演活动所面临的情形即属于被禁止之列……"[1]

在私法领域,多是通过(一般)人格权、隐私权、表达自由权、平等权、社会经济权利等具体权利做扩张解释,从而达到保障人的尊严的最高宪法理念。如2010年在关于社会保障法第111条关于成年人与儿童保障标准界定的案件中,联邦最高法院认为,以保证最低生活保障这一基本权利符合第1条第1款人的尊严的规定,该款与第20条第1款的社会国家原则一同确保提供每个需要帮助的人不可或缺的物质条件以使他得以生存并最低限度地参与到社会、政治和文化生活中。除了由第1条第1款绝对效力之尊重每个人的尊严的规定衍生出的权利外,从该款与第20条第1款相结合所派生出的基本权利也当然属于保障性权利。立法机关不得作出对此项权利的限制,必须予以保障。然而,这种保障仍是由立法机关定期根据具体情形而予以规范。立法机关在进行此项保障性立法时必须考虑具体政策发展与现有的生活条件等因素。[2] 又如,欧洲人权法院2006年关于死后尊严保障的判例即是通过

---

[1] CE Ass.,Oct. 27,1995,Rec. Lebon 372,aff'd. 这是法国行政法院首个关于人的尊严的判例。

[2] www.bverfg.de/en/press/bvg10-005en.html.

对尊重私生活的权利予以落实。[1]

有学者指出,德国这种原则适用模式存在以下思想矛盾之处:尊严虽然不可侵犯、具有绝对价值,但却可以对其进行利益衡量;如果本能对尊严进行利益衡量,但对由其推衍而来的权利却可以进行;以是否故意直接侵犯尊严区别对待这种侵犯行为予以禁止的严厉程度;剥夺尊严可以作为惩罚犯罪行为的手段。[2] 为了消弭上述矛盾,德国宪法法院逐步将人的尊严相对化并辅之以比例原则予以昭示并践行人的尊严保障理念。德国学者 Brugger 也指出,对人的尊严的侵害即为基本权侵害的命题应予相对化,"法不得屈从于不法"的命题应与严格性比例原则之审查相结合。[3]

Brugger 认为,人的尊严并非在人性上的本质平等,而是应在具体

---

〔1〕 Postmortal Dignity Protection-Jäggi./Swiss,13 July 2006. 该案详情如下:Andreas Jaggi 于 1939 年 7 月 26 日生于瑞士,住在日内瓦。在申请人出生后不久,身为国家顾问的某人向其父亲 A. H. 提起诉讼,要求确认父子关系并支付生活费。1948 年 1 月 30 日,该诉请被日内瓦法院一审驳回。在登记出生信息时,申请人的母亲宣称 A. H. 是其父亲。申请人被寄养于其他家庭。他于 1958 年由其母亲告 A. H. 是其父亲。Jäggi 先生确认他定期和 A. H. 接触,并每月从 A. H. 那里收到了价值 6. 40 欧元的礼物直到他成年。A. H. 的家人否认了这些指控,并拒绝对其进行亲子鉴定。申请人成功应用于 1997 年的日内瓦大学法医学研究所私人亲子鉴定。同年,他为 A. H. 墓地续租至 2016 年而支 1657 欧元。1999 年,申请人对 1948 年 1 月 30 日的判决提出上诉,要求对 A. H. 的遗骸进行 DNA 鉴定。法院驳回了其申请。1999 年 12 月 22 日,联邦法院驳回了申请人的上诉。于是,Jäggi 先生诉至欧洲人权法院。欧洲人权法院裁定认为,对 60 岁的人而言,即使不能确定其亲生父亲,也不影响其身心健康发展。根据欧洲人权公约的规定,发现真相是探究其个人身份的一个重要因素。然而,保护第三方的需要可能排除了那种迫切地进行医学鉴定尤其是 DNA 鉴定的可能性。欧洲人权将对彼此冲突的各种利益进行衡量,即申请人知晓其血缘关系的权利与第三人所享有的死者遗体不可侵犯的权利之间的冲突、尊重死者的权利和公共利益保护这一法律确定性之间的冲突。首先,欧洲人权法院认为,个人知晓其血缘关系的兴趣并未随着其年龄的增长而消失,相反却是有增无减。而且,申请人一直对知晓其父亲为何人表现出真实的兴趣,因为他试图终其一生对此获得可靠的信息。这种行为隐含着道德和精神双重痛苦,况且他一直未获得医学证明予以佐证。其次,欧洲人权法院反对做出(相对无干扰测的)DNA 鉴定,认为 A. H. 的家庭没有援引任何宗教或哲学缘由予以证明。此外,如果申请人对 A. H. 的坟墓续租,死者的安定及其遗体的不可侵犯早已在 1997 年受到了侵犯。无论如何,在 2016 年租期届满时,其遗体将被移出。因此其享有安宁的权利只是暂时的保护。此外,欧洲人权拒绝能从死者的 DNA 样本来探究其私生活的请求,因为这是逝后的举动。最后,欧洲人权法院指出,仅仅为了确保的法律确定性不足以成为申请人知晓其血缘关系的理由。对此,欧洲人权法院认为瑞士政府未对 Jaggi 先生尊重其私生活的权利予以保障,因而违反了第 894 条的规定。欧洲人权法院在此判决中对死者的尊严及其所享有的权利进行了保护。欧洲人权法院的确没有对此判决中所提及的死者的人的尊严予以直接关注,但是它却间接认可了死者人的尊严值得保护的做法。

〔2〕 Michael Rosen, *Dignity: Its History and Meaning*, Harvard University Press, 2012, p. 15. 另见[英]迈克尔·罗森:《尊严:历史和意义》,石可译,法律出版社 2015 年版,第 14 页。

〔3〕 王涛:《晚近德国法上禁止刑讯与保护人性尊严之讨论》,载《国家检察官学院学报》2013 年第 6 期。

状况相关联下,对个人的尊严予以尊重和保护。在个案中,存在加害者的尊严与作为奉公守法公民的被害者的尊严的衡量,他们之间的尊严保障是存在差异的。在此对立的就是尊重作为人类全体统一价值的人性尊严,还是尊重作为人性尊严主体的个人。如果认为人性尊严条款也具有基本权性质的话,那么将人性尊严视为人类全体统一价值的观点在理论上就不再具有融贯性。作为主观权利的基本权,应与具体的个人利益相结合。如此,保障人性尊严与个人具体状况相关联的话,就可能产生差异,并且发生冲突。[1] 因此,不应将人的尊严简单地直接波及私人间关系,而是应诉诸国家的基本权保护义务理论。根据具体状况不同,加害者的尊严与被害者的尊严存在差异,具有一定的顺位性。为了保护必要性较高的被害者的尊严,而允许出于基本权保护义务的考虑,对保护必要性较低的加害者的尊严进行侵犯。当然,这种顺位性从人性尊严作为人类全体统一价值而言,是无法接受的。人与人在本质上的平等,显然不允许差异性和顺位性存在,因此国家保护义务在此与个别具体的个人保护的关系上,也不存在具体化的余地。问题还是归结到,基本法第1条第1项的保护领域到底是在人类本质平等的最小限度进行理解还是超越之,与个人具体状况相联系而尊严应予尊重的意义上进行理解呢? 前提不同,国家保护义务的范围也是不同的。[2] 因此,在排除了人的尊严具有绝对性的前提下,在人的尊严之间发生冲突之际,应关注国家对绑架者尊严的"尊重义务"与国家对被害人尊严的"保护义务"之间发生冲突时的衡量问题,进而再考虑具体情形下对尊严之间的差异性与顺位性进行利益衡量。[3]

德国学者 Herdegen 则指出,既有的通说或是从对象手法的观点来

〔1〕 王涛:《晚近德国法上禁止刑讯与保护人性尊严之讨论》,载《国家检察官学院学报》2013 年第 6 期。
〔2〕 王涛:《晚近德国法上禁止刑讯与保护人性尊严之讨论》,载《国家检察官学院学报》2013 年第 6 期。
〔3〕 王涛:《晚近德国法上禁止刑讯与保护人性尊严之讨论》,载《国家检察官学院学报》2013 年第 6 期。

分析对人的尊严的侵害,或是仅仅纯粹地以目的作为分析的前提,结果导致人的尊严的保障只是在很有限的领域内得以展开。他认为应采取区分原则而对人的尊严的具体情况予以保障,而不能机械适用。Herdegen 指出,基本法第 1 条第 1 项的保护领域,应该分为两个领域:其一,不适用比较衡量,根据手法与目的即可判断造成人性尊严受侵害的领域,此谓尊严的核心领域;其二,适用比较衡量,根据目的与手段之间的关系来判断人性尊严是否受到侵害。在后者的领域内,涉及对人性尊严的侵入时,在特定状况的整体考虑下,例外地不构成对尊严的侵害。[1]

二、基本权利模式下人的尊严之适用

白俄罗斯、比利时王国、德国、俄罗斯、西班牙、希腊、意大利、以色列、印度等多数国家在其宪法或宪法性法律中将人的尊严界定为一项基本权利。[2] 在此种模式下,多数国家直接将人的尊严视为一项独立的权利。也有个别国家将人的尊严视为某种基本权利派生而来的权利。如印度最高法院判决曾指出:"我们认为,生命权包括有尊严地生活的权利以及所有与之相关的权利,即适当营养、穿着、各种形式的读、写、自我表达的设施、行动自由以及与融入其他人群并生活的自由。当然,有尊严地生活的权利范围将依赖国家经济发展程度而定,但是无论怎样,该权利都必须包括满足基本生活必要条件的权利与实施上述功能与行动的权利在内,由此昭示对人的最低限度的保障。"[3]

在对人的尊严权这一抽象的基本权利进行解释时,通常由释宪者(多是法官)通过解释来确定其范围。对宪法解释者而言,他"必须考量

---

〔1〕 王涛:《晚近德国法上禁止刑讯与保护人性尊严之讨论》,载《国家检察官学院学报》2013 年第 6 期。

〔2〕 参见本书第三章第四节的相关分析。

〔3〕 *Frances Coralie Mullin v. Delhi*, AIR 1981 SC 746.

时间、地点、社会的基本价值及其生活方式以及社会与政治的惯性及规范实施现状等因素。法官拥有一切任由其适用的技术与手段来诠释人的尊严理念。"[1]但是,这种解释也必须受到限制,即必须践行宪法保障人的尊严的这一终极价值诉求。

作为基本权利适用的人的尊严权和其他基本权利一样,都属于抽象的、概括的、框架性的或母体权利。依法理,框架性权利不同于一般权利或部门法中的具体权利,它既不关注某种特殊类型的行为也不对某种特定的行为予以保障,而是立足于某种权利的共性。[2] 因此,正如以色列法院在判决中指出的那样,基本权利通常作为原则适用而充当部门法中的具体权利的"共同庇护":"本案中,置于我们面前的是表达自由和人的尊严与名誉权这两种基本权利。这些自由与权利拥有共同的庇护,即人的尊严的宪法价值的庇佑。"[3]

在框架性基本权利的范畴内,由它推衍、派生或辐射产生各种宪法权利聚集在一起,成为围绕着该框架性基本权利的基本权利群。这些派生而来的基本权利虽然与其"母权利"具有共性,但是它们各自仍有可能成为框架性基本权利,再由其派生而来其他具有更低共性或效力的基本权利。[4] 因此,人的尊严这一宪法权利通常是作为宪法原则予以适用,即通过这种框架性宪法权利或"母权利"推衍出相应的子权利而践行保障人的尊严这一宪法基本权利的目的。鉴于母权利的内容决定着子权利的范畴或以其为核心的基本权利群的范围,由其派生而来的子权利在各种不同的层次上反映着母权利的共性,由此将抽象的母

---

〔1〕 HCJ 366/03 *Commitment to Peace and Social Justice Society v. Minister of Finance*, 2005 -2 IsrLR 335, 358(2005).

〔2〕 Aharon Barak, *Human Dignity: The Constitutional Value and the Constitutional Right*, Cambridge University Press, 2015, p. 156.

〔3〕 LCA 10520/03 *Ben Gvir v. Dankner* (12. 11. 2016), para. 3.

〔4〕 See Aharon Barak, *Human Dignity: The Constitutional Value and the Constitutional Right*, Cambridge University Press, 2015, pp. 157 -158.

权利具体化，具有可操作性。

宪法仅仅对框架性基本权利作出了具体规定，而并未对由此派生而来的子权利予以界定，这些子权利属于“未列举权利”范畴。在法律适用中，这些未列举的基本权利应归属于其框架性基本权利或母权利，这并非意味着将其归于默示的或不成文的基本权利之列，它们仍然是列举基本权利，只不过是列举的框架性基本权利或母权利的派生权利。[1] 这些由框架性基本权利派生而来的子基本权利从各个侧面反映着人的尊严或补充着其母权利所遗漏的方面。虽然这些子权利都是其母权利的一部分，但是它们却无法穷尽母权利的特质。正如以色列最高法院判决指出的那样：“这种类型化永远不可能揭示人的尊严基本权利的全部，此举也无意如此。类型化只是起到对辅助诠释或理解人的尊严这一框架性条款的含义而已。”[2]

由此可见，人的尊严这一框架性基本权利具有复杂性或多样性。以色列最高法院在判决中曾指出：“根据文本的措辞，该权利（人的尊严权）的特征在于它并未明确所适用的特定行为的详情。它是一项开放的权利……该权利的适用情形是通过基本法对其立法目的的开放性措辞中推衍而来。为了方便起见，可以对这些适用情形类型化，如有尊严地生活的权利、身心健康的权利、姓名权、被作为成年人对待的权利……上述具有相似性的‘具体’权利都是从一个共同的权利推衍而来。在宪法学学理上，这些权利被称为派生性宪法规范。……当然，这些派生权利的范围是（宪法）解释面临的难题。只要这些派生权利未被议会（Knesset）将其从人的尊严权中剥离并予以单独规定，尽管进行类型化的尝试也将人的尊严囊括其中，但是，别无他途只能围绕着人的尊

〔1〕 See Aharon Barak, *Human Dignity: The Constitutional Value and the Constitutional Right*, Cambridge University Press, 2015, p. 159.

〔2〕 HCJ 7052/03 *Adalah v. Minister of Interior*, 2006 – 1 IsrLR 443, 2006, p. 487.

严展开并界定其权利范围。"[1]由此可见,作为基本权利的人的尊严是一项相对权而非绝对权。

有学者指出,在由框架性基本权利推衍子权利时应遵循以下两个原则:"首先,宪法文本上对框架性基本权利的界定应含有尊重、保障人的尊严的内涵。其次,子权利的目的应蕴含在人的尊严这一框架性基本权利的目的中。"[2]需要指出的是,并非所有子权利都是以人的尊严为核心,有些只是涉及尊重、保障人的尊严而已。因此,有学者指出:就原则而言,只要子权利的内涵或其外延处于母权利的辐射范围内,即构成该母权利的子权利。[3] 尽管如此,所有这些子权利一同构成了人的尊严这一基本权利群,并由此使人的尊严这种基本权利的外延更加周延,而且也因这种开放性而更能适应不断变动着的社会发展。

鉴于其他基本权利也以人的尊严为其宗旨,由这些基本权利也可衍生出人的尊严权的子权利,那么这些衍生出的子权利与人的尊严权构成何种关系?鉴于由独立的基本权利派生出的子权利在内容上大相径庭,它们是从各种不同的角度反映或丰富着母权利,它们展示的也是人性的各个不同的侧面。如作为独立的基本权利存在表达自由不仅仅是从人的尊严的角度予以考量,而由其衍生的形象展示权揭示的只是个人对其形象的自我决定这种人性,这和作为概括性的人的尊严基本权利的保障范围不可同日而语。

人的尊严权可以衍生出诸多子权利,因此在学理和实践中应对这些子权利之间的相互关系予以高度重视。有学者指出,这些子权利存

---

〔1〕 HCJ 7052/03 *Adalah v. Minister of Interior*,2006 -1 IsrLR 443,2006,pp. 486 -487.

〔2〕 Aharon Barak,*Human Dignity: The Constitutional Value and the Constitutional Right*,Cambridge University Press,2015,p. 161.

〔3〕 Aharon Barak,*Human Dignity: The Constitutional Value and the Constitutional Right*,Cambridge University Press,2015,p. 162.

在以下三种关系：(1)不存在任何关联，相互独立；(2)存在竞合关系(Overlap)；(3)存在冲突关系。[1] 在各子权利不存在关联的情形下，它们各自反映着其母权利——人的尊严权的不同侧面或特质，因此对其中某个子权利做出的限制不会对其他子权利造成影响，在对该子权利做出限制进行比例原则审查时，不涉及也不对其他子权利予以考量。

对于存在竞合关系的子权利而言，这种竞合关系并不会对其母权利造成影响。各子权利依然维持着各自的权利范围或边界。鉴于各种权利概念本身的模糊性和开放性，人们无法对权利的边界做出清晰的界定，因此，这种基本权利竞合并非是由宪法条款设计的疏忽或失败导致，而是司空见惯现实使然。又鉴于人的尊严权的高度抽象与难以操作的特性，现实中往往是通过相对较为具体且具有可操作性的子权利践行作为框架性基本权利的人的尊严权，更是通过对这些子权利进行比例原则上的衡量，进而务实地审视对人的尊严做出的限制是否合乎比例原则。因此，只要有法律对人的尊严权的子权利的限制有侵犯人的尊严之情形，必须附之于比例原则对所有这些子权利分别予以审查，而不能仅针对其中某个子权利进行。然而，需注意的是：虽然对某个子权利的限制符合比例原则的诉求，但是对另一个权利的限制却背离比例原则。[2]

人的尊严衍生出的子权利冲突存在不同宪法原则之间的冲突和宪法原则与规则之间的冲突两种情形。[3] 首先，对于第一种情形而言，各子权利都反映了人的尊严或人的尊严权的某个具体方面，有时它们之

[1] Aharon Barak, *Human Dignity: The Constitutional Value and the Constitutional Right*, Cambridge University Press, 2015, p. 163.

[2] Aharon Barak, *Human Dignity: The Constitutional Value and the Constitutional Right*, Cambridge University Press, 2015, p. 164.

[3] Aharon Barak, *Human Dignity: The Constitutional Value and the Constitutional Right*, Cambridge University Press, 2015, pp. 165 - 167.

间并非由于上述权利边界的模糊造成的，而是由于其框架性的基本权利自身相互矛盾的特质造成的。如名誉权的子权利与表达自由的子权利会产生冲突，因为前者以倡导个人隐私保护为核心的人的尊严，而后者强调的是个人自我决定的人的尊严的诉求；又如行动自由中的观光旅游子权利会与信仰自由中的宗教自由产生冲突（如禁止异教徒进入特定的宗教场所）。解决这一冲突的途径并非让其中一种子权利效力位阶高于其他子权利，更不是重新界定这些子权利的权利边界予以消除，而是在宪法层面上即在其框架性基本权利与其子权利的关系安排上维持既有的格局。

人的尊严这种框架性基本权利反映了人的尊严的多样性与妥协性，它是包容不同的价值诉求并将其纳入同一框架内平等地予以规范，这种平等理念是人的尊严的核心诉求之一，也是民主制度的应然与必然。因此，有学者指出，这种基本权利冲突现象并非意味着宪政制度安排的失误或宪政的异化，这种冲突恰恰表明了人的尊严内涵的丰富性，反映了其具体内涵不断地冲突与妥协。[1] 行之有效的解决途径是通过比例原则审视对某个子权利做出限制部门法是否有损于其他子权利的保障。在比例原则的分析框架内，问题的核心通常在于部门法规范是否能对限制某个子权利的社会重要性考量与保障与之相冲突的其他子权利的社会重要性进行恰如其分的权衡。[2] 其次，鉴于相对具有可操作性的子权利还可以派生或推衍出更具体、更具可操作性的权利，这些再次推衍出的权利通常被称为规则。[3] 对于宪法原则与规则之间的冲

---

〔1〕 Aharon Barak, *Human Dignity: The Constitutional Value and the Constitutional Right*, Cambridge University Press, 2015, p. 165.

〔2〕 Aharon Barak, *Human Dignity: The Constitutional Value and the Constitutional Right*, Cambridge University Press, 2015, p. 166.

〔3〕 Aharon Barak, *Human Dignity: The Constitutional Value and the Constitutional Right*, Cambridge University Press, 2015, p. 156.

突，应遵循"具体优于普遍""特别优于共性"的法律适用原则（*lex specilis derogat legi generali*）。[1]

此外，尚需对如何对待人的尊严衍生出的子权利与其他独立的基本权利之间的关系予以应有的重视。普通法律对人的尊严做出限制规定时通常也会限制其他独立的基本权利的行使。其原因在于：人的尊严的价值是依赖于人的尊严基本权利予以实现。人的尊严价值诉求并不对人的尊严基本权利构成现实的限制。人的尊严价值诉求是通过宪法中绝大多数基本权利予以昭示。相互独立的各基本权利都是在践行人的尊严保障理念的某个特定方面。[2]

人的尊严基本权利衍生出的子权利仅仅是实现人的尊严的某个具体方面，而其他独立的基本权利与人的尊严权一同维护的是人的尊严的某个领域与其他宪法价值诉求。因此，人的尊严衍生出的子权利与其他独立的基本权利之间存在一种不完全的冲突或竞合关系。[3] 于是，在宪法层面，我们不要试图去重新界定子权利或与之相冲突与竞合的那些独立的基本权利的权利范围，而应维持其既有的安排，通过在部门法或普通法律使用当中最终解决此问题：[4]首先，对于补充性竞合关系而言，人的尊严基本权利（通过其某个子权利）与践行的人的尊严的某个方面的某个独立的基本权利相互补充与强化。因此，如果某部法律对人的尊严基本权利（通过其某个子权利）以及践行的人的尊严的某个方面的某个独立的基本权利做出限制，那么必须通过对这两种权利

〔1〕 Aharon Barak, *Human Dignity: The Constitutional Value and the Constitutional Right*, Cambridge University Press, 2015, p. 167.

〔2〕 Aharon Barak, *Human Dignity: The Constitutional Value and the Constitutional Right*, Cambridge University Press, 2015, p. 167.

〔3〕 Aharon Barak, *Human Dignity: The Constitutional Value and the Constitutional Right*, Cambridge University Press, 2015, p. 168.

〔4〕 Aharon Barak, *Human Dignity: The Constitutional Value and the Constitutional Right*, Cambridge University Press, 2015, pp. 168 – 169.

都进行比例原则的审视方能赋予其合宪性。其次，对于两者的冲突，同样应在部门法或普通法律层面通过比例原则加以消解。

三、混合模式下人的尊严之适用

匈牙利、巴拉圭、伯利兹、多米尼加、贝宁、多哥、厄立特里亚、南苏丹、塞舌尔、印度、叙利亚11个国家既在序言中声明人的尊严又把其规定为基本权利。[1] 除此之外，南非和以色列不仅将人的尊严视为宪法原则或价值，也将其视为具体的基本权利。

南非宪法法院在 *Dawdood v. Minister of Home Affairsan* 案判决中指出："在我们宪法框架中的尊严价值不能因此而受到质疑。宪法确认，尊严理念是与南非黑人的尊严一贯受到无情褫夺的历史相矛盾。宪法昭示，我们这个民主社会在未来将肩负尊重所有人的固有的尊严的使命。人的尊严因此而在一定程度上具有了宪法裁决和解释功能。人的尊严充当解释几乎所有权利的价值判断。本院业已确认了宪法上的人的尊严价值在解释诸如平等权、免受酷刑、非人道或其他方式惩罚的权利、生命权等权利的重要性。人的尊严也在对基本权利进行限制方面具有重要意义。然而，第10条表明人的尊严不仅仅是我们宪法的基本价值之一，它也是一项受到尊重和保障的具有可裁判性与可执行性的权利。"[2]

以色列最高法院在判决中曾指出："基本法不只是宣示'政策'或'目标'（如德国基本法第20条第1款）。基本法也不只是对政府各部门的'实施计划'或'目的'做出勾画（如南非宪法第27条第2款，印度宪法第39条）。基本法也不只是为解释适用提供'总括性概念'（an

〔1〕 参见本书第三章第四节的相关分析。
〔2〕 *Dawdood v. Minister of Home Affairs*,2000 (3) SA 936 (CC),para.35.

umbrella of Concept)……基本法第2条和第4条推导一项权利——保障人的尊严的权利。与之对应的是,国家机关都负有尊重该权利的义务(第11条)。"[1]"然而,人的尊严不仅仅被视为各种人权的基础,也不只是被视为一种社会价值。人的尊严是一项完全自证的权利。它独立于其他人权而与之一同存在。"[2]

在此种模式使用下,应恪守"具体优于普遍""特别优于共性"的法律适用原则(*lex specilis derogat legi generali*),人的尊严基本权利的适用优先于人的尊严原则的适用。在个案中的具体操作如下:

首先,如果能够清晰界定人的尊严基本权利的适用范围,对该权利的适用为首选,人的尊严的原则只是起到补强说理作用。

其次,若不能清晰界定人的尊严基本权利的适用范围,那么应在人的尊严的原则指引下扩张解释人的尊严基本权利使其能够涵盖个案的具体情形。如有学者指出,利用人的尊严语义的双关性,使身份这一固有概念得以颠覆,人格(Personality)概念开始充当再诠释人的尊严的利器。[3]

最后,在部门法及宪法出现漏洞、面对新权利情形下,同样应援引人的尊严宪法原则、条款作为补充宪法漏洞,赋予法官能动地解释宪法的权力,使其要么创设独立的新的基本权利,要么扩张解释人的尊严基本权利,为其创设新的子权利从而达到灵活适应社会发展的目的。而这种新的基本权利(无论独立与否)恰恰又是对人的尊严宪法权利条款的法的续造活动,从而为创设新型权利提供最高法上的合法性根据。

---

〔1〕 HCJ 366/03 *Commitment to Peace and Social Justice Society v. Minister of Finance*, 2005-2 IsrLR 335, 2005, p. 347.

〔2〕 HCJ 6427/02 *The Movement for Quality Government v. The Knesset*, IsrSC 61(1) 619, 2006, p. 680.

〔3〕 Erin Daly, Dignity Rights: *Courts, Constitutions, and the Worth of the Human Person*, University of Pennsylvania Press, 2012, p. 56.

第五节 人的尊严适用之趋势与展望

——以美国和欧盟法律适用为视角

自从“二战”之后,联合国《世界人权宣言》的颁布与实施,人的尊严(Human Dignity)不仅在诸多国家的宪法文本中被确认,它也逐渐为各国法理与司法实践所肯认。美国人的尊严的法律独树一帜,欧盟在多元化的进程中也不断对人的尊严的法律适用进行探索。我们从中或许可以体察人的尊严理念所蕴含的真正内涵,其经验或许能对我国的司法实践与宪法解释理论有所裨益。

一、美国人的尊严适用之法理变迁

美国宪法中虽然未对人的尊严予以确认,但是人的尊严理念却在美国源远流长,它不仅是美国建国理念基础之一,而且也是司法实践进行权利保障的出发点。从最初对国家尊严置于个人尊严之上到当今个人尊严至上,美国对人的尊严的法律解释始终是以自由主义为其基本。随着时代的变迁,自由主义和保守主义对人的尊严的诠释此消彼长。但是,提升并保障人的尊严也已成为自由主义和保守主义的共识,只是各自践行其目的的手段不尽相同。

(一)国家尊严至上之蒙昧时期

在美国,最早提出人的尊严理念的是潘恩(Thomas Paine),他的思想深深影响了美国理念。潘恩提出,人人拥有自然尊严(Nature Dignity of Man)，因而人民有权推翻殖民暴政。[1] 这种以人的尊严对抗国家暴政的自由主义思想对美国后世理解和诠释人的尊严理念意义深远。作为决定建国方略、对美国立法及司法实践都产生直接影响的《联邦党人文集》中共有 13 篇提及尊严的意义，这也是考察美国人的尊严思想来源的最为重要的著述。

《联邦党人文集》第 1 篇中就开宗明义地指出："这部宪法对于你们是有利的。我确信，这是你们获得个人自由、个人尊严和个人幸福的最保险的方式。"[2] 在第 6、15、16、17、18、30、45、46、58、71、81 篇中均对尊严有所着墨。但是后来在美国宪法文本中尤其是序言中，仅保留了向往幸福和自由的措辞，"尊严"一词不知何故却销声匿迹。

由于深受《联邦党人文集》第 45 篇[3] 和第 81 篇[4] 思想的影响，美国早期司法实践对国家尊严予以高度关注，却对个人尊严视而不见。美国最高法院在判决中提及人的尊严最早可溯及至 1793 年 *Chisholm v. Georgia* 案。[5] 本案是关于一州公民是否可以起诉另一州引发的宪法问题。针对佐治亚州提出的"正是出于尊严的考量而有充分的理由使得州不能成为原告"，法院多数意见认为尊严只是意味着尊重，与其

---

〔1〕 [美]潘恩：《人的权利》，田飞龙译，中国法制出版社 2011 年版，第 200 页。

〔2〕 [美]汉密尔顿、杰伊、麦迪逊：《联邦党人文集》，程逢如、在汉、舒逊译，商务印书馆 1988 年版，第 4 页。

〔3〕 该篇中指出："就由于已经指出移交给联邦政府的权力……对留给某些州的那部分权限是否是一种威胁。……难道实现美国革命，成立美国邦联，流尽千百万人的宝贵鲜血，不惜牺牲千百万人用血汗挣得的资财，不是为了美国人民可以享受和平、自由和安全，而是为了各州政府、各地方机构可以享有某种程度的权力而且利用某些主权的尊严和标志把自己装饰一番吗？"[美]汉密尔顿、杰伊、麦迪逊：《联邦党人文集》，程逢如、在汉、舒逊译，商务印书馆 1988 年版，第 235 页。

〔4〕 该篇中指出："最高法院初审案件仅限于'涉及大使、其他使节及领事以及以一州为诉讼一方之案件。'各类使节直接代表其主权国家。关于他们的一切问题直接与国家安全有关，为了维护国家安全并对他们所代表的主权国家表示尊重起见，此类案件初审即交国家最高司法机关始为方便与适当。尽管领事并非严格意义上的外交官员，亦为其国家的公务代理人员，以上考虑对他们在很大程度上亦能适用。将以一州为当事人的案件交给下级法庭将损害该州的尊严。"[美]汉密尔顿、杰伊、麦迪逊：《联邦党人文集》，程逢如、在汉、舒逊译，商务印书馆 1988 年版，第 408 页。

〔5〕 Erin Daly, *Dignity Rights: Courts, Constitutions, and the Worth of the Human Person*, University of Pennsylvania Press, 2012, p. 72.

他因素没有任何关系,不能据此而否认州可以成为原告。正如 Blair 大法官在判决中指出的:“A 和 B 之间的纠纷当然也是 B 和 A 之间的纠纷。毫无疑问,这两种案件都有其特殊的意图;或许州作为原告出现只是出于尊严的缘故。”[1]但是,威尔逊(Wilson)大法官等少数法官开始认识到不仅州享有尊严,个人也应享有尊严,而且州的尊严应屈尊人的尊严之下。威尔逊大法官在判决中指出:“被无与伦比精致创造的人是上帝完美的杰作:尽管国家是一个有益且有价值的构造物,但是它却屈尊于人这种构造物之下,而且国家是从人的自然尊严中推演出人的一体切必要的重要性。当我说国家是一个低位阶的构造物时,我的意思是说国家这种构造物仅仅低于具有神性的构造物而已。”首席大法官杰伊(John Jay)也认为:“需要注意的是在制宪之时,人们行使着其权利、拥有着其正当的主权,并意识到宪法的博大精深,于是他们有尊严地宣称‘我们美国人民(We the people of the United States)确立并制定本宪法’”。[2]

从此,人们开始对国家(州)的尊严提出质疑,进而思考人是否享有尊严的问题。尽管如此,整个 18 世纪和 19 世纪,美国对人的尊严的理解还处于萌芽状态。整个社会并未将人的尊严作为近现代人们所理解的尊严含义去看待,而是更多地将其作为对抗国家肆虐的最有力的说服性措辞或一种道德诉求。于是,在传统自由主义观将国家和人民视为二元对立关系的格局下,处理国家权力运行边界与人权保障这一核心任务过程中,人们(尤其是最高法院)开始意识到仅有法定权利的制约尚不足以遏制不断伺机扩张的国家权力,应从实定法之外积极制约探索国家权力的终极利器。无疑,人的尊严理念堪当此任。正如费尔

[1] Chisholm v. Georgia,2 U.S. 419,1793,pp.450 -451.
[2] Chisholm v. Georgia,2 U.S. 419,455,1793,pp.470 -471.

德(Field)大法官所说:“我们的宪法和普通法规则同样源自那些根植于英语国家人民心中对个人的自我尊重、自由、独立和尊严这些情感,而且为了达成上述情感,往往不惜牺牲政府设施和便利。”[1]

(二)个人尊严之滥觞与发展

20世纪初,随着人的理念在政治哲学领域的丰富和发展,人们开始对人的尊严有了全新的认识,并将其视为新生活的曙光。在欧洲大陆这种思潮的冲击下,美国开始逐步接纳并认可人的尊严理念,国家尊严之说辞逐步变得不合时宜、逐步淡出人们的视野。

在1942年的*Skinner v. State of Oklahoma*案中,杰克逊(Jakson)大法官认为虽然对特定阶层的囚犯进行强制消毒的行为无效,但是这种行为在如下界限中却是可行:“法律上的多数或许可以以牺牲少数族群的尊严、人格及其自然权利为代价而进行某些生物实验,即使那些被大多数认定为罪犯的犯罪分子也不例外。”[2]即对人的尊严的做出的限制必须符合法律保留原则,只有法律方可为之。1943年,弗兰克福特(Felix Frankfuther)大法官指出:“在一个以尊重所有人的尊严为核心的民主社会中,很自然地要防止执法过程中的权力滥用。”[3]1944年,最高法院在判决中指出:“不得自证其罪的宪法权利在本质上是一项个人权利,即属于自然状态下的个人享有。它源于更高的情感,并将我们的刑事侦查和审讯程序置于尊严、人性和公正[4]这一系列理念之上。”[5]最高法院在著名的*Yamashita v. Styer*案中再次对人的尊严予以了充分肯认:“包括那些由第五修正案中的正当程序条款所保障的权利在内的不可让渡的个人权利,它们不仅仅属于那些为国家浴血沙场

---

〔1〕 Brown v. Walker,161 U.S. 591,1896,p.632.

〔2〕 Skinner v. State of Oklahoma,ex. rel. Williamson,316 U.S. 1942,pp.535-542.

〔3〕 McNabb v. United States,318 U.S. 1943,pp.332-343.

〔4〕 即无偏私。

〔5〕 United States v. White,322 U.S. 1944,pp.694-698.

的人或为了民主理想而奋斗的人。这些个人权利属于这个世上的每一个人，无论他是胜利者还是被征服者，也无论其种族、肤色和信仰如何。它们超越一切形式的战争或被放逐状况。它们使当时的大众情感或情绪得以张扬。任何法院、立法机关、行政机关甚至最高军事机关都不得侵犯这些个人权利。这就是第五修正案的正当程序条款所确认的权利所为世人公认的不可侵犯的本质，即当生命或自由受到来自美国政府的威胁时，这些权利可以提供必要的保护。”〔1〕

随着《世界人权宣言》、《经济、社会及文化权利国际公约》与《公民和政治权利国际公约》的颁布与实施，人的尊严理念开始在世界范围内从价值层面走向规范层面，各国纷纷在其宪法中以不同形式确认人的尊严。〔2〕于是乎，“二战”之后，人的尊严开始进入适用，不断在实证中深化其内涵。美国并未修改其宪法，但是它是透过其宪法解释来落实人的尊严的保护，具体而言通过解释《权利法案》中的相关条款予以践行。

从美国多年的司法实践可以看出，美国是通过第一、第四、第五、第八和第十四修正案共五个修正案中所涉及的言论自由权与个人公众形象权（第一修正案），不得进行不当搜查权（第四修正案），不得自证其罪权（第五修正案），不得被施以酷刑权（第八修正案），关于婚姻、避孕、亲密关系保护的自由利益和隐私权，提供教育条件及设施的法律平等保护，涉及选择死亡时间和方式相关的正当程序或平等保护以及与福利救济相关的正当程序或平等保护（第十四修正案）。〔3〕据学者的研究

〔1〕 Yamashita v. Styer, 327 U.S. 1, 1946, pp. 26-27.

〔2〕 据统计，联合国193个制定了宪法的成员国中，已有136个国家在其宪法中对人的尊严作出了规定。这是根据《世界各国宪法》一书（孙谦、韩大元主编：《世界各国宪法》，中国检察出版社2012年版）做出的统计。

〔3〕 Maxine Goodman, *Human Dignity in Supreme Court Constitutional Jurisprudence*, 84 Neb. L. Rev. 740 2006, p. 757.

归纳，美国司法实践主要透过界定警察国家权力行使的界限、反对歧视、隐私权保护和言论自由四个方面在不断地发展完善：[1]

第一，界定警察国家权力行使的界限。在 *Ullmann v. United States* 案中，道格拉斯（Douglas）大法官在判决不同意见中指出："第五修正案中对不得自证其罪的保障不仅仅是保护（犯罪嫌疑人）不被指控犯罪并被定罪，也适用于保障良心自由、人的尊严以及表达自由。……因此，制宪者创设了一种联邦政府层面予以保障的沉默权，并规定不得制定法律试图撬开公民之口以自证其罪。"[2] 又如里程碑式的米兰达案（*Miranda v. Arizona*）中，最高法院指出："单独监禁并采取令人窒息的审讯本身就会产生一种令人恐怖的气氛，这不仅是对人身的恐吓，也同样是对人的尊严的践踏。""权利法案昭示了这样一种理念：隐含于（隐私）权利中的宪法权利赖以维系的基础是（州或联邦）政府必须基于其公民的尊严与人格完整而予以尊重。"[3] 再如在 *Stenberg v. Carhart* 案中，最高法院推翻了内布拉斯加州对于禁止妇女堕胎的规定，布雷耶（Breyer）大法官在判决中指出："其他数百万人都担心禁止妇女堕胎的法律将使众多美国妇女陷入生活在尊严欠缺、被剥夺了平等的自由的不幸境况。"[4]

第二，反对歧视。这主要体现在种族、性别、工作条件等诸多领域，在此表现出的司法积极主义倾向（Judicial Activism）较为明显。在此方面著名的判例有 *Batson v. Kentucky*[5]、*Powers v. Ohio*[6]、*Edmonson*

---

〔1〕 参见 Erin Daly, *Dignity Rights: Courts, Constitutions, and the Worth of the Human Person*, University of Pennsylvania Press, 2012, pp. 87 -96。

〔2〕 Ullmann v. United States, 350 U. S. 1956, pp. 422 -449.

〔3〕 Miranda v. Arizona, 384 U. S. 1966, pp. 436 -460.

〔4〕 Stenberg v. Carhart, 530 U. S. 2000, pp. 914 -920.

〔5〕 Batson v. Kentucky 476 U. S. 1986, p. 79.

〔6〕 Powers v. Ohio, 499 U. S. 1991, p. 400.

v. Leesville Concrete Company[1]、*Georgia v. McCollum*[2]等。尤其在*Powers v. Ohio*案中,最高法院明确指出:“在陪审员资格和遴选问题上的种族歧视侵犯了人的尊严与完整。”[3]在令人瞩目的布什诉戈尔(*Bush v. Gore*)案中,最高法院进一步明确:“当国家立法机关赋予了人们选举总统的权利时,立法所赋予的这种选举权就属于基本权利;而这种权利的本质之一就是使每一张选票具有同样的投票力并使每位选民都享有平等的尊严。”[4]在*Planned Parenthood of Southeastern Pa. v. Casey*案中,斯蒂文斯(Stevens)大法官在判决不同意见中指出:“宪法上做出抉择的自由中含有每个人都赋予平等的尊严的内涵。”[5]

第三,隐私权保护。美国和欧洲对于隐私权的保障显然是循着两种不同的路径进行发展,美国通过对个人自由保护来保障,而欧洲则通过对人的尊严的诠释保障隐私权。正如美国学者魏特曼指出:“对于欧洲大陆人而言,美国人的举动似乎是违反了隐私规范,因为他们觉得美国人似乎表现出的是一种由于缺乏对公共尊严的关怀而产生了尴尬,如媒体的报道对莫妮卡·莱温斯基的公共尊严造成了侵犯,或者美国人吹嘘自己的工资而对自我尊严的伤害。相反,对于美国人而言,当欧洲大陆人的举动似乎违反了隐私规范时,他们做出此种论断的理由在于,他们觉得无论是否是被窃听或干预婴儿起名等问题上,欧洲人竟然都不愿对入侵以家其主要城堡的私人主权领域进行丝毫的抗争。”[6]

在著名的*Griswold v. Connecticut*案中,道格拉斯(Douglas)大法官

---

〔1〕 Edmonson v. Leesville Concrete Company,500 U. S. 1991,p. 614.

〔2〕 Georgia v. McCollum,505 U. S. 1992,p. 42.

〔3〕 Powers v. Ohio,499 U. S. 1991,pp. 400 –402.

〔4〕 Bush v. Gore,531 U. S. 2000,pp. 98 –104.

〔5〕 Planned Parenthood of Southeastern Pa. v. Casey,505 U. S. 1992,pp. 833 –920.

〔6〕 James Q. Whitman,*The Two Western Cultures of Privacy: Dignity Versus Liberty*,113 Yale L. J. 1151 (2004),p. 1162. 对于美国和欧洲在隐私权保护存在的差别,还可参见 GE Carmi,*Dignity Versus Liberty: The Two Western Cultures of Free Speech*,26 B. U. Int'l L. J. 2008,p. 277。

在判决不同意见中指出："本案确实与第一修正案（以及第四和第五修正案中的禁止性规定）密切相关，第一修正案不仅仅是为了保护隐私权与不得自证其罪的权利，而且也是为了保障良心自由、人的尊严和表达自由。"[1]在 *Planned Parenthood v. Casey* 案中，最高法院多数意见认为："这些问题涉及个人在其一生中最为私密的个人选择，这些选择是以个人尊严和自治为核心，它们是第十四修正案所保障的自由的核心内容。而自由的核心是个人对其本身存在及意义、世界与人生奥秘的自我界定的权利。对这些问题答案的笃信不能用以说明人格特质是否是在国家强制之下形成的。"[2]

第四，言论自由。美国司法实践历来对言论自由予以了高度关注，近现代之后，更是通过人的尊严理念加以深入诠释。[3] 在 *Cohen v. California* 案中，哈兰（Harlan）大法官在判决中指出："表达自由是我们这个多元且人口众多的社会的一剂良药。它旨在消除政府对公共讨论领域所设定的诸多限制，使决定基本上是基于我们中的大多数的观点做出的，以期运用这种自由将最终产生更有能力的公民和更完美的政策，并相信没有其他手段可以与我们政治制度所赖以为基石的个人尊严与选择的假定相契合。"[4]

（三）自由与保守理念之间的冲突与抉择

"二战"之后，美国司法一直呈现出自由和保守两种理念之间的交锋与对垒。从沃伦法院时期直至当今罗伯茨时代，最高法院一直充斥着这种理念上的冲突与冲撞。

在沃伦（Warren）法院时期（1953～1969），最高法院逐渐从保守主

[1] Griswold v. Connecticut, 381 U.S. 1965, pp. 479－484.

[2] Planned Parenthood v. Casey, 505 U.S. 1992, pp. 833－851.

[3] 美国对于言论自由的尊严之间关系的详细讨论，可参见 Steven J. Heyman, *Free Speech and Human Dignity*, Yale University Press, 2008。

[4] Cohen v. California, 403 U.S. 1971, pp. 15－24.

义转向自由主义，其司法理念由司法克制主义转向司法积极(Judicial Activism)主义，尤其在民权保护和社会改革领域表现得最为耀眼，因此也被后人视为权利革命的典范时期。在此期间，人的尊严的理念得到长足发展，以至于如上文所提及的透过对诸多宪法修正案的积极解释以诠释人的尊严，从而应对不断高涨的民权保护潮流。虽然伯格法院(Warren Burger)(1969～1986)在很大程度上延续了沃伦法院时期的自由主义传统，但是保守主义开始抬头，最高法院开始呈现出某种司法消极主义(Judicial Passivism)态势。虽然也出现了诸如罗伊诉韦德案(*Roe v. Wade*)〔1〕等里程碑式的人权保障案件，但是，整体而言，此时的最高法院对权利法案的适用相对保守、对人的尊严关注度大为降低，期间的涉及人的尊严判例乏善可陈。

伦奎斯特(Rehnquist)法院时期(1986～2005)继续延续伯格法院的作风，最高法院开始再次对国家尊严予以较高关注度。〔2〕这一时期的最高法院，也出现了3∶4∶2的力量格局，保守派一方为伦奎斯特、斯卡利亚、托马斯，自由派一方为斯蒂文斯、金斯伯格、布雷耶、苏特，奥康纳、肯尼迪则处于摇摆不定的中间派位置，从投票记录上看，奥康纳的立场属于中间偏左，肯尼迪则是中间偏右，联邦最高法院渐渐又呈现出自由化态势。〔3〕因此，最高法院始终将人的尊严视为自由利益不可分割的一部分。如在劳伦斯案(*Lawrence v. Texas*)中，最高法院指出："这些涉及一生中如何抉择最亲密个人伴侣事宜，这种抉择是以个人尊

〔1〕 在此案中，最高法院指出："我们的法律对涉及婚姻、生育、避孕、家庭关系、抚养孩童以及教育等个人决定事宜提供宪法保护……上述事宜涉及一个人在其一生中如何抉择最亲密的个人伴侣，而该抉择的核心是个人尊严和自治，由此这些事宜属于第十四条修正案所要保护的自由的核心内容。自由的核心是如何界定自己存在、意义，宇宙以及人生的奥秘等理念的内涵。我们不能用对这些问题的信仰确认人格特质是在国家强制之下形成的。"Roe v. Wade, 410 U.S. 1973, pp. 113－162.

〔2〕 参见 Erin Daly, *Dignity Rights: Courts, Constitutions, and the Worth of the Human Person*, University of Pennsylvania Press, 2012, p. 97。

〔3〕 何帆：《在没有英雄的年代里》(译者序)，载[美]杰弗里·图宾：《九人：美国最高法院风云》，何帆译，上海三联书店2010年版，第5页。

严和自治为核心，因此完全属于第十四修正案所要保护的自由。"[1]但是，伦奎斯特时期的最高法院并未像在沃伦法院时期那样广泛地公开适用人的尊严法理来诠释相关案件。

然而，2004 年的哈姆迪案（*Hamdi v. Rumsfeld*）成为一个"分水岭"。在此案中，代表多数意见的奥康纳（O'Connor）大法官未能在判决中以人的尊严理念加以诠释。但是，最终的判决结果却是要求对公民的监禁决定必须在获得公正告知他们已被区别为敌方战斗人员的事实基础，以及在做出决定前获得公平听证情形下方能做出。最高法院的判决从侧面表明了是人的尊严理念左右了其裁决。奥康纳大法官认为哈姆迪所享有的自由利益是"自由利益的最基本内涵，即自己的政府的拘禁中解脱出来的利益诉求"。这是"这个国家的值得珍视的价值观"和"作为美国公民享有的特权"。[2] 在哈姆迪案之后，诸多判例都开始援引人的尊严理念来作出裁决。

到了当今罗伯茨（Roberts）时代，首席大法官罗伯茨积极倡导"司法最低限度主义"（Judicial Minimalism，又称司法极简主义）。[3] 但是，罗伯茨暗地却联合其他保守派大法官，逐步架空自由派大法官创立的先例，进而实现变相将之推翻的效果。[4] 在此期间，保守主义和自由主义理念不断冲撞，尤其有趣的是，持有各自立场的大法官们彼此都积极诉求人的尊严理念诠释各自的立场。如自由派大法官布雷耶始终认为，人们对行动自由给予越来越多的关注将使宪法日趋完善，因为宪法将有助于促进政府寻求采取符合个人人的尊严以及共同体需要的解决措

---

〔1〕 Lawrence v. Texas，539 U.S. 2003，pp.558－574.

〔2〕 Hamdi v. Rumsfeld，542 U.S. 2004，pp.507－529.

〔3〕 对于美国的司法最低限度主义，详见［美］凯斯·R.桑斯坦：《就事论事：美国最高法院的司法最低限度主义》，泮伟江、周武译，北京大学出版社 2007 年版。

〔4〕 何帆：《在没有英雄的年代里》（译者序），载［美］杰弗里·图宾：《九人：美国最高法院风云》，何帆译，上海三联书店 2010 年版，第Ⅳ页。

施。[1] 但是,有学者认为,布雷耶大法官对尊严的理解表明了一种人们普遍存在将人的尊严视为在本质上是人性本身的冲动,进而将它演变成为人人所必须的客观标准。因而,如果个人不能满足上述标准的要求,那么当他同意从事没有尊严的工作或活动时会将所涉及的权利转化为义务。犹如某些欧洲人的尊严法理主张那样,布雷耶大法官同意国家可以出于增进个人尊严的目的而对个人的选择做出限制。[2] 作为自由派的这种诠释未免带有某种消极或保守主义的倾向,然而对于一向以原旨主义著称的保守大法官斯卡利亚而言,他却是将尊严界定为自我选择、自治和决定自我命运的能力。人的尊严是个人选择的尊严。国家将其自己对尊严的界定强加于人们的做法,破坏了个人在其人生中的自我决定的能力。[3] 正如在 *Indiana v. Edwards* 案中,斯卡利亚大法官所指出的那样:"系争的尊严乃人是自己命运主宰这一至高无上的人的尊严即个人选择的尊严,而并非用于守护国家的尊严。……如果最高法院试图推崇体现自我代表权这一尊严概念的特别内涵,那么,应该通过其公开和自愿做出的自我选择来对人的自治予以尊重。"[4]

保守主义和自由主义之间的冲撞不断加剧,尤其是 2015 年同性婚姻案(*Obergefell v. Hodges*)的判决将此表现得最为淋漓尽致,双方都诉诸人的尊严理念捍卫各自的主张与立场。托马斯大法官认为:"多数判决一直反对蕴含在《独立宣言》的思想,即人的尊严是与生俱来的,相反,多数判决认为人的尊严来源于政府。这种对宪法的曲解不仅无视

---

〔1〕 Breyer, *Democratic Constitution*, 77 NYUL Rev., 2002, pp. 245-246.

〔2〕 参见 Erin Daly, *Dignity Rights: Courts, Constitutions, and the Worth of the Human Person*, University of Pennsylvania Press, 2012, p. 97。

〔3〕 参见 Erin Daly, *Dignity Rights: Courts, Constitutions, and the Worth of the Human Person*, University of Pennsylvania Press, 2012, p. 97。

〔4〕 Indiana v. Edwards, 554 U. S. 2008, pp. 164-187.

宪法原文，还颠倒了共和国内个人与各州的关系。……大多数人竭尽所能地宣称该判决将促进保护同性伴侣的‘尊严’。当然，这种推理的缺陷在于宪法中并不包含‘尊严’条款，即使宪法包含此条款，政府也无权赋予尊严。”首席大法官罗伯茨在此案宣判后单独公开发表不同意见以示其对最高法院多数意见的强烈不满：“毕竟宪法中没有‘伴侣和理解’或者‘尊贵和尊严’条款。他们的论点是婚姻法违反了十四修正案的隐含权利，即自由不能未经正当法律程序而被剥夺。”斯卡利亚大法官在此案中又重新回归其保守主义立场，他认为“这是司法分支对立法权（确实是超级立法权）的篡权，而这种篡权不符合我们的政治制度。……我们把留给人民的问题夺过来并对此作出的每一项判决，我们不害臊地仅在本院多数意见的‘理性判决’的基础上而不是在法律基础上作出的每一项判决，都让我们进一步提醒自己我们的无能。”〔1〕

然而，随着斯卡利亚大法官的突然仙逝，保守派失去了一位旗手，自由派和保守派之间的力量对比被打破。2017 年，美国总统特朗普提名尼尔·戈萨奇获得通过，这表明最高法院将重新回归保守主义传统。

二、欧盟头巾（面纱）禁令中人的尊严之适用

欧盟各国对人的尊严的法律适用异彩纷呈，法国头巾禁令恰恰反映了这种状况。在适用人的尊严诠释头巾（面纱）禁令时，欧盟各国分别将其对表达与宗教信仰自由、平等保护与公共秩序等认知混杂其中。自由与尊严本应是受到特定社会共识与（外在）尊严下的自由与尊严，宗教信仰及其活动必须屈尊或予以退让。但是，欧洲过分强调自由与尊严理念而对宗教政策采取了矫枉过正的做法，其对自由与尊严的片

〔1〕 Obergefell v. Hodges, 576 U. S. 2015.

面理解与误读酿成欧洲恐怖主义日益肆虐的悲剧。

(一)头巾(面纱)禁令之滥觞

穆斯林头巾(面纱)[1]往往被视为伊斯兰女性身份的独特标志,在欧洲乃至世界其他国家与地区,没有比穆斯林头巾更令人(面纱)如此瞩目并引发激烈争议的宗教服饰与符号。整体而言,以法国为代表的某些欧洲国家对在公立学校或政府机关披戴穆斯林头巾(面纱)所做出的禁令,不仅关乎政教分离、宗教信仰自由与表达自由、男女平等法律问题,还涉及现代性、文化认同与民族融合等复杂政治问题。

头巾禁止滥觞于法国,可追溯至1989年的“克莱尔事件”[2],逐步演变成为历史长达20年的布卡运动,即法国穆斯林移民为女性争取在公共空间披戴伊斯兰头巾的权利。“克莱尔事件”之后,法国教育部建议学生在学校不要戴特别惹人注目或具有挑衅性的宗教饰物。然而,到1992年,学校开始明文规定严禁学生佩戴宗教饰物。1994年,法国国民教育部时任部长弗朗瓦·贝鲁(Francis Bayrou)签发了带有法定意义的《贝鲁通告》(Circulaire Bayrou),明确将佩戴头巾这一符号划分为两种类型,一种是审慎(Discret)的符号,另一种是炫耀性的符号。并且对两种不同类型的穿戴头巾动机进行区别对待,允许前面一种动机的

---

〔1〕 穆斯林面纱或头巾源于中东地区,它大致可分为四种:Burka(布卡)、Niqab(尼卡)、Chador(卡多尔)和Hijab(希杰布)。其区别在于遮蔽头部、脸部及身体的程度。Burka(布卡)即罩袍,完全遮蔽身体,仅透过眼前小块网纱观察外界;Niqab(尼卡)即面纱,仅允许露出眼睛,全身其他部位仍然包裹严实;Chador(卡多尔)即长头巾,包裹面部之外的所有身体部位;Hijab(哈吉布)即最普通的头巾,主要用于遮蔽头发,而它还可更细分 Al-Amira、shayla 和 khimar 等不同形式。在我国新疆等地的伊斯兰极端服饰“里切克”与“吉里巴甫”,分别对应着 Hijab(哈吉布)和 Burka(布卡)。

〔2〕 1989年,法国洛林(Lorraine)艾皮那(Spinal)市教育管理者与学生家长对是否允许女生在校披戴头巾问题进行了争论。《巴黎日报》(已于1996年12月停刊)于6月13日对此作出了题为《移民归化问题》的特别报道,该报道在法国引起激烈争论。随后,对此的争议陆续出现在法国舆论与媒体中。其中比较典型的是1989年9月法国几家媒体报道的法国皮卡迪(Picardie)省的瓦尔兹(Oise)市克莱尔初中(Collfee Gabriel-Havez de Creil)的“克莱尔事件”,即两名女生因坚持在学校披戴头巾而被学校开除。参见陈振铎:《法国伊斯兰布卡运动20年——政教分离传统下的本土治理和移民文化的纷争》,载《世界民族》2015年第6期。

穿戴行为在校园内出现，而后面一种动机的行为则被禁止。[1] 即使是不能直接禁止的长袍和面纱，法国议会也会颁布在其所制定的法律中设置更多的一般条款禁止任何遮蔽面部排除识别以及迫使在公共场所遮住面部的着装。

2003年7月3日，法国总统希拉克任命贝尔纳·斯塔西（Bernard Stasi）为共和国调停人（Médiateur de la République）而成立了一个委员会，该委员会于同年12月11日颁布了一份报告，提议基于政教分离原则但不违反平等原则以及种族歧视去处理各类事物。2004年3月，法国国民议会根据该报告制定《伊斯兰头巾法案》（La loi du 15 mars 2004），禁止在公共场所穿戴任何炫耀性的宗教符号意味的头巾。2010年10月11日，法国正式公布了《关于禁止在公共场所穿戴全遮面头巾的法案》（La loi n°2010 - 1192 du 11 octobre 2010）。[2] 该法案除了禁止女性穿戴宗教诉求的头巾外，也禁止穿戴犹太教徒的小圆帽（Koppa）以及基督徒的十字架。在面纱禁令颁布几天之前，法国宪法委员会对此发表意见强调，该法律从公共秩序、性别平等和基本权利的考量制定了符合比例原则的措施。考虑到那些遮蔽面部的女性出于排斥和地位低下不符合自由与平等的实情，宪法委员会褒扬该法律促进了性别平等。宪法委员会还指出，法律必须允许在那些不对公众开放的宗教祈祷场所行使宗教自由。[3] 至此，布卡运动暂告中止。

（二）头巾（面纱）禁令对欧盟各国之影响

法国的头巾禁令对欧洲国家产生了巨大影响。虽然其他欧洲国家并未像法国那样在国家层面做出类似立法，欧洲许多地方层面已制定

---

〔1〕 陈振铎：《法国伊斯兰布卡运动20年——政教分离传统下的本土治理和移民文化的纷争》，载《世界民族》2015年第6期。

〔2〕 陈振铎：《法国伊斯兰布卡运动20年——政教分离传统下的本土治理和移民文化的纷争》，载《世界民族》2015年第6期。

〔3〕 French Constitutional Court, ref. N° 2010 -613 DC, 7 October 2010.

了许多类似的禁令。2010年,西班牙的巴塞罗那和塔拉戈纳 Tarragona 颁布禁令,禁止在诸如市政办公室、公共市场和图书馆等公共场所披戴完全遮蔽面部的伊斯兰面纱,随后 Lleida 也制定了类似禁令。同年,意大利 Novara 诺瓦拉市也通过了类似禁令。2011年4月11日,比利时以法律形式颁布了类似禁令。2012年1月,荷兰也颁布了类似法律禁令。西班牙、希腊也紧随其后通过其法律禁止披戴面纱。德国虽然在联邦层面并未做出禁令,但是目前有(黑森州等)8个州禁止戴头巾。只有丹麦和瑞士因其低国内穆斯林人口而未予对此立法。[1] 此外,2010年5月以来,澳大利亚参议员克里贝尔纳迪(Cory Bernardi)一直呼吁联邦政府禁止此类服饰,新南威尔士议员弗雷德·尼罗(Fred Nile)和南澳大利亚州会议员鲍勃(Bob Such)都提议立法禁止公共场所穿着布卡和尼卡。[2]

不仅如此,头巾禁令也在司法领域引发了诸多判例。鉴于法国也已成为欧盟成员国,其民众可对其国内终审判决上诉至欧盟寻求最终救济,因此法国有关头巾禁令的绝大多数纠纷都在欧盟救济机制内予以处理。法国诉至欧洲人权法院(ECtHR)所形成的重要判例有:*Dahlab v. Switzerland*[3]、*Leyla Sahin v. Turkey* [GC][4]、*Phull v. France*[5]、*Kurtulmus v. Turkey*[6]、*Köse and Others v. Turkey*[7]、*El*

---

[1] Emmanuelle Bribosia & Isabelle Rorive, *Insider Perspectives and the Human Rights Debate on Face Veil Bans*, in E. Brems (ed.), The Experience of Face Veil Wearers in Europe and the Law, Cambridge, 2014, p. 165.

[2] Cory Bernardi, Ban the Burqa (6 May 2010) 〈corybernardi. com/2010/05/ban-the-burqa. html〉 at 3 March 2011. 虽然头巾禁令违法《1975年种族歧视法》(Racial Discrimination Act 1975 (Cth))、《2004年人权法案》(The Human Rights Act 2004 (ACT))以及《2006人权与义务宪章》(Charter of Human Rights and Responsibilities Act 2006(Vic))等英联邦与澳大利亚联邦法律,但是,根据地方自治及议会主权原理,各地议会有权制定禁止在公共场所穿戴头巾、面纱的法律。

[3] no. 42393/89, 15 February 2001.

[4] no. 44774/98, ECHR 2005 – XI, 10 November 2005.

[5] no. 35753/03, 11 January 2005.

[6] no. 65500/01, 24 January 2006.

[7] no. 26625/02, 24 January 2006

Morsli v. France[1]、*Mann Singh v. France*[2]、*Dorgu v. France*[3]、*Kervanci v. France*[4]、*Ghazal v. France*[5]、*J. Singh v. France*[6]、*R. Singh v. France*[7]、*Aktas v. France*[8]、*Bayrak v. France*[9]、*Gamaleddyn v. France*[10]、*Ahmet Arslan and others v. Turkey*[11]、*Eweida and others v. the United Kingdom*[12]、*S. A. S. v. France* [GC][13]等；欧洲人权委员会形成的判例有：*Raihon Hudoyberganova v. Uzbekistan*[14]、*Ranjit Singh v. France*[15]、*Bikramjit Singh v. France*[16]、*Shingara Mann Singh v. France*[17]等；《消除对妇女一切形式歧视公约》(CEDAW)委员会形成的判例有：Rahime Kayhan v. Turkey[18]等。德国联邦宪法法院对在学校禁止戴头巾的规定作出限制，比利时、加拿大[19]也在判例

[1] no. 15585/06, 4 March 2008.

[2] no. 24479/07, 13 November 2008.

[3] no. 27058/05, 14 December 2008.

[4] no. 31645/04, 4 December 2008.

[5] no. 29134/08, 30 June 2009.

[6] no. 25463/08, 30 June 2009.

[7] no. 27561/08, 30 June 2009.

[8] no. 43563/08, 30 June 2009.

[9] no. 14308/08, 30 June 2009.

[10] no. 18527/08, 30 June 2009.

[11] no. 41135/98, Judgment of 23 February 2010.

[12] nos. 48420/10, 59842/10, 51671/10, and 36516/10, 15 January 2013.

[13] no. 43835/11, Judgment of 1 July 2014.

[14] Communication No. 931/2000, Views of 5 November 2004.

[15] Communication No. 1876/2009, Views of 22 July 2011.

[16] Communication No. 1852/2008, Views of 1 November 2012.

[17] Communication No. 1928/2010, Views of 19 July 2013.

[18] 该案涉及一名不愿透露其姓名的巴基斯坦裔的24岁法国公民，她身着覆盖了整个头部和身体的罩袍以及只露出眼睛的面纱。她的律师辩称，将遮蔽整个面部的面纱视为非法的行为违背《欧洲人权公约》第6条的规定。他们认为这是“不人道而且有辱人格，侵犯了尊重家庭和私人生活的权利、思想、良心和宗教自由、言论自由以及涉嫌歧视”。Communication No. 8/2005, Views of 27 January 2006.

[19] 该案当事人祖内拉·伊斯哈格(Zunera Ishaq)29岁，来自巴基斯坦，是一名虔诚的逊尼派穆斯林。她于2008年移民至安大略省与丈夫团聚，受过高等教育，其父亲(身为大学经济学教授)曾告诫她不必在加拿大戴面纱。但伊斯哈格觉得披戴面纱比较习惯。2014年，她参加公民考试笔试的时候，曾经同意在考官面前摘掉面纱。但在宣誓入籍的仪式上，她不同意在公众面前摘掉面纱。2015年2月6日，加拿大联邦法院作出裁决。法院裁决认为，联邦政府在2011年作出的禁止穆斯林妇女在参加公民考试和宣誓入籍时佩戴面纱的规定，有违《加拿大公民权利与自由法》关于宗教自由规定。参见《加拿大政府宣布 撤销穆斯林女戴面纱入籍案》，http://www.bcbay.com/news/2015/11/13/377200.html。

中确认头巾禁令违宪。甚至身为穆斯林国家的土耳其,也自 1982 年起就通过其立法与司法推行世俗化,禁止在大学、公共图书馆等公共场所披戴具有宗教象征的头巾等服饰。

尽管法国及其他国家的地方立法在其禁令中并未指明针对某个族群或某个宗教信仰的人群,但是由于头巾在普通民众眼中往往被视为穆斯林宗教服饰,因此欧洲社会多数人尤其是穆斯林群体都认为这些禁令主要针对穆斯林女性。头巾禁令在欧洲引发了激烈的辩争甚至诱发社会冲突,更对立法、司法以及欧洲移民政策产生了重大影响。

鉴于女性披戴头巾等穆斯林服饰的动机异常宽泛,而且人们往往将它视为其对宗教、文化、政治或个人身份或信仰的一种表达方式,因此,应根据个案依据不同情形而对是否禁止披戴头巾作出规定或进行相应的司法审查。法国的判例也从开始以"公共秩序"为由而对头巾禁令持保留支持态度,并得到欧洲人权法院(ECtHR)的支持;[1] 不仅如此,德国也开始一反以往坚决反对头巾禁令的态度,其德国宪法法院也开始做出一定的妥协。[2]

(三)当欧盟人的尊严理念遭遇头巾(面纱)禁令

欧盟各国分别从表达与宗教信仰自由、平等保护与公共秩序等视角审视头巾(面纱)禁令,人的尊严(Human Dignity)也是被欧洲司法用以诠释来对头巾禁令支持与否的重要考量因素。

在一个将两性开放交往视为美好生活有机构成的平等社会中,面纱禁令展现的是特定尊严观。这些法律显然并非文化中立,也不是它们所宣称的那样。确实,它们所展示出了与那些对性别进行区别对待

---

〔1〕 2008 年,欧盟人权法院判决(*Dorgu v. France*)支持法国在教育领域实施头巾禁令,而且支持出于安全而对摘除头巾、面纱及罩袍进行监管。而在 2014 年,欧盟人权法院作判决(*S. A. S. v. France*)支持法国头巾禁令的,认可了巴黎政府提出的鼓励公民"共同生活"抗辩。

〔2〕 德国宪法法院于 2003 年判决指出:"当在学校和学生圈子中,由于对正确宗教关系的理解不同而导致显著数量的冲突,危及学校的安宁时",也可以"在特定的时期内禁止宗教符号"。

的世界大多地方的文化与传统面临的紧张关系。一国的法律禁止在公共场所披戴面纱显然不是针对所有文化采取中性立场,它不仅排斥自由主义,而且其文化规范也不符合性别平等和两性交往自由;而这些理念不仅仅是为了文化传承而倍加珍视,它们在当代西方文化中仍蓬勃发展。[1] 正如欧洲议会委员会所说,“女性的面纱,尤其是完全通过罩袍或面纱完全遮蔽的面纱,通常被认为是女人屈服于男人的象征,它限制了女性在社会中所扮演的角色,限制了她们的职业生涯并阻碍了其社会和经济活动(以及……),这一传统会对女性的尊严和自由构成威胁。”[2]法国行政法院在其报告中也指出,披戴完全遮蔽面纱的女性受到禁令影响在于可能不利于她们建立社会生活、与其家人以外人发展关系,而这将会损害其自治和尊严。

人的尊严的本质意味着对个人自由的尊重。虽然人们不情愿地承认存在保护人的尊严集体道德这个第二层面意义上的尊严,这种尊严或许是以自我决定这种自由为代价。[3] 由此可见,法律以保护尊严为基础的看法“在法律上尚存争议,在特定的情形下才需要对人的尊严予以考虑;尤其是一个人已经成年而且经其慎思后才披戴完全遮蔽面部的面纱,更应审慎”。[4] 有学者指出,许多欧洲国家禁止裸体的规定,这种禁令是基于文化的考量而被视为具有侵略性这一事实。正如禁止在公共场所戴面纱一样,限制在公共场所裸体涉及:为了维护以适当方式出现于公众场合的集体文化规范,法律对个人自治和自我表达(而且根

〔1〕 Ronan McCrea, *European Law and the Prohibition of the Veil*, Electronic Law Journal, Vol. 17, No. 4, 2014, p. 33.

〔2〕 PACE Recommendation 1743 (2010) Islam, Islamism and Islamophobia in Europe, Resolution 1743 (2010), Islam, Islamism and Islamophobia in Europe, p. 15.

〔3〕 *Study of Possible Legal Grounds for Banning the Full Veil: Report Adopted by the Plenary General Assembly of the Conseil d'État*, 2010, Conseil d'Etat, Reports and Studies Section, p. 21.

〔4〕 *Study of Possible Legal Grounds for Banning the Full Veil: Report Adopted by the Plenary General Assembly of the Conseil d'État*, 2010, Conseil d'Etat, Reports and Studies Section, p. 22.

据个人希望在公共场合赤身裸体的考量,也可能基于良心自由权利的考量)的限制。什么样的衣着或不穿着何种衣着被视为足以具备侵略性的问题应予以规范——例如,披戴完全遮蔽面部的面纱公开是否如同裸露胸部或生殖器那样具有侵略性——这通常由民选立法机关为之。

据此,面纱禁令包含了两个潜在的可执行的社会义务。第一个义务是负有尊重在公众面前遮蔽面部的文化禁忌的义务。第二个义务关乎以被视为尊严的方式行事的义务。[1] 而且,根据欧盟法律,面纱禁令的第二项义务或许是保障人的尊严。但是,也应看到,欧洲的公共秩序承认:在某些国家,不仅仅存在个人的自我尊严及尊重他人尊严的义务,而且存在不公开甚至主动迁就自己尊严的义务。这种义务包括公众应恪守集体尊严的理念,该理念不能与个人认识到的他们所需的究为何种尊严相同乃至冲突。[2]

因此,个人有权在私下以不符合主流的人的尊严观而采取行动,如公开侮辱自己从而对促进尊重人的尊严的社会目标造成破坏。这些法律允许对私人领域的活动予以监管、阻止给他人造成痛苦或通过限制其公共活动避免破坏公共政策,藉此保障了某种程度的言论自由和个人自治。[3] 因此,只要欧洲人权法院认为禁止面纱符合人的尊严,它或许会认为,若以适当的方式达成此目标,欧盟成员国有义务禁止披戴面纱。但对私人行为做出禁令不适当。因为,私人领域类似行为不易被他人察觉,而其对集体尊严观影响非常有限,而公众自甘堕落行为对旨

---

〔1〕 Ronan McCrea, *European Law and the Prohibition of the Veil*, Electronic Law Journal, Vol. 17, No. 4, 2014, p. 27.

〔2〕 Ronan McCrea, *European Law and the Prohibition of the Veil*, Electronic Law Journal, Vol. 17, No. 4, 2014, pp. 32 -33.

〔3〕 Ronan McCrea, *European Law and the Prohibition of the Veil*, Electronic Law Journal, Vol. 17, No. 4, 2014, p. 42.

在保护人的尊严价值的法律更易造成威胁。[1]

在法国,人们对禁令是否侵犯人的尊严问题争论激烈。国民议会在其报告中指出:“很难从宪法的尊严原则推导出国家可以对人们的人的尊严做出判断并保障他们免受自我侵犯。”此外,法国宪法委员会也明确强调,用人的尊严与平等的保障这些基本原则与男女平等来论证一般的面纱禁令合法是不符合比例原则的,因为这些原则“不适用于那些故意披戴完全遮蔽面部面纱的人”。[2] 该论点主要包括以下两点:[3]就保障人的尊严原则而言,法国宪法委员会强调从人的尊严的反向内涵作出主观解释,将其诠释为:“对女性身体(通常是裸体)的不同社会感知”[4]。然后委员会提出当下两种尊严概念“可能互相矛盾或互相限制:即可能以牺牲自由自决和自治的自由为代价的集体道德要求来保护人的尊严(……)和人的实质方面的自治的自由之间的龃龉”。[5] 这个盛行于欧洲人权法院判例的解释例中,由此从尊重私生活的权利推导出个人自治原则,并表明“只要我们不伤害别人,即使将自己置身于道德或有形的风险中,我们都应能够根据我们的信念和个人选择生活”。[6] 关于禁止女性披戴完全遮蔽面部的面纱的禁令,这种保护人的尊严的理念饱受争议。

就法律实效而言,对于实现人的尊严和性别平等,头巾禁令是否必要且符合比例原则?迫使女性披戴面纱无疑违背其尊严与男女平等。

---

〔1〕 Ronan McCrea, *European Law and the Prohibition of the Veil*, Electronic Law Journal, Vol. 17, No. 4, 2014, p. 35.

〔2〕 French Council of State, *Study for banning the full veil*, Report adopted by the Plenary General Assembly of the Conseil d'Etat, 25 March 2010, p. 23.

〔3〕 French Council of State, *Study for banning the full veil*, Report adopted by the Plenary General Assembly of the Conseil d'Etat, 25 March 2010, pp. 21 –22.

〔4〕 French Council of State, *Study for banning the full veil*, Report adopted by the Plenary General Assembly of the Conseil d'Etat, 25 March 2010, p. 22.

〔5〕 French Council of State, *Study for banning the full veil*, Report adopted by the Plenary General Assembly of the Conseil d'Etat, 25 March 2010, p. 21.

〔6〕 ECtHR, KA and AD v Belgium, 17 February 2005 (No 42758/98).

根据欧盟会议大会的决议,“(没有)女性应被迫穿着由其社区或家庭决定的宗教服饰。任何压迫、隔离或暴力均构成犯罪,必须受到法律的惩罚。无论地位高低,作为这些犯罪行径受害者的女性都必须受到成员国的保护,并从支持和康复措施中获益。”[1]因此,人们或许认为面纱禁令旨在保护那些被迫披戴它的女性尊严。刑事制裁禁令能否实现这一目标仍还有待观察。正如法国人权联盟指出的那样:“如许多情况所证明的那样,披戴完全遮蔽面部的面纱可能出于自愿。……自由不得受到强迫,而是通过教育、社会环境和个人选择为之:个人往往是在违背其自由意志情形下去解放他人,个人或许只能为这种解放创造条件。”[2]残酷的现实是,那些蒙面的穆斯林女性每日不得不直面各种权力关系社区、家庭和私人关系。因此,为了应对如此棘手问题,欧洲人权机构及德国等国家认为,公共权力机关必须依赖科学数据而不是常识或偏见,认真对待人权和民主进程而对现实做出某种妥协,认可披戴头巾行为。但是,法国最高行政法院却认为,作为禁止披戴完全遮蔽面部面纱基础的保障人的尊严——它必然导致对公共场所做出一般性禁止——面临着异乎寻常的不确定性。……保障人的尊严与男女平等的基本原则并未适用这一领域。[3]

(四)欧盟人的尊严适用之症结

综上所述,在对头巾禁令审查时,欧盟及其一些成员国权衡尊严与秩序时徘徊犹豫。个中缘由貌似自由与尊严的冲突与对立,实则是由于对其本质误读造成的。实际上,人可被区分为“内在个人”和“外在个

---

〔1〕 Parliamentary Assembly of the Council of Europe (PACE), Resolution 1743 (2010), Islam, Islamism and Islamophobia in Europe, p. 15.

〔2〕 French Human Rights League, *Prise de position de la Ligue des droits de l'homme dans le débat sur le voile integral*, http://www.ldh-france.org/IMG/pdf/Voile_integral.pdf.

〔3〕 Report alternative dispute resolution: Mediation and conciliation (LRC 98-2010), Conseil d'Etat, 2010, p. 21.

人”两个层面来深入探究人的本质，我们决不可割裂它们之间的联系、偏执其中任何一个层面。人的尊严由此也对应地区分为“外在个人”的尊严（前述的人类尊严）和“内在个人”的尊严（作为价值而存在的个人）两方面内容构成。[1] 鉴于社会与国家乃社会连带的结果，在秉持内在人的内在自由与内在尊严时，决不可忽略外在人赖以维系的外在自由与外在尊严，即不得极端推崇内在自由与内在尊严而忽略外在自由与尊严及秩序。然而，这种后自由与后现代的民主社会才予以推崇的理念，在现实中却遭遇中世纪腐朽没落的世界观与生活方式。

就世界宏观层面而言，在当下这个备受宗教思想与仪式浸淫并受到侵蚀的世俗社会背景下，过分强调宗教自由将毁坏政教分离的文明成果，恐怕将退回到黑暗的中世纪或某些阿拉伯世界奉行的“政教合一”那种现代梦魇。这恐怕是那些极力推崇宗教自由的人士所始料不及并不愿看到的结果。这是对自由的滥用来探询人的意义，而不是将个人作为最高价值来做深入剖析。[2]

三、当代人的尊严法律适用之启示

美国和欧盟对人的尊严的法律适用的经验无疑对我们有诸多借鉴，但是我们应从其艰难的探索中得到更有深远意义的启示。

（一）应以历史的和发展的视角看待人的尊严理念

民主是一个缓慢成长的历程，其间必然伴有各种文化、传统、政治、经济乃至宗教等诸多因素的冲突与冲撞。然而，正是在这种冲突与冲撞中迸发出了妥协的火花，人们由此而在相互尊重（互相珍重彼此）尊

〔1〕 Baechle R, J, *Individualté, personnealté et identité*, Craosella, E. D. (dir.), *identité ? Soi et non-soi, individu et personne*, PUF, Paris, 2006, p. 89.

〔2〕 Antonio Pele, *Understanding Human Dignity Redux*, Postmodern Openings, 2012, Vol. 3, Issue 3, pp. 23 –25.

严的基础上达成共识,由此体悟人的价值及世界的意义。从上文可看出,美国人的尊严的法理变迁即印证了这种历史规律。

因此,有学者指出:尽管这发展是以稳定缓慢的速度向前推进,但是最高法院将在未来的五十年中常态化地运用宪法解释而将人的尊严诠释(而不是根据民意的此消彼长而判定)为一项永恒的强有力的价值。我们的法治前景将因此而对所有那些寻求宪法保护的个人的人的尊严给予越来越多的关注。[1] 人的尊严业已成为美国司法的最高价值判断标准,并成为未来努力的方向。正是由于首席大法官肯尼迪在领导最高法院"以解释和适用法律来提升人的尊严和自由"方面所取得的令人瞩目的成绩,他荣获了2015年首届人权灯塔奖。他在发表获奖感言时说:"这是我们美国人民的责任,是身为世界公民的责任,是作为人的责任,是作为人类的一员的责任,这一责任是确保为黑夜提供明灯、在持续的不公正阴影下提供指引。""我们必须始终再次把自己奉献给从未中断过的自由事业"。[2]

或许我们正生活在一个尊严匮乏的年代,或许我们正处于一个尊严的年代,但是无论如何,极度渴望尊严是这个时代的人们的一致愿景。践行人的尊严理念愈发成为世人的共识,保障人的尊严因此也成为这个时代以及不远的未来的重任。立法、行政及司法都将为此而付诸切实行动,司法堪称守护人的尊严的最后制度底线。

(二)正视多元社会中的价值冲突与重构

通过欧盟及其成员国对头巾禁令的司法实践,我们发现其司法对此的审查基准不甚清晰甚至摇摆不定。在借助世俗主义原则、自由、平

〔1〕 Maxine Goodman, *Human Dignity in Supreme Court Constitutional Jurisprudence*, 84 Neb. L. Rev. 740 (2006), p. 794.

〔2〕 Brenda Bowser Soder, *Justice Anthony Kennedy to Receive Human Rights First's Beacon Prize*, (December 4, 2015), at http://www.humanrightsfirst.org/press-release/justice-anthony-kennedy-receive-human-rights-first-s-beacon-prize.

等、尊严、公共秩序等抽象原则与理念诠释头巾禁令的合法性与否时，欧盟及其成员国的司法难以准确把握其内涵、拿捏分寸从而直面复杂的社会现实，司法裁决及其所依据的法理往往显得苍白无力。为了深入探究头巾禁令在欧洲面临的窘境，有必要从历史、文化等视角全面审视。

首先，头巾禁令之所以首现法国并对法国造成巨大冲击，其原因在于战后经济不景气、劳动力短缺，于是法国从原北非殖民地输入劳动力。但是，在历史上，军事与文化、宗教尤其是宗教冲突的隐患伺机而动，随时诱发社会动荡。而法国普遍主义思潮盛行，它像美国的多元文化主义一样，是殖民思想的扩展，它要求所有的社会成员都是为了法国共同（同质）文化（白人文化）而参与其中。法国普遍主义更是"法国久经历史考验的文明使命"思想的延伸，其中植入了人人都自愿为"罗马帝国'承继者'"的愿景。[1] 因此，当敞开怀抱拥抱（以穆斯林为主）移民的法国做出头巾禁令时，这无疑向穆斯林移民传达了一个信号：欧洲并不欢迎穆斯林移民。然而，强制性的文化同化政策往往使已有的移民问题变得更加复杂，冲突变得更加严重。

因此，头巾禁令首先受到的诘问便是：为何法国主流社会允许女性裸露其躯体，而对穆斯林女性为了其所持有的矜持和谦逊价值观而披戴头巾做出禁止？而且，如果禁止披戴头巾的禁令真是出于政教分离而做出，那么法国早在数年前就应颁布实施此种法律，为何现在才颁布？[2] 此外，有人反对头巾、罩袍等不仅因为它是不合适的，还因为穿

[1] Naomi Schor, *The Crisis of French Universalism*, in Yale French Studies No. 100, France/USA: The Cultural Wars, Yale University, 2001, p. 44.

[2] Sharafi, Brynne Alexis, *American Multiculturalism, French Universalism, Antiblackness, and the French Headscarf Ban* (November 4, 2013), p. 14. Available at SSRN: http://ssrn.com/abstract=2349499 or http://dx.doi.org/10.2139/ssrn.2349499.

戴头巾、罩袍被视为一种消极的且与伊斯兰暴力相连接。[1] 诸如比利时、荷兰、意大利、德国、西班牙都是由于在其国内通常由极右派或民粹主义政党发起而获得了主流民主党派的政治家们强力支持而做出了上述禁令。加之近年来整个欧洲普遍蔓延的对伊斯兰恐惧趋势引起了法国式固执再现,从而为法国公众支持头巾禁令营造了绝佳时机,并且为实施该禁令迎来了广泛的支持。有色人种的法国年轻人认为:"在普遍主义被同化为自我文化的地方,盛行的是虚伪的普遍主义。因此,我所追求政治同化或许是那种旨在涤除其他文化并予以吸收的类型。"[2]

其次,文化与宗教冲突加剧而使得头巾禁令备受指责。庞大的欧洲穆斯林人群形成了一个对外界封闭、对内自有一套规则的"平行社会",无法融入主流社会,同时也对主流社会缺乏认同,彼此之间冲突不断。欧洲穆斯林的边缘化与"认同危机",是极端主义滋生的土壤。事实上,罩袍服饰并非穆斯林的普遍传统,与罩袍之风相伴随的,其实是宗教极端主义的蔓延。而宗教极端主义的蔓延,反过来更会增强欧洲主流社会对穆斯林的恐慌,尤其是金融危机以来,欧洲右翼排外势力抬头,欧洲社会内部形成了"文明冲突"之势。

如同其他女性一样,穆斯林女性也是出于个人信仰、人生观和生活方式等各种原因披戴头巾。一些穆斯林女性出于隐私和纯洁的考虑而披戴头巾,而有些穆斯林是出于"只是对真主崇拜的象征"而披戴头巾,还有些女性则是出于自尊和自我价值的缘故。但是,不可否认的是头巾、罩袍等具有极强的宗教内涵,而且对现代社会的沟通与交流乃至文明造成巨大冲击,它们成了拒绝融入文明社会的托词。一旦面纱被视

---

[1] Emmanuelle Bribosia & Isabelle Rorive, *Insider Perspectives and the Human Rights Debate on Face Veil Bans*, in E. Brems (ed.), The Experience of Face Veil Wearers in Europe and the Law, Cambridge, 2014, p. 163.

[2] Naomi Schor, *The Crisis of French Universalism*, in Yale French Studies No. 100, France/USA: The Cultural Wars, Yale University, 2001, p. 50.

为一种优于作为公民和更广泛意义上的社会成员责任的宗教身份，那么披戴面纱将被视为向宗教靠拢的举动，而宗教是与世俗的自由民主和宗教多元社会生活所需要的淡化认同等理念格格不入。[1]

正如有学者指出的那样，穆斯林妇女展现在世人面前是受到其所信仰的宗教持有的由父权结构压迫的形象，通过披戴头巾不仅在宗教活动中产生一种具有价值取向的话语，而且它还由此获得了穆斯林群体的认同；正是通过这种方式，宗教成为另一种将穆斯林移民塑造为融入德国文化的手段。穆斯林在德国教育体系和社会中的经历不能被准确地通过其穆斯林身份这单一维度加以识别；相反，包括种族、性别、国籍、宗教和阶层等这些相互重叠的多维度视角，使每位女性拥有多方面的经历。……头巾引发的争议集中反映了外来移民问题，因为它象征着那些本质上无法触动的"其他人"（土耳其人、穆斯林、阿拉伯人、局外人），不仅被用来说明而且也用以诠释为何"不可能使土耳其人成为……德国国家忠诚的对象，而且这种现象不单单出现在西方国家"。[2]

虽然欧盟积极倡导"多样性中的统一的文化政策"。[3]《欧盟条约》即《马斯特里赫特条约》第128条明确规定了欧盟文化政策的目标、使命和意义："共同体在尊重民族和地区文化多样性的同时，应该为所有成员国的文化繁荣做出贡献，同时让欧洲共同文化遗产发挥积极作用。"但是，穆斯林女性的特殊归属感使披戴头巾这一行为不再局限于私人领域，已不再是个人选择自由，而具有了政治内涵。这一

---

〔1〕 Ronan McCrea, *European Law and the Prohibition of the Veil*, Electronic Law Journal, Vol. 17, No. 4, 2014, p. 10.

〔2〕 Mandel, R., *Cosmopolitan anxieties: Turkish challenges to citizenship and belonging in Germany*, Duke University Press, 2008, p. 294.

〔3〕 严天钦：《法国头巾法案：欧盟文化政策的试金石》，载《湖北民族学院学报》（哲学社会科学版）2013年第4期。

行为挑战了欧洲民族国家统一国家认同。[1] 头巾也被视为对自由民主的威胁，是对欧洲所珍视的自由、民主、共和、宽容等社会共识的公然挑衅。鉴于此，尽管德国政党和政府颁布的法律试图对融合进行界定以使其完全有别于同化（融入）的概念，仍然保留着“在德国共同生活的基础不是任性式多元文化，而是基督教西方文化的价值体系”这种信念。[2]

由此可见，头巾禁令凸显主体文化与受体文化之间的龃龉、宗教的冲突、现代文明与传统习俗之间的抵牾，进而导致民族认同与国家认同坍塌，欧盟诸国若不能正确引导和处理宗教问题，将引燃文化与宗教冲突的导火索。我们应看到平等、自由与尊严乃至秩序是建立在相互尊重与宽容这种人类最基本的社会共识（Social Consensus）或常识（Common Sense）之上，尊重与宽容更多地体现为给予他人尊重与宽容，而非“强索”尊重与宽容，否则无异于奴役他人。尊重与宽容是建立在平等基础上的互动，若恃弱凌强、“强索”被尊重与宽容，那么这种丧失以平等为基础的尊重又有几分真诚，如何面对孱弱的人性，这种举动实质上是文化与思想劫掠恶行。欧盟诸国也应检讨其引以为傲的多元文化政策，殊不知为了多元制造多元，这会使某种少数文化和族群被孤立、违背历史规律地畸形发展，将共同的身份认同束之高阁，反而会鼓励某些族群自我孤立、孤芳自赏的态度，这一种拒绝开放的顽固思维，是恃弱凌强般地“强索”尊重与宽容，更是对文明的亵渎。

此外，正如学者所言，穆斯林移民社群，尤其是从未经历现代化进

〔1〕 Levent Köker, *Political Toleration or Politics of Recognition: The Headscarves Affair Revisited*, Political Theory, Vol. 24, No. 2, 1996, p. 316.

〔2〕 Katie Sandford-Gaebel, *Germany, Islam, and Education: Unveiling the Contested Meaning(s) of the Headscarf*, in Zehavit Gross, Lynn Davies, Al-Khansaa Diab, Eds., Gender, Religion and Education in a Chaotic Postmodern World, Springer 2013, p. 194.

程、不具有政教分离和世俗化传统的地区迁到法国的移民和他们的后代,想在一个新的国家立足和受到尊重,需要入乡随俗。尊重法国本身的历史和传统,认同共和国"自由、平等、博爱"、政教分离和世俗化原则,也是移民和新公民的义务所在。[1]

实际上,宗教因素并不能成为融入文明社会的借口,笃信伊斯兰教的土耳其身早在19世纪初步入了世俗主义国家行列,并法国之前颁布并实施头巾禁令。[2] 文明的潮流浩浩荡荡,我们应秉持宽容的态度、抛弃种族、信仰、文化等的成见,积极融入现代社会、努力塑造成为适格的公民。

---

〔1〕 陈振铎:《法国伊斯兰布卡运动20年——政教分离传统下的本土治理和移民文化的纷争》,载《世界民族》2015年第6期。

〔2〕 1923年10月29日,土耳其共和国成立基于世俗主义现代模式的民族国家。1924年宪法中规定,伊斯兰教是国家的官方宗教(第2条)。然而,该宪法条款于1928年被废止。为了更好地反映现代土耳其严格坚持政教分离,世俗主义原则(laiklik)于1937年在宪法(第2条)中获得了肯认。土耳其毡帽和面纱被视为旧政权的象征,与现代化和世俗化相冲突。1982年12月20日,土耳其高等教育委员会[Yuksek Ōgretim Kurulu(YÖK)]颁布一项禁令,禁止在大学课堂披戴伊斯兰面纱。1984年12月13日,土耳其最高行政法院(Danı tay)判决认为该规定合法,并指出"在历史进程中,披戴头巾已成为与女性自由和共和国基本原则相悖的视觉符号"。(See Serdar Demirel, The Roots of Headscarf Ban in Turkey, 5 J. Islam in Asia, 2008, pp. 166 – 167.)土耳其头巾禁令最初源于1988年《高等教育法》的规定:"应在在高等教育机构、小学、实验室、诊所和设有多科室的诊所的房间和走廊强制穿着现代服饰。遮住脖子和头发面纱或头巾是一种陈旧的宗教习俗。"但是,土耳其宪法法院于1989年作出判决认为该法违宪,即违反了宪法第2条(世俗主义)、第10条(法律面前人人平等)、第24条(宗教自由)和第173条(保护凯末尔改革)的规定。(E. 1989/1, K. 1989/12, March 7, 1989, Anayasa Mahkemesi Kararlar Dergisi [Constitutional Court Reports], No. 25, pp. 133 – 165.)从1998年起,土耳其各大学重申禁止披戴头巾。土耳其宪法法院认为,这个"官方世俗主义政策"体现在1982土耳其宪法中,据此土耳其是共和国(第1条),及其特点是它一个"民主、世俗和社会的法治国家;恪守公共和平、民族团结和正义的理念,尊重人权、忠于凯末尔的民族主义,以序言提出的基本原则中为基础"(第2条)。宪法序言也确立了政教分离原则,明确"任何神圣宗教情感都不得干预国家事务和政治"。根据宪法第4条的规定,共和是国家形的法定式(第1条),不得变更国家基本特质(第2条)也不得提出此种修正案。Turkish Constitutional Court decision, June 5, 2008, E. 2008/16; K. 2008/116, Resmi Gazete [OfficialGazette], October 22, 2008, No. 27032, pp. 109 – 152 ("Headscarf Decision of 2008"). 土耳其宪法法院在2008年进一步指出,宪法第2条所规定的世俗主义原则意味着,在共和国之内,主权属于国家,除了国家意志之外,任何教义都不得指引政治制度,法律规则是在遵循知识和科学基于民主国家需要的基础上通过的。宗教与良心自由适用于任何人,它不带有任何歧视或先决条件,除了宪法,不得对宗教与良心自由做出任何限制;禁止滥用和利用宗教或宗教感情;对国家应公平、无偏私地对待任何宗教和信仰行为与活动。(E. 2008/16; K. 2008/116, Resmi Gazete [Official Gazette], October 22, 2008, No. 27032, p. 138.)但是,2016年7月,土耳其恐怖袭击被挫败后,近3000名检察官和法官被拘捕,土耳其高等教育委员会要求全国公立和私立大学的1577名大学院长辞职。土耳其世俗化进程无疑受到打击甚至会出现倒退的趋势,头巾禁令也恐难以维系。

本章小结

综上所述,尊重人的尊严的原则不仅是作为防范贬损和羞辱人类的壁垒,也适用于反对将人视为手段的滥权行为,因为这些滥权行为将使任何国家的居民无法进行正常的民主生活。虽然人的尊严理念的本质是强调人是终极目的,倡导人的自决、自治,坚持国家是手段而非目的,但是人的尊严是一个令人捉摸不定、充满歧义的概念,若脱离特定的背景(历史、传统、文化、宗教乃至政治、经济等因素),我们无法准确理解其内涵。随着公民权利意识的不断高涨,人的尊严现在已逐步成为我国法治建设不断追求和完善的新课题。

正是由于人的尊严意义上存在诸多的歧义和迥异理解,不同的国家都可以从其(自认为具有正当性与合法性的)偏好与目的去诠释人的尊严,这势必会产生令人恐怖的"特洛伊木马"效应,消解或侵蚀人的尊严的真正含义与宗旨。人的尊严理念犹如一柄"双刃剑",借助它既可以促进个人的全面发展进而增进社会福祉,但是人们也可将其沦为立法、行政与司法依其意愿而任意裁剪乃至曲解的工具。因此,必须对立法、行政与司法此种权力予以制约,对人的尊严的理解与适用都必须在严格的法治框架内为之。整个社会尤其是司法必须对人的尊严达成共识,对历史与他国经验的梳理、比较将是不可逾越的路径。

CHAPTER 06 >>

第六章

疑难问题下人的尊严之抉择

每一个正直的人都应该维护自己的尊严。

——[法]卢梭

哪里有理性、智慧，哪里就有尊严。

——[法]马丹·杜·加尔

不要让一个人去守卫他的尊严，而应让他的尊严来守卫他。

——[美]爱默生

在这纷繁复杂且不断变动着的社会中，人与人之间的利益纠葛引发的矛盾与冲突层出不穷，它们使立法与司法不断面临着挑战。众多的疑难案件不仅考验着立法者尤其是司法者的智慧，也为人类对人的尊严的渴求提出更高的要求。

第一节 未出生者与死者之人的尊严

尊严的享有主体是人。这里的“人”是指生物学意义上的人,即具备生物学上人的基本特征。据此,无论本国人还是外国人,作为生物学意义上的人,无论年龄、种族、性别、宗教信仰、政治见解、财产状况等,都是尊严的享有者。精神病患者虽然存在心智缺陷,但其仍具备生物学上人的特征,因而也是尊严的享有者。同理,违法犯罪人员也是尊严的享有主体。法人是法律上拟制的人,虽然其在形式上不具有生物学意义上人的特征,但作为被拟制的法律上的人,实质上就被赋予了部分人的属性。因而,法人限于其属性类别,也应成为尊严的享有者。

但是,未出生者和死者能否享有人的尊严,学理和实践仍在探索中。

一、未出生者的尊严

关于未出生者是否享有尊严,实际上涉及以下三个方面的法律问题:(1)由于一旦被赋予了人的法律地位,他(她)自然地享有人的尊严。因此,人的法律地位(法律上的人格)开始于何时?(2)如若胎儿未被赋予法律人格,胎儿是否享有人的尊严?(3)体外胚胎是否享有人的尊严?

首先,对于人的法律地位始于何时而言,最初由古罗马时代的人格而转由近现代“权利能力”在形式上扮演了“法律人格依据”,即在法律上视为“出生”而具有人的资格。在私法领域,各国民法学理与实践对权利能力的理解大相径庭,大概有阵痛说、露头说、独立呼吸说、出生完成说、存活说等。宪法领域转承民法上的权利能力理念,将基本权利之权利能力(Grundrechtsfähigkeit)视为基本权主体得以享有基本权之资格。[1] 基本权利之权利能力的本质自然也是以人的尊严这一伦理价值为其终极诉求。[2] 因此,未出生者是否享有尊严,当以何时将胎儿视为法律意义上的人而定,对此,学理和实践一直存在很大分歧。否认者坚持医学上公认的"出生"标准而否认胎儿享有尊严,肯定者则从判断是否具有人的生命属性而考量何时赋予胎儿人的尊严。德国宪法法院判例认为,《德国基本法》第 2 条第 1 款第 1 句中的"任何人"指的是"任何生存着的人",包括未出生的具有人本质特征的生命。[3] "人并非在出生后才有尊严,孕育中的生命同样享有人的尊严。只要存在人的生命,就存在人的尊严。""至于主体是否意识到这一尊严,是否知道维护尊严,并不起决定作用。"正是基于人的尊严的绝对尊重和保障,才会推导出孕育中的生命同样受到保护的结论。[4] 而对于以何种标准判断生命开始,学理和实践存在着床说和精卵结合说的分歧。[5] 究其分歧本质在于对人的尊严的认知与保护程度的差异。美国对此采取较为务实与折衷的立场,透过罗伊案(*Roe v. Wade*)[6]将妊娠分为三个阶段(妊娠 12 周前、12 ~ 24 周、24 周之后),只有在妊娠 24 周后,胎儿才具备法律人格,然而为了保障胎儿的尊严,在 12 ~ 24 周期间可对胎儿与母体的

---

〔1〕 Ingo von Münch, a. a. O. (Fn. 5), Rn. 95. 也有学者称为基本权能力,如陈慈扬:《宪法学》,元照出版公司 2005 年版,第 381 页;李惠宗:《宪法学要义》,元照出版公司 2006 年第 3 版,第 100 页。

〔2〕 参见侯宇:《基本权主体诸能力》,载《中国宪法学年刊 2009》,法律出版社 2010 年版,第 79 ~ 88 页;或参见本书第六章第一节之内容。

〔3〕 第一次堕胎案 BVerfGE 39, 1 (1975), BVerfGE 88, 203 (1993). 张翔主编:《德国宪法案例选释》(第 1 辑:基本权利总论),法律出版社 2012 年版,第 148 页。

〔4〕 张翔主编:《德国宪法案例选释》(第 1 辑:基本权利总论),法律出版社 2012 年版,第 150 页。

〔5〕 着床说坚持以胚胎着床视为尊严保障的开始,认为胎儿在着床后其神经系统、大脑、知觉、痛觉能力才开始逐渐发展,才具有了人的属性,因而应以此节点作为尊严享有的始点。精卵结合说主张以精卵结合作为未出生胎儿享有人的尊严的始点。其理由是:人类个体在生物学上是以连续的方式发展的,从胚胎到胎儿到婴儿乃至以后的发展,本来是一个连续的过程,出生并不是生命的开始,而是生命状态和生存方式的一次改变而已,故而精卵结合即为尊严享有的开始。参见陈英钤:《人类胚胎干细胞研究的宪法问题》,载《台北大学法学论丛》2005 年第 56 期,第 50 页。

〔6〕 Roe v Wade, 410 U. S. 1973, p. 113.

尊严进行利益衡量后做出保障与否的决定。[1]

虽然有人认为,冷冻胚胎不具有人格尊严,因为他客观上不具有对尊严的意识、感受能力。[2] 但是,对于体外胚胎(或冷冻胚胎)是否予以保护问题,纵然各国对体外人体胚胎的态度大相径庭,却都基本上承认体外胚胎具有发育成人的生命潜力,因而享有人的尊严,亟须特别的尊重和保护。2014 年 9 月 17 日,无锡市中级人民法院做出了首例人工冷冻胚胎继承问题的民事案件二审判决,由此引发了热议。[3] 虽然体内胚胎可依各国法律规定及法理被视为"生物学意义上的人"而享有人的尊严,但是鉴于体外胚胎存活于体外的特殊性,原则上它不能被视为"法律上的人",也不能被视为"物",更不能成为交易的对象,而对所有人的人的尊严造成严重贬损,应对其予以特别保护使之成为真正的人。如基于延续后代的考量,可借鉴美国"胚胎收养制度",即指送养人将拥有的剩余胚胎送给另一对不孕的夫妇收养,并将自己对于胚胎以及可能由该胚胎孕育的儿童的所有权利与义务一并让渡给收养人。[4]

---

〔1〕 实际上,美国的做法也可以从大陆法系基本权权利能力与基本权行为能力的分野的学理得以诠释:妊娠 12 周(即精卵结合)后,即具备生命的征态,因此而赋予基本权权利能力(享有人的尊严),但是在 12 ~24 周期间是否值得对生命的雏形予以保障端视国家对基本权行为能力所做出的限制而定;而在妊娠 24 周(着床)后,生命才真正孕育,国家方负有保障的义务。

〔2〕 甘绍平:《作为一项权利的人的尊严》,载《哲学研究》2008 年第 6 期。

〔3〕 判决详情可参见无锡市中级人民法院(2014)锡民终字第 01235 号民事判决书。在此前我国学者也曾对此此进行探讨,如徐国栋:《体外受精胎胚的法律地位研究》,载《法制与社会发展》2005 年第 5 期;满洪杰:《人类胚胎的民法地位刍议》,载《山东大学学报》(哲学社会科学版)2008 年第 6 期。无锡市中级人民法院的判决甫一作出,本案裁判法官撰文(张圣斌、范莉、庄绪龙:《人体冷冻胚胎监管、处置权归属的认识》,载《法律适用》2014 年第 11 期)直陈其观点后,学界随即予以回应,如徐海燕:《论体外早期人类胚胎的法律地位及处分权》,载《法学论坛》2014 年第 4 期;杨立新:《人的冷冻胚胎的法律属性及其继承问题》,载《人民司法》2014 年第 13 期;刘士国:《人工生殖与自然法则》,载《人民司法》2014 年第 13 期;李燕、金根林:《冷冻胚胎的权利归属及权利行使规则研究》,载《人民司法》2014 年第 13 期;周江洪:《法制化途中的人工胚胎法律地位——日本法状况及其学说简评》,载《华东政法大学学报》2015 年第 5 期;李昊:《冷冻胚胎的法律性质及其处置模式——以美国法为中心》,载《华东政法大学学报》2015 年第 5 期;李蕊佚:《英国法上的人体胚胎规制体系》,载《华东政法大学学报》2015 年第 5 期;王蔚:《宪法学视角下的冷冻胚胎权属纠纷案评析》,载《中国法律评论》2015 年第 4 期;叶名怡:《法国法上的人工胚胎》,载《华东政法大学学报》2015 年第 5 期。

〔4〕 吴文珍:《美国的胚胎收养实践与立法及其对我国的启示》,载《社会科学》2011 年第 6 期。

二、死者的尊严

通常而言,人的法律地位(人格或权利能力)始于出生,终止于死亡。随着时代的发展,未出生者的尊严已得到了认可,死者可否享有尊严也日益成为关注的焦点。

德国民法理论将人格视为动态和静态的结合体,而对死者的尊严予以直接保护,即保障的正当性基础在于死者仍具有一定的人格存在。人格是一个不断成熟的发展过程,是动态和静态的结合体。[1] 所谓动态人格意味着人的自我发展其人格的能力,除此之外,人格在自我发展过程中在外部载体上印上自己的痕迹、实现其外在化,这种获得外在化的人格特征即是静态人格。静态人格主要包括姓名、肖像、名誉和隐私,它们表现为某一主体在过去实现和固定了的人格特征,其存在不依赖于生命,因而相关主体的生命存在可能会消灭,但是这些已经外在化的人格利益能够在一段时间内继续存在,并使人格的个性在社会中继续得到强调和表现。[2] 这表明,人格利益的潜在拥有人并不限于个别主体的生命存在,死者虽然死亡,但在一定的社会关系内已经实现和固定的人格形象仍然继续存在,其人格据此得以延续。这些社会性人格存在体现了死者的人格价值和尊严,是死者人格直接保护理论和实践所针对的对象,也是直接保护理论的根本基础。[3] 德国民法将其作为自我实现的产物通过人格权予以保护。德国联邦最高法院在孟菲斯特案中指出,不仅著作人格权,一般人格权

〔1〕 Heinrich Hubmann, Das Persnlichkeitsrecht, Bhlau Verlag, 1967, p. 60. 转引自刘召成:《死者人格保护的比较与选择:直接保护理论的确立》,载《河北法学》2013 年第 10 期。

〔2〕 Knut Müller, Postmortaler Rechtsschutz-berlegungen zur Rechtssubjektivitt Verstorbener, Peter Lang, 1996, p. 81. 转引自刘召成:《死者人格保护的比较与选择:直接保护理论的确立》,载《河北法学》2013 年第 10 期。

〔3〕 刘召成:《死者人格保护的比较与选择:直接保护理论的确立》,载《河北法学》2013 年第 10 期。

在其原初权利人死亡后也仍然继续存在,其根据在于,人格价值和尊严在主体权利能力终止后仍然继续存在。通过这一判决,德国联邦最高法院首次表明了其关于死者人格权继续存在并受到法律保护的立场。〔1〕

后来,德国民法学构建了部分权利能力学说为死者的尊严与人格权利保障提供学理依据。正是由于静态人格的继续存在的,使死者在人格权法律关系中享有部分权利能力,从而成为人格权的主体。〔2〕实际上,无论私法上的权利能力还是宪法上基本权权利能力,其核心都在于人的尊严。

纵然人的生物存在有始有终,但是每个人的精神、价值尊严将永远遗留人世间,人的尊严具有永恒的价值才是人生的真谛、哲学的终极诉求。于是乎,依附于(基本权)权利能力核心即人的尊严的权利与利益(姓名、肖像、名誉和隐私等),均应予以保障。因此,人的生命虽已结束,但其作为精神的存在物则是永恒的。故而,死者的尊严同样应当保障。〔3〕从这个意义上而言,普通人死后的尊严值得立法保障,英烈名誉权更应予以保障。透过死者捐精或对其采精借助现代辅助生殖技术实现其生育权的做法,也是对死者尊严的肯认。

三、在押犯或死刑未决犯(实现其生育权)的尊严

2002 年浙江省高级人民法院做出的中国首例死刑未决犯的生育权

〔1〕 BGHZ 15, pp. 249 –259.

〔2〕 Vgl. Münchener Kommentar BGB, Band 1., § 1, C. H. beck Verlag, 2004, Rn 55. 转引自刘召成:《死者人格保护的比较与选择:直接保护理论的确立》,载《河北法学》2013 年第 10 期。

〔3〕 陈英钤:《人类胚胎干细胞研究的宪法问题》,载《台北大学法学论丛》2005 年第 56 期。

判决,[1]引发了各界对押犯或死刑未决犯可否享有通过辅助生殖技术(捐或献精/卵)而实现其生育权的争议。

生育在生物学或医学上是指,男女自然人通过自然或人工授精受孕、怀胎、分娩以及通过无性生殖的方法繁衍抚育后代。由此可见,生育的本质是生命的延续。生育能力存在于生命之中,生育权存在于生命权之中。依附于生命权之上的生育权,其本质作为个体的人延续生命的一种法律上的资格,是人之所以成为人的最基本的权利。

然而,对基本权利的确认,并不意味着不可对其进行必要的限制,只不过这种限制的作出须以法律为之,且限制的内容须合理。同时,各种权利并非孤立存在,它们常常相互依存互为条件,因而会出现当一种权利遭到限制而致使另一种权利无法行使的情形,因为后者是以前者的存在为前提。此时由于权利界限的相对性[2],两种权利发生冲突,为了切实保障人权,应用利益衡量的方法去审视这种限制合理性,避免出现间接限制了更具保障价值、不应予以限制的基本权利的极端情形。对于军队、监狱、警察以及学校等以命令服从为特征的组织或团体而言,其成员应恪守本组织或团体的纪律,此时遵循的是特别权力关系,而可对成员的基本权利做出限制,这种限制符合基本权利保障的法理,并未损害成员的人的尊严。

---

〔1〕 本案案情大致如下:2001 年,宁波罗某因与同事发生口角而用榔头残忍地将其杀害。2001 年 7 月 31 日,浙江省舟山市中级人民法院对此案公开开庭审理,并于 8 月 7 日作出刑事附带民事一审判决,以故意杀人罪判处罗某死刑,并赔偿死者家属抚养费、丧葬费和死亡补偿费等共计人民币 5 万元。2001 年 8 月 8 日,罗某妻子郑某委托律师向舟山市中级人民法院提出要通过人工授精替罗某生儿育女的请求。因从无先例也无法律依据,法院未置可否。后来罗某不服,向浙江省高级人民法院提出上诉。2001 年 9 月 26 日,郑某又向浙江省高院书面上交了为罗某生儿育女的请求书,省高级人民法院未置可否。郑某仍然痴心不改,同年 11 月 11 日,郑某第二次向省高级人民法院提出"人工授精"的书面申请。为慎重起见,二审法院召开审判委员会进行讨论,认为法律对此类问题没有规定,这种请求也不属于法院的受案范围,而且如果满足郑某梨的要求则导致小孩一出生就没有父亲的后果,这对小孩以后的成长极为不利,也将致使郑某这个单亲母亲以后的生活非常艰难,遂决定对郑某的要求不置可否,以沉默的方式予以了拒绝。2002 年 1 月 18 日上午,浙江省高院作出维持一审判决的终审判决后,舟山中级人民法院遂让郑某与罗某见了最后一面,随后罗某被执行死刑。案情源于 http://www.164.cn/164/news/show.asp? id =883。

〔2〕 林来梵:《从规范宪法到宪法规范》,法律出版社 2001 年版,第 98 页。

因此,收监羁押是依法对罪犯人身自由的限制,这种限制直接源于刑事法律的规定,且被限制的人身自由的位阶高于由生命权派生而来的生育权,收监羁押并未侵犯在押法的生育权当无疑义。收监羁押人员享有生育权是无疑义的,但其享有的只是生育权权利能力,这种生育权能否实现当视生育权行为能力是否受到限制而定。而生育权的行使是以人身自由为前提,收监羁押这种合法的对人身自由的限制所产生的效果使生育权权利能力无法行使,进而使生育权的实现沦为空谈。收监羁押人员在押期间,其行为受到监狱管理法规的约束。依据监狱管理法规的规定不准许行使生育权是适当的,否则会出现婴儿出生时即为单亲,或由于女性收监羁人员一旦怀孕即可逃避本应执行的极刑等不可收拾的局面。[1] 因此,依据利益衡量的原则,监狱管理法规对收监羁押人员的生育权作出的限制合宪,并未侵犯其人的尊严。无独有偶,2003 年,美国法官西尔弗曼在伯格案中指出:“在监狱中,生育的权利与监禁是完全相违背的。”“在押期间必须停止各项基本的自由。”[2]

---

〔1〕 比如有学者指出赋予死刑未决犯生育权将引发一系列法律问题:首先,会与判处其他刑罚的罪犯的权利相矛盾。如果说死刑未决犯有生育权,那么,被处以较轻刑罚的无期徒刑、有期徒刑的罪犯更应该有生育权。但是,如何做到不违背监禁的目的,却又让这些罪犯行使生育权? 显然,这里存在着无法克服的矛盾。其次,会与配偶问题相矛盾。如果说死刑犯有生育权,是所有的死刑犯都有生育权呢? 还是只有配偶的死刑犯才有生育权? 如果说有配偶的死刑犯也有生育权,显然与婚姻法的规定和我国社会的传统习惯相矛盾。诸如此类都是无法解决的矛盾。再次,会与女罪犯的权利相矛盾。究竟只有男死刑犯才有生育权,还是男女死刑犯都有生育权呢? 如果说只有男死刑犯才有生育权,显然与我国宪法规定的男女平等原则相矛盾。如果说男女死刑犯都有生育权,则与刑法第 49 条“审判的时候怀孕的妇女不适用死刑”的规定相矛盾。参见侯国云:《死刑犯没有生育权——与尤洪杰、石子坚二位先生商榷》,载《法制日报》2002 年 3 月 21 日。

〔2〕 案情大致如此:格伯因开枪、非法拥有武器和向警官发布死亡威胁而于 1997 年被捕入狱,他要求一名医生前往狱中采集他的精子,但监狱官员拒绝了他的请求。遂以侵犯宪法给予了他生儿育女的权利为由诉至法院。2003 年 5 月美国旧金山上诉巡回法庭的法官以 6 比 5 的投票结果,裁决否决了犯人在押期间的生育权。参见张含光:《在押犯的生育权案例分析》,http://www.civillaw.com.cn/Article/default.asp?id=13990。

第二节　当人的尊严遭遇自杀与安乐死

自杀与安乐死对传统宪法解释提出了新的挑战,一方面对于它们是否属于基本权利存在质疑,另一方面它们均从不同侧面触及如何看待人的尊严这一宪法核心问题。

一、自杀与人的尊严的冲突与抉择

对于自杀,学界莫衷一是。所谓自杀,是指与他杀存在本质区别,是由自杀者本人故意采取用某种手段终结自己生命的行为。

从大历史的视野观之,自杀经历了有条件许可到入罪再到出罪演化为权利的坎坷历程。[1] 在古希腊、罗马时代,实行的是自杀"许可制"。即因不能忍受生活等原因自杀,必须事先向元老院提出申请,如果得到元老院批准的自杀即为合法,而且必须按照元老院审议决定的方式自杀。于是乎,罗马法律不断发展出越来越多自杀行为"合法性"的理由,以至于有学者认为,古罗马禁止自杀的法律实际上名存实亡。[2] 在公元5世纪之前,基督教羽翼尚未丰满之时,教会不仅容忍自杀行为,而且对一些边缘性自杀殉教行为(Martyrdom)大加褒扬。

但是到公元5世纪,随着欧洲基督教会地位稳固之后,教会便禁止自杀,宣布自杀不仅是一种"犯罪"行为,而且是对上帝的亵渎,有悖人的尊严。于是,欧洲各国世俗的法律均以此为依据,将自杀认定为严重的犯罪行为。如英格兰长期视自杀为犯罪,自杀会导致财产被充公,并

---

〔1〕 详见李建军:《自杀:是"犯罪"还是"权利"? ——自杀行为在西方法律史上的演变述评》,载《云南大学学报法学版》2009年第5期。

〔2〕 [法]爱米尔·杜尔凯姆:《自杀论》,钟旭辉译,浙江人民出版社1988年版,第281页。

以木桩穿透尸体不体面地埋在路上。[1] 中世纪德国也对自杀者采取似于英格兰的惩罚。

但是欧洲步入文艺复兴时代之后，在启蒙思想家孟德斯鸠、伏尔泰、蒙田、卢梭、休谟、叔本华、贝卡利亚和霍默尔的倡导下，欧洲对自杀态度开始转变。尤其是休谟强烈抨击世俗法律的不公正："当生命值得珍惜时，没有人会主动舍弃它。""任何人生命的价值并不因其舍弃生命而丧失。"人们逐步对自杀采取宽容的态度，逐渐将其视为个人的权利。

到 18 世纪以后，现代的自杀观念业已形成——自杀并不是上帝的冒犯，而纯属个人的自由选择。[2] 英国自亨利三世 1824 年开始逐步废除了对自杀者惩罚性制裁的规定，英格兰于 1882 年废除对自杀者夜间埋葬的规定。尽管在当时自杀已不再被视为一种"杀人行为"，但英国普通法仍坚持自杀是"非正当行为"。[3] 1961 年自杀在英国不再被视为犯罪。在德国，普鲁士于 1796 年率先废止了自杀法案，巴伐利亚于 1813 年通过的《巴伐利亚刑法典》废除了自杀法案。[4] 1789 年法国大革命引起了法国社会的深刻变化，法国人在欧洲开风气之先，率先废除了自杀罪。美国虽然沿袭英国的法律制度，但是对待自杀问题相对保守，许多州仍对自杀采取制裁态度。

进入现代，越来越多的国家承认自杀属于个人的权利，只是出于亲情和社会伦理、道德的考量，这种权利的行使要受到一定的限制，各国对此的态度大相径庭。

对于自杀的性质，学界存在分歧。第一种是"合法说"，即认为自杀

---

〔1〕［英］戴维·M. 沃克主编：《牛津法律大辞典》，光明日报出版社 1988 年版，第 866 页。

〔2〕Brauch A. Brody ed., Suicide and Euthanasis—Historical and Contemporary Themes, Kluwar Academic Pubishers, 1989, p. 155.

〔3〕参见李建军：《自杀：是"犯罪"还是"权利"？——自杀行为在西方法律史上的演变述评》，载《云南大学学报法学版》2009 年第 5 期。

〔4〕［德］弗兰茨·冯·李斯特：《德国刑法教科书》，徐久生译，法律出版社 2000 年版，第 249 页。

是人的自然权利。其理论基础是自然法思想,理由在于人的生命权源于自然,是不可剥夺的,既然人拥有绝对的生命权,那么人就对自己的生命据有自由处分权。第二种是“违法说”,其理论基础在于基督教的“原罪”说,并有一定的法社会学理论的支持。其观点认为生命受于上帝,个人无权处分。不仅如此,而且人生而有罪,需要终生赎罪,自杀者无异于逃避赎罪的义务。因此,个人无权自杀。第三种可称为“法律空白说”,即自杀属于法律的评价空白领域,自杀无所谓合法或违法,法律无法也无必要对自杀做出合法与否的评价与规范。[1] 从宪法学视野观之,“合法说”与宪法保障人的生命权的价值相悖,“违法说”对于禁止那些以既遂为主的自杀而言毫无意义。因此,学界多主张鉴于自杀欠缺实定法的规范而属于“法的评价空白领域”或“法外空间”。[2]

表面上看来,自杀行为触及了人的自我决定权或意志自由,[3] 即自由主义所倡导的核心价值。但是,自杀行为却侵蚀或破坏了同样以自我决定为核心内容的人的尊严。鉴于人并非孤立存在的个体,自从他(她)被孕育的那一刻起,便和整个社会、世界发生着千丝万缕的联系,时刻在血缘、亲属、友情、社会身份与地位、种族与族群归属等千姿百态的社会关系之中。因此,纵然自我决定对于人格自我形塑以及人的尊严具有重要意义,但是无论从基本权利的冲突与竞合、基本权利位阶还是个案中的利益衡量考量,都无法确立人的尊严让位于生命的自决权的判断。“在尊重自我决定权行使之下,仍应注意其界限,而非漫无限制。涉及公益部分,在多元化社会法益衡量审酌下,若欲对基本权利放

---

〔1〕 参见韩大元:《生命权的宪法逻辑》,译林出版社2012年版,第88~89页。

〔2〕 [日]金泽雄文:《生命的尊重与自我决定权》,载三岛淑臣、稻垣良典、初宿正典编:《人的尊严与现代法理论》,成文堂2000年版,第99页。转引自韩大元:《生命权的宪法逻辑》,译林出版社2012年版,第90页。

〔3〕 李震山:《从生命与自决权之关系论生前遗嘱与安宁照顾之法律问题》,载李震山:《人性尊严与人权保障》,元照出版有限公司2001年版,第144~145页;另见《中正大学法学集刊》1997年总第2卷。

弃之禁止或限制,应可求诸'法律保留'原则,以法律明文禁止或限制之。未涉及公益部分,从基本权利保障言,应以生命权、人性尊严不可放弃为底线,并以不侵及本质内容为考虑,此涉及国家保护义务底线问题。"[1]因此,国家负有保障生命权及人的尊严的法定义务,但是个人不得滥用自我决定权而对他人或社会造成危害或否认人的尊严。正因如此,自杀未遂(Attempted Suicide)也被认为是对自我决定权的滥用。[2]

然而,对于那些不属于"法的评价空白领域"的自杀行为而言,必然要受到相应的实定法的制裁。这主要包括以下三类自杀行为:首先是畏罪自杀。即某些严重犯罪分子为了逃避法律制裁或掩护同伙而企图畏罪自杀。对于这种自杀未遂,在量刑时可作为从重情节处理。其次是对社会和他人造成严重后果的自杀行为。自杀本属自我了结生命的行为,但是如果自杀者丧失理智而不计对他人或社会后果甚至有意制造事端,如采取放火、爆炸等危险方法进行自杀,实定法都对这种严重危害社会和他人的生命财产的行为予以严厉制裁。最后是教唆或帮助自杀行为。许多国家刑法都对教唆和帮助自杀持否定的态度,但对承认消极安乐死的国家,消极帮助他人自杀的行为是合法的。对于教唆或帮助未成年人、精神病患者和其他不能了解或控制自己行为的人自杀者,一般均从重处罚。

---

〔1〕 但是有学者认为自杀不属于自我决定权,人的尊严应让位于生命权:"生命权是人性尊严的基础,也是整个基本权利、宪法价值体系的基础,它已不属于自我决定权的范畴。否则,宪法的价值不保,整个法律体系的根基、国家存在的正当性也会发生动摇。"王贵松:《生命权之国家立场》,载《北方法学》2009 年第 5 期,第 69 页。

〔2〕 Tourkochoriti, Ioanna, *Should Attempted Suicide Be Criminalized*? 48 Criminal Law Bulletin, 2012, pp. 1307 –1325.

二、当安乐死罹于人的尊严

安乐死是上述自杀问题的延伸,[1] 所谓的安乐死(Euthanasia)最初源于希腊文"幸福"的死亡,通常其意指对于那些无法救治的病人采取停止治疗或使用药物的方式而使其无痛苦地死去。安乐死可被区分为主动与被动(或积极与消极)安乐死、通常与非通常安乐死、有意与无意安乐死、自愿与非自愿安乐死。[2]。也有学者将安乐死区分为助杀安乐死、他杀安乐死、放弃治疗安乐死。[3] 所谓的积极的(主动的)安乐死,指采取促使病人死亡的措施,结束其生命,如当病人无法忍受疾病终末期的折磨时。消极的(被动的)安乐死,即对抢救中的病人如垂危病人不给予或撤除治疗措施,任其死亡。[4] 学界多从积极的与消极的安乐死视角来审视安乐死问题。

对于安乐死的探讨与实践,有着悠久的历史。早在古希腊时代,亚里士多德、柏拉图、毕达哥拉斯等许多哲人学者、政治家都赞成将自杀作为解除痛苦的可行手段。但是,随着基督教思想传播与浸淫,人的生命受赐于上帝、只有在上帝的召唤下方能终结生命的理念已为世人所接受,对自杀及安乐死的探讨长期销声匿迹。但是其间不乏弗兰西斯·培根和大卫·休谟挑战教会与世俗理念,支持安乐死。随着文艺复兴,人本主义思潮的勃兴,自杀及安乐死开始被置于是否为人的权利的话题予以探究。

到了 20 世纪 30 年代,纳粹德国大肆宣传和广泛推行安乐死,安乐

[1] 近年来,在美国、澳大利亚、荷兰等国,一些医生为了帮助病人摆脱病痛折磨,开始尝试帮助病人了结生命的做法。此举被视为促进自杀,被列为"协助自杀"(Assisted Suicide)或"医助自杀"(Physician-assisted Suicide)。

[2] 参见邱仁宗:《生死之间——道德难题与生命伦理》,中华书局 1988 年版,第 185 ~187 页。

[3] 王锴:《安乐死的宪法学思考》,载《法律与医学杂志》2006 年第 13 卷(第 2 期)。

[4] 王锴:《安乐死的宪法学思考》,载《法律与医学杂志》2006 年第 13 卷(第 2 期)。

死问题开始再次成为社会关注的焦点之一。随着1935年在英国成立第一个自愿安乐死合法化委员会后,越来越多的国家采取了这一做法。1983年,世界医学会威尼斯宣言提出了消极安乐死的正式意见;同年,美国医学会伦理与法学委员会撤销了关于生命支持措施的意见。这些举措逐步为安乐死法定化铺平了道路。

1987年,荷兰率先在法律中设置一些严格限制的条文允许医生为患有绝症的病人实行安乐死。1996年,澳大利亚北部地区议会通过了世界第一部安乐死法:《晚期病人权利法》。但是,该法实施不到九个月即被澳大利亚参议院宣布废除。2001年,荷兰通过了安乐死法案,使其成为世界上第一个承认安乐死合法化的国家。紧接着,2002年,比利时也宣布安乐死合法化。到目前为止,荷兰、比利时、卢森堡、瑞士和美国的俄勒冈州、华盛顿州和蒙大拿州等地的立法认可安乐死。奥地利、丹麦、法国、德国、匈牙利、挪威、斯洛伐克、西班牙、瑞典和瑞士10个国家,则允许"被动"安乐死,即只允许终止为延续个人生命而治疗的做法。

尽管至今许多国家尚未对安乐死合法化,但人们基于悲悯而愈发同情危重却无法医治的病人,主张出于人道主义的考量,而赋予他们死的权利和自由以摆脱残酷病痛折磨。

许多学者认为,从宪法层面上,安乐死无法获得合宪性基础,因为安乐死不符合宪法基本价值与基本权利价值目标:[1]首先,现代宪法是以保护个体权利为出发点,国家负有保护包括生命权在内的基本权利的义务,而是否限制与剥夺个体生命,只能由共同体的意志来判断与决定。其次,鉴于基本权利在性质上首先是针对国家的防御权,而安乐死涉及的往往是患者、医生与亲属之间的私人利益关系,这属于私法的调

[1] 参见韩大元:《生命权的宪法逻辑》,译林出版社2012年版,第154~156页。

整范畴，因而安乐死并不属于公民的基本权利。再次，在多数国家的宪法乃至法律都未对生命权做出直接规定，但是珍视生命的文化与传统却源远流长，安乐死尚属于宪法与法律的评价空白领域。最后，安乐死与生命的本体价值相冲突。因此，安乐死有可能侵犯宪法所保障的生命权，背离国家对公民所负有的绝对保障义务，更是背离宪法的基本价值。就宪法的终极关怀而言，有学者认为维护人的尊严也不能成为支持安乐死的主要理由。[1] 鉴于人的尊严这一宪法上的价值体系尚无法规范化，仅从个案正义会动摇对这一价值判断的一致性。而且，倘若安乐死合法化，就可能侵害或牺牲他人的尊严，为国家逃脱保障生命权与人的尊严的义务提供藉口，这种欠缺敬畏生命的做法最终是以贬损人的尊严为代价。不仅如此，由于宪法上的人的尊严概念的开放性，尊严死不同于安乐死，尊严死不能成为安乐死合法化的唯一依据。

尽管如此，由于安乐死或临终关怀的理念越来越被世人所接受，因此不能对安乐死一概否认，应区分情形予以不同对待。对于积极安乐死即他杀或助杀安乐死，从宪法学上，首先涉及的是患者有无自杀权的问题。在欠缺实定法规范的这一法外空间，有学者指出，“英美法系主要讨论病人有无死亡权的问题，德日宪法学主要讨论基本权利能否放弃的问题。从英美法系的理论与实践来看，死亡权正在由一种权利(请求权)走向一种自由(特权)，也就是说，病人的死亡的自由并不会对医生施加强制性的义务，医生同样有选择是否满足病人死亡请求的自由。从德日宪法学理论来看，生命权的放弃是可能的，放弃后他人的行为不再认为是侵害基本权利。”[2]

实际上，选择积极的死亡同样体现了人的尊严，也就是鉴于现代医

〔1〕 参见韩大元：《生命权的宪法逻辑》，译林出版社2012年版，第156～158页。

〔2〕 王锴：《安乐死的宪法学思考》，载《法律与医学杂志》2006年第13卷(第2期)。

学尚不足以解除人类所面临的某些病痛的不堪折磨,与其苟且忍受痛苦而遭受侮辱,不如坦然面对死亡、敬畏死亡,仰赖个人生命品质和意志品质自身的品质赢得死亡的尊严。对于消极安乐死即放弃治疗,关乎患者的个人自决权和尊严与国家所负有的保护义务之间的龃龉。若从人的尊严这一宪法终极价值关怀出发,患者完全可以基于其自我决定权而放弃医疗选择安乐死,国家不得以负有保护义务为由而干预患者的临终抉择。

但是,有学者指出,"如果站在纯粹的生命神圣的价值立场上,我们无法面对基于病患而追求'生命尊严'的人们的诉求;但为了社会共同价值的'尊严',我们牺牲个体的尊严是否是一种理性的选择?如果我们只强调个体生命的质量,仅仅站在个体角度思考问题时,我们是否真正给他们带来'幸福'?这是个两难的选择。……无法摆脱的困惑是,在这个世界上,在人类共享的价值中,能否找到比生命更为重要的价值?牺牲或削弱生命权的'神圣性'真能为人类带来尊严与自由吗?在生命权与'人的尊严'关系上,过分追求'尊严'价值并不是现代宪政国家追求的目标,现实生活中并不存在脱离生命价值的'尊严'。当生命本身缺乏'尊严'时,所谓的'人的尊严'原理也会失去存在的基础。"[1]

安乐死问题的确使世人面临着两难抉择,它的棘手之处正是在于拷问人们对此的伦理、道德认知,关乎患者、医生、患者亲属的权利与尊严以及国家的保障义务,其本质在于对于人的意志自由决定权的享有与运用,是否要受到法律乃至伦理、道德的限制或制约,最终诘问世人对人的尊严的认知。

虽然,违背临终患者的意志而给予医生救死扶伤的天命或国家的

〔1〕 韩大元:《生命权的宪法逻辑》,译林出版社2012年版,第174页。

保护义务做出侵入性治疗或生命维持疗法，其本质都是将患者“物化”延续生命的手段。这恰恰是对人的尊严所倡导的不得将人视为手段的理念相违背。但是，人终究是一种社会动物，始终纠结于各种社会关系之中。人的尊严不仅仅是其内在的人的尊严，还需将其融入人的外在尊严之中予以全面考究。因而，患者的尊严还体现在他们进行的社会关系中，即使他们正要失去所有的关系。

实际上，与社会关系相关联的条款（如不给他人造成负担、关心死后的结果等）出现的频次也支持社会关系是尊严死亡的重要组成部分。可见，在病人尊严死亡中存在强大的关系因素。[1] 病人的尊严与其监护人及其他亲属乃至医生的尊严发生冲突，究竟如何取舍，这是整个社会不得不直面的抉择。不仅如此，为了防止因对生命权与人的尊严的滥用而出现的道德滑坡，以及与作为救死扶伤职业身份的医生的人的尊严的发生冲突，应对安乐死的实施条件做出严格的规范；只有当患者本人或其监护人从其真实处境和切身体验出发确信，唯有死亡方能维系其尊严时，才能施以安乐死。

三、人的尊严理念下自杀与安乐死之诘问

自杀与安乐死的核心问题关乎生命权乃至人的尊严。从表面上而言，无论通过自杀还是安乐死的方式结束生命，在性质上都属于放弃生命权的自我决定行为。然而，上述做法却有悖宪法所倡导的人的尊严的终极价值关怀。纵然，人的尊严是以理性和自治为内核，推崇个人的自我决定权（The Right to Autonomy）。但是，这种自治的享有是以不得损害他人自由与人的尊严为前提，究其原因在于对人的尊严本质的误读。

---

〔1〕 Nicholas Christakis, *The Social Origins of Dignity in Medical Care at the End of Life*, in J. Malpas and N. Lickiss (eds.), Perspectives on Human Dignity: A Conversation, 2007, pp. 199-207.

对于人的哲学认知而言,鉴于人可以被区分为“内在个人”和“外在个人”两个相互联系、相互依存的层面。相应地,人的尊严由此也对应地区分为“外在个人”的尊严(前述的人类尊严)和“内在个人”的尊严(即作为价值而存在的个人)两方面内容构成,[1]绝不可割裂它们之间的联系,偏执其中任何一个层面。鉴于社会与国家乃社会连带的结果,在秉持内在人的内在自由与内在尊严时,绝不可忽略外在人赖以维系的外在自由与外在尊严,即不得极端推崇内在自由与内在尊严而忽略外在自由与尊严及秩序。

因此,虽然作为追求自我、实现自我价值的“内在个人”当然享有结束自己生命的自我决定权,这是其人的尊严的体现;然而,作为拥有血缘、伦理及社会身份的“外在个人”而言,他(她)势必要受制于亲情、伦理、道德的羁绊,以及为了维系社会共同体安宁的法律规定的制约,其做出自杀或安乐死决定的主观权利并非必然成为法律的实定法保障对象,而无法成为客观权利。著名心理学家斯金纳也认为,尊严首先是个人的内在属性,但它也是个人身体和社会环境的产物。[2] 正因如此,有学者指出:“临终病人死亡权的尊严内涵包括作为选择的尊严和作为关系的尊严两个层面,只有将这两个层面相结合才能真正实现他们的死亡权。……对于选择的尊严,尊严完全具有异质性,它包括个人身体、情感、智力和精神诸多因素的综合,人的尊严非常复杂,而且对每个人都是独特的。……实际上,与社会关系相关联的条款(如不给他人造成负担、关心死后的结果等)出现的频次也支持社会关系是尊严死亡的重要组成部分。”[3]因此,应将免于痛苦等关系的尊严考虑在内。

---

[1] Baechle R,J. , *Individualté, personnealté et identité*, Craosella, E. D. (dir.), *identité? Soi et non-soi, individu et personne*, PUF, Paris, 2006, p. 89.

[2] B. F. Skinner, *Beyond Freedom and Dignity*, Indianapolis: Hackett Publishing, 2002.

[3] 谢萍:《论人的尊严与死亡权》,载《学海》2011 年第5 期。

总之,对选择如何死亡或死亡的方式的尊重,表达了人们对生命的尊重,更是体现了对人的尊严的尊重。但是,仅仅是建立在医生、亲属或社会对生命意义、死亡的高度感性的认知的情形下,而将患者或某个个人的生命苟延残喘,他(她)实际上已被“物化”为生命延续治疗的对象,成为维系与表达亲情、维护其本人“形象”的“象征物”,成为亲属、医生、学者乃至社会抒发其尊重人的尊严的情感道具。在此情形下,罹临抉择之人也已被物化,其作为个体存在的人不再是目的,而成为他人的手段,这岂不是高举着尊重人的理念的口号,却和人的尊严所倡导的人是目的绝不能沦为手段背道而驰,这是对人的尊严理念的莫大反讽。诚如莎翁所言“生存还是死亡,这恰是问题之所在”(To be or not to be: this is the question),但是如泰戈尔所赞誉的“使生如夏花之绚烂,死如秋叶之静美”正是人们孜孜以求的夙愿。

第三节　基因工程对人的尊严之挑战

基因工程是人类技术进步的结晶,其初衷是造福人类。但是,随着基因工程的深入,人们愈来愈对它忧心忡忡:首先,技术进步是否有必要的限度,即是否允许克隆微生物和动植物甚至人类,进行跨物种间的遗传杂交。在此方面,许多国家都已从立法层面明文禁止跨物种间的遗传杂交。其次,对基因工程存在的风险充满忧虑。人无法设想遗传物质能否在生物体之间随意传递所带来的后果,如在人、动物、细菌及病毒之间转移。最后,基因技术引发的人能否改变或与自然竞争的伦理、宗教的深入反省。

随着现代医学科技的高速发展,通过分子与基因技术而日益兴起的克隆疗法、分子介入疗法、干细胞治疗技术等,引发了诸多伦理、道德乃至法律难题,更是直接关乎人的尊严这一法律与伦理终极价值。现代医学新技术的发展与应用,必须要受到法律与伦理的制约,要受到人的尊严的价值的规范引领。

一、克隆与转基因技术对人的尊严理念的挑战

克隆(Clone 或 Cloning)是指无性生殖或无性繁殖,即它不是指双性结合的过程,而是由同一个“祖先细胞”通过分裂方式繁殖形成的纯细胞系。人们通常采用卵细胞、受精卵细胞以及胚胎细胞来进行克隆。自 1997 年英国首次成功地克隆出“多莉羊”以来,克隆技术飞速发展。然而,克隆人涉及诸多伦理道德禁区,尤其关乎人的尊严。[1] 1997 年,联合国教科文组织在《世界人类基因组与人权宣言》中就明确规定:“与人类尊严相抵触的做法,例如人体的生殖性复制,不予允许。”1998 年,欧洲理事会也在签订的《保护与生物及医学运用有关的人权与人类尊严公约禁止克隆人的附属议定书》中明确规定:“禁止任何试图创造一个与另一个具有相同基因的人的做法。”2005 年,联合国大会了通过《联合国关于人的克隆宣言》,要求各国禁止有违人类尊严的任何形式的克隆人。

然而,人们却对《联合国关于人的克隆宣言》(以下简称《克隆宣言》)的诠释存在较大的分歧。尽管赞成与反对双方都认可应禁止生殖性克隆,但是反对阵营认为《克隆宣言》禁令既包含生殖性克隆也包含治疗性克隆,但是反对阵营却坚持《克隆宣言》并未完全禁止治疗性克隆。虽然,无论各国际组织还是各国政府都表示坚决禁止生殖性克隆

---

[1] 如有学者指出:克隆人的出现影响的首先是宪政的基本价值,即人的尊严和生命价值,克隆人的出现不可避免地会亵渎人的尊严和生命的价值;克隆人的出现也会对宪法最基本的权利——自由和平等产生颠覆性的冲击,会造成新的奴役制度和新的不平等的现象。陈斯彬:《克隆技术的宪政视角》,载《华侨大学学报》(哲学社会科学版)2006 年第 1 期。

人的研究,但是迄今未有任何相关国际公约对治疗性克隆采取有效的禁止措施。

就本质而言,克隆人将挑战人的尊严理念,严重动摇宪法乃至法律的根基。首先,克隆技术及一切对生殖细胞系的干预技术,都有可能“将人的本体地位转化为物的生物学表现”[1],人被物化。其次,彻底颠覆法律对人的界定,即改变了对人的认知与界定。人可以被克隆,人作为生物所必备的生物多样性将受到挑战,不仅如此,非经两性生殖而“诞生”的人将不再是生物性与社会性的统一体存在的原本意义上的人。克隆人欠缺个性与品性,因而缺乏应有的人的尊严。再者,克隆人将带来诸多法律、伦理问题,严重挑战人的尊严。克隆人与被克隆人之间将是何种关系?克隆人与被克隆人及与其他亲属的血缘、身份如何界定?克隆人与被克隆人的法律地位、所形成的法律关系(人身、财产等)与社会关系将如何界定与对待?

因此,在人的尊严与平等理念下,虽然克隆人技术以挽救生命为借口,但是它是将人物化、商品化,将人视为手段而绝非目的;不仅如此,克隆人技术还将人(克隆人或被克隆人)处于被操纵甚至奴役的地位。[2] 总之,必须对克隆人技术予以审慎对待,不得以贬损人的尊严而放任克隆技术的发展,否则它所带来的这些无法解释也难以解决的伦理、道德与法律困境必将危及人类自身的发展。

同样,我们也应对基因工程在食品、药品领域尤其是食品领域带来的冲击予以警示。基因工程主要集中运用于食品和药品。基于增加食品的色、香、味以及其他品质和降低成本的立场,人们利用基因工程这

[1] (法国)《国家伦理咨询委员会备忘录》1997年第13期,第4页。转引自张乃根等主编:《克隆人:法律与社会》,复旦大学出版社2002年版,第18页。

[2] 哈贝马斯指出,生殖性克隆导致了克隆人与被克隆人之间形成了奴隶与主人的支配关系。[德]尤尔根·哈贝马斯:《后民族结构》,曹卫东译,上海人民出版社2002年版,第222页。转引自韩大元:《生命权的宪法逻辑》,译林出版社2012年版,第109页。

一生物技术，针对动植物或微生物的某一或某些特性，以突变、植入异源基因或改变基因表现等生物技术方式进行遗传因子的修饰，使其具备或增强此特性，并用这些经基因改良的动植物或微生物制造或生产的食品、食品原料及食品添加物等，此即所谓的转基因食品（Genetically Modified Food）。

自转基因食品诞生之时，人们对其的质疑之声不绝于耳。据学者研究，转基因食品可能引发如下问题：[1]（1）消费者对食品的知情权；（2）是否遵循统一的转基因食品标准，相关国家根据自身情况制定相应（较低）标准的权利；（3）跨国企业、科学家、农民和政府监管机构之间的关系；（4）转基因作物对生物多样性的影响；（5）转基因作物对食品供应安全性的负面影响；（6）生物抗性向人和动物扩散的可能性；（7）昆虫可能对转基因作物毒素产生抗性；（8）种植转基因作物对生态的影响。

基因改造技术可能会威胁到农业发展和生态及人类健康。在此背景下，各国纷纷建立起监管制度，避免转基因食品危害公众健康。人们对转基因食品的关注不仅仅是在其安全性、致敏性、致癌性及营养品质的改变上，还涉及环境、物种破坏等问题。[2] 鉴于基因改造技术可能诱发的基因突变会引起物种的改变，人将面临着被基因工程的不确定风险恣意摆布的命运，人的目的性、主体性必将受到侵蚀，人必将欠缺应有的尊严。由于转基因食品存在巨大的潜在风险，各国都对其生产、销售、消费、回收、利用等循环过程各环节予以严格监管。

二、代孕、器官买卖与移植之人的尊严诘问

代孕（Surrogacy）又称“借腹生子”或“子宫出租”，是指用现代医疗

〔1〕 赵兴绪：《转基因食品生物技术及其安全评价》，中国轻工业出版社2009年版，第9页。

〔2〕 赵兴绪：《转基因食品生物技术及其安全评价》，中国轻工业出版社2009年版，第9页。

技术(人工授精或体外受精)将委托夫妻中丈夫的精子注入自愿代理妻子怀孕者(代孕母)的体内受精,或将人工培育成功的受精卵或胚胎植入代理妻子怀孕者的体内怀孕,待代孕子女出生后由该委托夫妻抚养并取得亲权的一种生育方式。[1] 根据代理孕母是否提供卵母细胞,可将代孕分为完全代孕和部分代孕两类。所谓的完全代孕(或妊娠代孕,Gestational Surrogacy)是指,体外受精后移植入代理孕母体内完成妊娠、分娩过程;部分代孕(或传统代孕,Traditional Surrogacy)是指,胚胎的卵母细胞则来源于代理孕母,代理孕母与代孕儿有遗传关联。[2]

代孕直接关乎伦理、法律,它引发了社会的热议。就法律视角而言,赞成者认为,代孕是实现公民生育权的一种方式,因此,若法律予以禁止则是对公民生育权的侵害;[3] 也有赞成者认为,代孕属于代孕者人身自由支配权的范畴,法律若对这种是自愿利用其子宫实施代孕予以禁止,不仅侵害了委托夫妇的生育权,而且侵害了代孕者的身体权。[4] 实际上,这是对权利的误读和滥用。

依学理,公民享有权利并不意味着当然可以实现该权利,享有宪法或法律上的权利首先意味着享有的只是该权利的权利能力,尚需满足法律对该权利的行为能力的界定才能转化为现实的权利。因此,生育能力是实现其生育权的必需的行为能力要求,对于那些无法实现生育自由是先天生理缺陷或者后天疾病所致的不孕不育患者而言,禁止代孕并不侵害他们的生育权。而对于自由支配身体论者而言,他们忽视了代孕所涉及的基本权利的核心即人的尊严。代孕行为是以损害代孕者身体、健康乃至于生命权为代价,不仅如此,该行为还将女性的子宫

〔1〕 许丽琴:《代孕生育合理控制与使用的法律规制》,载《河北法学》2007 年第 7 期。

〔2〕 王轶子、徐艳文:《国外代孕现状及其管理》,载《生殖与避孕》2014 年第 2 期。

〔3〕 刘长秋:《权利视野下的代孕及其立法规制研究》,载《河南大学学报》(哲学社会科学版)2015 年第 4 期。

〔4〕 张月萍:《浅析完全代孕的有条件合法化》,载《安徽广播电视大学学报》2009 年第 3 期。

作为赚钱的手段和牟利的工具,即被物化或商品化,这是对人的尊严的严重冒犯。鉴于人的尊严的不可侵犯与绝对性,任何行为均不得侵犯人的尊严。因此,为了维系人的尊严,多数国家对代孕持完全禁止的态度,如德国、瑞士、加拿大、泰国、新加坡等国的做法。

但是,鉴于照顾不育者的生育权利和建立家庭的权利要求,以及政府为了提高婚姻和家庭质量、发展医学科技的功利主义的考量,世界上也存在着政府管制(如英国和美国的多数州)和私法自治(印度为代表)代孕法律监管模式。[1] 我国曾试图禁止代孕,于是在《人口与计划生育法修正案(草案)》中规定:"禁止买卖精子、卵子、受精卵和胚胎,禁止以任何形式实施代孕。"但是,出于保障公民"生育权"的考量,2015 年 12 月,全国人大常委会通过的《人口与计划生育法修正案》中已不见"禁止以任何形式实施代孕"规定的踪影。

对于器官移植而言,无论是同种器官移植还是异种器官移植,都关乎人的尊严与生命健康。尤其是异种器官移植(Xenogeneic Transplanation/xeno-Transplantation,即不同种属的个体之间的移植),更对人的尊严造成巨大冲击。我们对此不得不面对动物向人移植器官是否违反自然法则的诘问;不仅如此,鉴于异种器官移植可能存在将供体动物的某些基因存留于受体内的潜在可能与风险,人因此而具有某些兽性而改变人的特性,这不仅严重危及伦理准则、侵害人的尊严,而且将严重威胁人类的安全。因此,应对异种器官移植予以严格限制或禁止。

对于同种人体器官移植,有学者指出这是实现生命健康权的一种身体处置形式,器官移植必须体现人的自主性才能具备尊严的正当性,即体现供体和受体的自我决定权。[2] 这种自我决定权必须受到内在和

---

〔1〕 王轶子、徐艳文:《国外代孕现状及其管理》,载《生殖与避孕》2014 年第 2 期。
〔2〕 韩大元:《生命权的宪法逻辑》,译林出版社 2012 年版,第 129 页。

外在两方面的限制。[1] 所谓的内在限制，首先应满足备自我决定权的形式正当性要求，即必须在自主性前提下，个人真实明确表达移植的意愿。其次，还应尊重人的独立性和不可替代性。同种人体器官移植还受到如下外在限制：(1)本质损害排除，即供体有决定是否捐献、如何捐献及捐献何种器官，但不能因捐献器官致使自己的身体受到本质损害，更不能以器官捐献的形式放弃自己的生命；(2)公共利益与公序良俗；(3)尊重他人的尊严；(4)撤回承诺的说明。根据《世界卫生组织人体细胞、组织和器官移植指导原则》(2010 年修订)的规定，禁止以生殖为目的的配子、卵巢或者睾丸组织，或者胚胎移植，或者以输血为目的采集的血液或者血液成分。只有在符合下列指导原则的情况下，才可以以移植为目的，从死者或者活体身上摘取细胞、组织和器官。根据该指导原则中的"指导原则 1"规定，细胞、组织和器官可以从死亡或者活体身上摘取用于移植，如果：(a)已得到符合法律规定的任何同意意见，以及(b)没有理由相信死者生前反对这种摘取。"指导原则 5"中指出，细胞、组织和器官应仅可自由捐献，不得伴有任何金钱支付或其他货币价值的报酬。购买或提出购买供移植的细胞、组织或器官，或者由活人或死者近亲出售，都应予以禁止。禁止出售或购买细胞、组织和器官不排除补偿捐献人产生的合理和可证实的费用，包括收入损失，或支付获取、处理、保存和提供用于移植的人体细胞、组织或器官的费用。

虽然出于救死扶伤、挽救生命的功利主义视角，世界卫生组织和诸多国家都允许同种人体器官移植。但是，我们不得不警惕同种器官移植还是异种器官移植带来的伦理和法律问题。首先，如果不对器官移植严加限制，换头术或换手、换眼术直接冲击人的身份识别与法律地位的确认，因为现代科技所仰赖的面部、虹膜与指纹识别将被此类移植滥

〔1〕 参见韩大元：《生命权的宪法逻辑》，译林出版社 2012 年版，第 131 ~134 页。

用,导致对人的身份甄别或确认错乱;其次,将产生忒修斯悖论[1],有损人的尊严。作为受体的人将由各个不同的人或动物的器官构成,他还是原本的他(她)(甚至性别都发生改变)?如何确定他的身份?由此必然诱发诸多伦理、社会乃至法律问题(人身、财产以及婚姻家庭)。这势必将人的产生与存在工业化、流水线化,人的尊严何在?

三、胚胎干细胞技术引发的人的尊严的危机

干细胞医疗是基因医疗的深化。就人体干细胞的分化潜能而言,可以将它们分为起源于人类胚胎的干细胞和不直接源于囊胚的干细胞。[2] 在人类胚胎的正常发展过程中,囊胚的内细胞堆中存在多能干细胞(Pluripotent stem cell),它可以进一步分化成为承担某些具体任务的多效干细胞(Multi-potent stem cell),而多效性干细胞最终分化为200多种构成人体组织和器官的细胞。

而根据对干细胞的社会争议程度不同,可将其分为不具争议性的干细胞、具温和争议性的干细胞和具极度争议性干细胞三种。[3] 其中,不具争议性的干细胞包括:(1)脐带血;(2)含大量多效性干细胞的人体组织(嗅鞘上皮细胞,骨髓);(3)成体干细胞。具争议性的干细胞包括:(1)堕胎或自然流产胎儿的生殖细胞;(2)堕胎或自然流产胎儿的成体干细胞。具极度争议性的干细胞包括:(1)体外受精与胚胎转殖技术剩余的胚胎(IVF—剩余胚胎);(2)通过体外受精技术专为研究或提取干细胞而受造的胚胎(IVF—研究胚胎);(3)用人类卵子透过"核转殖"技

---

〔1〕 即忒修斯之船(又称为特修斯之船,The Ship of Theseus)悖论,属于同一性悖论的一种,即假若某物体的构成要素被置换后,那它依旧是原来的物体?赫拉克利特、苏格拉底、柏拉图都曾探讨过此类问题。后来,公元一世纪时,普鲁塔克提出了该问题:如果忒修斯的船上的木头被逐渐替换,直到所有的木头都不是原来的木头,这艘船还是原来的那艘船?

〔2〕 许志伟:《人类干细胞之伦理原则与监管政策》(上),载《医学与哲学》2006年第3期。

〔3〕 许志伟:《人类干细胞之伦理原则与监管政策》(上),载《医学与哲学》2006年第3期。

术专为研究或提取干细胞而受造的胚胎(NT—研究胚胎);(4)用动物卵子透过“核转殖”技术专为研究或提取干细胞而受造的胚胎。

由此可见,非人类胚胎的干细胞的可接受性相对较高,而来自人类胚胎的干细胞的可接受性相对低、争议性较高。但是,基于人类胚胎干细胞与人类的直接同源性,研究实践中多采用人类胚胎干细胞。尽管如此,有学者指出,所有人类干细胞无一例外适用以下四个伦理原则:(1)有益于病人(Principle of Beneficence)和相应的不伤害病人原则(Principle of Non-maleficence);(2)均衡或相称原则(Principle of Proportionality),即任何科学研究或医疗用途都必须有与之相称的回报;(3)补充性(Principle of Subsidiarity)或必需性原则(Principle of Necessity),即采用人类干细胞之外别无其他办法,若有两种不同的手段可以让人获得同一或相近的结果,采取的手段应该是两者之间较少争议性的一种;(4)尊重病人自主原则(Principle of Respect for Patient Autonomy)与知情同意原则(Doctrine of Informed Consent)。[1]

如前文所述,《克隆宣言》明确禁止有悖人的尊严的生殖性胚胎的干细胞研究与应用。虽然对治疗性人类胚胎干细胞的研究与应用将会极大造福人类,但是我们应该看到,这种基因技术仍是一把“双刃剑”,如果不加严格规范,将会带来一系列严重的伦理、法律问题。

从技术与伦理观之,人类胚胎干细胞技术带来的第一个冲击就是它改变或颠覆了传统的生命生产与修复模式,人的生物性的自然本性不再纯粹,以生物性血缘为纽带的家庭关系难以维系,进而冲击传统的伦理、道德理念。其次,治疗性胚胎干细胞技术有随时滑向生殖性克隆的危险,而且其间的技术界限有时难以界定,这将颠覆生物多样性的自然规律,违背生物进化天然的不确定性规律,人为操纵和控制人的生

〔1〕 许志伟:《人类干细胞之伦理原则与监管政策》(上),载《医学与哲学》2006年第3期。

命。再者,人类胚胎干细胞研究须通过克隆胚胎而获取胚胎干细胞,而干细胞一旦被提取,该胚胎将被弃置销毁,此举是以未出生的生命为代价,罔顾伦理道德乃至法律。最后,诚如有学者指出,人类胚胎干细胞研究需针对人类胚胎进行操作,无法保证其绝对安全和达到理想的纠正效果。而技术的不确定性在创造生命的同时,又在不断地毁灭生命。不仅如此,在人类胚胎干细胞研究中,鉴于基因调控和表达的复杂性,某些方面不能保证对实验客体或后代不造成伤害〔1〕,而这种伤害具有遗传性且不可逆转,一旦给后代造成伤害,对人类带来的将是一场永久的浩劫。

宪法学对人类胚胎干细胞是否有违人的尊严尚存争议,有学者从效率理论出发,认为"胚胎缺乏一切能够拥有人的尊严的条件,他尚不能够形成自我意识、理智和自我决断"。〔2〕"在对被克隆的胚胎的人的尊严进行保护时,这种保护关系仅仅建立在可能性的论据上(胚胎是可能的人,拥有所有成长为人的前提条件),还难以信服地顺应生命权和人的尊严保护是一致的这个基本设想。此时还要考虑到,可能性理论论据无法令人信服。赋予某个特定的人以权利这一事实并不代表所有早期的形成也拥有这些权利。"〔3〕

对于胚胎工具化问题,有学者基于对未出生生命的实定法上保护的空白,认为:"在人的尊严这一论点上,运用客体公式时存在着一个主要错误:即如果认为,在使用以治疗为目的的胚胎时人的这个本质仅仅为他人的目的而被工具化了,从而去阻止可能是最为严重的人类的不

---

〔1〕 李琼、王林、张珉等:《浅析人类生殖细胞基因治疗的伦理学问题及对策》,载《中国医学伦理学》2007年第1期。

〔2〕 K. A. 施瓦茨:《以人类胚胎干细胞为例研究胚胎保护的法律问题》,载《中德法律论坛2003》,南京大学出版社2005年版,第21页。

〔3〕 K. A. 施瓦茨:《以人类胚胎干细胞为例研究胚胎保护的法律问题》,载《中德法律论坛2003》,南京大学出版社2005年版,第21~22页。

幸,那么他恰恰不利于他人的生命。因为,为了克服身体自身的免疫反应的捐献者与胚胎在基因上的一致性,正是治疗性克隆的前提条件,显然,在细胞核中它涉及的是一种自助行为。但是因此,他人对人的生命和人的尊严的处分是不明显的。如果人们要指责,这是捐献者拥有支配另外一个人并控制他的行为的机会,那么生育——从被生出的人的角度来看——始终是他人决定的行为。单单这一点并不能说出实际上对尊严的侵犯。"[1]

实际上,虽然胚胎尚不能够形成自我意识、理智和自我决断,但是毕竟它是生命的雏形,在适宜的条件下必然会成为鲜活的生命,对任何人类业已意识到的生命可能性的保护正是基于人类智识进步的基础之上,据此以法律空白为由而拒绝对胚胎保护的认识和做法都是机械功利主义的表现。任何现在的生命雏形都不得被物化、手段化、工具化,成为挽救他人生命或改善人类生命质量的美丽托词,否则这种人类胚胎干细胞技术的滥用会将人沦为机器工业流水线上的订制品,人的尊严将荡然无存。

因此,鉴于人类胚胎干细胞技术关乎人的尊严,关乎整个人类的命运,许多国家纷纷予以严格的规制。由于英国在此方面研究较早,在对此监管方面经验较丰富,制度也较完善,形成了一个中央统一、综合监管的机制。英国主要通过"人类人工授精和胚胎管理局"(HFEA)、"英国国家干细胞库"(UKSCB)和"英国伦理委员会局"(UKECA)三个互联系、重叠的机构来运作。在美国,关于生物试验计划或草案必须至少由两个科学机构严格的伦理审核。加拿大政府通过三个联邦政府机构的共同参与成立了一个暂时性的"干细胞监管委员会"(Stem Cell

---

〔1〕 K. A. 施瓦茨:《以人类胚胎干细胞为例研究胚胎保护的法律问题》,载《中德法律论坛 2003》,南京大学出版社 2005 年版,第 22 页。

oversight Committee)来执行相关法律。[1]

四、精准医学背景下人的尊严理念的再度冲击

2011年11月,美国国家研究委员会(United States National Research Council)发表了《向着精准医学迈进》(Towards Precision Medicine)的报告,该报告首次提出了精准医学(Precision Medicine)这一概念。2015年1月20日,美国总统奥巴马在其国情咨文中再次强调精准医学。奥巴马所提出的精准医学是对传统的4P(Prediction, Prevention, Participation, Personalization,即预测、预防、参与、个体化)医疗、靶向治疗和大数据为基础的医学的兼收并蓄。

所谓的精准医学是指,通过运用现代遗传技术、分子影像技术、生物信息技术,根据患者的临床信息,结合患者的生活环境与生活方式,制订具体个性化的疾病预防与治疗方案,实现精准的疾病分类及诊断。精准医学的出现是为了解决传统医学过度依赖临床经验而带来的"不确定性"。

精准医学滥觞于基因测序技术的应用,但随着科技的发展,现代医学已逐渐深入到DNA、RNA(核糖核酸)、蛋白质等各分子层面,涉及基因测序、分子影像、微观控制等多学科领域,并结合大数据技术的运用,通过基因测序便可找出诱发疾病的相关突变基因,并结合患者个体基因、环境、生活方式等特质而做出的个性化诊疗,不仅可以降低药物副作用,而且可以实现以最小化的医源性损害、最低化的医疗资源耗费去获得最大化的病患的效益的目的。因此,英国、法国、澳大利亚等发达国家也都纷纷进行精准医学的探索。

但是,我们也应看到,精准医学的发展必须有相应的伦理规约与法

---

〔1〕 许志伟:《人类干细胞之伦理原则与监管政策》(上),载《医学与哲学》2006年第3期。

律保障,否则将带来严重的伦理和法律后果。

首先,由于精准医学是现代生命科学技术发展的产物,而大规模生物信息数据库的建设、全基因组测序是精准医学的前提,其中所产生的大量个体生物学数据信息不仅关乎个人隐私,而且若对于恶意运用必然带来毁灭性的后果(如制造超级钢铁战士、开发基因武器),那么将如何保护个体数据安全?如何保障族群基因信息安全乃至国家安全?

其次,鉴于精准医学的可持续研究与产业化,存在着如何制定行之有效的入组病例标准、数据质控标准,使其将个人风险减低到最低限度的困境。

最后,鉴于克隆、干细胞技术、转基因技术以及精准医学的运用,人生的全过程变得越发可被"设计"。当人的出生、如何生存乃至死亡都可以"设计"时,人已沦为无异于四处贩卖的商品而非活生生的人,人业已被高度"物化",人的尊严何在?

当不确定性和不可预见性以及多样性不再是宇宙永恒的法则,而沦为人类恣意蔑视的浅薄认知,人类这种妄图颠覆宇宙法则的癫狂与理性的自负终将得逞?!因此,我们不能在狭隘自由理念的鼓噪下将人的内在尊严推向极致而忽略人类所赖以维系的人的外在尊严,必须保持理性与冷静,并时刻高度警惕新技术对人类带来的冲击。

第四节　刑事司法直面人的尊严

鉴于《世界人权宣言》《公民权利和政治权利国际公约》《为罪行和滥用权力行为受害者取得公理的基本原则宣言》《保护所有人不遭受强迫失踪宣言》《禁止酷刑和其他残忍、不人道或有辱人格的待遇或处罚公约》等联合国公约以及各国刑事法律大多都对人的尊严予以了肯认和保障。而且,刑事司法不仅从实体而且在程序上严格恪守人的尊严理念,为此才能真正践行人的尊严保障之宗旨。

一、刑事实体层面对人的尊严的肯认与保障

正是基于认识目的而绝不能是为手段或工具的康德式理念,考虑到人具有理性的特质,个体的人本身就是道德的载体,他能够区分善恶、是非。有学者指出,如果一国的刑法理论基于上述假设确立,那么其后对某个不负有刑事责任的人或对其施加了超过他罪行的刑罚,那么这将意味着国家为了向其实现某种目的(如预防、阻吓作用,或教育目标)而将他作为了手段或工具来对待,此举侵犯了人的尊严。[1] 因此,在刑事实体法律制度层面,罪罚相当、禁止酷刑、废止死刑都是对人的尊严保障的践行。

罪罚相当原则(又称罪刑均衡原则、罪刑相适应原则),即犯罪分子所受到的刑罚应当与其犯罪的事实、性质、情节、社会危害性的程度相适应。如上所述,该原则初衷是避免将犯罪分子视为刑罚的手段,从而保障其人的尊严。除了上述考量外,还基于以下两个因素对人的尊严予以绝对保障:[2] 首先,国家所负有的保障个人免受功利(成本—效益)主义考量侵扰的义务或许会降低立法者和法官对犯罪分子施以严刑甚至酷刑的诱惑或冲动。其次,一个文明的社会有义务保障每一个公民的基本权利,即使对那些实施了犯罪行为的人也不例外。罪罚相当原则也被各国的司法理论与实践所广为接受,并在实践中不断地予以完善。我国《刑法》第 5 条对此原则也做出了明确规定:“刑罚的轻

---

〔1〕 See Mordechai Kremnitzer & Khalid Ghanayim, *Book Review*,34 ISR. L. REV. 302,315(2000). reviewing Hans-Heinrich Jeschenck & Thomas Weigend, Lehrbuch des Strafrechts Allgeminer Teil,5th ed. 1996.

〔2〕 Mordechai Kremnitzer & Tatjana Hörnle, *Human Dignity and the Principle of Culpability*,44 ISR. L. REV. 2011,pp. 115 -122.

重,应当与犯罪分子所犯罪行和承担的刑事责任相适应。”

“如果一个人遭受酷刑、被迫受奴役……其尊严就受到了侵犯。”[1]因此,有学者认为,禁止酷刑是一种绝对人权,是绝对和无限制的。[2] 正是基于维护人的尊严、保障人权的考量,联合国的有关公约率先对酷刑做出禁止性规定。《世界人权宣言》第5条规定:“任何人不得加以酷刑,或施以残忍的、不人道的或侮辱性的待遇或刑罚。”《公民权利和政治权利国际公约》第7条规定:“任何人均不得加以酷刑或施以残忍的、不人道的或侮辱性的待遇或刑罚。特别是对任何人均不得未经其自由同意而施以医药或科学试验。”《联合国保护被剥夺自由少年规则》《保护所有遭受任何形式拘留或监禁的人的原则》《禁止酷刑和其他残忍、不人道或有辱人格的待遇或处罚公约》《保护人人不受酷刑和其他残忍、不人道或有辱人格待遇或处罚宣言》《禁止酷刑及其他残忍、不人道或有辱人格的待遇或处罚公约附加议定书》《保护所有人不遭受强迫失踪宣言》都对此作出了声明或明确规定。不仅如此,联合国《囚犯待遇基本原则》还规定:“对于所有囚犯,均应尊重其作为人而固有的尊严和价值。不得以种族、肤色、性别、语言、宗教、政治或其他见解、民族本源或社会出身、财产、出生或其他状况为由而实行任何歧视。在当地条件需要时,宜尊重囚犯所属群体的宗教信仰和文化信条。”目前,禁止酷刑的理念已得到世界各国的肯认,它也成为“禁止刑讯逼供”、“沉默权”、“不得强迫自证其罪原则”与“非法证据排除规则”等刑事司法程序原则的直接依据。

对于死刑制度而言,理论和实务均存在较大的分歧。赞成死刑制度者认为,若不采取严刑峻法无以震慑与惩罚犯罪分子,况且死刑也符

---

〔1〕 [奥]曼弗雷德·诺瓦克:《国际人权制度导论》,柳华文译,北京大学出版社2010年版,第1页。

〔2〕 [奥]曼弗雷德·诺瓦克:《国际人权制度导论》,柳华文译,北京大学出版社2010年版,第54页。

合罪罚相当原则。然而,反对死刑制度者则认为,除了极少数罪大恶极的犯罪似乎符合"同态复仇"的社会心理,但却有悖于人的尊严且不符合人类文明之宽容内涵。在拉德布鲁赫看来,死刑之所以应当被废止的首要原因在于,这种刑罚否定了人类固有的自律性。……如果不把人作为目的而尊重之,而是仅仅作为手段利用之,势必对立基于自律性的人类尊严造成侵害。作为刑罚的死刑,其存在的场合就属于那种为了国家目的而把人仅仅作为手段来利用的情况。换言之,死刑制度就是出于社会防卫的目的,把人完全作为手段而牺牲掉的制度。这样一来,死刑制度放任了那种赋予国家道德优位而牺牲人类自律性的做法可以说是一种超个人主义的、权威主义的刑法观。[1]

废除死刑逐步为世人所认可。联合国《暂缓适用死刑》(Moratorium on the use of the death penalty)序言中申明:"考虑到适用死刑有损人之尊严,相信暂缓适用死刑有利于促进人权之发展,没有结论性的证据表明死刑有阻止(犯罪)之作用,而施行死刑方面的任何司法误判或失败都将是无法逆转和不可弥补的。"2007 年以来,联合国大会也呼吁在全球范围内暂停使用死刑。目前,联合国绝大多数会员国(193 个成员国中有 150 个)都已废除死刑或在法律或事实上暂停使用死刑,仅有 20 个国家仍然实施死刑。

二、刑事司法程序中对人的尊严保障

法律的正当性要求意味着"任何人都没有权力仅把他人作为实现自己主观目的的工具,每个个人都应当永远被视为目的本身"。[2] 因此,法律不仅应在实体层面也应在程序层面践行人的尊严理念。虽然

[1] [日]铃木敬夫:《论人的尊严与死刑废止》,宋海彬译,载《华东政法大学学报》2008 年第 4 期。

[2] [美]博登海默:《法理学——法律哲学与法律方法》,邓正来译,中国政法大学出版社 2004 年版,第 77 页。

法律具有实体层面的价值也已成为共识，但是直至近现代，人们才认识到法律在程序层面也同样具有价值。[1]

有学者指出，程序同样具有尊严的价值或以尊严为其价值取向，此即马修的提出的著名程序“尊严理论”（Dignitary Theory）。该理论的核心内容是：评价法律程序正义的主要标准是它使人的尊严获得维护的程度。这种体现于法律程序本身之中的价值，是以人类普遍的人性为基础而提出的。它们可以有诸如自治、自尊或平等等不同的价值要素。这些价值能否在法律实施中得到实现，完全取决于裁决制作活动采取什么样的形式和程序。……维护法律程序自身的公正性、人道性或者合理性，其最终目的在于使那些受裁决结果直接影响的人的尊严得到尊重。[2] 这种通过法律程序本身而不是裁决结果所体现出来的价值即“尊严价值”（Dignity Value），大体包括平等、可预测性、透明性、理性参与、隐私等方面。[3]

事实上，维护人的尊严并非刑事司法程序制度正义的特有体现。就终极意义而言，法律的终极关怀即维系人的尊严与价值，离开人的尊严与价值，法律价值及法律制度都将成为无源之水、无本之木。刑事司法程序的本质目的在于使公民免受国家公权力的恣意侵犯，而沦为刑事司法程序中的工具性客体或手段，进而保障公民的基本权利与尊严。

为了践行刑事司法程序保障人的尊严的宗旨，首先应是确立犯罪嫌疑人或被告人的主体地位。“个人应被视为道德和政治价值的基本主体。只有这样，通过提供个人以程序性权利来限制政府的权力才具

---

〔1〕 陈瑞华：《程序价值理论的四个模式》，载《中外法学》1996 年第 2 期。

〔2〕 陈瑞华：《程序正义的理论基础评马修的“尊严价值理论”》，载《中国法学》2000 年第 3 期。

〔3〕 陈瑞华：《程序正义的理论基础评马修的“尊严价值理论”》，载《中国法学》2000 年第 3 期。另见 Jerry L Mashaw, *Administrative Due Process*: *The Quest for a Dignitary Theory*, 61 Boston University Law Review 885 (1981), p. 886。

有实质性的意义。"[1]只有做到"不是把罪犯看成是单纯的客体,即司法的奴隶,而是把罪犯提高到一个自由的、自我决定的地位",[2]才能真正将犯罪嫌疑人或被告人视为"道德主体",将其自身视为目的,他们在刑事司法程序中作为目的存在的人的本质才不能被异化,方能确保实体正义的实现。赋予犯罪嫌疑人或被告人诉权是实现确认其主体地位的不二法门。联合国《为罪行和滥用权力行为受害者取得公理的基本原则宣言》第4条规定:"对待罪行受害者时应给予同情并尊重他们的尊严。他们有权向司法机构申诉并为其所受损害迅速获得国家法律规定的补救。"其次,应确保犯罪嫌疑人或被告人享有相应的程序保障权。同时,在犯罪嫌疑人或被告人诉诸公力救济时,他在面对作为国家暴力机器的公诉机关及受理案件的法院时,出于维护其人的尊严的考量而抵御国家强力,从而自己不被沦为任意惩罚的客体,赋予其保持沉默、不得自证其罪的权利、自行辩护尤其是由律师提供有效的辩护以及人性化的证据制度显得尤为重要。因为"在没有律师的时候,当事人的人格就遭减损"。[3] 不仅如此,出于"国家强权时刻有被滥用之危险"的深深顾虑,发达国家刑事司法理论与实践均确认,在第一次被调查或讯问之虞,犯罪嫌疑人或被告人即可获得律师提供的法律帮助。

任何人都"不得被强迫提供对自己不利的证据""不得自证其罪"这些来自生活经验与伦理道德的无罪推定原则,都是暗合了人们对人的自由与尊严孜孜以求的精神。在此基础上,基于人的尊严的核心自治与理性,后世逐步确立了沉默权制度。

所谓沉默权,是指在刑事司法过程中,犯罪嫌疑人或被告人在面对讯问时可以享有保持沉默的权利。沉默权最早可追溯至英国12世纪

---

[1] 李强:《自由主义》,中国社会科学出版社1998年版,第8页。
[2] 易延友:《沉默的自由》,中国政法大学出版社2001年版,第146页。
[3] [意]皮罗·克拉玛德雷:《程序与民主》,翟小波、刘刚译,高等教育出版社2005年版,第70页。

早期。但是,“直到 18 世纪后期辩护律师大量介入导致刑事审判对抗化之后,才正式确立了沉默权制度。”[1] 随着 1898 年英国《刑事证据法》的颁布,被告人才享有成文法意义上的沉默权。19 世纪起,美国衣钵英国的制度,并将沉默权从审判中拓展至审讯中。

1966 年美国最高法院在米兰达诉亚里桑那州(*Miranda v. Arizona*)一案中所确立的“米兰达规则”,不仅将沉默权制度化,而且强化了“不得自证其罪”原则,并开启了“律师援助制度”。不仅如此,由此而制度化的“米兰达警告”(Miranda Warnings)不但成为犯罪嫌疑人或被告人以法律主体身份通过完全理性、自治的方式应对公权力的利器,而且成为美国家喻户晓且风行全球的美国通俗文化的一部分。

我国《刑事诉讼法》第 118 条规定:“侦查人员在讯问犯罪嫌疑人的时候,应当首先讯问犯罪嫌疑人是否有犯罪行为,让他陈述有罪的情节或者无罪的辩解,然后向他提出问题。犯罪嫌疑人对侦查人员的提问,应当如实回答。但是对与本案无关的问题,有拒绝回答的权利。”从其中的“应当如实回答”规定来看,我国在法律上否认沉默权制度。但是,随着时代的发展,我国刑事司法领域也在实践中逐步提倡禁止刑讯逼供或诱供以及倡导允许零口供,这无疑是一个进步。

此外,为了防止犯罪嫌疑人或被告人沦为刑事司法中的工具性客体或手段,在刑事证据制度中也应积极践行保障人的尊严。非法证据排除规则的宗旨就是排除一切国家公权力的恣意、滥权而获取非法证据,确保犯罪嫌疑人或被告人以法律主体的身份有尊严地抗辩公权力。因此,美国的“米兰达规则”要求必须在讯问时先告知被讯问者享有沉默的权利,否则在嗣后的刑事诉讼程序中,被指控者所做的供述将基于“毒树之果”原则(Fruits of Poisonous Tree)而不予采纳。不仅如此,通

---

〔1〕 孙长永:《侦查程序与人权》,中国方正出版社 2000 年版,第 298 页。

过刑讯逼供或诱供所采集的证据,也因违背正当程序而不予采信。如我国《刑事诉讼法》第61条规定:“严禁以非法的方法收集证据。凡经查证确实属于采用刑讯逼供或者威胁、引诱、欺骗等非法的方法取得的证人证言、被害人陈述、被告人供述,不能作为定案的根据。”《人民检察院刑事诉讼规则(试行)》第187条也明确规定:“人民检察院办理直接受理立案侦查的案件,必须重证据,重调查研究,不轻信口供。严禁刑讯逼供和以威胁、引诱、欺骗以及其他非法方法收集证据,不得强迫任何人证实自己有罪。”《人民检察院刑事诉讼规则(试行)》第197条第4款规定:“严禁刑讯逼供和以威胁、引诱、欺骗以及其他非法的方法获取供述。”第206条规定:“不得采用羁押、刑讯、威胁、引诱、欺骗以及其他非法方法获取证言。”除此之外,出于伦理、道德的考量,近亲属无作证义务,从而维护被指控者及其近亲属的尊严而不沦为刑事司法中的工具性客体或手段。我国《刑事诉讼法》第60条规定:“凡是知道案件情况的人,都有作证的义务。生理上、精神上有缺陷或者年幼,不能辨别是非、不能正确表达的人,不能作证人。”《人民检察院刑事诉讼规则(试行)》第197条第2款也做出了类似规定:“犯罪嫌疑人对侦查人员的提问,应当如实回答。但是对与本案无关的问题,有拒绝回答的权利。”由此可见,我国在法律上不认可近亲属有不做证的权利,这不仅和我国古代“亲亲相隐”的司法制度不符,而且与保障人的尊严免于被褫夺、自治与自决而沦为公权力的手段的宗旨相违。

总之,在刑事司法领域彰显人的尊严理念,是司法制度不断走向文明、人道的必由之路。

第五节 商业伦理下人的尊严理念之嬗变

随着社会的发展,人格商品化滥觞,各国理论和实务最初通过一般人格权制度或知识产权制度予以应对。但是,进入信息时代,互联网的勃兴,人们开始通过网络或社交媒体展示自己的风采,传统媒体也开始利用名人效应从网络经济分食一杯羹。在信息带来的经济繁荣背后,人们不禁担忧:伴随着商业逐步将人的姓名、声音、形象等特质作为营销的商品,人似乎日益沦为商业的附庸,这种将人工具化或手段化的做法势必侵蚀人的尊严与价值。

人的形象展示权与网络被遗忘权即是此番人格商品化浪潮中的产物,我们不得不直面信息时代商业伦理人的尊严理念将何去何从。

一、人的尊严视阈下之形象展示权(Right of Publicity/Publicity Right)

在人格商品化的大潮涌动之下,不仅诸如传统的姓名、肖像而且声音、姿态、影视与动漫造型以及身体的某一部分等被直接或间接投放至商业领域,人们势必回应如下严肃问题的质疑:应如何界定这种权利?它是否会对法律上之人的尊严的终极关怀造成严重冲击?

(一)何谓形象展示权

形象展示权一词是由 Right of Publicity 或 Publicity Right 转译而来,学者们对其莫衷一是,有人主张表述为“公开权”[1],也有人坚持“形象权”[2]或“商事人格权”[3]的称谓。为了准确界定形象展示权的

---

〔1〕 王利明、杨立新:《人格权与新闻侵权》,中国方正出版社1995年版,第427~431页。
〔2〕 李明德:《美国形象权法研究》,载《环球法律评论》2003年第4期。
〔3〕 程合红:《商事人格权刍议》,载《中国法学》2000年第5期。

概念,我们须从历史的维度加以审视。

形象展示权应追根溯源至1890年沃伦和布兰代斯的《论隐私权》一文,他们在文中抛弃了将隐私权建立在财产权的理论基础上,另辟蹊径从人的尊严视角而绝非从商业的功利主义立场演绎出隐私权。[1]

1902年,在罗伯逊案(*Roberson*)中,原告罗伯逊夫人因某公司未经其同意而将其肖像印制在面粉袋上提起诉讼。[2] 纽约州上诉法院多数意见认为,法院不应通过创设隐私权这种新权利方式提供救济,未经授权将他人的姓名或照片用于广告的行为应由制定法首先规定。[3] 该案争议的核心在于:是否可以未经授权出于商业目的使用他人的形象(Appearance)。有学者据此认为,现实中就此开始意识到形象展示权的概念。[4] 尽管如此,纽约州于1904年在其民权法中规定,对个人在广告或商品中使用其本人肖像(Likeness)或姓名的行为予以保护。[5]

在美国隐私权的概念产生50年之后,1953年,美国第二巡回上诉法院的弗兰克法官在*Haelan*案中首创形象展示权,他指出:该权利不同于传统的隐私权,这种包含有经济利益的权利属于财产权的范畴。[6]

---

〔1〕 S. Warren & L. Brandeis, *The Right to Privacy*, 4 Harvard Law Review 193, 1890, p. 196.

〔2〕 Roberson v. Rochester Folding Box Co., 171 N. Y. 1902, p. 538.

〔3〕 Huw Beverley-Smith, *The Commercial Appropriation of Personality*, Cambridge University Press, 2002, p. 155.

〔4〕 Olaf Weber, *Human Dignity and the Commercial Appropriation of Personality Towards a Cosmopolitan Consensus in Publicity Rights*, 1 SCRIPT-ed 160, 2004, p. 161.

〔5〕 参见(1904年)《纽约州民权法》第51条[New York Civil Rights Law (CVR) p. 51 (Action for injunction and for damages)]。该条第1款规定如下:Any person whose *name, portrait, picture or voice* is used within this state for advertising purposes or for the purposes of trade without the written consent first obtained as above provided (§50) may maintain an equitable action in the supreme court of this state against the person, firm or corporation so using his name, portrait, picture or voice, to prevent and restrain the use thereof; and may also sue and recover damages for any injuries sustained by reason of such use and if the defendant shall have knowingly used such person's name, portrait, picture or voice in such manner as is forbidden or declared to be unlawful by section fifty of this article, the jury, in its discretion, may award exemplary damages。

〔6〕 Haelan Laboratories Inc. v Topps Chewing Gum, 202 F. 2d, 1953, p. 866.

随后，Nimmer 教授的《论形象展示权》一文正式确立了形象展示权的理论，[1]并由此而推动了该权利在法学理论和司法实践的发展。

由此可见，美国是在隐私权之外又创设了形象展示权，由此形成了隐私权与形象展示权二分法或双轨制机制试图对人格权进行全方位的保障。日本紧随美国其后，虽然也采取了双轨制，但是日本仍将其作为由人格权衍生的新型权利——商品化权（Merchandising Right），辅之以知识产权制度予以保障。[2]

以德国为代表的大陆法系国家，形象展示权这种新型权利是通过知识产权制度（主要是著作权法）予以发展，但是在"宪法第三者效力"的影响下，知识产权制度显然不能自给，亟须宪法为其设定边界。因此，宪法中的人的尊严与人格权就成为形象展示权的逻辑与制度起点，是通过民法上的一般人格权、表达自由或由著作权制度扩张解释而予以适用。

由此可见，形象展示权是指自然人、法人或者其他组织对代表其形象或个性（Identity）（如姓名、商号、肖像、声音、角色等）与人格相关联的利益排他享有、使用并获取利益的权利。

有学者曾对形象展示权的性质表示疑惑："我国现行立法尚未规定形象权，从理论上讲，形象人格利益的保护既然没有独立的人格权进行保护，就应当置于一般人格权的保护范围之内。可是，在司法实践中并没有形象权保护的成功案例。实践证明，用一般人格权来保护形象利益不是一个成功的做法。可以认为，形象权在人格权法领域还属于一个盲区。"[3]那么这种权利是否是一种独立权利？它的性质是什么？

---

〔1〕 Melville B. Nimmer, *The Right of Publicity*, 19 Law & Contemp. Probs. 1954, p. 203.

〔2〕 对于日本商品化权的演变，可参见张鹏：《日本商品化权的历史演变与理论探析》，载《知识产权》2016 年第 5 期。

〔3〕 杨立新、林旭霞：《论形象权的独立地位及其基本内容》，载《吉林大学社会科学学报》2006 年第 2 期。

实际上，从形象展示权的产生即可看出，它是为消弭隐私权和知识产权制度保护不周而创设的。隐私权具有人格特征的财产利益保护不足主要体现在以下几个方面：第一，隐私权是保障个人独处之权利，若如上所述，被害人是名人时，因其已将个人姓名、肖像公开于外，并因此获得经济利益，法院多认为其已经抛弃隐私权；第二，隐私权主要保护人的尊严利益及精神感情，而非财产利益；第三，隐私权是一种个人性权利，不得转让、继承。〔1〕除此之外，隐私权旨在消极保护个人的尊严不受侵犯，而形象展示权保护却是通过积极地维护人格中的财产权利而践行人的尊严。知识产权是权利人对其创作的智力劳动成果所享有的专有权利，一般只在限定期限受到保护，而且只有那些符合知识产权要素的姓名、肖像等才受到知识产权制度的保护；而那些与人的个性息息相关的声音、姿势等人格标识却不属于知识产权的范畴。日本的商品化权的客体范围广泛，不仅包括真实人物的形象展示权，而且涵盖虚拟角色的商品化权，如漫画或动画中的人物、小说中的人物，甚至包括动物。同样，财产权制度也对此一筹莫展。兼具人格特征，具有极强的人身属性，完全视为财产会陷入将作为主体的人财产化、客体化，有悖人的尊严。

因此，无论大陆法系还是英美法系，形象展示权都不仅仅是一种单一性质的权利，它兼具知识产权、财产权与隐私权（或人格权）的特质，是一种混合性质的新型权利。〔2〕在美国和日本，均将其视为一种新型的独立权利；而在大陆法系，并不将形象展示权视为一种独立的权利，而是作为由一般人格权衍生而来的权利。但是，究其本质，形象展示权

---

〔1〕王泽鉴：《人格权保护的课题与展望（五）——人格权的性质及构造：精神利益与财产利益的保护（上）》，载《台湾法学》2008 年总第 104 期。

〔2〕但是，我国也有学者认为，形象权具有独立的法律地位，应当纳入具体人格权的体系，与姓名权、肖像权、声音权等人格权一道，成为一个独立的具体人格权。杨立新、林旭霞：《论形象权的独立地位及其基本内容》，载《吉林大学社会科学学报》2006 年第 2 期。

属于宪法上表达自由范畴。

(二)形象展示权之理论基础

学者们从不同视角提出迥异的形象展示权理论基础。据爱尔兰学者科贝特(Corbett)归纳总结,劳动理论、经济学理论、消费者权益保护理论、黑格尔财产权理论和人格权或人的尊严理论都是学者们证立形象展示权的理论基础。[1]

劳动理论基础是根植于洛克的劳动创造财产权理论,即“劳动使得一切东西具有不同的价值……所以,在最初,人们对原来共有的东西施加劳动,该劳动就产生财产权。”[2] Nimmer 教授指出,“每个人都对其劳动成果享有所有权,除非有重要的与其抗衡的公共利益的考虑。因此,由于传统法律理论的不足,长久而辛勤地培育公开价值成果的人将被剥夺对这些劳动成果的所有权,除非法官承认这里所指的形象展示权,即每个人都享有对其所创造的或者购买的公开价值的控制和取得收益的权利。”[3] 由此可见,Nimmer 教授提出的形象展示权是以洛克劳动创造财产这一英美基本原则为理论依据。但是,该理论显然不能自圆其说。通常劳动创造财产,但并非所有的财产均是由劳动创造,诸如声音、形象等这些与生俱来的个人形象和劳动无关,它们却能创造经济效益与价值。

根据经济学理论,人人都应受到激励而从事诸如创造有益于社会文化的形象来“进行社会财富增进活动”,[4] 因此应对社会财富起增进作用的知识产权制度予以保障。一旦个人被赋予了对其创造发明的

---

[1] Val Joseph Corbett, *The Right of Publicity and the Search for Principle*, in: A Koltay (ed.), Media Freedom and Regulation in the new Media World, Budapest, Wolters Kluwer, 2014, pp. 388 -406.

[2] [英]洛克:《政府论》(下篇),叶启芳、翟菊农译,商务印书馆1964年版,第19页。

[3] Melville B. Nimmer, *The Right of Publicity*, 19 Law & Contemp. Probs. 203(1954), p. 216.

[4] JT McCarthy, *Melville B. Nimmer and the Right of Publicity: A Tribute*, 34 *UCLA* Law Review 1703(1987), p. 1710.

排他控制权，那么这将激发权利人进行投资以满足公众对其创造发明的需求。[1] 但是，这将会强化自由市场的无序化，将弱肉强食的丛林法则发挥得淋漓尽致，使富者愈富、穷者愈穷；而且这种从分配效率着眼的短视做法，将最终带来结果不正义，而使分配正义的正当性荡然无存。

从消费者权益保护理论出发，形象展示权旨在保护作为市场中弱者一方的消费者。如果欠缺这种保护机制，消费者就不可避免地受到商家对商品与服务品质与信誉描述的误导。[2] 形象展示权消费者权益保护制度的建立必然是依赖国家强制力干预市场，这势必造成消费者因盲信国家公权力的干预效果而被削弱或丧失了对商品与服务品质的应有理性判断能力，在国家监管不力或失控的情形下，消费者将遭受无妄之灾。将权利保障机制完全建立在国家干预的基石上，是抛弃市场自我调控而倒退至付诸计划经济的不可取做法。

黑格尔财产权理论提出，人唯有在所有权中才是作为理性而存在的，财产权是人格的重要组成部分。每个人的社会地位由其经济状况决定，人们占有和使用物的目的就是为了满足自己的需要，因此收益权就应该是占有权、使用权的内容之一。不仅如此，精神既是人的本体又构成财产的基本内容，故而也是权利的客体，它必须通过法权制度来保护，权利只是一种可能性，对它的具体行使和现实化运动必须通过实际的占有、使用、转让等活动的环节来完成。[3] 因此，以精神利益为内涵的形象展示权也是财产权的一种。

黑格尔财产权理论是秉持自由主义而将人作为抽象人格平等意义

---

〔1〕 DE Shipley, *Publicity Never Dies: It Just Fades Away*, 66 Cornell Law Review 673 (1981), p. 681.

〔2〕 Val Joseph Corbett, *The Right of Publicity and the Search for Principle*, in: A Koltay (ed), Media Freedom and Regulation in the new Media World, Budapest, Wolters Kluwer, 2014, p. 394.

〔3〕 [德]黑格尔:《法哲学原理》，范扬、张企泰译，商务印书馆 1961 年版，第 93 页。

上的主体来对待,私有财产权便是这种自由和平的外壳。虽然黑格尔财产权理论对形象展示权的平等保护起到了极大的推动作用,但是,它无法诠释以人格利益为核心的形象展示权不能自由转让、处分的事实,否则将贬损作为法律终极关怀的人的尊严。

也有学者认为,(形象)展示权是以人的尊严保障为目的。[1] 人之所以成为人、有别于动物的本质在于人有尊严,人的尊严是我们希望如何被作为人来对待所应遵循的规范。因此,对形象展示权的保护即是保护作为人的本质内容的也是我们之所以成为人的人格。理性与自治是人的尊严的本质所在。

尽管人们都拥有相同人格,但是由于每个人个性的差异而使每个人都独一无二。因此,个性(形象)有别于人格。[2] 于是,自主的个体,应对有关其姓名、健康、性取向、种族、自我形象等所有诸如此类的事实予以掌控。不仅如此,鉴于发展社会形象将塑造个体的自我认同,自治因而具有社会价值,所以尤其应对所谓(形象)展示权相关的事实予以掌控。[3] 当诸如其名称或肖像等人的个性在未经本人同意的情形下作商业用途时,此举是对其按照自己的方式自由人格发展能力的侵犯,这是对其人的尊严的冒犯。也有学者指出,根据康德的自治理论,自治意味着个人有权左右如何利用自我,因为干预个人就是对其固有自由(在社会生活中采取意志与行动自由或免于受到他人的强制等具体的形式)的侵犯。[4] 由于个性形象是个人特质的核心内容,因此对个性(形

---

〔1〕 EJ Bloustein, *Privacy as an Aspect of Human Dignity: An Answer to Dean Prosser*, 39 New York University Law Review (1964) p.962.

〔2〕 J Kahn, *Bringing Dignity Back to Light: Publicity Rights and the Eclipse of the Tort of Appropriation of Identity*, 17 Cardozo Arts & Entertainment Law Journal 213(1999), p.219.

〔3〕 H Delany and E Carolan, *The Right to Privacy*, Thomson Round Hall 2008, p.14.

〔4〕 A Haemmerli, *Whose Who? The Case for a Kantian Right of Publicity*, 49 Duke Law Journal 383 (1999), p.416.

象)侵犯即是对其人的尊严的侵犯。[1]

综上所述,人的尊严理论是从人的尊严出发,在强调人的理性与自治基础上,确认并保护对属于每个人所特有的个性或形象的自我商业利用,有效地回应劳动理论、经济理论、消费者权益保护理论以及黑格尔财产权理论所不能诠释的问题。因此,人的尊严才是形象展示权的理论依据。

(三)(形象)展示权的内涵与外延

鉴于基本权利主体也逐步顺应时代发展而将法人涵盖其中,形象展示权的主体显然不应限于自然人,法人及其他组织同样也可享有形象。对于自然人而言,诸如肖像、姓名、别名、绰号、声音、发型、脸型、手型、身形特征、侧影、背影等身体的整体与部分形象都属于形象展示权保护的范畴;除此之外,自然人的整体形象也是形象展示权的客体,如特性演员的形象(如毛泽东、周恩来等)、角色或某些特殊的装扮、特有的动作或风格、特殊的道具等可使公众联想到或明确地指向某一特定人物。对于法人和其他组织而言,形象展示权主要以保护其整体形象为目的。毫无疑问,法人或其他组织的名称或商号属于形象展示权保护的范畴。除此之外,有学者指出,法人或其他组织的形象由特定的地理特征、标志性建筑、历史传统等因素构成,如果这些因素综合起来,明确指向某一法人或其他组织,那么,这些因素的综合就代表法人的整体形象,成为形象权所保护的对象。[2]

鉴于形象展示权倡导自治,权利人享有的是排他性权利。因此,未经权利人的同意,他人不得利用权利人的形象。为了消弭形象展示权

---

〔1〕 J Kahn, *Bringing Dignity Back to Light: Publicity Rights and the Eclipse of the Tort of Appropriation of Identity*, 17 Cardozo Arts & Entertainment Law Journal 213(1999), p. 219.

〔2〕 杨立新、林旭霞:《论形象权的独立地位及其基本内容》,载《吉林大学社会科学学报》2006 年第 2 期。

与表达自由、新闻自由、艺术自由的冲突，美国将形象展示区分为传播性使用（Communicative Use）和商业性使用（Commercial Use）。[1] 所谓的传播性使用，是指对于他人形象的使用是为了传播信息，因而对言论自由的考量高于形象展示权的保护，行为人对他人形象的传播性使用受到美国宪法第一修正案的保护。所谓的商业性使用，是指对于他人形象的使用虽然也有传达信息的作用，但主要是为了商业性目的。此时，对形象展示权的考量高于言论自由，因而行为人对他人形象的商业性使用属于侵权行为。

在具体判断形象展示是否属于或不属于商业性使用时，美国法院主要形成了如下判断标准：[2]（1）新闻价值（Newsworthy）标准（此即Zacchini 案[3]形成的标准），即只要形象展示行为属于新闻报道范畴，自然具有新闻价值，因而属于合理使用。但是，这种判断标准过于主观，难以形成统一的客观的适用标准。（2）转化性标准（Transformative）（此即 Comedy Ⅲ Productions 案[4]形成的标准），即只要行为人未对权利人的形象照搬使用，而是进行了转化性、创造性的加工，属于合理使用。因此，在 White v. Samsung Electronics America 案中，Kozinski 法官认为，模仿也倾注了时间和精力，属于合理使用且理应获得报酬，而且“如果每一个作者和名人都有权利阻止人们模仿他们或他们的作品，后果将如何？诚然，不管是文化上还是经济上都会使这个世界更穷，而不是更富裕”。[5] （3）主要（Predominant）目的判断标准（此即 Estate

〔1〕 参见苏珊娜·伯格曼：《美国和德国公开权制度的比较研究》，载张民安主编：《公开权侵权责任制度研究：肖像、隐私及其他人格特征侵权》，中山大学出版社 2010 年版，第 285 页。

〔2〕 参见曾丽：《论人格特征商业利用之财产利益保护》，西南政法大学硕士学位论文 2010 年，第 14 页。

〔3〕 Zacchini v. Scripps-Howard Broadcasting Co. ,433 US 1977, p. 562.

〔4〕 Comedy Ⅲ Productions, Inc. v. Gary Saderup, Inc. 25 Cal. 4th 2001, p. 387.

〔5〕 See White v. Samsung Elecs. Am. ,989 F. 2d 1512, 1514 (9th Cir.) cert. denied, 508 U. S. 1993, p. 951.

of Presley案[1]形成的标准),即以是否具有追求商业利益的主要目的作为标准。(4)公共领域标准(Public Domain)(此即C. B. C. Distribution and Marketing,Inc. 案[2]形成的标准),即一切可在公共领域轻易获取之信息,对其利用都不会构成对形象展示权的侵犯。但这一判断标准被认为从根本上否认了形象展示权的保护目的,以及其所具有的财产权属性而受到批判。(5)其他应用标准,如公共利益判断标准[3]。主要目的标准和转化性标准是目前美国法院公认的且适用最多的标准。

形象展示权利并非纯粹的财产权,必须受到诸如表达自由权等权利的限制。为了平衡形象展示权和表达自由的冲突,有学者认为应从以下三个方面对形象展示权的使用加以限制。[4] 首先,形象展示权不应对个人形象的使用加以禁止,只应当个人形象被用于广告或商业目的才能予以禁止。形象展示权的宗旨是避免权利人的形象沦为他人商业利用的奴隶,使其形象乃至个人本身成为工具化的手段与客体,进而贬损人的尊严。但是,鉴于形象展示权又兼具知识产权的属性,因此,基于权利人同意下的使用属于知识产权法中的合理使用。其次,形象展示权应只适用于与个人形象密不可分的使用。只有对于那些与个人形象存在模糊联系的使用,才产生言论自由受到威胁过的情形,而且"对形象标志的使用必须毫不含糊、具有独特性而且直接指向形象权利人"[5]。再次,形象展示权的可继承性将加剧对言论自由的担忧。形象

---

[1] Estate of Presley v. Russen. 513 F. Supp. 1339,1356 (D. N. J. 1981).

[2] C. B. C. Distribution and Marketing,Inc. v. Major League Baseball Advanced Media,L. P. 443 F. Supp. 2d 1077 (E. D. Mo. 2006)

[3] Gionfriddo v. Major League Baseball,94 Cal. App. 4th 2001,p. 400.

[4] Val Joseph Corbett, *The Right of Publicity and the Search for Principle*,in: A Koltay (ed),Media Freedom and Regulation in the new Media World,Budapest,Wolters Kluwer,2014,pp. 408 -410.

[5] A Haemmerli, *Whose Who? The Case for a Kantian Right of Publicity*,49 Duke Law Journal 383 1999,p. 460.

展示权的可继承性将使人们担忧:在权利人死后的无限期限内,社会公众被剥夺了使用该形象的权利始终。鉴于形象展示权具有财产权的属性,而财产都具有继承性,但是形象展示权具有财产权又具有人格权的特性,而人格权通常无法继承。因此,可为了保护被继承人的权益,顺应形象展示权所具有的知识产权属性,各国均参考著作权保护的规定,多数国家持肯定态度,美国各州对此的态度不一。然而,德国坚持形象展示权属于一般人格权的范畴,因此而不具有可继承性与转让性。

对于形象展示权的保护期间或存续期间,有学者指出,由于法律主体资格始于出生终于死亡,不宜对死者的形象展示权予以延伸保护。[1]实际上,为了保护继承人获得死者的形象展示利益,各国均参考著作权保护期限的规定,规定形象展示权保护期间为形象展示权人生存期间加权利人死后(或法人、其他组织终止后)的若干年。德国规定为10年,美国各州对形象展示权的存续期间从死后20年到死后100年不等,如加州规定为70年。[2] 有学者认为,对死后形象展示权保护年限的规定从某种意义上是基于公共利益考虑,因为"个人的形象也属于历史和民族文化的一部分";规定年限也是基于有利于受让人和被许可人,因为这有助于预见使用形象展示权人形象的年限和准确计算出形象展示权人的商业价值,以避免不必要的诉讼,即增强商事行为的可预见性。[3]

(四)形象展示权之忧思

就本质而言,形象展示权脱胎于人格权。然而,在传统的人格权理

---

〔1〕 参见杨立新、林旭霞:《论形象权的独立地位及其基本内容》,载《吉林大学社会科学学报》2006年第2期。

〔2〕 Olaf Weber, *Human Dignity and the Commercial Appropriation of Personality Towards a Cosmopolitan Consensus in Publicity Rights*, 1 SCRIPT-ed 160 2004, p. 201.

〔3〕 参见苏珊娜·伯格曼:《美国和德国公开权制度的比较研究》,载张民安主编:《公开权侵权责任制度研究:肖像、隐私及其他人格特征侵权》,中山大学出版社2010年版,第291页。

念之下，人格不得转让、不可牟利。但是，随着社会的发展，从人格中开始分离出具有经济利益的部分而予以区别对待。由此而产生的形象展示权必然会冲击固有的人格权的核心，如果不加必要有效的限制，则有将人工具化的危险，使宪法昭示并保障人的尊严的终极关怀成为空中楼阁。我们不得不对形象展示权的未来制度建构进行反思。

首先，形象展示权如何直面从财产与人格分离到财产与人格混同的窘境。步入现代社会后，传统的人格权与财产权的分界逐步消失，财产权的人格化以及人格权的财产化彰显，此即财产权与人格权的混同现象。这实际上是对“无财产既无人格”的现代全新诠释：“财产实际上就是法律人格在经济领域的反映。也就是，权利和义务是能够通过金钱的方式加以评估，没有法律人格的人也就是没有财产的人，因此，法律人格使财产权观念更具正当性，更具体地说，财产也就是一种法律人格。”〔1〕在这种理念支配下，人格开始商品化、财产化，形象展示权应运而生。因此，有学者指出，人格一旦被物化到符号当中，人格的商品化、财产化以及由此导致的对人格符号的权利扩大保护也就成为必要，因为人格符号具有重大的资产价值。〔2〕

但是，毕竟形象展示权是以人格利益为内容，人的尊严必然是该权利的核心。如若过分强调形象展示权的财产权属性，势必造成为了经济动机而将人沦为工具或手段，这将背离创设该权利的初衷，也有悖人的尊严保障的理念与诉求。因此，德国坚持将形象展示权纳入一般人格权范畴内，秉持一般人格权并非为了保护财产价值或他人形象的商事价值，而是为了保护人的尊严以及让人性更自由发展。虽然，德国法院为了适应社会发展而承认某些人格权具有财产利益、在某种程度上

---

〔1〕 参见张民安：《公开权侵权责任研究》，载张民安主编：《公开权侵权责任制度研究：肖像、隐私及其他人格特征侵权》，中山大学出版社2010年版，第4页。

〔2〕 谢晓尧：《商品化权：人格符号的利益扩张与衡平》，载《法商研究》2005年第3期。

具有可交易性。但是,一般人格权的不可转让性限制了名人通过转让权利所有权获取利益的机会。不仅如此,当权利受到侵犯时,法院不会判予高额的损害性赔偿金,被许可人也不享有禁止第三人使用名人形象的权利。一般人格权的不可继承性也影响了权利的价值。〔1〕

其次,形象展示权如何消弭从私域向公共领域的扩张与龃龉。人格权或隐私权原本属于私人领域自治范畴,但是形象展示权却是将原本私人领域的人格形象投入到公共领域并获取利益。因此,如果不对形象展示权加以必要的限制,那么,赋予形象展示权过于宽泛的保护范畴会造成了人主义文化符号的泛滥,而且现实如此。有学者指出:"令人毫无疑问的是,形象展示权使得对大众文化的审查成为可能。"〔2〕

实际上,人们真正恐惧的是:形象展示权将"从公共领域涤除重要的符号并允许形象掌控人就形象对于我们的意义向全社会发号施令"。〔3〕标志性符号的使用和意义必然会被沦落为由少数人垄断而侵犯社会其他人的权益。因此,在私人领域和没有利益冲突的情况下,个人拥有对其名字和肖像的控制权。但是这在公共领域是否依然如此是存在疑问的。有学者从另一侧面指出,从私人领域向公共领域的延伸将导致两个问题:首先,诸如新闻或艺术之类的共同需要将成为这一领域更为重要的考量因素。其次,形象展示权的产生乃是基于隐私业已被确定的现实,而隐私权保护的目的是免受公众的干预。因此,形象展示权如何不在社会领域,是以湮灭其不受干预的本性?有学者认为,解

〔1〕 参见苏珊娜·伯格曼:《美国和德国公开权制度的比较研究》,载张民安主编:《公开权侵权责任制度研究:肖像、隐私及其他人格特征侵权》,中山大学出版社2010年版,第305页。

〔2〕 M Madow, *Popular Ownership of Public Image: Popular Culture and Publicity Rights*, 81 California Law Review 125 1993, p. 239.

〔3〕 RR Kwall, *Fame*, 73 Indiana Law Journal 1 (1997), p. 45.

决此问题关键是权利人的同意。[1] 即借鉴知识产权制度中的许可转让制度。因此,如何将人格中的非财产属性的内涵清晰地剥离出来,由此区别不具有财产属性的人格利益从而进行区别保护,这将是我们不得不面对的难题。

再者,形象展示权将如何应对从消极自由到积极自由的转向。根据柏林的观点,自由可划分为消极自由观与积极自由,消极自由是"在没有其他人或群体干涉我的行动程度之内,我是自由的。在这个意义下,政治自由只是指一个人能够不受别人阻挠而径自行动的范围;"[2] 积极自由是"以做自己主人为旨的自由,积极自由就是自主,或自我实现。"[3] 换言之,消极自由是指"被动"意义上的自由,即人在意志上不受他人的强制,在行为上不受他人的干涉,是处于"免于强制和干涉"的状态(Liberty From……),即"可免于……的自由"(Free from doing/something);而积极自由则是指处于自主的或自决的"积极"自由的状态之中(Liberty To……)的自由,即"可以做什么的自由"(Free to do)。消极与积极自由之区分对构造新的国家治理理论大有裨益,循此思路人们对宪法上基本权利的功能不再受制于传统的消极"防御"之限制,而是将基本权利功能适时地拓展到兼具有积极"受益"之功能。

传统上,人格权是建构在康德自治理念为内核的人的尊严理念之上,因此人格权、隐私权的核心理念是防御(国家)公权力的干预。正因如此,建立在人格权基础之上的形象展示权,其主要功能之一就是保障免受(国家)公权力的侵扰,从而实现消极自由。但是,随着个人将其原

---

〔1〕 W Houseley, *The Unauthorised Commercial exploitation*, Yearbook of Media and Entertainment Law 1996, pp. 263 –266.

〔2〕 [英]柏林:《两种自由概念》,载刘军宁等编:《市场逻辑与国家观念》,三联书店 1995 年版,第 11 页。

〔3〕 [英]柏林:《两种自由概念》,载刘军宁等编:《市场逻辑与国家观念》,三联书店 1995 年版,第 215 页。

本私人具有人格属性的形象拓展至公共领域时,个人无法解决纷扰繁杂的社会关系的羁绊,亟须国家创造外在条件使其能够以积极的方式实现自我价值。因此,国家在创设相关法律制度保障形象展示权时,应更多地着眼于对人的全方位关注,既保障其消极自由又维护其积极自由,而不只是从经济视角予以考量。形象展示权所遭受的损害并不限于经济损失,还应当包括到当其自治受到不正当侵扰时给权利人造成的侵害。

但是,我们也应看到,根据自由至上主义者的认识,积极自由要求国家为个人的自我实现创造条件,这就为国家干涉公民的消极自由打开了方便之门。如果我们对于形象展示权所追求的商业利益予以过度或不当保护,即在保障积极自由的借口下,国家将做出种种干预措施(如严苛的形象许可制度),进而损及人格权这一形象展示权的初始内涵,即对消极自由造成了侵害。由此可见,在兼顾积极自由与消极自由的情形下如何能够有效地建构形象展示权制度,无疑是我们面临的难题与挑战。

最后,形象展示权将如何回应从内在尊严向外在尊严的嬗变。现代西方学者将人区分为“外在个人”和“内在个人”来探询人的真谛。西班牙学者佩里认为,整个西方哲学都是从人在整体中的地位聚焦于“外在个人”来探询人的意义,而不是从“内在个人”即将个人作为最高价值来做深入剖析。[1] 个人兼具有“外在尊严”的“外在个人”和具有“内在尊严”的“内在个人”双重属性,因此可以说,近现代之前的西方法律制度建构是以保障人的“内在尊严”理念展开的。随着社会的发展,人与人之间关系的紧密性,外在人的外在尊严开始受到关注。不仅如此,

---

〔1〕 Antonio Pele, *Understanding Human Dignity Redux*, Postmodern Openings, 2012, Vol. 3, Issue 3, pp. 23 – 25.

"内在尊严"与"外在尊严"分别对应着"内在自由"与"外在自由","内在自由"与"外在自由"共同构成了自由的内涵。我们不能仅仅关注属于完全自我支配领域的"内在自由",而应同时关注为了适应群体生活(或共同体生活)的"外在自由",即自由不再是不受任何制约的自由,而是必须受到共同体规则制约的自由。做出与某个特定商业产品联系的决定即是人格内核的部分。在面对公共利益的挑战下,具有商业价值的形象展示权必须被推定为反映尊重人的尊严与自治并由此衍生而来。[1]

因此,为了全面地对人格权进行全面的保护,有必要将人格权区分为以内在尊严与自由为核心的不具有财产利益的一般人格权和以外在尊严与自由为核心的具有经济利益的形象展示权。就本质而言,对个人形象是否利用即是对内在尊严利益之处分权,体现了内在的自由;而个人形象如何利用的决定权,是对具有财产利益的形象这种外在尊严利益的处分权,体现了外在自由。但是,我们仍需面对的是如何协调内在尊严与外在尊严之间的界限,而且不得对外在尊严利益予以过度利用,否则将使人被沦为工具性手段而侵蚀内在尊严,最终背离人的尊严保障的初衷。

二、网络被遗忘权之人的尊严诠释

随着20世纪互联网技术的勃兴,个人信息伴随着大数据通过互联网使人们在一定程度上犹如"玻璃缸中的金鱼",个人隐私保护遭遇到了始料未及的挑战。各国纷纷意识到数据保护的重要性并制定了相应的法律予以应对,欧盟颁布实施的《欧洲数据保护指令》成为对数据保

---

〔1〕 Olaf Weber, *Human Dignity and the Commercial Appropriation of Personality Towards a Cosmopolitan Consensus in Publicity Rights*, 1 SCRIPT-ed 160 (2004), p. 177.

护立法的里程碑。在这波现代科技迅猛发展浪潮中,逐步产生了“网络被遗忘权”,并在对其进行制度化的尝试。

在我国,理论与实务界多从私法领域探究网络被遗忘权,鲜有从公法视野予以关注。因此,有学者指出,应研究网络被遗忘权的公法权利可能性;[1]与隐私权不同,如果网络被遗忘权是一项法律上的权利的话,那它就必须是一项公权利。其理由在于:被遗忘权的提出不是要解决“法无禁止皆允许”的问题,而是要解决“法无允许皆禁止”的问题。[2]

(一)何谓网络被遗忘权

所谓网络被遗忘权是指,当出现法定或约定事由以及数据或信息权利人认为有必要时,有权请求网络平台、社交媒体或信息管控方立即、永久性地删除其本人信息或其已发布信息的权利。

有学者指出,网络被遗忘权滥觞于法国,最初仅适用于刑法领域,“赋予已被定罪量刑的罪犯在刑满释放后可以反对公开其罪行以及监禁情况的权利”。[3] 由此可见,被遗忘权的初衷是体现刑事法律人道关怀的立场,为了给予罪犯分子“重新做人”再度融入社会的机会,而对其以往的犯罪记录予以开释、“遗忘”。随着互联网络、大数据时代的来临,遗忘权开始在民事领域崭露头角。在法国,被遗忘权理论肇始于法国人格权理论中的“忘却权”(le Doit a I’Oubli)理念,即法律允许人们摆脱自己的过去,控制自己曾经公开的言论。[4]

---

〔1〕 张浩:《“被遗忘”能否成为一项法律权利——兼与杨立新、韩煦教授商榷》,载《广西社会科学》2016年第7期。

〔2〕 张浩:《“被遗忘”能否成为一项法律权利——兼与杨立新、韩煦教授商榷》,载《广西社会科学》2016年第7期。

〔3〕 See Jeffrey Rosen, *The Right to Be Forgotten*, 64Stan. L. Rev. Online 88(2012), p. 88. 转引自杨立新、韩煦:《被遗忘权的中国本土化及其法律适用》,载《法律适用》2015年第2期。

〔4〕 Emily A. *Narrowing the right to be forgotten: why the European Union needs to amend the proposed data protection regulation*, Brooklyn Journal of International Law 2014(39), pp. 487 – 520. 转引自赵锐:《被遗忘权:理性评判与法律构造》,载《北京理工大学学报》(社会科学版)2016年第5期。

对于网络被遗忘权是否为一独立的权利或者其法律性质，学界莫衷一是。有学者认为，遗忘权的概念是出于“引起情绪和本能反应，通常是非常消极的而非理性和深思熟虑的反应”。[1] 但是，学界主流认为网络被遗忘权属于权利的范畴。有学者对西方发达国家相关理论与实践梳理后指出：[2] 意大利学者把其归入人格身份权，[3] 瑞士则将之视为人格权的一种，[4] 还有学者认为是隐私权[5]。德国理论与实践是以一般人格权为进路对网络被遗忘权予以保护。英美理论与实践则坚持从隐私权着手检视网络被遗忘权，但是也有美国学者认为网络被遗忘权是一项财产权[6]。

我国学界主流观点认为：“本土化的被遗忘权，其性质应当是人格性的权利，是人格权的范畴。”而且，“在理论上，应当将被遗忘权作为个人信息权的内容，以为将来的人格权立法或者个人信息保护法的立法做好理论准备；在司法实务上，目前宜将被遗忘权作为隐私权的内容。”[7] 也有学者认为，网络遗忘权应属于个人信息权的范畴。[8] 还有学者根据我国司法实践指出，被遗忘权目前在中国是一项人格利益，而且并不附属于某项具体人格权，司法实践也开启了将其保护的先例，因

---

〔1〕 Bernal P. A., *A Right to Delete?*, *European Journal of Law and Technology* (2011), Vol. 2, Issue 2, p. 2.

〔2〕 参见郑志峰：《网络社会的被遗忘权研究》，载《法商研究》2015 年第 6 期。

〔3〕 See Giorgio Pino, *The Right to Personal Identity in Italian Private Law: Constitutional International Judge-Made Rights*, The Harmonization of Private Law in Europe, M. Van Hoecke and F. Ost, eds., Hart Publishing, Oxford, 200, pp. 225 –237.

〔4〕 See Franz Werro, *The Right to Infom v. the Right to Be Forgotten: A Transatlantic Clash*, Georgetown Public Law Research Paper, No. 2, 2009, p. 291.

〔5〕 See Napoleon Xanthoulis, T*he Right to Oblivion in The Information age: A Human-Rights Based Approach*, Us-China Law Review, Vol. 10, 2013, pp. 97 –98.

〔6〕 See Julie E. Cohen, *Examined Lives, Informational Privacy and the Subject as Object*, Stan. L. Rev., Vol. 52, 2000, p. 200.

〔7〕 杨立新、韩煦：《被遗忘权的中国本土化及其法律适用》，载《法律适用》2015 年第 2 期。

〔8〕 王利明：《人格权法研究》，中国人民大学出版社 2012 年版，第 634 页。

此视为以独立权利。[1]

实际上,网络遗忘权是数据或信息权利人出于个人隐私或其他目的所享有的自行选择披露或不披露个人信息的权利,它是一种个人信息披露与否的自我决定权,这显然不同于隐私权。网络遗忘权也不是个人信息权,因为个人信息权不是一种法定权利,它是一种在实践中发展而来的新型但未被法律确认的权利,一般多从人格权或隐私权、名誉权解释或推衍而来,在法律性质属于派生权利而非一独立权利。[2] 如果要对这种新型的派生权利予以定性,它应属于宪法上表达自由的范畴,对应普通部门法律上的(一般)人格或隐私权。因为网络被遗忘权首先关乎个人信息自我决定权这一内核,而这恰须透过表达自由[3]而由国家提供强有力的保护义务方能最大限度地得以保障,表达自由为网络遗忘权提供宪法保障依据,使普通法律上的保护获得了最高法律的确认。

鉴于个人信息与个人隐私息息相关,其中也必然会彰显其人格利益,普通法律通过(一般)人格或隐私权自无疑问。只是在普通法律立法空白或囿于普通法律出现的漏洞不足以对网络遗忘权提供保护或保护不足时,宪法上的表达自由可以及时提供保障。不仅如此,表达自由的价值位阶远高于(一般)人格或隐私权。如在美国法,表达自由的价值要远高于隐私、名誉等个人价值,除了特殊的情形外,隐私、名誉利益

---

〔1〕 张建文、李倩:《被遗忘权的保护标准研究——以我国"被遗忘权第一案"为中心》,载《晋阳学刊》2016年第6期。

〔2〕 实际上,诚如有学者指出的那样:"被遗忘权虽然常常被用来保护个体的名誉和隐私,但三者并非一回事。一方面被遗忘权与名誉权不同,名誉权针对的通常是不真实的信息,而被遗忘权针对的可以是真实但可能不再相关或过时的信息;另一方面,被遗忘权与隐私权也有差异,隐私权涉及的往往是没有公开的私人的真实信息,而被遗忘权一般针对的是已经在互联网上公开了的信息。"参见郑志峰:《网络社会的被遗忘权研究》,载《法商研究》2015年第6期。

〔3〕 有学者指出,"信息自决"包括三个要素:(1)个人必须可以对可替代性的信息、思想和意见自由作出选择;(2)每个人都有权表达自己的信仰和观点;(3)任何一个对信息的利用都能参与到信息、知识和娱乐的创造过程中。(参见 Urs Gasser, *Regulating Search Engines: Taking Stock & Looking Ahead*, 8 Yale J. L. & Tech 201 (2006), pp. 227 –228) 由此可见,遗忘权的行使需借助表达自由方能实现。

不能优先于真实言论的表达。[1]

(二)网络被遗忘权之本质

在网络社会、大数据时代,个人信息采集、保存与使用过程中势必会牵涉到个人信息保护这一极其敏感问题。网络被遗忘权的兴起实际上是迎合了人们强烈要求将个人信息的使用牢牢掌控在自己手中的意向与诉求,以免受他人操控或干预。因此,网络被遗忘权从表面上反映的是个人对自身信息资料的控制权或自决权,其本质在于人的尊严这一终极价值诉求。诚如有学者指出:"在遗忘权的维度,人不应被永远固定在他的过去里面,遗忘是自我和尊严发展的基本要素"[2];"被遗忘权涉及对象主要为个人信息,保护的是主体的人格尊严"。[3]

有人认为网络被遗忘权属于个人信息权的范畴,而个人信息权实质就是个人对自身信息资料的一种控制权或自决权[4]。被遗忘权的本质在于撤回、删除互联网上个人数据和信息,从而实现个人网络信息的自决。从人本主义角度而言,被遗忘权与言论自由在保障个人自我意识实现和权利自决方面殊途同归。[5] 在欧洲,被遗忘权承袭个人数据自决权的理论,借鉴法国和意大利"湮没权"或"忘却权"(The right to oblivion)的法律概念,表达数据主体在互联网背景下享有的权利。[6] 1983 年,德国宪法法院在人口普查案[7]中从传统人格权中的个人自决权出发确立了"个人数据自决权",随后在 2008 年又通过"网上搜查"案

〔1〕 Robert Kirk Walker, *The Right to Be Forgotten*,64 Hastings Law Journal 2012,pp. 274 -276.

〔2〕 Anna Bunn, *The Curious Case of the Right to Be Forgotten*,31 Computer Law & Security Review 2015,p. 340.

〔3〕 郑志峰:《网络社会的被遗忘权研究》,载《法商研究》2015 年第 6 期。

〔4〕 参见郑志峰:《网络社会的被遗忘权研究》,载《法商研究》2015 年第 6 期。

〔5〕 李仪:《信息隐私权与言论自由权的冲突与调和——从民事权利限制的角度探析》,载《湖北社会科学》2010 年第 5 期。

〔6〕 Viktor Mayer-Schönberger, *Delete: The Virtue of Forgetting in the Digital Age*, Princeton: Princeton University Press,2009,p. 2.

〔7〕 65 BVerfGE1 (1983).

确认和扩充了“个人数据自决权”的主要内容，即保障个人数据的私密性和完整性，个人自主决定个人数据的公开和使用。[1] 殊不知，这种自决实际上是个人对自身信息资料的一种表达，属于宪法上表达自由的范畴，它契合了人的尊严所诉求的自治价值，更是对人的尊严的理性、自治、平等核心价值的彰显。

作为基本权利的表达自由自然享有基本权利的双重属性，即消极防御与积极受益功能。以自决、自治为核心的网络被遗忘权自然包含着自我决定和排除干涉两方面内容：首先，信息或数据权利人有权请求网络平台或数据控制者更改或者删除网络中与其本人有关的信息，从而排除他人非法利用或者使个人信息恢复到本人所希望有的状态，必要时要求国家公权力介入履行国家保障基本权利、维护个人尊严的法定义务，通过这种消极防御的方式维护个人信息安全；其次，信息或数据权利人有权主动利用其个人信息获取经济利益，即通过个人信息的商品化积极受益。

有学者指出，美国与欧盟在被遗忘权问题上的巨大分歧，背后体现的是两者对待个人隐私保护的差异。总体来说，欧盟国家更注重个人隐私保护，认为隐私权关系人格尊严，是一项“基本权利”，政府应给予高度重视；而美国通常认为隐私是一项“基本价值”，相比较隐私，他们更倾向于保护言论自由。[2] 有学者更进一步指出，欧洲国家与美国对待隐私的差异，体现了西方关于隐私的两种文化，即尊严与自由，前者的主要危险被欧洲国家认为在于大众传媒；后者的最大威胁被美国认为来自政府。[3] 实际上，这是对美国与欧洲文化差异的误读，是对隐匿

---

〔1〕 孔令杰：《个人资料隐私的法律保护》，武汉大学出版社2009年版，第63页。

〔2〕 See Laura Lagone, *The Right to Be Forgotten: A Comparative Analysis*, Fordham University School of Law, 2012, p. 1.

〔3〕 See James Q. Whitman, *The Two Western Cultures of Privacy: Dignity versus Liberty*, The Yale Law Journal, Vol. 113, 2004, p. 1219.

于隐私权背后的价值诉求的理解偏差。欧洲大陆国家更多地将其委附于(一般)人格权或隐私权,通过私法在私法自治的框架内自我完善,而绝非国家公权力率先承担国家保护义务,只有在私法无能为力时,国家公权力才兜底性地实施其保护义务;而在美国,人们天然地视政府为人权的最大潜在威胁,时刻予以提防,唯恐政府趁机假借干预借口而侵犯个人的固有尊严与自由,因此多从限制国家公权力干预视角做出相应的制度安排。就这个意义上而言,美国与欧洲大陆国家对待隐私权以及网络被遗忘权的只是路径与侧重有所不同,但是殊途同归,都是以不同的方式捍卫着人的尊严。

(三)网络被遗忘权的规范分析

根据欧盟遗忘权法理,网络被遗忘权包含两重属性:一是让第三人忘记他过去的消极权利,二是让个人掌握他过去和未来的主动权。被遗忘权的初衷是保护互联网环境下数据领域中的"湮没权"或"忘却权",不仅为数据主体设定积极的权利,并且要求平衡互联网上各种社会力量到达"被忘记"和"掌握过去和未来"的可能。[1] 因此,被遗忘权具有遗忘权与删除权(包含拒绝权)的两个维度。[2] 在遗忘权的维度,人不应被永远固定在他的过去里面,遗忘是自我和尊严发展的基本要素。[3] 在删除权的维度,个人有权控制其个人信息,这种控制由个人信息自决权、隐私权、个人信息权的概念所支撑。[4] 唯有将扩展后的

〔1〕 Viktor Mayer-Schönberger, *Delete: The Virtue of Forgetting in the Digital Age*, Princeton: Princeton University Press, 2009, p. 2.

〔2〕 Paulan Korenhof, Jef Ausloos, Ivan Szekely, Meg Ambrose, Giovanni Sartor, Ronald Leenes, *Timing the Right to Be Forgotten: A Study into "Time" as a Factor in Deciding About Retention or Erasure of Data*, in Serge Gutwirth, Ronald Leenes, Paul de Hert edit., Reforming European Data Protection Law, Springer Science + Business Media Dordrecht, 2015, p. 108.

〔3〕 Anna Bunn, *The Curious Case of the Right to Be Forgotten*, 31 Computer Law & Security Review 2015, p. 340.

〔4〕 Anna Bunn, *The Curious Case of the Right to Be Forgotten*, 31 Computer Law & Security Review 2015, p. 339.

遗忘权、删除权、拒绝权一并进行综合有机的解释,才能正确理解被遗忘权。[1]

从规范分析的角度,从如下几个方面来剖析网络被遗忘权:

第一,网络被遗忘权主体。由于网络被遗忘权关乎表达自由这种基本权利,因此网络被遗忘权的权利主体应与基本权利主体相一致,即涵盖自然人、法人或其他组织。但是,根据欧盟2013年修订的新的《一般数据保护法》草案第17条的规定,网络被遗忘权的权利主体不包括公司等法人或其他组织。此外,该“新草案”特别提及了未成年人,认为未成年人在同意个人数据收集时,并没有充分认识到数据收集的危险性,对他们要求删除数据的申请,应重点给予保护。[2]

对于公共人物,欧盟“指导意见”认为需要谨慎对待:当公共人物要求删除的数据涉及个人健康、家庭成员等私人信息时,毫无疑问,他们也能通过被遗忘权寻求保护。但最为一般的规则是,如果申请者是公共人物,他们申请删除的信息通常不被视为私人信息,除非有强烈的证据证明这些信息是私人的。不仅如此,对于恐怖分子和罪犯而言,也许较为妥当的办法是,与公共人物一样,除非能证明其要求删除的是私人性质的数据,否则不能主张被遗忘权。[3]

第二,网络被遗忘权的客体主要是已经公开的网络个人信息,对于传统媒体介质如报纸、期刊、杂志等纸质保存的个人信息不属于网络被遗忘权的客体。

第三,网络被遗忘权内容,即对网络被遗忘权主体的权利与义务。1. 权利。如前所述,鉴于被遗忘权具有遗忘权与删除权(包含拒绝权)

〔1〕 张里安、韩旭至:《“被遗忘权”:大数据时代下的新问题》,载《河北法学》2017年第3期。
〔2〕 郑志峰:《网络社会的被遗忘权研究》,载《法商研究》2015年第6期。
〔3〕 参见郑志峰:《网络社会的被遗忘权研究》,载《法商研究》2015年第6期。

的两个维度。[1] 因此,网络被遗忘权包含着个人信息权利人积极主张删除的权利和消极排除他人对其个人信息控制的侵害和干预两项权能。2. 义务。除个人信息权利人之外的任何人,他人都不得擅自处理其个人信息。而且,当权利主体行使被遗忘权时,除非基于法律规定或社会公共利益需求,个人信息控制者应采取一切合理措施删除该信息或数据。根据欧盟《一般数据保护法》草案的规定,如果没有正当理由,数据被公开或传送给第三方,原始数据控制者还应通知第三方,确保数据被删除。控制者应该告知权利主体,相关第三方可能采取的措施。[2]

第四,网络被遗忘权的适用情形。根据欧盟《一般数据保护法》草案的规定,在出现以下五种情形时,个人信息权利人有权要求数据控制者删除相关数据并阻止数据的进一步传播:(1)目的不再;(2)撤回同意和期限届满,没有任何法律基础支持数据继续处理的;(3)法庭或有关机构做出删除的最终裁定或决定;(4)反对,即数据主体根据“新草案”第19条反对数据的处理,除非数据的处理对保护主体的根本利益至关重要或是为了公共利益等原因;(5)数据违法收集。[3]

第五,网络被遗忘权的限制。根据欧盟《一般数据保护法》草案,在以下情形限制网络被遗忘权的行使:①言论自由的行使;②公共卫生目的;③出于历史、统计和科学研究的目的;④符合欧盟或成员国保留数据的义务;⑤数据控制者无须删除,但需以一种不能被任何人通常获取、收集和改变的方式来限制数据处理。[4] 此外,时效也是一种有效的限制措施。欧盟认为,长时间的流逝会让个人信息变得过时而不再相

[1] Paulan Korenhof, Jef Ausloos, Ivan Szekely, Meg Ambrose, Giovanni Sartor, Ronald Leenes, *Timing the Right to Be Forgotten: A Study into "Time" as a Factor in Deciding About Retention or Erasure of Data*, in Serge Gutwirth, Ronald Leenes, Paul de Hert edit., Reforming European Data Protection Law, Springer Science + Business Media Dordrecht, 2015, p. 108.

[2] 参见郑志峰:《网络社会的被遗忘权研究》,载《法商研究》2015年第6期。

[3] 参见郑志峰:《网络社会的被遗忘权研究》,载《法商研究》2015年第6期。

[4] 参见郑志峰:《网络社会的被遗忘权研究》,载《法商研究》2015年第6期。

关,主体因而可以主张删除。[1] 美国做法与之截然相反,公共利益(如新闻价值)通常并不会随着时间的经过而减弱,这与被遗忘权存在根本矛盾。[2]

最后,网络被遗忘权的效力。网络被遗忘权的效力具有不确定性。其原因在于:一方面,网络被遗忘权主要针对搜索引擎等网络平台提出权利主张,要求删除的只是基于特定名字的搜索链接,然而信息或文章本身并没有因此而被删除;另一方面,即便原始网站同意删除相关个人信息或数据,但是由于其他网络用户之前在浏览时很可能已复制或下载了这些信息或数据,原始网站无法有效阻止网络用户未经授权复制个人信息。因此,有学者认为,被遗忘权至多是一种淡化记忆的措施,是一项"抑制和删除信息获取渠道的权利",而不能真正彻底地删除数据,实现"被遗忘"的目的。[3] 不仅如此,在网络全球化的背景下,网络被遗忘权的删除效力仅限于本国境内。也就是说,个人信息权利人只能有效要求删除本国境内的搜索链接,但是境外网络依然可以通过用户切换搜索站点找到自己想要的个人信息。而且,若跨境主张网络遗忘权权利,不但代价高而且面临着诸多法律障碍。

三、信息时代人的尊严的异化抑或涅槃

综上可以看出,信息时代带来大数据共享的确给人们的生活带来了革命性的变化,带给人们的是方便和快捷,使时空与距离被极度压缩,开启了万物互联时代。在这个崭新的时代中,相较以往人们的个性得以无限度地张扬,因此我们看到:人们不但可以借助网络平台充分展

〔1〕 参见郑志峰:《网络社会的被遗忘权研究》,载《法商研究》2015 年第 6 期。

〔2〕 See Jasmine E. McNealy, *The Emerging Conflict Between Newsworthiness and the Right to Be Forgotten*, Northern Kentucky Law Review, Vol. 39, No. 2, 2012, p. 128.

〔3〕 参见郑志峰:《网络社会的被遗忘权研究》,载《法商研究》2015 年第 6 期。

示自己的风采与形象并获取利益,还可以在个人信息有被他人侵犯或滥用之虞,主张遗忘权而主张权利或免除责任。

但是,我们也应看到:一方面,形象展示权内涵与外延的过度膨胀,使其中所蕴含的人格利益被物化、商品化,这犹如打开了潘多拉盒子而一发不可收拾,直接造成全社会疯狂追捧人格与财产的混同的理念,进而使作为拥有独立人格的人的物化或工具化,人即成了目的又成了实现自己目的的手段,这岂不有悖形象展示权的初衷。另一方面,网络时代,大数据、云计算等技术的"永久记忆"功能使人类遗忘的天性变得几乎可能。无论何时何地,网络平台或其服务器中的数据"忠实、准确地"记载着人们的一言一行,并随时随地地恭候着任何网络用户的浏览、"检阅""审查"乃至"人肉搜索",人开始变得毫无隐私可言,终日生活在惶恐的梦魇中。虽然网络遗忘权在一定程度上消除了人们的上述顾虑,但是势必会出现滥用此种权利而在网络上信马由缰、信口雌黄而无须承担责任的情形。

就宪法视野而言,形象展示权和网络遗忘权均属于表达自由的范畴,而上述现象无疑将构成对表达自由的威胁,并不断蚕食或消解表达自由,进而侵犯或掏空其人的尊严的内核。为了维护人的尊严,国家必然伺机进行矫正措施,这就为国家干预表达自由这种消极自由打开了方便之门。如果说,可以透过立法层面的法律保留、司法层面上秉持人的尊严保障理念审时度势地对形象展示权和网络遗忘权进行扩张或限缩解释,但是在具体实施层面上却面临着将最初审查权委付网络平台的窘境,使网络平台从中立的服务者骤变为表达自由的审查者。[1] 最终对表达自由或言论自由形成寒蝉效应,现代法治社会所珍视的"意见

〔1〕 欧盟在其判例中明确指出,通过赋予个人判定信息相关度或强制搜索平台任意决定哪些信息过时与否的权利,这通常会阻止网络用户行使浏览存档信息的权利。参见 Wegrzynowski and Smolczewski v. Poland [2013] App no. 33846/07。

市场”将被逐渐消解，从而动摇现代法治国家得以确立的基石。于是乎，人们将蓦然发现：表达自由的天堂尚未实现，人们却在不觉中已踏入地狱之门，并在其中辗转呻吟。

不仅如此，循着人的尊严所倡导的自治理念，自己责任业已是现代法治的基本理念之一。然而，形象展示权和网络遗忘权的泛滥将冲击自己责任这一理念：人们似乎只享有展示自己的形象，随时随地撤回并产出自由任何毫无理性的言辞与相关信息的权利，而无须就此承担任何义务。自由本身就意味着边界，人们在行使形象展示权和网络遗忘权时理应以理性人的理念时刻要求自己，只有在对自己的相关表达后果做出较为清晰、理性的认识后才予以行事，为此才能维系自己与他人的尊严。

由此可见，如果不对形象展示权和网络遗忘权进行必要的限制，将会造成对这两种权利的滥用，最终将其背后所蕴含的人的尊严理念与价值滥用、曲解或异化。

因此，只有妥善处理好消极自由与积极自由的紧张关系、内在自由与外在自由的龃龉、个人与社会融合与冲突，才能使形象展示权和网络遗忘权真正践行人的尊严的价值诉求。也就是说：

首先，作为由表达自由延展而来的形象展示权和网络遗忘权，它们兼具消极自由和积极自由双重属性。国家应尽可能不对形象展示权和网络遗忘权进行干预，但是应为它们的实现积极创造外在条件，并在受侵害之虞提供制度保障。

其次，有必要将人格与个人信息区分为以内在尊严与自由为核心、不具有财产利益的一般人格权及个人信息和以外在尊严与自由为核心的具有经济利益的形象展示权与网络遗忘权。就本质而言，对个人形象与信息是否利用即是对内在尊严利益之处分权，体现了内在自由；而个人形象与信息利用的如何决定权，是对具有财产利益的信息与形象这种外在尊严利益的处分权,体现了外在自由。但是,我们仍需面对的是如何协调内在尊严与外在尊严之间的界限,而且不得对外在尊严利益予以过度利用,否则将使人被沦为工具性手段而侵蚀内在尊严,最终背离人的尊严保障的初衷。

最后,应合理协调个人与社会之间的关系。即在表达自由与他人获取信息的自由及网络平台的监管之间进利益衡量。欧盟判例指出,保护个人信息的权利不是绝对权利,但应考虑其在社会中的作用,并应与其他基本权利按照比例原则进行平衡。[1]

因此,不能仅仅将形象展示权和网络遗忘权视为一项私法权利,更应从宪法表达自由的高度来构建一个全面平衡个人、形象或信息使用者和社会利益的法律制度框架,使立法、司法与执法者能够从保障人的尊严宗旨进行行之有效的利益衡量。

然而,现实中形象展示权和网络遗忘权边界的无限、无序化,加之各种理念与价值左右冲突,使它们背后所蕴含的人的尊严的固有理念受到前所未有的挑战。在未做好制度安排与观念准备之前,相关的传统制度支离破碎,不堪应对惨淡的现实。诚然,传统社会以理性预见安排社会制度,但是现代信息社会的飞速发展使理性预测与安排大大滞后,因此不得不采取亡羊补牢式的做法。但不能就此以“存在即合理”而无限度地妥协于现实,应对超速发展的社会采取理性、审慎的制动措施,彰显形象展示权和网络遗忘权赖与存在的表达自由的终极关怀,即人的尊严所倡导的理性、自治、平等核心价值。

---

〔1〕 See EC Communication, *Safeguarding Privacy in a Connected World - European Data Protection Framework for the 21st Century*, Brussels 25. 1. 2012, COM(2012) 9 final, p. 9.

本章小结

“天下熙熙皆为利来，天下攘攘皆为利往。”在这日益商业化、无国界化的现实世界中，由人格权、隐私权衍生出来的形象展示权、网络遗忘权等必须直面惨淡的现实与未来：当原属于私人领域的权利进入公共领域并谋求某种利益或诉求时，这必然要以让渡某些外在尊严利益为代价，如果相应的应对或制度设计有失偏颇，那么将面临贬损人的尊严的苦果。因此，我们应倍加审慎地对人的外在尊严予以严苛的保护，谨防对其过度开发或利用，进而避免产生“特洛伊木马”效应而将整个人的尊严保障的制度大厦颠覆。

参考文献

中文著作

林水吉:《民主化与宪政选择》,风云论坛出版有限公司 2002 年版。

李震山:《人性尊严与人权保障》,元照出版有限公司 2011 年版。

韩德强:《论人的尊严:法学视角下人的尊严理论的诠释》,法律出版社 2009 年版。

李累:《宪法上人的尊严》,四川人民出版社 2010 年版。

张千帆:《为了人的尊严:中国古典政治哲学批判与重构》,法律出版社 2012 年版。

韩大元:《生命权的宪法逻辑》,译林出版社 2012 年版。

[英]史蒂文·卢克斯:《个人主义》,阎克文译,江苏人民出版社 2001 年版。

周云涛:《论宪法人格权与民法人格权——以德国法为中心的考察》,中国人民大学出版社 2010 年版。

王泽鉴:《人格权法:法释义学、比较法、案例研究》,北京大学出版社 2013 年版。

[意]皮科·米兰多拉:《论人的尊严》,顾超一、樊虹谷译,北京大学出版社 2010 年版。

甘绍平:《人权伦理学》,中国发展出版社 2009 年版。

[美]约翰·罗尔斯:《正义论》,何怀宏译,中国社会科学出版社 1998 年版。

[美]罗伯特·W. 福勒:《尊严的提升》,张关林译,上海人民出版社 2008 年版。

[美]E. 弗洛姆:《人健全的社会》,孙恺详译,贵州人民出版社 1994 年版。

[德]阿克塞尔·霍耐特:《为承认而斗争》,胡继华译,上海人民出版社 2005 年版。

法治斌、董保城:《宪法新论》(第 2 版),元照出版有限公司 2004 年版。

陈慈扬:《宪法学》(第 2 版),元照出版有限公司 2005 年版。

李惠宗:《宪法学要义》(第 3 版),元照出版有限公司 2006 年版。

[日]星野英一:《私法中的人——以民法财产法为中心》,王闯译,中国法制出版社 2004 年版。

[日]大沼保昭:《人权、国家与文明》,生活·读书·新知三联书店 2003 年版。

[美]杜兹纳:《人权终结》,郭春发译,江苏人民出版社 2002 年版。

陈慈阳:《基本权核心理论之实证化及其难题》,翰芦图书出版有限公司 2007 年版。

萧淑芬:《基本权基础理论之继受与展望》,元照出版有限公司 2005 年版。

刘娟:《人格尊严及其实现:道德与法的双重考量》,中国政法大学出版社 2014 年版。

[美]罗纳德·德沃金:《至上的美德:平等的理论与实践》,冯克利译,江苏人民出版社2012年版。

[美]罗纳德·德沃金:《自由的法》,刘丽君译,上海人民出版社2013年版。

[美]罗纳德·德沃金:《生命的自主权——堕胎、安乐死与个人自由》,郭贞伶、陈雅汝译,中国政法大学出版社2013年版。

[美]罗纳德·德沃金:《民主是可能的吗?新型政治辩论的诸原则》,鲁楠、王淇译,北京大学出版社2014年版。

[美]罗纳德·德沃金:《身披法袍的正义》,周林刚译,北京大学出版社2014年版。

[美]罗纳德·德沃金:《刺猬的正义》,周望、徐宗立译,中国政法大学出版社2013年版。

任丹丽、陈道英:《宪法与民法的沟通机制研究——以人格权的法律保护为视角》,法律出版社2013年版。

[德]尤尔根·哈贝马斯:《关于欧洲宪法的思考》,伍慧萍、朱苗苗译,上海人民出版社2013年版。

中文论文

李震山:《人性尊严之宪法意义》,载《中国比较法学会学报》1981年第13辑。

许志雄:《宪法上之个人尊严原理》,载《中国比较法学会学报》1981年第13辑。

[韩]沈在宇:《在韩国的人的尊严和抵抗权》,[日]铃木敬夫译,载《环球法律评论》1992年第6期。

[日]真田芳宪:《人的尊严与人权》,鲍荣振译,载《环球法律评论》1993年第2期。

蔡维音:《德国基本法第一条“人性尊严”规定之探讨》,载《宪政时代》(第18卷)1995年第1期。

[美]M.路兹·巴赫曼:《对人的尊严的挑战——试论P.辛格的优先权——实利主义》,徐艳译,载《哲学译丛》1996年第4期。

肖峰:《科学技术与人的尊严》,载《中国青年政治学院学报》1997年第3期。

郑波光:《人的尊严意识——〈随想录〉人文思想资源探索》,载《江淮论坛》1997年第5期。

蔡宗珍:《“安乐死”合法化的宪法思考基础——兼论宪法上生命权的体系结构》,载《宪政时代》1998年第24卷第1期。

蔡宗珍:《人性尊严之保障作为宪法基本原则》,载《月旦法学杂志》1999年第1期。

黄桂兴:《浅论行政法上的人性尊严理念》,载城仲模主编:《行政法之一般法律原则》(一),台北,三民书局1999年版。

弗莱施哈克、段丽萍:《技术与人的尊严》,载《现代外国哲学社会科学文摘》1999年第12期。

陈瑞华:《程序正义的理论基础——评马修的“尊严价值理论”》,载《中国法学》2000年第3期。

陈耀祥:《论广播电视的节目自由与人性尊严的保护——以德国的窥视性电视节目Big Brother为例》,载《公法学篇》(一),学林文化事业有限公司2002年版。

尹田:《论自然人的法律人格与权利能力》,载《法制与社会发展》2002年第1期。

李累:《宪法上“人的尊严”》,载《中山大学学报》2002年第6期。

姜义华:《人的尊严:启蒙运动的重新定位——世界化现代化进程中的中国文化变迁》,载《复旦学报》(社会科学版)2003年第5期。

汪堂家:《人的尊严原理的再思辨——目的与手段的辩证法》,载《云南大学学报》(社会科学版)2004 年第 1 期。

任晓:《何谓"理性主义"?》,载《欧洲研究》2004 年第 2 期。

伍劲松:《论人性尊严保障原则》,《内蒙古社会科学》(汉文版)2004 年第 3 期。

胡玉鸿:《"人的尊严"思想的法律意蕴》,载《江苏行政学院学报》2005 年第 4 期。

尹田:《论法人人格权》,载《法学研究》2004 年第 4 期。

徐国栋:《寻找丢失的人格》,载《法律科学》2004 年第 6 期。

李永军:《论权利能力的本质》,载《比较法研究》2005 年第 2 期。

徐国栋:《体外受精胎胚的法律地位研究》,载《法制与社会发展》2005 年第 5 期。

陈斯彬:《克隆技术的宪政视角》,载《华侨大学学报:哲学社会科学版》2006 年第 1 期。

韩德强:《论义务本位和权利本位的尊严观》,载《文史哲》2006 年第 1 期。

侯宇:《论人性尊严的宪法保障》,载《河南省政法管理干部学院学报》2006 年第 2 期。

付翠英:《人格·权利能力·民事主体辨思——我国民法典的选择》,载《法学》2006 年第 8 期。

王锴:《安乐死的宪法学思考》,载《法律与医学杂志》2006 年第 2 期。

韩跃红、孙书行:《人的尊严和生命的尊严释义》,载《哲学研究》2006 年第 3 期。

刘革:《论人性尊严的伦理价值及其宪法意义》,载《西南民族大学学报》(人文社科版)2006 年第 4 期。

鄢圣华:《西方理性主义政治的贫困》,载《理论探讨》2006 年第 5 期。

李建良:《人之尊严做为宪法基本价值之规范意义》,载《宪法基本价值学术研讨会论文集》,中央研究院人文社会科学研究中心 2006 年 11 月。

刘志刚:《人格尊严的宪法意义》,载《中国法学》2007 年第 1 期。

徐国栋:《权利能力制度的理想与现实》(上),载《北方法学》2007 年第 2 期。

胡玉鸿:《"人的尊严"的法理疏释》,载《法学评论》2007 年第 6 期。

龙晟:《论人性尊严的宪法主体——兼论我国传统的宪法主体理论》,载《长沙理工大学学报》(社会科学版)2007 年第 1 期。

李龙、龙晟:《论宪法人性尊严的人像模式——兼论我国宪法人像之重构》,载《东北师大学报》(哲学社会科学版)2007 年第 3 期。

侯宇:《论人性尊严在行政法中的适用——以法国 1995 年"投掷侏儒"案为例》,载《哈尔滨工业大学学报》(社会科学版)2007 年第 4 期。

翟振明、刘慧:《论克隆人的尊严问题》,载《哲学研究》2007 年第 11 期。

秦前红、韩永红:《宪法"基本权利核心概念"研究——基于中日比较的视角》,载《广东社会科学》2008 年第 1 期。

上官丕亮:《论宪法上的人格尊严》,载《江苏社会科学》2008 年第 2 期。

马平:《宪法上的人格尊严:一个中国语境下的诠释》,载《云南大学学报》(法学版)2008 年第 2 期。

韩大元:《论克隆人技术的宪法界限》,载《学习与探索》2008 年第 2 期。

林来梵:《人的尊严与人格尊严——兼论中国宪法第 38 条的解释

方案》,载《浙江社会科学》2008 年第 3 期。

杜承铭:《人性尊严:作为民生之本的宪法权利》,载《江汉大学学报》(哲学社会科学版)2008 年第 3 期。

韩德强:《论人的尊严的基本属性》,载《广西大学学报》(哲学社会科学版)2008 年第 2 期。

陈寿灿:《论人的尊严是宪政的伦理基础》,载《社会科学战线》2008 年第 3 期。

韩德强:《人的秩序性尊严之构成——论尊严形态在不平等社会关系中的现实性》,载《文史哲》2008 年第 3 期。

龙晟:《人性尊严概念之历史》,载《法治论丛》2008 年第 4 期。

梦海:《天赋人权遗产与社会主义的批判继承——恩斯特·布洛赫〈天赋人权与人的尊严〉初探》,载《马克思主义与现实》2008 年第 4 期。

铃木敬夫:《论人的尊严与死刑废止》,宋海彬译,载《华东政法大学学报》2008 年第 4 期。

刘泽刚:《安乐死中的权利与尊严佯谬》,载《宁夏社会科学》2008 年第 4 期。

石毕凡:《作为基本权利的人格尊严及其规范意涵——以“卖淫女示众事件”为例》,载《现代法学》2008 年第 5 期。

甘绍平:《作为一项权利的人的尊严》,载《哲学研究》2008 年第 6 期。

曾哲:《从圣经神学人格到宪法上人格权》,载《时代法学》2008 年第 6 期。

满洪杰:《人类胚胎的民法地位刍议》,载《山东大学学报》(哲学社会科学版)2008 年第 6 期。

储智勇:《近代个人主义的兴起及其品性》,载《浙江社会科学》2008 年第 8 期。

庄世同:《法治与人性尊严——从实践到理论的反思》,载《法制与社会发展》2009 年第 1 期。

余军:《“个人自由”与“人性尊严”——美国与德国宪法人权保障基础原理的比较》,载《法哲学与法社会学论丛》(第 1 期),北京大学出版社 2009 年版。

蔡维音:《人性尊严作为法概念之出路》,载《法律与生命科学》2009 年(第 3 卷)第 3 期。

方明:《德国〈基本法〉框架下的“法治人性化”》,载《团结》2009 年第 2 期。

张宇飞:《人性尊严的宪法解释方法及其问题——以克隆人宪法争议为例》,载《法学论坛》2009 年第 4 期。

李累:《人性尊严的宪法保护》,载《法治论丛》2009 年第 4 期。

胡玉鸿:《法律的根本目的在于保障人的尊严》,载《法治研究》2010 年第 7 期。

马平:《尊严与自由:宪法的价值灵魂——评艾伯乐的〈尊严与自由〉》,载《环球法律评论》2010 年第 1 期。

韩德强、郝红梅:《论人性尊严在宪法中的内涵、属性及功能》,载《临沂师范学院学报》2010 年第 1 期。

[德]尤尔根·哈贝马斯:《人的尊严的观念和现实主义的人权乌托邦》,载《哲学分析》2010 年第 3 期。

龚向和、董宏伟:《人性尊严与农民平等权的保护》,载《时代法学》2010 年第 2 期。

谢立斌:《中德比较宪法视野下的人格尊严——兼与林来梵教授商榷》,载《政法论坛》2010 年第 4 期。

周云涛:《论德国宪法人格权的价值基础——以“人的尊严、人权、基本权”的关联为视角》,载《中国司法》2010 年第 4 期。

韩跃红、绪宗刚:《尊严的价值内涵及伦理意义》,载《伦理学研究》2011 年第 1 期。

齐延平:《论作为法治价值基础的“人的尊严”》,载《江苏行政学院学报》2011 年第 1 期。

章剑生:《“人的尊严”之下的行政权》,载《江苏行政学院学报》2011 年第 1 期。

孙莉:《人的尊严与国家的修为》,载《江苏行政学院学报》2011 年第 1 期。

邓君:《浅析德国基本法第一条—人格尊严条款——一个历史产物的现实发挥》,载《新余学院学报》2011 年第 1 期。

高珂:《从神学人格到宪法人格权的确立》,载《东方法学》2011 年第 2 期。

张三元:《论人的尊严的实现方式——基于马克思主义人学的视角》,载《甘肃社会科学》2011 年第 3 期。

陈寿灿:《市民社会与人的尊严之内涵演进的统一》,载《浙江学刊》2011 年第 3 期。

代峰:《人的尊严的向度》,载《道德与文明》2011 年第 3 期。

张容南:《古典尊严理念与现代尊严理念之比照》,载《华东师范大学学报》(哲学社会科学版)2011 年第 3 期。

李忠夏:《人性尊严的宪法保护——德国的路径》,载《学习与探索》2011 年第 4 期。

石佑启、曾鹏:《论保护人的尊严与现代行政法任务的变迁》,载《武汉大学学报》(哲学社会科学版)2011 年第 4 期。

吕建高、谢萍:《论人的尊严与死亡权》,载《学海》2011 年第 5 期。

李忠夏:《国家安全与人性尊严:伦理问题的法教义学解决路径——评联邦宪法法院“航空安全法”判决》,载王贵松主编:《宪政与行政法治评论》(第5卷),中国人民大学出版社2011年版。

李海平:《宪法上人的尊严的规范分析》,载《当代法学》2011年第6期。

马岭:《国家权力与人的尊严》,载《河北法学》2012年第1期。

郑贤君:《宪法"人格尊严"条款的规范地位之辨》,载《中国法学》2012年第2期。

汪进元:《论宪法的人性尊严原则》,载《河南财经政法大学学报》2012年第4期。

秦成坤、刘长秋、吕艾芹:《论基因技术对宪法的挑战》,载《东岳论丛》2012年第4期。

刘睿:《论人的尊严》,载《科学社会主义》2012年第5期。

唐若裴:《哈耶克、欧克肖特与理性主义批判》,载《理论界》2011年第6期。

谢立斌:《宪法上人的形象变迁及其在部门法中的实现》,载《华东政法大学学报》2012年第6期。

侯宇:《四海之内皆兄弟——〈为了人的尊严〉读后感》,载《公民与法》(法学版)2012年第10期。

沈秀芹:《基因科技对人性尊严的挑战及宪法应对》,载《山东大学学报》(哲学社会科学版)2012年第6期。

李海平:《论人的尊严在我国宪法上的性质定位》,载《社会科学》2012年第12期。

仪喜峰:《宪法正当性视野下的人格尊严保障》,载《河北法学》2012年第12期。

曲相霏:《人的尊严与人权保障》,载《人权》2013年第2期。

韩跃红、李冉昆:《寻找人的尊严及其与生命伦理学的本质关联——兼论尊严概念的重要性》,载《武汉科技大学学报》(社会科学版)2013 年第 2 期。

文学平:《人性尊严的四种论证方式》,载《华中科技大学学报》(社会科学版)2013 年第 2 期。

杜承铭:《论作为基本权利范畴的人之尊严》,载《广东社会科学》2013 年第 3 期。

吴功青:《革命与危机:皮科论人的尊严与个体自由——兼对特林考斯的一个批评》,载《北京大学学报》(哲学社会科学版)2013 年第 5 期。

刘闯、杨山田:《生命伦理学视域中的工具理性与价值理性》,载《昆明理工大学学报》(社会科学版)2013 年第 5 期。

菲利普·布鲁诺奇:《人类尊严的道路》,载《社会科学战线》2013 年第 5 期。

[日]青柳幸一:《"个人之尊重"与"人之尊严"——同义性与异质性》,载《宪政与行政法治评论》(第 7 卷),中国人民大学出版社 2013 年版。

王涛:《晚近德国法上禁止刑讯与保护人性尊严之讨论》,载《国家检察官学院学报》2013 年第 6 期。

张娟:《德国信息自决权与宪法人性尊严关系述评——德国个人信息保护的法律基础解读》,载《安徽农业大学学报》(社会科学版)2013 年第 6 期。

韩跃红:《国家尊严与人的尊严》,载《昆明理工大学学报》(社会科学版)2014 年第 1 期。

杨建华:《理性的困境与理性精神的重塑》,载《浙江社会科学》2014 年第 1 期。

胡玉鸿:《人的尊严与弱者权利保护》,载《江海学刊》2014 年第 2 期。

刘娟:《人格尊严的内涵剖析——基于伦理学和法学的双重视域》,载《江西社会科学》2014 年第 2 期。

王彩云、郑超:《值理性和工具理性及其方法论意义——基于马克斯·韦伯的理性二分法》,载《济南大学学报》(社会科学版)2014 年第 2 期。

陈征:《从第一次堕胎判决中透视德国宪法教义学》,载《清华法律评论》2014 年第 2 期。

王轶子、徐艳文:《国外代孕现状及其管理》,载《生殖与避孕》2014 年第 2 期。

韩跃红、李浙昆:《试论尊严与自由、权利的关系——生命伦理学维度》,载《昆明理工大学学报》(社会科学版)2014 年第 4 期。

代峰:《古希腊时期"人的尊严"观念》,载《伦理学研究》2014 年第 4 期。

王晖:《人之尊严的理念与制度化》,载《中国法学》2014 年第 4 期。

徐海燕:《论体外早期人类胚胎的法律地位及处分权》,载《法学论坛》2014 年第 4 期。

张龑:《康德论人之尊严与国家尊严》,载《浙江社会科学》2014 年第 8 期。

刘睿:《"人的尊严"概念及其演变的研究综述——以康德尊严概念的研究综述为重点》,载《成都理工大学学报》(社会科学版)2015 年第 2 期。

严海良:《迈向以人的尊严为基础的功能性人权理论——当代人权观流变及评析》,载《环球法律评论》2015 年第 4 期。

程新宇:《西方文化中人的尊严的涵义及其演化》,载《贵州大学学报》2015 年第 4 期。

王蔚:《宪法学视角下的冷冻胚胎权属纠纷案评析》,载《中国法律评论》2015 年第 4 期。

刘长秋:《权利视野下的代孕及其立法规制研究》,载《河南大学学报》(哲学社会科学版)2015 年第 4 期。

罗维萍、韩跃红:《代孕与人的尊严辨析》,载《昆明理工大学学报》(社会科学版)2015 年第 5 期。

周江洪:《法制化途中的人工胚胎法律地位——日本法状况及其学说简评》,载《华东政法大学学报》2015 年第 5 期。

李昊:《冷冻胚胎的法律性质及其处置模式——以美国法为中心》,载《华东政法大学学报》2015 年第 5 期。

李蕊佚:《英国法上的人体胚胎规制体系》,载《华东政法大学学报》2015 年第 5 期。

叶名怡:《法国法上的人工胚胎》,载《华东政法大学学报》2015 年第 5 期。

梁成意、周佳:《论平等原则对人的尊严的整全保护——基于德国〈基本法〉和我国〈宪法〉的比较》,载《齐齐哈尔大学学报》(哲学社会科学版)2015 年第 8 期。

史志磊:《论罗马法中人的尊严及其影响——以 dignitas 为考察对象》,载《浙江社会科学》2015 年第 5 期。

张三元:《唯物史观视阈中的人的尊严与人的自由》,载《广东社会科学》2015 年第 5 期。

程新宇:《关于人的尊严之争论现状及其原因》,载《华中科技大学学报》(社会科学版)2015 年第 6 期。

张艳涛、张瑶:《人的尊严:一种规范论辩护》,载《中共天津市委党校学报》2016 年第 3 期。

陈征:《从宪法视角探讨死刑制度的存废》,载《华东政法大学学报》2016 年第 1 期。

王旭:《宪法上的尊严理论及其体系化》,载《法学研究》2016 年第 1 期。

刘士国:《论主体地位人格与人格尊严》,载《法律科学》2016 年第 2 期。

韩大元:《人的尊严、宽容与同性恋者权利的宪法保障》,载《法学论坛》2016 年第 3 期。

胡玉鸿:《人的尊严的法律属性辨析》,载《中国社会科学》2016 年第 5 期。

刘睿:《"人的尊严"概念及其演变的研究综述——以康德尊严概念的研究综述为重点》,载《成都理工大学学报》(社会科学版)2016 年第 5 期。

宋新:《论德国宪法上的人的尊严及借鉴》,载《东方法学》2016 年第 6 期。

张三元:《人的尊严的唯物史观》,载《理论学刊》2016 年第 6 期。

曾祥华:《消费品黑名单制度与人的尊严》,载《江南大学学报》(人文社会科学版)2016 年第 6 期。

胡玉鸿:《我国现行法中关于人的尊严之规定的完善》,载《法商研究》2017 年第 1 期。

王锴:《论宪法上的一般人格权及其对民法的影响》,载《中国法学》2017 年第 3 期。

董疆:《论程序法制之人性尊严及其保障体系》,苏州大学 2006 年硕士学位论文。

韩立丽:《人格尊严之宪法保护论》,黑龙江大学 2008 年硕士学位论文。

魏伟:《宪法上人格尊严研究》,山东大学 2009 年硕士学位论文。

李劼:《中国人格尊严保护理念研究》,中南民族大学 2010 年硕士学位论文。

王延波:《犯罪嫌疑人人格尊严的宪法保护》,苏州大学 2011 年硕士学位论文。

操刘斌:《论人格尊严权的法律保护》,广东商学院2011年硕士学位论文。

张艳:《人的尊严探究》,湖南师范大学2011年硕士学位论文。

陈慧:《论克隆人技术与人性尊严的关系》,山东大学2011年硕士学位论文。

钱博:《人性尊严在行政执法中的实现》,浙江大学2011年硕士学位论文。

郝鹏:《人格尊严权保护的现状与展望》,西南政法大学2011年硕士学位论文。

严海静:《论我国人格尊严的宪法保护》,苏州大学2012年硕士学位论文。

王宽:《论作为权利价值的人性尊严》,山东大学2012年硕士学位论文。

刘军芳:《人的尊严的人学研究》,山东师范大学2012年硕士学位论文。

吕琼:《皮科的尊严观》,湖北大学2014年硕士学位论文。

刘迪娜:《人的尊严视域下代孕问题研究》,辽宁医学院2014年硕士学位论文。

姚芬:《人的尊严视角下的"被精神病"现象研究》,昆明理工大学2014年硕士学位论文。

郭丰瑞:《马克思"人的尊严"思想初探》,大连海事大学2015年硕士学位论文。

樊秀春:《社会保障法理念之维护人的尊严》,北京理工大学2016年硕士学位论文。

韩德强:《论人的尊严》,山东大学2006年博士学位论文。

万其刚:《论人的尊严作为人权正当性根据》,中国政法大学2007

年博士学位论文。

刘娟:《人格尊严及其实现》,河北师范大学 2010 年博士学位论文。

王云岭:《现代医学情境下死亡的尊严研究》,山东大学 2011 年博士学位论文。

英文文献

Articles:

American Journal of Comparative Law, Forthcoming. 2016, Available at SSRN: https://ssrn.com/abstract=2897686.

Addis, Adeno, *Human Dignity in Comparative Constitutional Context: In Search of an Overlapping Consensus* (2015), 2 Journal of International and Comparative Law 1, 2015.

Amy L. Wax, *Social Welfare, Human Dignity, and the Puzzle of What We Owe Each Other*, Harvard Journal of Law and Public Policy.

Andorno, Roberto, *Human Dignity and Human Rights as a Common Ground for a Global Bioethics*, Journal of Medicine and Philosophy, Vol. 34, Issue 3, 2009, pp. 223 – 240.

Andorno, Roberto, *What is the Role of 'Human Nature' and 'Human Dignity' in Our Biotechnological Age?* Amsterdam Law Forum, Vol. 3, 2011, No. 1.

Antonio Pele, *Human Dignity in Philosophy and History*, Universidad Carlos III de Madrid Working Papers Series, 2006, Available at SSRN: http://ssrn.com/abstract=1619983.

Antonio Pele, *Models of the Dignity of the Human Being in the Middle Ages*, Universidad Carlos III de Madrid Working Papers Series, 2010. Available at SSRN: http://ssrn.com/abstract=1619942.

Antonio Pele, *Understanding Human Dignity*, Universidad Carlos III de Madrid Working Papers Series, 2010, Available at SSRN: http://ssrn.com/abstract = 1619083.

Barbara Stark, *Violations of Human Dignity' and Postmodern International Law*, 2002, 27 Yale J. Int'l L. 315.

Bendor, Ariel L. and Sachs, Michael, *Human Dignity as a Constitutional Concept in Germany and in Israel*, Israel Law Review, 2011 Vol. 44.

Bernatt, Maciej, T*ransatlantic Perspective on Judicial Deference in Administrative Law*, 2015, Institute for Consumer Antitrust Studies Working Papers, Loyola University Chicago, August 2015; The final edition of this article will appear in 22 Colum. J. Eur. L. 2016, Available at SSRN: http://ssrn.com/abstract = 2648232 or http://dx.doi.org/10.2139/ssrn.2648232.

Blackman, Josh, The Burden of Judging, November 9, 2014, 8 NYU Journal of Law & Liberty 1105.

Brandes, Tamar Hostovsky, *Human Dignity as a Central Pillar in Constitutional Rights Jurisprudence in Israel: Definitions and Parameters*, 2011, Available at SSRN: http://ssrn.com/abstract = 1941332.

Carole Ramsey, *The right to die: beyond academia*, Monash Bioethics Review, March 2016, Vol. 34, Issue 1, pp. 70 – 87.

Carozza, Paolo G., *Human Dignity in Constitutional Adjudication*, Tom Ginsburg and Rosalind Dixon, eds, 2011 Research Handbook in Comparative Constitutional Law, Edward Elgar.

Castiglione, John D., *Human Dignity Under the Fourth Amendment*, Wisconsin Law Review, 2008, Vol. 655, 101.

Catherine Dupré, *Unlocking Human Dignity: Towards a Theory for the 21st Century*, European Human Rights Law Review 2009 - 2.

Christopher McCrudden, *Human Dignity and Judicial Interpretation of Human Rights*, European Journal of International Law, Vol. 19, No. 4, 2008, p. 655.

Daly, Erin and May, *James, Bridging Constitutional Dignity and Environmental Rights Jurisprudence*, May 2, 2016. Journal of Human Rights and the Environment (Forthcoming); Widener University Delaware Law School Legal Studies Research Paper Series No. 16 - 09.

Daly, Erin, *Dignity in the Service of Democracy*, January 19, 2011. Widener Law School Legal Studies Research Paper No. 11 - 07. Available at SSRN: http://ssrn.com/abstract=1743773.

David J. Luban, *The Rule of Law and Human Dignity: Reexamining Fuller's Canons*, *The Hague Journal on the Rule of Law*, Forthcoming, Georgetown Public Law Research Paper No. 10 - 29.

Davis, Julia, *Forbidding Dwarf Tossing: Defending Dignity or Discrimination Based on Size?* December 4, 2006. Yearbook of New Zealand Jurisprudence, Vol. 9, 2006.

Eibach, Ulrich, *Protection of Life and Human Dignity: The German Debate between Christian Norms and Secular Expectations*, Christian Bioethics, Vol. 14, Issue 1, 2008, pp. 58 - 77.

Erin Daly, *Constitutional Dignity: Lessons from Home and Abroad*, http://ssrn.com/abstract=991608.

Flynn, Jeffrey, *Human Rights, Humanitarianism, and the Politics of Human Dignity*, 2011. APSA 2011 Annual Meeting Paper. Available at SSRN: http://ssrn.com/abstract=1899837.

Frank van Dun, *Human Dignity: Reason or Desire? Natural Rights versus Human Rights*, Journal of Libertarian Studies (2001) Vol. 15, No. 4, 1.

Gardbaum, Stephen, *The Comparative Structure and Scope of Constitutional Rights*, August 9, 2010, Rosalind Dixon, Tom Ginsburg, eds., Research Handbook in Comparative Constitutional Law, 2011; UCLA School of Law Research Paper No. 10 – 17.

George Fletcher, *Human Dignity as a Constitutional Value*, University of Western Ontario Law Review, 22, 1984, p. 178.

Gerkrath, Jörg and Pichou, Maria, *The Protection of Human Dignity in Luxembourg*, May 11, 2016, Becchi, Paolo; Mathis, Klaus (Eds.) Handbook of Human Dignity in Europe, 2017.

Glensy, Rex D., *The Right to Dignity*, Drexel University Earle Mack School of Law Research Paper No. 2011 – W – 01. Available at SSRN: http://ssrn.com/abstract=1775144.

Grant, Evadné, *Dignity and Equality*, Human Rights Law Review, Vol. 7, No. 2, 2007, pp. 299 – 329.

Heath, J. Benton, *Human Dignity at Trial: Hard Cases and Broad Concepts in International Criminal Law*, George Washington International Law Review 44(2), 2012, p. 317.

Hennette-Vauchez, Stéphanie, *A Human Dignitas? The Contemporary Principle of Human Dignity as a Mere Reappraisal of an Ancient Legal Concept*, EUI Working Papers Law No. 2008, Available at SSRN: http://ssrn.com/abstract=1303427.

Herrman, C. S., *The Cult of Dignity*, Available at SSRN: https://ssrn.com/abstract = 2895903 or http://dx.doi.org/10.2139/ssrn.

2895903.

Hubbard, F. Patrick, *The Value of Life: Constitutional Limits on Citizens' Use of Deadly Force* (2013), George Mason Law Review, 2014 Vol. 21.

Huscroft, Miller and Webber, eds. *Proportionality and the Rule of Law: Rights, Justification, Reasoning, Forthcoming*, NYU School of Law, Public Law Research Paper No. 13 – 03. Available at SSRN: http://ssrn.com/abstract = 2195663.

Isailovic, Ivana, *Same-Sex But Not the Same: Same-Sex Marriage in the US and France and the Universalist Narrative.*

Jack Donnelly, *Human Rights and Human Dignity: An Analytic Critique of Non-Western Conceptions of Human Rights*, American Political Science Review, 1982, Vol. 76, No. 2.

Jack Donnelly, *Human Rights: A New Standard of Civilization*, *International Affairs*, 1998, Vol. 74, No. 1, 1.

Jan M. Smits, *Human Dignity and Uniform Law: An Unhappy Relationship*, Olivier Moréteau, Julio Romanach, Alberto Zuppi eds., Honor of Saul Litinoff, Baton Rouge, 2008.

Jan-Willem van der Rijt, *Inherent Dignity, Contingent Dignity and Human Rights: Solving the Puzzle of the Protection of Dignity*, *Erkenntnis*, 2017.

Jeremy Waldron, *How Law Protects Dignity* (2011). NYU School of Law, Public Law Research Paper No. 11 – 83. Available at SSRN: http://ssrn.com/abstract = 1973341.

Jeremy Waldron, *Is Dignity the Foundation of Human Rights*? http://ssrn.com/abstract = 2196074.

Jermy Rabkin, *What We can Learn about Human Dignity from International Law*,27 Harv. J. L. & Pub. Pol'y 145(2003).

Joas,Hans,*Max Weber and the Origin of Human Rights: A Study on Cultural Innovation* (May 2006). IIIS Discussion Paper No. 145. Available at SSRN: http://ssrn. com/abstract = 923846.

John F. Kilner,*Dignity and Destiny: Humanity in the Image of God*, Eerdmans,2015.

John Kleinig, *Paternalism and Human Dignity*,Crim Law and Philos (2017) 11:19 - 36.

Jordan J. Paust, *Human Dignity as a Constitutional Right: A Jurisprudentially Based Inquiry into Criteria and Content*,27 How. L. J. p. 145.

Jovanovic, Miodrag A., *Legal Validity and Human Dignity-On Radbruch's Formula* (August 28, 2013), Archiv für Rechts-und Sozialphilosophie-Beihefte 137,2013,pp. 145 - 167.

Kalb, Johanna, *Litigating Dignity*, September 04, 2011. 74 Albany Law Review 1725,2011.

Kamir,Orit,*Applying Dignity,Respect,Honor and Human Rights to a Pluralistic,Multicultural Universe*, July 2015, Robert Schuman Centre for Advanced Studies Research Paper No. RSCAS 2015/55, Available at SSRN: http://ssrn. com/abstract = 2635489 or http://dx. doi. org/10. 2139/ssrn. 2635489.

Khaitan,Tarunabh, *Dignity as an Expressive Norm: Neither Vacuous Nor a Panacea*,Oxford Journal of Legal Studies,2011,pp. 1 - 19.

Knowles,Helen J.,*Courting 'Dignity'* (April 9,2010),Available at SSRN: http://ssrn. com/abstract = 1586931.

Kremnitzer, Mordechai and Hörnle, Tatjana, *Human Dignity and the Principle of Culpability*, 2011, Israel Law Review44 (1 – 2), 2011, pp. 115 – 141.

Kumm, Mattias and Walen, Alec D., *Human Dignity and Proportionality: Deontic Pluralism in Balancing* (2013), in Proportionality and the Rule of Law: Rights, Justification, Reasoning, Huscroft, Miller and Webber, eds., Forthcoming; NYU School of Law, Public Law Research Paper No. 13 – 03. Available at SSRN: http://ssrn.com/abstract=2195663.

Lafont, Cristina, *Should We Take the Human Out of Human Rights? Human Dignity in a Corporate World*, April 22, 2016, Available at SSRN: http://ssrn.com/abstract=2768881.

Lebech, Mette, Dignity v. Dignity: The Significance of the Notion of Human Dignity in the Human Rights Tradition and its use in Bioethics, Studies in Ethics and Law7, 1998, pp. 29 – 38.

Lee, Patrick and George, Robert, *The Nature and Basis of Human Dignity*, Ratio Juris, Vol. 21, Issue 2, 2008, p. 173.

Lesile Meltzer Henry, *The Jurisprudence of Dignity*, University of Pennsylvania Law Review, Vol. 160, 2011, p. 169.

Levy, Jacob T., *The Right to Be Dignified, or the Dignity of Liberty* (2011), Available at SSRN: http://ssrn.com/abstract=1961572.

Lindell, Noah B., *The Dignity Canon*, Cornell Journal of Law and Public Policy, Vol. 27, No. 2, 2017.

Luis Roberto Barroso, *Here, There, and Everywhere: Human Dignity in Contemporary Law and in the Transnational Discourse*, Boston College International and Comparative Law Review, Vol. 35, No. 2, 2012, p. 331.

MARK PENNINGA, *A Judeo-Christian Account of Human Dignity in Canadian Law and Public Policy*, B. A., Trinity Western University, 2004.

Matthias Mahalmann, *The Basic Law at 60 – Politics and the Federal Constitutional Court*, German Law Journal, Vol. 11, No. 1. 2011.

Maxine Goodman, *Human Dignity in Supreme Court Constitutional Jurisprudence*, Nebraska Law Review, Vol. 84, 2006.

McCrudden, Christopher, *In Pursuit of Human Dignity: An Introduction to Current Debates*, February 15, 2013, Understanding Human Dignity, Proceedings of the British Academy/Oxford University Press, Forthcoming; U of Michigan Public Law Research Paper No. 309, Available at SSRN: http://ssrn.com/abstract=2218788.

McCrudden, Christopher, *Reva Siegel and the Role of Religion in Constructing the Meaning of 'Human Dignity'*, March 1, 2013, *The Role of Religion in Human Rights Discourse*, Hanoch Dagan, ed., Forthcoming; U of Michigan Public Law Research Paper No. 20; Queen's University Belfast Law Research Paper No. 2013. Available at SSRN: http://ssrn.com/abstract=2229832.

Möllers, Christoph, *The Triple Dilemma of Human Dignity: A Case Study*, April 4, 2013, Available at SSRN: http://ssrn.com/abstract=2245088 or http://dx.doi.org/10.2139/ssrn.2245088.

Monsalve, Viviana Bohórquez and Român, Javier Aguirre, *Tensions of Human Dignity: Conceptualization and Application to International Human Rights Law*, Sur International Journal of Human Rights, Vol. 6, No. 11, December 2009.

Movsesian, Mark L., *Of Human Dignities*, April 26, 2016, Notre Dame Law Review, Vol. 91, No. 4, 2016.

Moyn, Samuel, Jacques Maritain, *Christian New Order, and the Birth of Human Rights*, May 1, 2008, Available at SSRN: http://ssrn.com/abstract=1134345 or http://dx.doi.org/10.2139/ssrn.1134345.

Moyn, Samuel, *The Secret History of Constitutional Dignity*, October 9, 2012, Available at SSRN: http://ssrn.com/abstract = 2159248 or http://dx.doi.org/10.2139/ssrn.2159248.

Murphy, Brendon, Human Rights, *Human Dignity and the Right to Die: Lessons from Europe on Assisted Suicide*, December 1, 2009, 33(6) Criminal Law Journal 341.

Neomi Rao, *On the Use and Abuse of Dignity in Constitutional Law*, Columbia Journal of European Law, Vol. 14, No. 2, 2008, p. 201.

Neomi Rao, *Three Concepts of Dignity in Constitutional Law*, Notre Dame Law Review, Vol. 86, No. 1, 2011, p. 183.

Nilsen, Eva S., *Decency, Dignity, and Desert: Restoring Ideals of Humane Punishment to Constitutional Discourse*, UC-Davis Law Review, Vol. 41, No. 1, 2007, p. 111.

Nowag, Julian, *EU Law, Constitutional Identity, and Human Dignity: A Toxic Mix?*, Common Market Law Review, Forthcoming. Available at SSRN: https://ssrn.com/abstract = 2840473 or http://dx.doi.org/10.2139/ssrn.2840473.

O'Malley, Martin J., *A Performative Definition of Human Dignity* (2011), Facetten Der Menschewürde, pp. 75 - 101, Nikolaus Knoepffler, Peter Kunzmann and Martin O'Malley, eds., Freiburg am Breisgau: Karl Alber Verlag, 2011.

Oscar Schachter, *Human Dignity as a Normative Concept*, American Journal of International Law, 77, 1983, p. 848.

P Bieri, D Siclovan, *Human Dignity: A Way of Living*, Polity 2017.

Parvathy, Sreeparvathy, *Concept of 'Human' Vis-À-Vis Human Rights: An Analysis*, ILI Law Review, Vol. 1, No. 1, 2010, p. 151.

Paul Sourlas, *Human Dignity and the Constitution*, Jurisprudence: An International Journal of Legal and Political Thought 7 (1): pp. 30 – 46.

Paust, Jordan J., *Human Dignity as a Constitutional Right: A Jurisprudentially Based Inquiry into Criteria and Content*. Howard Law Journal, Vol. 27, No. 1, 1984, p. 145.

Perry, Michael J., *Human Rights Theory, 1: What Are 'Human Rights?' Against the 'Orthodox' View*, April 22, 2015, Emory Legal Studies Research Paper No. 15 – 349. Available at SSRN: http://ssrn.com/abstract = 2597403.

Perry, Michael J., *Human Rights Theory, 2: What Reason Do We Have, If Any, to Take Human Rights Seriously? Beyond 'Human Dignity'*, April 22, 2015. Emory Legal Studies Research Paper No. pp. 15 – 350. Available at SSRN: http://ssrn.com/abstract = 2597404.

Pin, Andrea, *The Arab Road to Dignity: The Goal of the 'Arab Spring'* (April 12, 2016), Kellogg Institute for International Studies Working Paper Series, 2016 No. 408.

Plomer, Aurora and Tsarapatsanis, Dimitrios, *The Asymmetry of Human Dignity as a Constitutional Value and Fundamental Human Right in Europe* 2013), Available at SSRN: http://ssrn.com/abstract = 2212688.

Polley, Romina, *Digital Evidence Gathering in Dawn Raids - A Risk for the Company's Rights of Defense and Fundamental Rights* (April 4, 2013), 20th St. Gallen International Competition Law Forum ICF, 2013.

Rao, Neomi, *The Trouble with Dignity and Rights of Recognition*,

Virginia Law Review Online, Vol. 99, No. 1, August 2013, pp. 29 – 38.

Reaume, Denise G., *Indignities: Making a Place for Human Dignity in Modern Legal Thought*, Queen's Law Journal, Vol. 28, No. 61. 2002.

Resta, Giorgio, *The Law of Human Dignity* (December 20, 2013), Brief, February 2014, p. 17.

Riley, Stephen, *Human Dignity: Comparative and Conceptual Debates*, SSRN: http://ssrn.com/abstract=2236727 or http://dx.doi.org/10.2139/ssrn.2236727.

Riley, Stephen, *The Function of Dignity*, June 29, 2013, Amsterdam Law Forum, Vol. 5, No. 2, 2013, pp. 90 – 106.

S. Vettori, *The Role of Human Dignity in the Assessment of Fair Compensation for Unfair Dismissals*, PER / PELJ 2012(15)4.

Sarah Johanna Fick, *Consenting to Objectifying Treatment? Human Dignity and Individual Freedom*, Master thesis Applied Laws at the University of Stellenbosch, March 2012.

Saskia Hufnagel, *German perspectives on the right to life and human dignity in the "war on terror"*, ANU College of Law Research Paper, 32 Crim LJ, 2008, p. 100.

Shultziner, Doron and Rabinovici, Itai, *Human Dignity, Self-Worth and Humiliation: A Comparative Legal-Psychological Approach*, 2011, Psychology, Public Policy, and Law, Vol. 18, No. 1, 2012.

Simons, Kenneth W., *Dworkin's Two Principles of Dignity: An Unsatisfactory Nonconsequentialist Account of Interpersonal Moral Duties*, May 6, 2010. Boston University Law Review, 2010, Vol. 90.

Sossin, Lorne, *The 'Supremacy of God', Human Dignity and the Charter of Rights and Freedoms*, University of New Brunswick Law

Journal, Vol. 52, 2003, No. 227.

Stark, Barbara J., *After/Word(s): 'Violations of Human Dignity' and Postmodern International Law*, 27 YALE J. INT'L L. 2002, p. 315.

Steinmann, Rinie, *The Core Meaning of Human Dignity*, Potchefstroom Electronic Law Journal, Vol. 2016, p. 19.

Stella Vettori, *The Role of Human Dignity in the Assessment of Fair Compensation for Unfair Dismissals*, Potchefstroom Electronic Law Journal, Vol. 15, 2012, No. 4.

Stéphanie Hennette-Vauchez, *Divided in Diversity: National Legal Scholarship(s) and the European Convention of Human Rights*, EUI RSCAS 2008/39.

Stéphanie Hennette-Vauchez, *When Ambivalent Principles Prevail: Leads for Explaining Western Legal Orders' Infatuation with the Human Dignity Principle*, EUI Working Paper LAW No. 2007/37.

Stoecker R. *Three Crucial Turns on the Road to an Adequate Understanding of Human Dignity*, In: Kaufmann P., Kuch H., Neuhäuser C., Webster E., eds. *Humiliation, Degradation, Dehumanization: Human dignity violated, Library of ethics and applied philosophy*, 24. Dordrecht: Springer, 2010, pp. 7 – 19.

Suzy Killmister, *Dignity: Personal, social, human*, Philos Stud, 2017, 174, Issue8, pp. 2063 – 2082.

Tasioulas, John, *Human Dignity and the Foundations of Human Rights*, January 29, 2013, Available at SSRN: http://ssrn.com/abstract=2557649 or http://dx.doi.org/10.2139/ssrn.2557649.

Tasioulas, John, *On the Foundations of Human Rights*, January 25, 2015, Penultimate version of chapter to appear in Cruft, Liao, Renzo (eds.), *Philosophical Foundations of Human Rights* (OUP, 2014), Available at SSRN: http://ssrn.com/abstract=2555277.

Tom Campbell, *Human Rights: A Culture of Controversy*, 26 Journal of Law and Society, 1999.

Vining, Joseph, *Dignity as Perception: Recognition of the Human Individual and the Individual Animal in Legal Thought* (2013), Chapter 34 in Understanding Human Dignity, Proceedings of the British Academy 192, ed. Christopher McCrudden, Oxford: Oxford University Press for the British Academy, 2013.

W. Michael Reisman, *The Quest for World Order and Human Dignity in the Twenty-first Century: Constitutive Process and Individual Commitment*, Hague Academy of International Law 2013.

Weinrib, Jacob, *Human Dignity and Its Critics*, Gary Jacobsohn and Miguel Schor (eds.) Comparative Constitutional Theory (Elgar Publishing, Forthcoming). Available at SSRN: https://ssrn.com/abstract=2976495.

Weinrib, Lorraine, *Human Dignity as a Rights-Protecting Principle*, National Journal of Constitutional Law, Vol. 17, 2004, p. 219.

Weinrib, Lorraine, *Human Dignity as a Rights-Protecting Principle* (2004), National Journal of Constitutional Law, Vol. 17, 2004, pp. 19-239.

Weller, Penelope June, *Human Rights and Human Dignity: Inventing Transnational Principles of Governance*, 2005, Available at SSRN: http://ssrn.com/abstract=1940214.

Zucca, Lorenzo, *Conflicts of Fundamental Rights as Constitutional Dilemmas*, July 2, 2008. Eva Brems, ed., Conflicts Between Fundamental Rights, Antwerp/Oxford/Portland, 2008. Available at SSRN: http://ssrn.com/abstract=1154528.

Books：

Luther Winfield Stalnaker, *Humanism and human dignity*, Yale University press, 1945.

Rubin Gotesky, Ervin Laszlo, *Human Dignity: This Century and the Next*, New York, Gordon & Breach, 1970.

Eugene E. Grollmes, *Human Dignity and American Democracy*, Saint Louis University, 1976.

Alice H. Henkin, Robert B. McKay, *Human Dignity: The Internationalization of Human Rights*, Aspen Institute for Humanistic Studies, 1979.

John Warwick Montgomery, *Human Rights and Human Dignity*, Zondervan Pub. House, 1986.

Ernst Bloch, Dennis J. Schmidt, *Natural Law and Human Dignity* (Studies in Contemporary German Social Thought), The MIT Press, Reprint edition, 1987.

Amnesty International, *Thoughts on human dignity and free*, The University of Michigan Press, 1991.

Michael A. Smith, *Human dignity and the common good in the Aristotelian-Thomistic tradition*, Lewiston, E. Mellen Press, 1995.

Betty Reardon, *Educating for Human Dignity: Learning About Rights and Responsibilities*, University of Pennsylvania Press, 1995.

Charles Sherlock, *The Doctrine of Humanity: Contours of Christian Theology*, IVP Academic, 1997.

Brad Stetson, *Human Dignity and Contemporary Liberalism*, Greenwood Publishing Group, 1998.

Miloslav Bednár, *Human Dignity: Values and Justice, Council for Research in Values and Philosophy*, Council for Research in Values and

Philosophy, 1999.

Deryek Beyleveld, Roger Brownsword, *Human Dignity in Bioethics and Biolaw*, Oxford University Press, 2001.

David Kretzmer and Eckart Klein edited, *The concept of human dignity in human rights discourse*, The Hague: London: Kluwer Law International, 2002.

Eduward J. Eberle, *Dignity and Liberty: Constitutional Visions in Germany and the United States*, Praeger Publishers, 2002.

Leon R. Kass, M. D., *Life, Liberty and the Defense of Dignity: The Challenge for Bioethics*, San Francisco, Encounter Books, 2002.

Robert P. Kraynak, Glenn E. Tinder, *In Defense of Human Dignity: Essays for our times*, London, University of Notre Dame Press, 2003.

Catherine Dupré, *Importing the Law in Post-Communist Transitions: The Hungarian Constitutional Court and the Right to Human Dignity*, Hart Publishing, 2003.

Eberhard Schockenhoff, *Natural Law & Human Dignity: Universal Ethics in an Historical World*, CUA Press, 2003.

Werner Bonefeld, Kosmas Psychopedis, *Human Dignity: Social Autonomy and the Critique of Capitalism*, Ashgate Publishing, Ltd., 2005.

Adrina Michelle Garbooshian, *The Concept of Human Dignity in the French and American Enlightenments: Religion, Virtue, Liberty*, ProQuest, 2006.

Burrow Rufus, Jr., *God and Human Dignity: The Personalism, Theology, and Ethics of Martin Luther King*, Jr. 2006.

Jeff Màlpas, Norelle Lickiss eds., *Perspectives on Human Dignity: A*

Conversation, Springer, 2007.

Jürgen Moltmann, *On Human Dignity: Political Theology and Ethics*, Alban Books Limited, 2007.

Michael D Greaney, *In Defense of Human Dignity: Eassays on the Just Third Way*: A Natural Law Persoctive, Washingt, D. C., Economic & Social Justice 2008.

Barbara T. Lanigan, *Human Dignity and Bioethics*, Nova Science Pub Incorporated, 2009.

Patrick Capps, *Human Dignity and the Foundations of International Law*, Hart Pub. Co., 2009.

Mette Lebech, *The Dignity of the Human Person: A Hermeneutical and Phenomenological*, Königshausen & Neumann, 2009.

Atique Tahir, *Dignity of Person: Concepts and Implications: Comparative Study of Shariah and Law*, VDM Publishing, 2010.

Dominic Robinson, *Understanding The 'imago Dei': The thought of Barth, von Balthasar and Moltmann*, Ashgate Publishing Limited, 2010.

Gilbert Meilaender, *Neither Beast Nor God: The Dignity of the Human Person*, London, General Books, 2010.

Camilla Barker, *Dignity in International Human Rights Law*, CreateSpace Independent Publishing Platform, 2011.

Francis Spellman, Edward P. Cronan, *The Dignity of the Human Person*, Literary Licensing, LLC, 2011.

George Kateb, *Human Dignity*, Harvard University Press, 2011.

Mette Lebech, *On the Problem of Human Dignity: A Hermeneutical and Phenomenological Investigation*, Würzburg, Königshausen & Neumann, 2011.

Augustine Ben Onwubiko, *Person and Human Dignity: A Dialogue with the Igbo (African) Thought and Culture*, Peter Lang GmbH, 2012.

Erin Daly, Aharon Barak: *Dignity Rights: Courts, Constitutions, and the Worth of the Human Person*, University of Pennsylvania Press, 2012.

Michael Rosen, *Dignity: Its History and Meaning*, Harvard University Press, 2012.

Ron Highfield, *God, Freedom and Human Dignity: Embracing a God-Centered Ide*, Inter Varsity Press, 2012.

Robert Spaemann, David L. Schindler, *Love and the Dignity of Human Life: On Nature and Natural Law*, Wm. B. Eerdmans Publishing, 2012.

Christiaan W. J. M. Alting von Geusau, *Human dignity and the law in post-war Europe: Roots and reality of an ambiguous Concept*, Oisterwijk, The Netherlands, Wolf Legal Publishers, 2013.

Stephen Dilley, *Human Dignity in Bioethics: From Worldviews to the Public Square*, Routledge, 2013.

Christopher McCrudden ed., *Understanding Human Dignity*, British Academy, Oxford University Press, 2013.

W. Michael Reisman, *The Quest for World Order and Human Dignity in the Twenty-first Century: Constitutive Process and Individual Commitment*, Hague Academy of International Law, 2013.

Michael L. Perlin, *A Prescription for Dignity: Rethinking Criminal Justice and Mental Disability Law*, Ashgate Publishing Limited, 2013.

Assaf. Meydani, *The Anatomy of Human Rights in Israel: Constitutional Rhetoric and State Practice*, New York, NY : Cambridge University Press, 2014.

Britta van Beers, Luigi Corrias, and Wouter Werner ed., *Humanity*

Across International Law and Biolaw, Cambridge University Press, 2014.

Matthias Lutz-Bachmann and Amos Nascimento edited, *Human Rights, Human Dignity, and Cosmopolitan Ideals: Essays on Critical Theory and Human Rights*, Farnham, Surrey, Ashgate Publishing Limited, 2014.

Mark P. Lagon and Anthony Clark Arend edited, *Human Dignity and the Future of Global Institutions*, Washington, DC, Georgetown University Press, 2014.

Aharon Barak, *Human Dignity: The Constitutional Value and the Constitutional Right*, Cambridge, United Kingdom, Cambridge University Press, 2015.

Catherine Dupre, *The Age of Dignity: Human Rights and Constitutionalism in Europe*, Hart Publishing, 2015.

Jeremy Waldron, *Dignity, Rank, and Rights*, Oxford University Press, Reprint edition, 2015.

Lavinia Stan, edit. *Post-Communist Transitional Justice: Lessons from Twenty-five Years of Experience*, New York, Cambridge University Press, 2015.

Matthew S. Weinert, *Making Human: World Order and the Global Governance of Human Dignity*, Ann Arbor: University of Michigan Press, 2015.

Samuel Moyn, *Christian Human Rights*, University of Pennsylvania, Press, 2015.

Dieter Grimm, Alexandra Kemmerer, Christoph Möllers, edit. *Human Dignity in Context*, Hart Publishing, 2017.

Edward Sieh, Judy McGregor, *Human Dignity: Establishing Worth and Seeking Solutions*, Palgrave Macmillan, 2017.

Doris Schroeder, Abol-Hassan Bani-Sadr, *Dignity in the* 21st *Century*: *Middle East and West*, Springer International Publishing AG, 2017.

Edward Sieh, Judy McGregor, *Human Dignity Establishing Worth and Seeking Solutions*, Palgrave Macmillan UK, 2017.

Becchi, Paolo, Mathis, Klaus (Eds.), *Handbook of Human Dignity in Europe*, Springer International Publishing, 2018.

后　记

虽然尊严不是一种美德，却是许多美德之母。

——[澳]柯林斯托姆

人的尊严是一个有悠久历史和丰富内涵的概念，它滥觞于西方文明发源地的古希腊。从古希腊原始、朴素的人的尊严理念是当时族群整体利益下的个人主义思想的再现，人的尊严理念一直被视为一种社会价值而备受关注，它更是在悠远的历史长河中孕育并不断滋养着西方文明与制度。

不可否认，社会中每个人仅仅基于为人的事实，就应该获得作为人的尊严。人对尊严的需求，其本质上在于实现对自己最有效的维护，它反映了人际间基本的相互尊重的普遍需要。一部人类发展史，就是人类不断追寻一种属于人的生活方式，不断认识自我价值与尊严并加以保障的历史。

在人的尊严理念背后存在深厚的哲学和伦理学反思，这种反省使人们对人的价值的体悟与认知，并将其视为理想而倍加珍视。[1] 这种对人的尊严的理解也使我们认识到人的尊严的含义的模糊性、不确定性,也因此使我们与学者们的见解相对照进而追溯神学渊源来刻画人的尊严的概念。[2] 自康德对人的尊严赋予了理性的内涵之后,人们因循其(内在人)抽象理性的诠释而将人的尊严随心所欲地裁剪为空洞的信条(Cannon),迅速成为那些一知半解的道学家们坐而论道的、蛊惑人心的心灵鸡汤,其空洞乏味的陈词滥调遭到诸多学者与实务界人士的不屑一顾乃至嘲讽与鄙夷。[3]

现代社会对人的尊严的研究,真正开始于康德的目的论,但那只是理论上的;现代法律意义上的人的尊严,是从人类对自身暴行的反思开始的,但那更多是宣示性的;对于法律上具体的尊严,更多的是局限于人身权之中的人格尊严,没有理论上的普遍性;对于普世意义上特别是法理学意义上的人的尊严的研究则刚刚开始,尚不深入,有许多问题尚待解决与完善。但是,不可否认的是,康德的人的尊严观对后世思想乃至制度架构影响极其深远。遵循康德的理念,人们逐步体悟到:先于国家而存在的人,才是国家、社会存在与发展的终极目的,国家仅仅是人类存在的手段而绝非目的,国家的一切行为不得损害基本人权与人的尊严。于是乎,否定人治而实施"法的统治"即规则之治的理念开始深入人心,法治国家理念得以勃兴,通过对国家权力的规范和控制,从而

---

〔1〕 BaechleR, J., *Individualté, personnealté et identité*, Craosella, E. D. (dir.), *identité? Soi et non-soi, individu et personne*, PUF, Paris, 2006, p. 89.

〔2〕 Duffy, R. A. & Gambatese, A., (ed.), *Made in God's Image: The Catholic Vision of Human Dignity*, Paulist Press, New Jersy, 199; Kendall Soulen, R. & Woodhead, L., *God and Human Dignity*, Wm. B. Eerdmans Publishing Company, Grand Rapids, 2006; Muzzafar, C., *Rights, Religion and Reform: Enhancing Human Dignity through Spiritual and Moral Transformation*, Rutledge Curton, Nueva York, 2002.

〔3〕 如美国学者麦克琳将人的尊严视为无用的概念(参见 Ruth Macklin, *Dignity is a Useless Concept—It Means no More than Respect for Persons or their Autonomy*, BMJ 327 (1) 2003, pp. 190 – 420.),平克教授认为尊严是一个愚蠢的概念(参见 Stephen Pinker, *The Stupidity of Dignity*, The New Republic, May 28, 2008, https://newrepublic.com/article/64674/the-stupidity-dignity)。而加拿大最高法院也曾在判决中指出,对于一项司法审查标准而言,人的尊严这一概念太具主观性和抽象性,而且也已被证明它对平等案件构成额外的说理负担,而不是达到它所企图的哲学说理补强作用。(参见 *R v Kapp* 2008 SCC 41 para 22)

实现对人权的有效保障,进而践行保障人的尊严的终极关怀,已成为社会的共识与常识。

但是,残酷的现实使人们意识到,正如希特勒第三帝国的崛起与毁灭那样,形式法治仍然会异化为专制而背离人的尊严保障之初衷。因此,人们开启了积极探索实质法治艰难之旅。正如德国学者萧勒教授指出的,与使法治国蜕变为“合法性的空壳”的形式意义法治国相比,新的法治国概念则有特定的、实质的基本价值与要素:“一乃保障个人的自由;二乃将国家权力用法来规定之,以对抗恣意滥权与不法。”[1]立宪主义(Constitutionalism)的制度安排无疑为此提供了行之有效的制度保障。于是,我们看到,立法、行政与司法等国家权力都以维系人的尊严、保障人权为其目的。尤其在司法领域,人的尊严概念的丰富与发展有赖于司法实践的促进,而司法的制衡作用使人们以一种全新的、颇具挑战性的视角来检视人的尊严,并参与其之嬗变过程。人的尊严的法律解释尤其是宪法解释,是推动人的尊严理念付诸实践的重要推动力。

人的尊严已跨越国家,成为国际共识。在过去的60年中,人的尊严闪现于那些独裁统治、压迫、极权主义、法西斯主义、殖民主义和歧视的氛围中,它现在已成为这些国家宪法的核心理念。[2] 正如有学者指出的那样,其已成为宪法术语的有机组成部分。人的尊严不只是昭示在各国宪法和国际人权文献中,而且人们还常常认为,人的尊严是所有人权的基石,应以尊严指引对人权的解释。人的尊严被视为最高价值、解释的准则、对权利和自由做出限制的基础,以及指引宪法价值冲突的原则。有些学者认为,人的尊严为司法审查提供了安全与合法性基础。恰如某位德国法学教授所说的那样,人的尊严是这个价值相对的世界

[1] 陈新民:《德国公法学基础理论》(上),山东人民出版社2001年版,第93页。

[2] Botha, H. *Human Dignity in Comparative Perspective*, Stellenbosch Law Review 20(2), 2009. p. 172.

中存在的唯一绝对价值——它是为生活中的不确定性提供指引的恒星。[1]

诺贝尔奖获得者约翰·马克斯韦尔·库切曾说:“我们并非天生拥有尊严。我们在降生时肯定没有尊严,在被别人的眼睛所遮蔽情形下,我们耗费了大量时间由自己做那些试图成为我们自我的事,试图了解如此少的我们真诚诉求的东西。我们也从对动物(如猫)尊严的大量关注中了解到我们对待尊严是何等的滑稽、何等自命不凡的。……尊严是我们对自己提出的诉求。冒犯……对我们人类的人的尊严的冒犯,不是对我们是必要存在的侵犯,而是对我们生活赖以维系的社会结构的侵犯,虽然这些社会结构并不是唯一维系手段。……尊严既不是真正的冒犯,我们对此冒犯做出的反应也非真实,在某种程度上它是一种不真诚的感觉。虽然侵犯行为是真实的,然而侵犯的客体却不是我们的本质,而是一种我们或多或少地描述的功能上的虚构,这种虚构或许是一个公正的社会不可或缺的因素,即人具有尊严,这使他们有别于动物,因此保护他们以免被当作动物对待(甚至可能我们期待将来动物也会有属于它们自己的尊严,并作出规定禁止将活的物种作为物来对待)。对尊严的这种虚构有助于界定人性,而人性的内涵有助于界定人权。因此,对我们尊严的冒犯实际上触及了我们的权利。然而,当处于对这种冒犯的愤怒,我们主张我们的权利并诉求赔偿时,我们必须牢记作为这些权利基础的尊严是何等的孱弱。……至于尊重……人们很容易认为这是一个多余的概念。……真正的尊重是各种爱以及在爱的滋养下的举动。”[2]

---

[1] Botha, H. *Human Dignity in Comparative Perspective*, Stellenbosch Law Review 20(2), 2009, p. 171.

[2] John M. Coetzee, *Giving Offense: Essays on Censorship*, University of Chicago Press, 1996, pp. 14、15.

人的尊严是一个相对概念而非绝对概念，它有赖于历史、文化、传统、宗教、社会及政治等背景做出不同的诠释。现实中对人的尊严的理解出现了碎片化、任意剪裁的现象，由此映射出不同价值观的剧烈冲撞与磨合。过程或许是美好的，但是这个冲撞与磨合过程之惨烈，却让人深深领悟世界与人的本质，这或许是全部意义之所在："（不仅是人）整个宇宙万物都具有尊严性，是一种生命的存在。在自然界中，所谓的无生物和有生物都是尊严性的。"〔1〕"真正的哲学，必须从最直接最有包容性的意识事实出发。这种事实就是，我是被活着的生命及万事所环绕的生命。"〔2〕

〔1〕《叔本华著作集》（第7卷），第240页。转引自［日］石神丰：《池田大作的生命论伦理观——以〈生命的尊严〉为中心》，冉毅译，载《伦理学研究》2006年第2期。

〔2〕《叔本华著作集》（第7卷），第311页。转引自［日］石神丰：《池田大作的生命论伦理观——以〈生命的尊严〉为中心》，冉毅译，载《伦理学研究》2006年第2期。

图书在版编目(CIP)数据

人的尊严之法学思辩 / 侯宇著. -- 北京 : 法律出版社, 2018
ISBN 978 -7 -5197 -2944 -8

Ⅰ. ①人… Ⅱ. ①侯… Ⅲ. ①人权-法的理论-研究 Ⅳ. ①D90

中国版本图书馆 CIP 数据核字(2018)第 272889 号

郑州大学嵩阳法学文库	**人的尊严之法学思辩** **REN DE ZUNYAN ZHI FAXUE SIBIAN**	侯　宇 著	责任编辑 黄琳佳 装帧设计 李　瞻

出版 法律出版社
总发行 中国法律图书有限公司
经销 新华书店
印刷 北京虎彩文化传播有限公司
责任校对 郭艳萍
责任印制 陶　松

编辑统筹 学术·对外出版分社
开本 A5
印张 16.375
字数 389 千
版本 2018 年 12 月第 1 版
印次 2018 年 12 月第 1 次印刷

法律出版社/北京市丰台区莲花池西里 7 号(100073)
网址/www. lawpress. com. cn
投稿邮箱/info@ lawpress. com. cn
举报维权邮箱/jbwq@ lawpress. com. cn
销售热线/010 -83938336
咨询电话/010 -63939796

中国法律图书有限公司/北京市丰台区莲花池西里 7 号(100073)
全国各地中法图分、子公司销售电话：
统一销售客服/400 -660 -6393
第一法律书店/010 -83938334/8335
西安分公司/029 -85330678
重庆分公司/023 -67453036
上海分公司/021 -62071639/1636
深圳分公司/0755 -83072995

书号:ISBN 978 -7 -5197 -2944 -8　　**定价**:68.00 元
(如有缺页或倒装,中国法律图书有限公司负责退换)